8° Imp. O. 708 (¹)

8°
IMP. OR
708

1

CATALOGUE

DES

MANUSCRITS PERSANS

DE LA BIBLIOTHÈQUE NATIONALE

Catalogue les manuscrits persans.

ATTENTION

Le numéro en tête de la notice
n'est pas le cote du manuscrit et ne
doit jamais figurer sur le bulletin de
demande. La cote est entre parenthè-
ses à la fin de la notice.

Ancien fonds = Persan
Supplément   = Supplément persan

Les autres mentions sont inutiles.

CATALOGUE

DES

MANUSCRITS PERSANS

DE LA BIBLIOTHÈQUE NATIONALE

PAR

E. BLOCHET

SOUS-BIBLIOTHÉCAIRE À LA BIBLIOTHÈQUE NATIONALE

TOME PREMIER

Nᵒˢ 1-720

PARIS

IMPRIMERIE NATIONALE

ERNEST LEROUX, ÉDITEUR, RUE BONAPARTE, 28

MDCCCCV

AVERTISSEMENT.

Le présent catalogue, qui formera deux volumes, donnera la description méthodique de tous les articles qui composent actuellement le fonds des manuscrits persans de la Bibliothèque nationale.

Une introduction générale paraîtra avec le second volume, qui sera terminé par une double table alphabétique des titres et des noms d'auteurs.

Le tome Ier contient les notices des n°s 1 à 720 du fonds persan, rangés dans l'ordre méthodique suivant :

CATALOGUE

DES

MANUSCRITS PERSANS

DE LA BIBLIOTHÈQUE NATIONALE

THÉOLOGIE CHRÉTIENNE.

1

زبور داود. **Traduction persane des Psaumes.**

D'après une longue note en italien de la main du Père Jean-Baptiste Vecchietti جان باتيستا وكيتى فرنكى, de Florence (fol. 249 v°-248 r°), la souscription écrite par le copiste persan (fol. 247 v°), et la préface de la version d'un manuscrit de Shiraz (fol. 3 r°), il ressort que cette version des Psaumes a été copiée à Hormuz جزيرة جرون يعنى هرموز, en l'année 1601 sur l'ordre du Père Vecchietti, par un chrétien nommé Shems ed-Din Khandji شمسالدين خنجى, d'après trois manuscrits judéo-persans, l'un provenant de Shiraz et deux du Lâr. Ils contenaient tous les trois le texte hébreu accompagné d'une traduction persane interlinéaire écrite également en caractères hébraïques; c'est donc une traduction juive et non chrétienne des Psaumes. La copie a été exécutée sur le plus ancien manuscrit du Lâr, les variantes du second ont été écrites interlinéairement à l'encre noire, et celles du manuscrit de Shiraz à l'encre rouge; d'après les renseignements qui furent communiqués au Père Vecchietti, ce dernier manuscrit avait à son époque 285 ans de date, c'est-à-dire qu'il avait été écrit dans les premières années du XIVᵉ siècle, exactement en 1316 :

تمت على يد الضعيف شمسالدين خنجى فى تاريخ دوازدهم ماه مايو سنه احدى وست وماثه الف من الميلاد المبارك المسيح خداوند ما در جزيرة جرون يعنى هرموز اين كتاب را خاكسار از روى كتاب ديگر نقل نكرد الا نوشت انچه جان باتيستا وكيتى فرنگى ميكفت آنكه در پيش نظر سه

1

IMPRIMERIE NATIONALE.

نسخه عبرانی میداشت باین ترتیب که یك آیه بزبان عبرانی نوشته بـود
ویك آیه تفسیرش بزبان فارس لیکن بخطّ عبرانی مرقوم وجان باتیـسـتـا
المذکور از رو (fol. 247 v°). این سه نسخها میخواند وفقیر مینوشتم...

خنك مردی انچه نرفت بتدبیر ظالمان وبراء خطا کران : Début
(fol. 6 v°).

Bon neskhi persan copié en 1601. 249 feuillets. 28 sur 14 centimètres. Reliure
en maroquin noir estampé. — (Renaudot. — Supplément 1.)

2

Traduction de parties de l'Ancien Testament.

1° Les Proverbes de Salomon, répartis en 31 chapitres.

مثلها سلیمان پسر داود پادشاه اسرائیل بشناختن حکمت وپند : Début
بفهم... (fol. 1 v°).

2° L'Ecclésiaste, divisé en 18 chapitres.

سخنها قهلت پسر داود پادشاه در یروشلم هرزه هرزها کفت : Début
(fol. 75 r°).

3° Le Cantique des Cantiques, divisé en 8 chapitres.

سرودان سرودها آنچه بسلیمان بوسه دهد مرا از بوسها دهان : Début
(fol. 101 r°).

4° Histoire d'Esther, divisée en 10 chapitres.

وبود بروزگاران احشوروش او هست احشوروش آن پادشاهی : Début
را تا از هندوستان وتا حبشتان... (fol. 115 r°).

5° Histoire de Ruth, divisée en 4 chapitres.

وبود بروزگاران حکم حکیمان وبود قحط در زمین وبرفت... : Début
(fol. 141 r°).

D'après la note finale du manuscrit, écrite au recto du folio 159 :

بدست کثرین بندگان دولتخان طرزی پسر شیخ عبد الوهاب کوالیاری
بتاریخ نهم ماه اکوستو سال هزار وششصد وچار از ولادت مبارك یسوع

المسيح خداوند ما در دار السّلطنة شهر آكره وايں كتاب از نسخهٔ فارسى
نقل نكرده ام بلكه جوان باتيستا وكيتى فلارں تينو يك نسخهٔ عبرى
در پيش داشت ودر اں كتاب يك آيت بزباں عبرى ويكى بزباں فارسى
نوشته بود وآں هر دو ايت بخطّ عبرى بود ... وآنچه ى كفت ى نوشتم
..., cet exemplaire a été fini de copier par وچيزى كم وزياده نكرديم...
Daulet Khan Tarazi, fils du Sheïkh Abd el-Wahhab Gwaliori, à la date du
neuvième jour du mois d'août de l'année 1604 de l'ère chrétienne, à Agra.
Suivant les indications de Daulet Khan Tarazi, ce manuscrit n'a pas été
copié sur un livre persan, mais le Père Jean-Baptiste Vecchietti, de Florence, tenait devant lui un livre hébreu dans lequel un verset se trouvait écrit en langue hébraïque, un autre en langue persane, mais également écrit en caractères hébraïques. Le Père Vecchietti dictait mot par
mot au carme déchaussé Daulet Khan Tarazi la version persane, et ce dernier
assure qu'il n'a ni ajouté ni retranché un seul mot.

Manuscrit de luxe copié en l'année 1605, par Molla Déryaï Tataï dans la
ville de Tata تته, capitale du Sindh. Bon nestalik indien. Frontispice aux armes
surchargées du pape Clément VIII, avec encadrements en or et en couleurs.
152 feuillets. 30 sur 17 centimètres. Reliure orientale en maroquin olive estampé
et doré. — (Supplément 2.)

3

Traduction de parties de l'Ancien Testament.

1° Les proverbes de Salomon, divisés en 31 chapitres.

Début : مثلها سليماں پسر داود پادشاه اسرائيل بشناختں حكمت
(fol. 1 v°). ...... ويند بفهم كردں

2° L'Ecclésiaste, divisé en 18 chapitres.

Début : سخنها قهلت پسر داود پادشاه در يروشلم هرزه هرزها كفت
(fol. 84 r°). ... قهلت هرزه هرزها

3° Le Cantique des Cantiques, divisé en 8 chapitres.

Début : سرودان سرودها آنچه بسليماں بوسه دهد مرا از بوسها
(fol. 112 r°). دهان

4° Le livre d'Esther.

Début : وبود بروزگاران احشوروش او هست احشوروش آن پادشاهی
.را تا از هندوستان وتا حبشتان .... (fol. 127 v°)

Le manuscrit est incomplet et la version d'Esther s'arrête au verset 4 du chapitre vii.

Ces parties de l'Ancien Testament appartiennent à la même version que celle qui se trouve dans le manuscrit précédent; elles ont très probablement été copiées sur un manuscrit qui offrait quelques variantes, d'ailleurs sans importance, et cet exemplaire a été collationné sur un manuscrit appartenant à la famille de celui d'où dérive le numéro 2 et dont on a porté les variantes à la marge. Les diverses sections du manuscrit portent des titres en latin de la main d'Eusèbe Renaudot.

Assez bon nestalik persan du xvi° siècle de J.-C. 145 feuillets. 26 sur 16 centimètres. Reliure en parchemin. — (Renaudot; Saint-Germain 14. — Supplément 3.)

4

Traduction de parties de l'Ancien Testament.

1° سفرہ یشعیہ Le livre d'Isaïe, divisé en 66 chapitres.

Début : نبوّت یشعیہ بسر اموص آنچه نبوّت کرد بر بهود اوبروشلم
بروزگاران غریهوبوتم ...... (fol. 1 v°).

2° سیر یرمیہو Le livre de Jérémie, divisé en 52 chapitres.

Début : کهنان یرمیہو بسر حلقیهو ازان کهنان آنکہ در عنتنوت در
زمین ابن بامین (fol. 139 r°).

3° مریہ کردن یرمیہ برای اسرائیل Les lamentations de Jérémie, divisées en 6 chapitres.

Début : چگونہ بنشینم تنها بشهر بر قوم بود چون بیوہ بزرک بقومان
امیر در شهرها بودند خراج (fol. 289 r°).

4° Autre version sans titre des lamentations de Jérémie.

Début : چگونه نشینند تنها شهر برقوم چون بیوه شده است امیرۀ کروها سردار مملکتها شد باج کزار (fol. 301 r°).

5° نبوت باروخ Le livre de Baruch.

Début : واینان سخنان کتاب باروخ نوشت پسر بریه پسر معصیه پسر سدحیه پسر سدنی پسر حلجیه در بابل در سال پنجم وروز هفتم... (fol. 313 r°).

Cet exemplaire, qui est tout entier de la même main, a été copié à Hamadhan en août et septembre 1606, par Shems ed-Din, le copiste du numéro 1, sous la dictée du Père Vecchietti, comme l'indique la note suivante qui se trouve au recto du folio 1 : «Questo libro fu cavato da me Gioamb° Vecchietti fiorentino da testi hebrei e persiani, leggendo io, escrivando maestro Scemsdin persiano in Persia nella citta di Hamadan chiamata anticamente Ecbatana, dalli quattro di agosto fino alli tredecimo di settembre 1606 : ... legato in Firenze l'anno 1609».

Bon nestalik persan. 332 feuillets. 28 sur 17 centimètres. Reliure en parchemin. — (Renaudot; Saint-Germain 15. — Supplément 4.)

5

داستان جدیت. Histoire de Judith, traduite sur le texte latin de la Vulgate, en persan, par le Père Gabriel, capucin.

Cette version, qui est assez libre, est divisée en 15 chapitres; elle est précédée d'une préface qui commence par حمد بیحدّ وثنای بیعدد پادشاهی را که از عدم خاك باقلم وجود هه کاینات را بید قدرت کاملۀ خود بر انگیخت .....

Assez bon nestalik persan du commencement du xvii° siècle. 21 feuillets. 21 sur 15 centimètres. Reliure en maroquin. — (Thévenot. — Ancien fonds 1.)

6

كتاب انجیل مقدس. Traduction anonyme des quatre Évangiles.

Saint Matthieu, 28 chap. (fol. 1 v°). — Saint Marc, 16 chap. (fol. 64 r°). — Saint Luc, 24 chap. (fol. 103 v°). — Saint Jean, 21 chap. (fol. 170 r°). Ce dernier évangile est précédé (fol. 169 v°) d'une courte préface écrite à l'encre rouge, dans laquelle se trouve indiqué sommairement le caractère particulier de cet évangile. Cette version offre seulement quelques variantes insignifiantes avec celle qui se trouve dans le numéro 8; elle est suivie d'une table des chapitres des quatre évangiles (fol. 222-227). Le volume se termine (fol. 227 r°) par une dissertation intitulée جایگاه از انجیل در آنکه اشکارا شود که عیسی مسیح ابن الله است, dans laquelle se trouvent réunis tous les passages qui prouvent la divinité de Jésus-Christ.

Assez bon nestalik indien copié en l'année 1756 de l'ère chrétienne. 231 feuillets. 23 sur 13 centimètres. Reliure indienne en maroquin rouge estampé et doré. — (Brueys 91. — Supplément 5.)

7

Traduction des Évangiles.

Saint Matthieu, 100 chap. (fol. 1 v°). — Saint Marc, 54 chap. (fol. 62 v°). — Saint Luc, 86 chap. (fol. 99 r°.) — Saint Jean, 54 chap. (fol. 160 r°). Une note de la main de Legrand, inscrite au recto du premier feuillet, nous apprend que cette version a été faite sur la Vulgate «et cela par ordre de Naderchaj ou Tamaskan, roy de Perse. Les missionnaires s'assembloient trois fois la semaine, aussi bien que plusieurs vartapiets ou docteurs armé- niens et plusieurs molla persiens; les missionnaires et les vartapiets afin qu'on ne s'écartât pas du sens littéral et les molla pour le mettre en meil- leur persien qui se peut. Cecy est une copie de l'original (je ne sçais où il est) faite par les soins du R. P. Lagarde, missionnaire dans la province du Guilan. Ce dit père mourut en 1750, le 23 mars». C'est en 1736 que Nadir Shah avait ordonné de traduire le Nouveau Testament en langue per- sane.

Nestalik persan médiocre, copié en 1746. 203 feuillets. 20 sur 15 centimètres. Reliure en maroquin rouge portant un cachet avec l'emblème de la Société de Jésus. — (Legrand. — Supplément 6.)

8

Traduction des Évangiles.

Saint Matthieu (fol. 1). — Saint Luc (fol. 43). — Saint Marc (fol. 81). — Saint Jean (fol. 109). Cette traduction, qui n'a pas de préface et dont l'auteur n'est pas indiqué, a été exécutée directement sur le texte grec (fol. 136 v°); elle fut écrite pour le roi Louis XIII, en l'année 1616, par un missionnaire français qui revenait de Géorgie.

Neskhi passable du commencement du XVII° siècle. 136 feuillets. 25 sur 17 centimètres. Reliure en parchemin. — (Gaulmin; Regius 1472 A. — Ancien fonds 2.)

9

Traduction des Évangiles.

Saint Matthieu (fol. 1). — Saint Marc (fol. 32). — Saint Luc (fol. 52). — Saint Jean (fol. 87). La version contenue dans ce manuscrit diffère à peine par quelques mots de celle du manuscrit précédent.

Assez bon neskhi d'une main européenne, daté de l'année 1041 de l'hégire (1631 de J.-C.). 112 feuillets. 20 sur 13 centimètres. Reliure en peau rouge. — (Gaulmin. — Ancien fonds 4.)

10

انجیل متّی. Évangile selon saint Matthieu.

Début : کتاب زائیدن خداوند ما عیسی مسیح پسر داوود پسر
ابراهم ابرهم اکحاق را زاد.....

D'après une note de la main du Père Vecchietti, qui se trouve au recto du folio 1, ce manuscrit lui fut donné en 1609, à Florence, par un certain Cammillo Rinuccini; il avait été copié sur un très ancien manuscrit qui est conservé à la bibliothèque du Vatican «L'evangelo di San Matteo in persiano copiato da un testo antichissimo che è in Roma nella libreria Vaticana ,

donatome in Firenze dal S.ᵒʳ Cammillo Rinuccini alli dieci d'Agosto 1609. »
Cette version se rapproche beaucoup de celle qui est contenue dans le
manuscrit n° 9.

Mauvais nestalik copié en 1598 par un certain Toumadjan, arménien ori-
ginaire d'Alep حلب شهر از ارمنى تومنجان, à Rome sous le pontificat de
Clément VIII. 62 feuillets, 22 sur 15 centimètres. Reliure en parchemin. —
(Renaudot; Saint-Germain 240. — Supplément 7.)

11

متى الانجيل. L'Évangile selon saint Matthieu, copié sur le
manuscrit précédent.

Cette copie, dont les huit premiers feuillets sont accompagnés d'une traduction interlinéaire en latin, s'arrête au verset 19 du chapitre XII. On lit
au verso de l'un des feuillets de garde le « Catalogus librorum syriaco vel
sermone vel caractere conscriptorum quorum singuli ipsis apposito hicque
notato numero distinguentur ».

Mauvais neskhi d'une main occidentale inexpérimentée du XVIIIᵉ siècle. 60 feuillets. 28 sur 20 centimètres. Reliure en parchemin. — (Coislin; Saint-Germain 17.
— Supplément 8.)

12

كتاب فصول الانجيل المقدسة التى فى ايام الروازين الواقعة فى
داير السنة. Évangéliaire pour le commun du temps; le texte
des Évangiles étant souvent expliqué par un commentaire
intitulé شرح.

Les quatre premiers feuillets ont été refaits; ils contiennent le commencement d'une version arabe de l'évangile selon saint Luc, de façon à re-
joindre, à peu près, la version persane. Les titres indiquant les fêtes sont
écrits en caractères d'or, et l'on trouve en marge du volume des notes en
arménien; on lit au recto du premier feuillet que ce manuscrit appar-
tint à un prêtre nommé Hanna, fils de Moïse, de la famille d'Abou Tiar

هادا (sic) الانجيل الى شماس حنا ابن موسى من بيت ابو تيار

Beau neskhi persan à encadrements en or et en couleurs, copié en Djoumada
second de l'année 776 de l'hégire (1374 de J.-C.) dans la ville de Samarkand (?).
183 feuillets. 26 sur 18 centimètres. Reliure orientale en maroquin rouge estampé.
— (Colbert 2876; Regius 1472 aa. — Ancien fonds 3.)

13

مرآت القدس. Vie de Jésus-Christ par le Père jésuite
Jérôme Xavier.

Le Père Géronimo Xavier se rendit à la mission de Goa en 1571 et mourut dans cette ville en l'année 1617. Il passa une grande partie de sa vie à la cour de l'empereur timouride Djélal ed-Din Mohammed Akbar Padishah, qu'il accompagna au Kashmir, ainsi que son fils, qui devint plus tard l'empereur Djihangir. C'est le Père Xavier qui poussa Akbar Padishah à faire traduire en persan les principaux livres dogmatiques du Christianisme, et si l'empereur y vit un moyen de comparer la foi des Latins à celle des Hindous brahmanistes, dont il avait fait traduire des livres, et à celle des Musulmans, Xavier ne le fit que dans un but de prosélytisme. Le مرآت القدس fut terminé à Agra en l'année 1682, et le Père Xavier dit qu'il entreprit ce travail à la demande de l'empereur, après avoir passé sept ans à apprendre le persan; il fut assisté dans sa traduction des Évangiles et des livres prophétiques de l'Ancien Testament par un savant musulman, originaire de Lahore, nommé Maulana Abd el-Sattar ibn Kasim Lahauri.

اين نامهٔ گرامی وديباجهٔ سعادت بندهٔ پادری زيرونيمو شوبر فرنگی
از طايفهٔ محبت حضرت عيسی بحکم شاهنشاه دوران خديو روشن جان
دارای روزگار جلال الدين والدنيا اکبر پادشاهان (sic) خلّد الله ملکه
وسلطانه از انجيل مقدّس وديگر کتب بيغمبران در دار لخلافهٔ اکره
فراهم آورده ومولانا عبد الستّار بن قاسم لاهوری باتفاق اين بنده در
هان دار لخلافه ترجمه کرد ودر سنه هزار وششصد ودو از ولادت ابشوع
(fol. 137 v°). وچهل وهفت آلهی از جلوس شاهنشاهی انجام يافت

Le مرآت القدس est divisé en 4 chapitres :

1° Naissance et vie du Christ jusqu'à sa prédication (fol. 3); 2° sa prédication et ses miracles (fol. 35); 3° la passion et la mort du Christ (fol. 111); 4° sa résurrection et l'ascension (fol. 127).

Il est accompagné à la marge d'une glose qui en forme une sorte de commentaire perpétuel. Le Mirât el-kouds a été édité à Leyde, en 1639, avec une traduction latine et des notes, par Louis de Dieu, sous le titre de *Historia Christi persice*. Les autres œuvres du Père Xavier sont une Histoire des douze apôtres (v. n° suivant), une traduction persane des Psaumes, un Guide des rois, dédié à Djihangir en 1609, et l'*Historica relatio de mis-*

sione ad regnum Magni Mogor, Moguntiae, 1601. Cet ouvrage porte quelquefois le titre de داستان مسیح (Rieu, *Catalogue*, p. 3).

Début : چون اوازۀ عجایبات مسیح بلند کردید و در روی زمین

پراکنده شد اکبر پادشاه اندیشه. La glose débute après une courte invocation par اما بعد راوی این خبر وناقل این اثر بدستیاری....

Bon nestalik indien du commencement du XVIIᵉ siècle. 137 feuillets. 22 sur 15 centimètres. Reliure en basane. — (Gaulmin; Regius 1474. — Ancien fonds 5.)

14

وقائع حواریان دوازده کانه . Vie des douze apôtres par le Père jésuite Jérôme Xavier.

Saint Pierre (fol. 5); saint Paul (fol. 42); saint André (fol. 104); saint Jacques (fol. 114); saint Jean (fol. 140); saint Thomas (fol. 163); saint Jacques le Mineur (fol. 175); saint Philippe (fol. 182); saint Barthélemy (fol. 184); saint Matthieu (fol. 191), saint Simon et saint Jude (fol. 197); saint Mathias (fol. 202).

Le Père Xavier rapporte dans sa préface (fol. 1 v°) qu'il eut l'idée de composer cet ouvrage après avoir terminé le مرآة القدس et d'autres livres; cette histoire des apôtres est dédiée à l'empereur mongol Djélal ed-Din Mohammed Akbar Padishah (fol. 4 r°), qui mourut en 1605; sa composition doit donc se placer entre 1602 et 1605, et non en 1609, comme on l'admet quelquefois (L. de Dieu, *Historia Petri*, p. 108; Rieu, *Catalogue*, p. 3). Comme pour la rédaction du مرآة القدس, le Père J. Xavier se fit aider par Abd el-Sattâr ibn Kasim Lahauri. La partie qui traite de la vie de saint Pierre a été publiée par L. de Dieu à la suite de son Histoire de Jésus-Christ.

Le texte du وقائع حواریان est accompagné d'une glose marginale qui lui sert de commentaire perpétuel et dans laquelle sont expliqués les mots qui pourraient présenter quelque difficulté.

Début : المنت لله که اعضای ظاهری وقوای باطنی دیگر بارة از سر نو

متت ستایش نعت وخون. La glose débute par متوجه خدمت شدند دهنده نعت بغیر از ذات پاك

Assez bon nestalik indien du commencement du XVIIᵉ siècle. 206 feuillets. 22 sur 15 centimètres. Reliure en basane. — (Gaulmin; Regius 1475. — Ancien fonds 6.)

15

Le même ouvrage, portant le titre de داستان احوال
حواریان حضرت عیسی وذکر مناقب ایشان

Manuscrit formé de deux parties : la plus ancienne est écrite en un bon nestalik indien du xvii° siècle, avec des encadrements en couleur ; la seconde est d'un nestalik indien plus cursif copié par un certain Abd Allah, qui prend le titre de خاکپای اهل بیت رسول الله, pour un personnage européen nommé Gaston . . . . . ? میرزا صاحب میرزا کستین بروبت صاحب en l'année ۱۱۸۹ de l'hégire.

xvii° siècle. ۲۳۵ feuillets. ۲۳ sur ۱۸ centimètres. Reliure orientale en étoffe rouge. — (Gentil 88. — Supplément 9.)

16

Expo-sition de la doctrine chrétienne par le Père Gabriel, ca-pucin. کتاب انتخاب دین آلهی وعقدهای که انسانرا در پیش است

Ce traité est divisé en ۱۲ chapitres dont la table se trouve aux folios 4 et suiv. :

۱° در بیان آنکه چه حقّ وصدقست که خدای تعالی به اهل دنیا
بر ۳° . . . ؛ که بچه طریق خدا دین به بندگان داد ۲° ؛دین دهد
در حکم اوّل از دین آلهی که مشتملست بر دوست ۴° ؛ دین آلهی
در حکم دوّم از دین آلهی که ۵° ؛داشتنی خدایرا زیاد از همه چیز
در حکم سیوم از ۶° ؛مشتملست بر عزّت داشتنی اسم مقدّس آلهی
؛دین آلهی که مشتملست بنگاه داشتنی عیدها وروزهای متبرکه
در حکم چهارم این دین آلهی که مشتملست بر والدین خودرا ۷°
در حکم پنجم از دین آلهی که مشتملست بر ۸° ؛عزیز وگرامی داشتن
در حکم ششم از دین آلهی که مشتملست بر ۹° ؛خون نا حقّ نکردن
در حکم هفتم از دین آلهی که مشتملست بر دزدی ۱۰° ؛زنا نا کردن
در حکم هشتم از دین آلهی که مشتملست برکواهی ۱۱° ؛وخیانت نا کردن

در حکم نهم ودهم از °۱۹: بحدروغ نـدادن وتهمت وبهتان ودروغ نگفتن
دین آلهی که مشتهلست بر ارزو نکردن بزن بیـگـانـه و بـرومال ومـستـاع
دیگران دیده طمع ندوختن

L'exposition des commandements de Dieu remplit la plus grande partie
du كتاب انتخاب آلهی; il devait être suivi d'un autre traité du même genre
dont le sommaire des quatre premiers chapitres se trouve donné au verso
du folio ۲35.

Bonne écriture neskhi, d'une main européenne, du xvii° siècle. ۲35 feuillets.
17 sur 10 centimètres. Reliure occidentale en basane. — (Gaulmin; Regius 1477.
— Ancien fonds 10.)

17

Traité anonyme et sans titre sur la mort et la vie future.

Cet ouvrage, qui est divisé en 4 chapitres باب, eux-mêmes subdivisés
chacun en trois sections قسم, a évidemment été rédigé par un des Pères
Jésuites qui vécurent à Isfahan sous le règne de Shah Abbas le Grand.

Le premier chapitre commence par : بدان ای عزیز که در فکر وباد مرگ
بودن ادمیرا بسیار مفید است بجهت دانشمندی وهشیمای حاصل
نمودن.....

Bon neskhi d'une main occidentale du xvii° siècle. 196 feuillets, 16 sur 10 centimètres. Reliure en basane pleine. — (Gaulmin; Regius 1545. — Ancien
fonds 48.)

18

Recueil de trois opuscules copiés en caractères latins,
le premier sur la nature de Dieu, suivant les théories du
Christianisme; le second (fol. 31) sur l'astrologie et l'étude
des conjonctions des astres; le troisième (fol. 69) sur les
remèdes pharmaceutiques.

Ce volume semble être l'œuvre d'un missionnaire, qui a vécu en Perse
dans la première moitié du xvii° siècle; la transcription du persan est
défectueuse et l'écriture est très mauvaise.

xvii° siècle. 87 feuillets. 20 sur 14 centimètres. Reliure orientale en basane
brune. — (Colbert 4381; Regius 1610, 3. — Ancien fonds 130.)

19

انتخاب عقايد وعمليات دين عيسويان . Catéchisme catholique, sans nom d'auteur, dérivé du التعلم المسيحى du cardinal Bellarmin, qui fut traduit dans la plupart des langues connues au XVIII° siècle.

Le texte persan est disposé sur trois colonnes et accompagné d'une traduction et d'une paraphrase latines; cette disposition a fait croire à Armain que c'était un dictionnaire persan-latin de termes religieux chrétiens. Début après le titre donné plus haut : فصل اول در باب نشان عيسويان س عيسوى باشيد ج آرى , ce qui est traduit : «Sectio prima in porta (in capite, vel capitulo, cum loquitur de libris). Signum (nota signi) Christianorum. Int. Christianus estis? Resp. Ita etiam (particula affirmatio)».

Bon talik persan et écriture italienne du XVII° siècle. 209 feuillets. 26 sur 19 centimètres. Reliure orientale en peau souple noire. — (Thévenot 1557, 3; Regius 1557, 3. — Ancien fonds 210.)

20

تعلم عيسوى . Traduction persane du traité de la Doctrine chrétienne, composé par Richelieu, évêque de Luçon.

Cet ouvrage fut traduit en arabe à Alep par le P. Juste de Beauvais, capucin, en 1636, et imprimé à Paris sous le titre de كتاب تعلم المسيحى ; il est possible que cette version persane soit également l'œuvre de Juste de Beauvais; elle est intitulée : تعلم عيسوى تصنيف شده به حضرت خداوند ارمند يوحنا دويليميسيس كاردينال دوك ده ريشليو , ce qui enlève tout doute sur son auteur. Elle est divisée en 28 chapitres et se termine par les prières les plus usuelles des Chrétiens.

Début : اى عزيز ان مرادى كه خداوند ما .

Nestalik médiocre de la main de David d'Isfahan (XVII° siècle). 22 feuillets. 21 sur 14 centimètres. Reliure occidentale en basane. — (Gaulmin; Regius 1476. — Ancien fonds 8.)

21

انتخاب عقايد وعلميّات دين عيسويان. Traductions turque, persane et latine du التعليم المسيحى, réunies par les soins de l'évêque de Babylone, Bernard de Sainte-Thérèse.

Cet ouvrage, connu sous le titre de *Doctrina christiana*, est divisé en 15 chapitres; le premier commence par ces mots : عيسوى هستيم آرى بعنايت خدا جرا ميكوئيد بعنايت زيراكه محض لطيف. Les textes persan et turc sont disposés sur deux colonnes, la transcription et la traduction latine sont écrites dans les interlignes du texte persan. Cet ouvrage est également connu sous le nom de تعليم عيسوى ou عيسويه comme dans le présent exemplaire. Ce catéchisme est suivi (fol. 350 v°) du lexique des mots persans contenus dans le texte; ce lexique se retrouve quelquefois isolé; il est expliqué en langue latine. D'après une note répétée au folio 1 et au verso du dernier feuillet, ce volume a fait partie de la bibliothèque de l'évêque Bernard de Sainte-Thérèse, vicaire apostolique d'Isfahan et visiteur apostolique de Ctésiphon (+ 1669).

Manuscrit de deux mains, toutes les deux du xvii° siècle; la première est un bon talik persan, la seconde un neskhi médiocre écrit par un Européen. 484 feuillets. 27 sur 21 centimètres. Reliure en parchemin blanc. — (Supplément 1011.)

22

Le même ouvrage, incomplet du commencement et ne comprenant que le texte persan.

Shikestèh indien, copié au xvii° siècle par un certain Mohammed ibn Abd Allah el-Lahori. 77 feuillets. 20 sur 10 centimètres. Reliure en maroquin rouge aux armes du roi. — (Thévenot; Regius 1553, 3. — Ancien fonds 9.)

23

آلايشهاى. Réponse au مصقل صفا d'Ahmed ibn Zeïn el-Abidin el-Isfahani.

Cet ouvrage de polémique porte également le titre de جواب برکتاب مصقل صفا در تجليه وتصفية آئينة حق نما: il est écrit dans un style fort médiocre et on y trouve de nombreuses fautes de grammaire; il a été composé aux Indes, en 1066 de l'hégire, par un Père jésuite (fol. 260 r°), compagnon du Père Jérôme Xavier. Ce dernier, en effet, était mort avant d'avoir pu répondre aux attaques du Seyyid Ahmed ibn Zeïn el-Abidin. L'auteur anonyme du الايشهای accuse avec raison Ahmed ibn Zeïn el-Abidin de n'avoir eu entre les mains que l'abrégé du livre du Père Jérôme Xavier, le خلاصة حقّ نما, et non l'original. Cette réfutation est très serrée et suit le Miskal-i séfa pas à pas; on y trouve de nombreux tableaux historiques qui montrent que l'auteur avait lu les ouvrages de chronologie les plus estimés des Musulmans, comme les tables du célèbre Khvadjèh Nasir ed-Din Tousi et les livres de la philosophie ésotérique de l'Islamisme.

Début : حمد وثنای بی نهایت بر مبدع بی مثال وآلت وختوع بی

عرض درهدایت ای خوانندهٔ بدكر چون تصنیفی موسوم بآئینهٔ حقّ نما

On trouve à la fin du volume (fol. 263 v°) le commencement du Miskal-i séfa et (fol. 265 v°) un extrait sur la mission de saint Thomas aux Indes. D'après un passage de la préface, il semble que l'ouvrage devait avoir une seconde partie; le discours préliminaire se trouve au folio 8 v°; le premier chapitre au folio 23 r°; le second, au folio 60 v°; le troisième au folio 225 v°.

Talik persan passable, copié à Isfahan en l'année 1155 de l'hégire (1742 de J.-C.). 265 feuillets. 27 sur 20 centimètres. Reliure en maroquin rouge.—(Gentil 89. — Supplément 13.)

THÉOLOGIE MUSULMANE.

KORAN ET SCIENCES KORANIQUES.

24

قرآن شریف. Le Koran, avec une traduction persane interlinéaire.

Le texte arabe est écrit en neskhi, à l'encre noire, et la version persane en nestalik très fin, à l'encre rouge; on trouve dans les marges des gloses assez peu étendues et de peu d'importance pour l'intelligence du texte; voici le commencement de la sourate el-Tour: سوكند بكوه طور سینا وبكتابی

كه نوشته شده است بر محیفهای که بكشایندش بوقت خواندن

(fol. ۴۱۲ r°). وبخانه كه ابادان است و بسقفی كه بر داشته شده است

Ce manuscrit porte au verso du folio 1 le cachet et l'ex-libris du colonel
Polier قران شریف بابت سركار فیض آثار نواب افتخار الملك امتیاز الدولة
منصر(؟) پولیر بهادر ارسلان جنگ دام اقباله

Manuscrit de luxe, de la fin du xvii° siècle, avec encadrements et frontispices en
or et en couleur. 476 feuillets. 19 sur 11 centimètres. Reliure en laque rouge
ornée sur les deux plats de dessins en or. — (Polier 1. — Supplément 52.)

25

ترجمه تفسیر الطبرى. Traduction persane du commentaire
d'Abou Djafar Mohammed ibn Djérir el-Tabari († 310
de l'hégire) sur le Koran.

L'original du commentaire arabe de Tabari sur le Koran se composait
de quarante volumes, qui furent portés de Bagdad à l'émir samanide Seyyid
Mouzaffer Abou Salih Mansour ibn Nouh ibn Nasr ibn Ismaïl, le même
qui fit traduire en langue persane le تاریخ الملوك والامم de Tabari. Comme
la célèbre chronique, le commentaire contenait tous les isnads, qui en al-
longeaient considérablement la lecture. Les hommes de loi de la Transoxiane ayant été réunis par l'émir, trouvèrent qu'il serait bon d'en avoir une
traduction persane; l'émir samanide ordonna qu'on la fit de telle façon que
les personnes qui ne savaient point l'arabe puissent en prendre connaissance.

واین كتاب تفسیر بزرگست از روایت محمّد بن جریر الطبرى رحمة الله
علیه ترجمه كرده بزبان پارسی و درى راه راست واین كتاب را بیاوردند از
بغداد چهل مصحف بود این كتاب نبشته بزبان تازى وباسنادهاى دراز بود
وبیاوردند سوى امیر سیّد مظفّر ابو صالح منصور بن نوح بن نصر بن احمد
بن اسماعیل رحمة الله علیهم اجمعین...... وچنان خواست كه مریس را
ترجمه كنك بزبان پارسی پس علماء ما ورا النهر را گرد كرد واین ازبشان
فتوى كرد كه روا باشد كا این كتاب را بزبان پارسی كردانم گفتند روا باشد
خواندن و نبشتن تفسیر قرآن بپارسی مران كسی را كه او تازى ندانخ...
(fol. 2 v° et suiv.).

Parmi les personnages qui reconnurent l'utilité légale de cette traduction, l'auteur anonyme de la préface persane cite : Abou Bekr Mohammed ibn Fadl el-Anam, les juristes Mohammed ibn Ismaïl, Abou Bekr Ahmed ibn Hamid, Khalil ibn Ahmed el-Sidjistani, tous les quatre de Boukhara, Abou Djafar Mohammed ibn Ali de Bab el-Hind, Aboul Djahm Khalid ibn Hani. Ces juristes choisirent quelques personnes qui traduisirent en persan le commentaire de Tabari en en faisant disparaître les isnads, c'est-à-dire qui suivirent le même principe qui avait présidé à la traduction de la تاريخ الملوك والامم (cf. *Catalogus codicum manuscriptorum orientalium qui in Museo britannico asservantur*, pars secunda, p. 370).

Ce commentaire est beaucoup moins philologique et grammatical que tous ceux qui l'ont suivi, et Tabari l'a plutôt rédigé au point de vue historique. Le présent exemplaire n'est que le premier volume d'un exemplaire qui en comptait sept; on lit en effet (fol. 1 v°-2) dans une bordure dorée cette inscription en lettres coufiques : الجلّد الاوّل من اسابع من تفسير محمّد بن جرير الطبرى. Il contient le texte du Koran depuis la Fatiha jusqu'à la sourate IV, § 64 (سورة النسا); le texte arabe est accompagné d'une traduction interlinéaire et interrompu par de longues digressions sur des points de la légende islamique.

Début : بسمله لحمد لله الذى حمد فى الكتاب نفسه و افتتح بالحمد كتابه وجعل لحمد اوّل ...

Les premières pages de ce manuscrit sont ornées de dessins en or qui sont l'origine de ceux que l'on trouve dans les Korans copiés en Égypte au XIV° siècle, sous le règne des Mamlouks bahrites; on lit au dernier feuillet cette inscription : لخزانة كتب المولى المعظّم دستنور الاعظّم مقدّم(؟) لحاج والحرمين ربيب الدنيا والدين ابى القسم هرون بن على بن ظفر دندان بحق الشر حسن له عاقبته, d'après laquelle on voit que ce magnifique exemplaire a appartenu à Aboul Kasem Haroun ibn Ali ibn Zafer Dindân, vizir de l'atabek Uzbek de l'Azerbeïdjan, dont les entretiens forment l'une des sources les plus importantes de l'histoire de Djélal ed-Din Mankoubirti, qui fut écrite en arabe par Mohammed el-Nésawi.

Beau neskhi avec beaucoup d'omissions de points diacritiques, copié dans l'Azerbeïdjan de 607 à 622 de l'hégire (1210-1225 de J.-C.) et analogue à celui qui s'écrivait à l'époque mongole. 306 feuillets. Reliure en cuir noir. — (Supplément 1610.)

I. 2

26

تاج التراجم فى تفسير القران للاعاجم. Traduction et commentaire du Koran en langue persane, par l'imam Imad ed-Din Aboul Mouzaffer Zahir Mohammed el-Esferaïni, surnommé Shâhfoûr (fol. 13 r°).

Hadji Khalifa, qui cite cet ouvrage sans l'avoir eu sous les yeux (*Dict. bibl.*, t. II, p. 91), fait de Shâhfoûr et d'Imad ed-Din deux personnages différents, ce qui est formellement contredit par le titre qui se trouve au recto du folio 13. Imad ed-Din Shâhfoûr mourut en l'année 871 de l'hégire. Le تاج التراجم est divisé en séances مجلس; le présent manuscrit commence avec la fin de la cinquième séance; la sixième se trouve au folio 13 r° et n'est point terminée; on y trouve la fin de la sourate IX, les sourates X-XIII et le commencement de la sourate XIV.

La dixième sourate commence par cette explication en persan (fol. 2 v°) :

واین سورة مکّی است وصد وله ایت است بـلا خـلاف وکـلمـاتش هـزار وهشتصد وسی ودو است وحروفش هفت هزار ویانصد وبیست وهفت است وبیغامبر صعلم کفت هرک این سورة بخوانـد خـدای تـعـالی ویـرا بدهذ ده نیکری بعدد هرکسی که یونس راکه تصدیق کرده است وبعدد هرکسی ك ویرا تکذیب کرده است وبعدد هرکسی که غرقه شذ با فرعون اول این سورة......

Cet exemplaire a été constitué en vakf, au mois de Zoulhidjdja 907 de l'hégire, par un nommé Djélal ibn Hadji Mahmoud ibn Safa, qui a fait légaliser l'acte de vakf, inscrit au recto du premier feuillet, par plusieurs personnages parmi lesquels Maulana Mohammed Tchélébi ibn Mouderris, Maulana Shodja ibn Mohammed, Maulana Nabi(?) ibn Hoseïn.

Assez bon neskhi persan du XIV° siècle, copié, comme on le voit par une note du folio 13 r°, pour un homme d'état nommé Abou Hamid Abd el-Melik ibn Abd Allah, qui est qualifié de مجلس سیّد خواجه الاجل خطیر الملك انمیر للحضرة ثقّة الدولة. 116 feuillets. 25 sur 18 centimètres. Reliure européenne. — (Gaulmin; Regius 1478. — Ancien fonds 12.)

27

مواهب عليّه. Commentaire sur le Koran, par Kémal ed-
Din Hoseïn ibn Ali el-Vaïz el-Kashifi.

Hoseïn el-Vaïz el-Kashifi, né à Baïbak, vécut à Hérat, à la cour du sultan
timouride du Khorasan, Aboul Ghazi Kémal ed-Din Sultan Hoseïn, et il s'attira
la faveur du célèbre vizir Mir Ali Shir Névaï; il mourut en 910 de l'hégire.
Il raconte dans sa préface que Mir Ali Shir l'avait engagé à composer un
commentaire très détaillé sur le Koran en langue persane, pour remplacer
ceux qui étaient écrits en arabe, et qui ne pouvaient être consultés que par
très peu de personnes; il entreprit alors la rédaction d'un commentaire auquel il donna le titre de كتاب جواهر التفسير لتحفة الامير, qui devait comprendre quatre volumes. Le premier volume était à peine terminé qu'Hoseïn
el-Vaïz el-Kashifi s'aperçut que son plan était beaucoup trop vaste, et qu'il
ne viendrait jamais à bout d'une telle entreprise; c'est pourquoi, en l'année 897 de l'hégire, il entreprit la rédaction d'un commentaire moins vaste,
qu'il termina en 899, et qu'il nomma مواهب عليّه, pour rappeler le
nom d'Ali Shir; il donne à cet émir, dans la préface, les titres de جناب

امارت پناه ايالت دستگاه معالى صفات مناقب سمات مقرّب حضرت
السلطانية موّمّن المملكة لخاقانية عضد الدولة القاهرة ركن السلطنة
الزاهرة موّيّد الاسلام والمسلمين نظام الدولت والامارت والدنيا
والدين ...... (fol. 1 v°). Cet ouvrage est désigné sous le nom de تفسير
حُسيني, dans une note en goudjarati écrite au recto du folio 1: il a été
édité en 1839. Hoseïn ibn Ali n'a pas indiqué ses sources dans sa préface.

Début : بعد از تمهيد قواعد حامد الهى وتاسيس مبانى ثنا خوانى
حضرت رسالت پناه عليه وعلى آله واحمابه صلوة مصونة ......

Une note inscrite au recto du folio 1 : مُخلّص كتاب جواهر التفسير للّولى
الكاشفى indique à tort que ce commentaire du Koran est un abrégé du
grand commentaire dont Hoseïn el-Vaïz el-Kashifi abandonna la rédaction
dans la crainte qu'elle ne l'entraînât trop loin. Le titre est donné en tête
de la première page du texte sous la forme de تفسير مولانا حسين واعظ.

Bonne écriture neskhi persane à encadrements et à frontispices en or et en
couleurs, copié par un certain Ali ibn Ismaïl, surnommé Ziya ed-Din el-Hasani el-
Hoseïni, en l'année 936 de l'hégire (1529 de J.-C.). 568 feuillets. 31 sur 19 centimètres. Reliure persane en maroquin rouge estampé et doré. — (Renaudot,
Saint-Germain-des-Prés 64. — Supplément 54.)

2.

28

Le même ouvrage.

Nestalik persan de deux mains, la partie médiale est du commencement du
xvii° siècle; la fin et le commencement, qui ont été ajoutés après coup, sont
du xviii° siècle; la partie ancienne a des encadrements grossiers en encre de couleur; l'arabe est écrit en gros neskhi et en rouge dans la partie qui a été ajoutée
au xviii° siècle. 460 feuillets. 27 sur 19 centimètres. Reliure indienne en maroquin rouge. — (Anquetil 57. — Supplément 53.)

29

خلاصة المنهج. Commentaire shiïte sur le Koran.

Le commencement du volume manquant, le titre ne se trouve que
dans la souscription finale (fol. 385 v°). Il n'y a pas de doute que cet ouvrage ne soit le même que celui qui se trouve décrit dans le *Catalogue of
Persian manuscripts* de Rieu, sous le n° Add. 18538 (p. 17), et qui a pour
auteur Ibn Shokr Allah Fath Allah Kashani el-Shérif; dans la préface de
son commentaire, Fath Allah el-Kashani rapporte (*ibid.*, p. 12) qu'il
avait composé un grand commentaire du Koran, qui comprenait cinq volumes et qu'il lui avait donné le titre de منهج الصادقين فى الزام المخالفين:
ce commentaire, d'après ce que dit Fath Allah lui-même, était de tendances franchement shiïtes; plus tard, il se décida à en faire une édition
abrégée à l'usage des personnes qui ignoraient l'arabe, ce qui tendrait à
prouver que le منهج الصادقين était écrit dans cette dernière langue;
il fit disparaître de cet abrégé beaucoup des théories qui appartenaient
exclusivement au Shiïsme pour se référer uniquement aux traditions des
imams. Fath ed-Din ibn Shokr Allah el-Kashani est également l'auteur
d'un traité sur les traditions des imams, intitulé تذكرة وتنبيه الغافلين
العارفين, paraphrase du البلاغة نهج de Seyyid Razi el-Din (British Museum, Add., 16850 et 18401; Rieu, *Catalogue*, t. I, p. 18) qui fut
terminé en 955 de l'hégire.
Le présent volume du خلاصة المنهج commence avec la sourate xxxv.

Assez bonne écriture talik persane, l'arabe écrit à l'encre rouge, copiée par un
certain Abbas ibn Maulana Ebli اصل Mamishàni مامشان, au mois de Rébi second
de l'année 1074 de l'hégire (1663 de J.-C.). 385 feuillets. 30 sur 20 centimètres.
Reliure orientale en maroquin noir. — (Ducaurroy 41 B. — Supplément 55.)

30

Le dernier tome d'un commentaire sur le Koran, qui devait comprendre au moins trois volumes.

Il commence à la sourate LIII, mais le commentaire de la dernière sourate n'est pas complet. Le commentaire de la sourate LIII commence par

والنجم اذا هوى سوكند بذان ستاره چون فرو شود واین را ده تفسیر کرده اند گفته اند که نجم ستارگان آسمان اند که ایشان دایم فرو ی شولد

Ce commentaire, qui est fort étendu et bien rédigé, contient, sous forme de demandes et de réponses, l'exposé de beaucoup de points difficiles de la théologie musulmane; on y trouve des traditions relatives à Mahomet, rapportées par les traditionnistes habituels, les khalifes orthodoxes, Fatima, Aïsha, Ibn Abbas Kelbi, les sheïkhs soufis Hasan-i Basri, Sofian-i Tsauri, Abd Allah ibn Masoud, Saïd-i Djabir, Abou Sahl Imari, etc.; et des histoires sur les personnages dont il est question dans le Koran.

Très beau neskhi persan, copié en 780 de l'hégire (1378 de J.-C.) par un nommé Khidr ibn Piroûz(?) ibn Abd Allah. L'arabe est en gros caractères et précède le texte persan. 191 feuillets. 22 sur 16 centimètres. Reliure orientale. — (Supplément 56.)

31

Commentaire sur le Koran, sans titre ni nom d'auteur, commençant à la sourate IX, § 41, et s'étendant jusqu'à la fin de la sourate XVII.

Ce commentaire est très étendu et souvent interrompu par de longues dissertations anecdotiques حکایت et قصه, dont le fonds repose sur les traditions musulmanes rapportées par les traditionnistes musulmans habituels, les khalifes orthodoxes, Aïsha, Fatima et les sheïkhs soufis. Ce commentaire est certainement différent de l'ouvrage précédent. Il commence

انفروا خفافًا وثقالًا ..... ای کرویدگان در موافقت پیغامبر علیه par السّلام و مظاهرت دین حقّ سوار وپیاده پیر وجوان توانگر و درویش .....

Les premières pages de ce manuscrit sont ornées d'encadrements et de frontispices qui rappellent ceux du ms. 25 et ceux qui furent exécutés en Égypte vers le milieu du VIIe siècle de l'hégire. D'après l'apparence du texte arabe et les ornements qui lui ont été ajoutés, il semble qu'il a été copié soit dans l'Azerbéïdjan, vers l'époque de Mankkoubirti, soit plus tard en Égypte au commencement de la dynastie des Mamlouks.

Assez bon neskhi arabe, et neskhi persan assez cursif, copiés dans la première moitié du vii° siècle de l'hégire (commencement du xiii° siècle). 340 feuillets. 29 sur 19 centimètres. Reliure persane en maroquin noir estampé. — (Ducaurroy 41 A. — Supplément 57.)

32

Recueil de fragments de traductions persanes du Koran, copiées par une main européenne, sans commentaire.

Il contient les sourates ii à xiv; des extraits du تاج التراجم d'Esféraïni, sourates x–xix, xxx–xxxv, xx–xxix, plus des fragments, et les sourates xix–xxii.

Mauvaise écriture neskhi du xviii° siècle. 164 feuillets. 23 sur 17 centimètres. Reliure européenne en basane noire. — (Oratoire. — Supplément 58.)

33

Traité sur la lecture du Koran.

Ce traité est sans nom d'auteur et ne porte point de titre : il a été composé à une date qui n'est pas indiquée, par un lecteur du Koran, qui dit dans sa préface avoir lu plusieurs livres du même genre, sans doute écrits en langue arabe, et l'avoir composé d'après les préceptes du célèbre docteur mystique Abou Djafar Mohammed ibn Taïfour el-Sedjavendi, qui mourut en 560 de l'hégire : خواجه وامام اجل صدر الاسلام شمس العارفين ابام الزاهدين ابو محمد ابن طيفور السجاوندى (fol. 2 r°).

Il traite des pauses nécessaires ou permises, à observer dans la lecture du texte koranique, qui est tout entier analysé à ce point de vue, chaque mot après lequel il convient de faire une pause étant marqué de l'un des cinq signes habituels. L'auteur anonyme de ce petit traité de tedjvid affirme dans sa courte préface que Sedjavendi est le premier qui reconnut les cinq variétés de pauses et qui inventa définitivement les signes conventionnels qui servent à les marquer dans le texte : السجاوندى.....

قدّس الله روحه وقوٿ را پنج مرتبه نهاده است وبهر يكى برهانى واضع
(fol. ٩ r°). و دليلى روشن تقرير كرده است على المراتب

Début : ...... بدان اعزّك الله فى الدارين كه بايست درين علمى

هر قرآن خوان را دانستنى وقف ووصل

A la fin de ce volume se trouvent des indications en langue turque sur
certaines prières et des talismans.

Écriture neskhi ture passable de la fin du xvi° siècle. 113 feuillets, 15 sur
10 centimètres. Reliure en peau noire. — (Renaudot; Saint-Germain 536. —
Supplément 59.)

34

تحفة القرى Précis de la lecture du Koran, par Ibn Ibrahim
Moustafa el-Kari القارى.

Le commencement de l'ouvrage manque; le titre ne se trouve qu'au
folio ٩ verso et le nom de l'auteur au début de la préface : امّا بعد چنين
كويد اقلّ خلق الله واضعف عباد الله المذنب ...... ابن ابراهم مصطفى
القارى كه نزد ارباب تحقيق واصحاب تدقيق... (fol. ١ r°).

Ibn Ibrahim dit avoir suivi les leçons des principaux maîtres de la lecture du Koran, tant dans les pays sunnites qu'en Perse در بلاد عرب وعجم
et avoir composé en l'année 1067 de l'hégire (fol. ٩ v°), à Isfahan (fol.
119 r°), ce précis مختصر (fol. ١ v°) d'après leur enseignement. Le تحفة
القرى est dédié au roi Moïn ed-Din Aboul Fath Aboul Mansour Sultan
Shah Abbas II; il se divise en une préface مقدّمه, douze chapitres et
une conclusion خاتمه. Tout le texte du Koran est analysé, sourate par sourate, depuis le commencement jusqu'à la fin (fol. ١ v°). Le تحفة القرى est
suivi d'un appendice du même auteur (fol. 119 r°), traitant également de
la lecture du Koran. divisé en cinq sections فصل et commençant par

امّا بعد بدان ايدك الله كه اين مختصريست ملحق برساله تحفة القرى
كه در قراءت...

Bon neskhi persan, daté de 1180 de l'hégire (1766 de J.-C.). 124 feuillets.
16 sur 10 centimètres. Demi-reliure. — (Supplément 1217.)

TRADITIONS DE MAHOMET.

35

سراج الطالبين ومنهاج الراغبين فى شرح الاحاديث الاربعين المشتملة
على قواعد الدين المتضمنة لمباني الشرع المنير المظهر المبين . Recueil
des quarante traditions musulmanes, traduites et commentées en persan par Abou Abd Allah Mohammed el-
Hoséïni el-Shafeï el-Idji (الايجى).

Cet auteur, qui au commencement de sa préface prend le titre de جمع
كننده شرح (fol. ٢ v°), déclare qu'il transmet روايت ميكنم le traité de
traditions bien connu de Névavi, tel qu'il avait été recensé par plusieurs
savants, en particulier par le sheïkh Afif ed-Din Abd Allah ibn Djémal ed-
Din Abou Abd Allah Mohammed ibn Ahmed el-Saadi el-Ibadi el-Khazradji
el-Médéni, connu sous le nom d'el-Matri, qui vécut à Médine حرم
شريف نبوى . C'est ce sheïkh qui donna, en 763 de l'hégire, à Abou
Abd Allah Mohammed el-Idji la licence اجازت de transmettre le traité
de traditions de Névavi; lui-même l'avait reçue du mufti Ala ed-Din Ali
ibn Ibrahim Daoud ibn Soleïman ibn el-Attar el-Dimishki. Parmi les
autres personnes d'après lesquelles Abou Abd Allah Mohammed el-Hoséïni
el-Shafeï el-Idji روايت ميكند les traditions colligées par el-Névavi,
il convient de citer l'imam حافظ الشام Imad ed-Din Ismaïl ibn Omar ibn
Kéthir el-Dimishki, Imam ed-Din Ali ibn Monbarek Shah, plus connu sous
le nom de Khvadjèh Sheïkh خواجه شيخ. C'est en l'année 763 de l'hégire,
au mois de Zilhidjdja, qu'Abou Abd Allah el-Idji accomplit ce travail.

Le traité de traditions qui sert de base au Siradj el-talibin est un des
plus importants de la littérature musulmane; il est dû à l'imam shaféïte
Mohyi ed-Din Yahya ibn Shéref el-Névavi, qui mourut en 676 de l'hégire.
On trouvera dans Hadji Khalifa (t. I), sous la rubrique اربعين النووى, la
liste des nombreux auteurs qui ont commenté ce traité.

Le présent exemplaire qui commence par : الحمد لله بجميع محامده
على جميع نعمه و .... الله وحده لا شريك له واشهد ان
محمدا عبده ... est fortement incomplet et ne contient que le commentaire des quatre premières traditions.

Assez bon nestalik persan du commencement du XVIIe siècle. 24 feuillets, 18
sur 12 centimètres. Reliure en maroquin rouge aux armes du roi. — (Vansleb;
Regius 1487. — Ancien fonds 27.)

36

اربعين. Recueil de quarante traditions, attribuées à Mahomet, en arabe, traduites en quatrains persans, par Nour ed-Din Abd er Rahman Djami.

Cet ouvrage, qui fut terminé en 886 de l'hégire, est nommé par Abd el-Ghaffour el-Lâri ترجمة اربعين حديث; il est également connu sous les noms de جهل حديث et de قرق حديث. La date de 886 est indiquée par Lari et dans la souscription du n° 39, sans d'ailleurs que le nom de Djami soit mentionné : تمّت ترجمه هذه الاربعين بتوفيق من هو خير ناصر. ومعين سنه ستّ وثمانين وثمانمایه.

Début : صحیح‌ترین حدیثی که راویان مجالس دین وبکدشان مدارس بیقین املا کنند چند دانایست که کهات تامة جامعه بر زبان ......

Le premier quatrain persan de cette traduction est :

هر کسی را لقب مکن مومن   کرچه از سی جان وتن کاهد

تا نخـواهـد بـرادر خـودرا   آنچه از بهر خویشتن خواهد

Exemplaire incomplet ne contenant que vingt-deux traditions.

Exemplaire de grand luxe en nestalik et en talik persans copiés en 886 de l'hégire (1481 de J.-C.), par un nommé Mohammed Khandan خندان, sans doute dans la Transoxiane; l'arabe est en lettres d'or et la traduction persane est souvent écrite en travers des pages. Les feuillets sont encartés dans des feuilles de papier sablé d'or de différentes couleurs; un très beau frontispice décore la première page. 5 feuillets. 18 sur 26 centimètres. Reliure en maroquin noir estampé et doré avec l'inscription باسم سحانه. — (Colbert 4991; Regius 1481. — Ancien fonds 251.)

37

Le même ouvrage.

Bon talik indien à encadrements et à frontispices sur papier de couleur, copié en Zilkaada 948 de l'hégire (1541 de J.-C.). 8 feuillets. 20 sur 11 centimètres. Reliure en maroquin rouge estampé et doré. — (Br015 74. — Supplément 60.)

38

Le même ouvrage.

Exemplaire de grand luxe en beau talik, copié à la fin du xvi° siècle par un certain Mohammed Siri محمد سيرى. 8 feuillets. 15 sur 20 centimètres. Encadrements et frontispices en or et en couleurs. Cartonnage. — (Supplément 1277.)

39

Le même ouvrage.

Bon talik persan, daté de 976 de l'hégire (1568 de J.-C.). 8 feuillets. 14 sur 22 centimètres. Encadrements en or et en couleurs. Reliure orientale en maroquin brun estampé. — (Schefer 166. — Supplément 1475.)

40

Traité sur les quarante traditions : چهل حديث.

Cet ouvrage étant incomplet du commencement et de la fin, on ne peut déterminer ni le nom de l'auteur, ni son titre exact, et il n'est même pas absolument sûr qu'il contint seulement quarante traditions.

Chacune des traditions est suivie d'une traduction persane paraphrasée, accompagnée d'une anecdote حكايت et suivie d'une invocation éjaculatoire مناجات; le traité commence par la sixième tradition نصف نصفان الايمان ... صبر ونصف شكر حقيقت بر تختة شريعت بتقسيم ايمان, ainsi traduite شكر ودوم صبر قسم يك است آمده دو قسم. Ce traité est vraisemblablement l'œuvre d'un docteur soufi.

Les premiers et les derniers feuillets portent des modèles d'écriture en arabe neskhi.

Nestalik passable du xvii° siècle. 36 feuillets. 21 sur 15 centimètres. Cartonnage turc. — (Supplément 71.)

41

سراج القلوب. Traité de cosmologie merveilleuse et d'histoire légendaire, par Khvadjèh Abou Nasr Saïd ibn Mohammed Aboul Kasem el-Kattan el-Ghaznévi القطان الغزنوى.

Il est divisé en 44 chapitres dont la liste se trouve contenue aux feuillets 5 et 6 et qui rappellent assez le عجائب الخلوقات de Kazvini et les traités analogues.

Ils traitent de la création du monde (1er), de la première créature à laquelle Dieu donna l'existence (2), des cieux et de la terre (3 et 4), du paradis et de l'enfer (5 et 6), du coq qui récite les louanges de Dieu et dont il est parlé dans le *Miradj nâméh* (7), du pont Sirat (8), du trône et du tabernacle (11 et 12), des prophètes (13), de l'ange de la mort (14), de Mounkir et Nékir (15), de la بيت المعمور [*sic*] (16), de la montagne de Kaf (17), d'Asrafil (19), etc. L'auteur est quelquefois appelé ibn Ibrahim et le nom de Kattan ne lui est pas donné dans tous les exemplaires.

Ce traité, qui commence par : این کتاب تصنیف کرده شد بر دست خواجه ابونصر ابن محمّد القطان الغزنوی رحمة الله علیه از عجایبهای پیشینکان وقصهای کذشتکان واخبار پیغمبران وافرینش آسمان ها وزمینها ....., se trouve quelquefois dans une autre rédaction attribuée à l'imam Abou Mansour Saïd ibn Mohammed, ou à Abou Bekr ibn Abd Allah ibn Mohammed ibn Shamir el-Asadi el-Razi, dans laquelle il est dit que cet ouvrage est le résumé des réponses que Mahomet fit aux Juifs quand ils vinrent discuter avec lui.

Cette rédaction est légèrement différente de celle qui se trouve dans le numéro suivant; elle comprend seulement 42 chapitres dont la table se trouve aux folios 1 et 2. Le commencement de la préface manque.

Assez bon nestalik persan, copié en 1043 de l'hégire (1633 de J.-C.). 98 feuillets. 20 sur 12 centimètres. Reliure persane en peau souple. — (Supplément 93.)

42

Le même ouvrage.

Exemplaire contenant seulement les 32 premiers chapitres.

Mauvaises écritures nestalik et semi-shikestéh persanes, copiées en 1183 de l'hégire (1769 de J.-C.) par Mohammed Abd Allah Khan pour M. Dangery موسى دانجر. 69 feuillets. 25 sur 17 centimètres. Reliure persane en cuir rouge. — (Dangery. — Supplément 92.)

43

Le même ouvrage.

Dans cet exemplaire, l'auteur est nommé Aboul Kasem el-Ghafran الغفران (fol. 2 v°). La rédaction est également différente de celle du précédent volume, et elle se continue (fol. 85-155) par une série de légendes du même caractère que celles qui sont contenues dans la première partie. Ces

légendes font évidemment partie d'une recension du Siradj el-koulonb,
dont elles sont considérées comme le troisième chapitre, avec le titre : باب

سيوم جنك كردن محمد حنفيه با املاق مسلمانان ساختن جمهور را با شش
... را جمهور خواهر وكرفتن برادر. Cette partie du Siradj el-kouloub constitue une histoire assez complète de Mohammed, fils d'Ali et de la Hanéfite, le fondateur de la secte des Keïsanis; on trouve ensuite des histoires
intitulées : قصّة هفت تن از شهر مغربيان وفرياد بيش حضرت پيغمبر

صعم آوردن وحضرت پيغمبر فرستادن حضرت علی بن ابو طالب را ...
قصّه فرياد آوردن سگ صالح وعاشق شدن صالح به دختر شاه زرين et
كر وكشتن طلوع الشجر را حضرت امير المؤمنين وشهيد كردن حذيفه
...... جنك آن در Cette recension du Siradj el-kouloub est suivie d'un
petit traité (fol. 168 r°) intitulé : اعمال ماه شعبان المعظّم, dans lequel on
trouve l'indication des prières à réciter et des exercices de piété à accomplir
durant les deux mois de Shaaban et de Ramadan.

Début : مرويست از حضرت امام جعفر الصّادق عليه السلام كه
...... چيزی كنترين

Les deux parties du manuscrit sont de la même main. Bon neskhi persan,
daté de Safer 1112 de l'hégire (1700 de J.-C.), et copié par un nommé Mésih
مسيح (sic). 183 feuillets. 21 sur 12 centimètres. Reliure en cuir rouge. — (Maisonneuve. — Supplément 94.)

<h1 style="text-align:center">44</h1>

امّ الكتاب. Traité par Ahmed Roumi sur l'explication de
quarante traditions ou versets du Koran.

Ce traité, qui est en prose mélangée de beaucoup de vers, est divisé en
40 chapitres dont chacun est consacré à une tradition ou à un verset,
la liste en est donnée aux folios 4-7; le commentaire est rédigé dans un
esprit mystique et soufi, et parmi les autorités citées par Ahmed Roumi,
on remarque les noms des docteurs soufis Djélal ed-Din Roumi, Nizami,
Saad ed-Din Hoummoui, Férid ed-Din Attar; cela explique qu'un possesseur de ce manuscrit a inscrit en tête du volume : هذا كتاب الغرس
تصوّف. L'auteur, qui ne donne aucun renseignement sur lui dans sa préface, est sans doute le même que le Ahmed ibn Mohammed Roumi el-Hanéfi,

qui écrivit un traité de droit sous le titre de القول الاصوب et qui mourut en 717 de l'hégire (Hadji Khalifa, *Dictionnaire bibliographique*, t. IV, p. 582).

Début :   الحمد لله ربّ العالمين .....

ابتدا كردم بنام آنكه او ۞ كل دهد از تيره كل با رنك وبو

Ce volume porte les ex-libris d'Ahmed ibn el-Hadjdj Mohammed el-Douréki الدوركى et une légation en wakf de el-Hadjdj Moustafa ibn Ahmed et de (?) Mohammed ibn Ahmed.

Bon nestalik turc, copié en Moharrem 990 de l'hégire (1582 de J.-C.) à Màrdin, par Dervish Siri el-Nédjif el-Roumi. 165 feuillets. 19 sur 12 centimètres. Reliure souple en basane. — (Supplément 115.)

45

اسپ نامه. Recueil de traditions relatives au cheval et à ses qualités, traduites en persan.

Cet ouvrage a été composé pour l'empereur timouride Aboul Mouzaffer Mohyi ed-Din Mohammed Aurengzeb Béhadour Alemguir Padishah ; ce souverain avait donné l'ordre aux savants de son royaume de réunir tous les حديث relatifs à cette question ; l'auteur anonyme de ce traité a accompagné toutes ces traditions d'une traduction paraphrasée en prose persane. Les mots difficiles et rares sont expliqués dans des gloses marginales.

سپاس قدسى اساس جوادى راكه سمند تيزكام انديشه : Début
در مضمار ثنايش لنك است وكلكون تند خرام خيال

Bon nestalik indien, daté de 1142 de l'hégire (1729 de J.-C.). 31 feuillets. 17 sur 8 centimètres. — (Supplément 1266.)

TRADITIONS DES KHALIFES ORTHODOXES.

46

شرح ديوان معجز بيان حضرت امير المؤمنين على. Commentaire en persan sur le Divan du khalife Ali, fils d'Abou Taleb,

par le seyyid Hoseïn ibn Moïn ed-Din el-Hoseïn el-Maïboudi el-Mantiki المنطقى.

Hoseïn el-Maïboudi, né à Maïboud, dans la province d'Isfahan (ou, suivant d'autres géographes, dans le Fars), se livra à l'étude des sciences
transcendantales à Shiraz et écrivit plusieurs livres de philosophie; Sam
Mirza, dans le تحفة سامى, le nomme Kadi Mir Hoseïn Yezdi. Maïboudi est
l'un des meilleurs exemples des soufis qui commentèrent les traditions
dans un sens mystique et ésotérique. Dans sa conclusion (fol. 260 v°), l'auteur déclare qu'il termina cet ouvrage en Safar 890 de l'hégire, ce qui
s'accorde avec les renseignements fournis par Hadji Khalifa.

Aucune des poésies attribuées à Ali n'a plus de quatre vers; le commentateur commence par expliquer les mots isolés, puis paraphrase l'en-
semble. Le commentaire, suivant l'habitude des exégètes soufis est précédé
par une introduction fort étendue, qui est un véritable manuel des doctrines ésotériques et qui se rencontre quelquefois à part avec le titre de
فواتح ميبدى; elle est divisée en sept قاتحة dont voici le détail :

در ذات ۲° (fol. 4 r°); ۱° در بيان راه راست كه مسلوك اصفياست
در انسان كبير ۴° (fol. 19 v°); ۳° در اسما وصفات (fol. 13 v°): خدا
(fol. 26 r°); ۵° در انسان صغير كه انشاء العين انسان كبيرست
در فضائل واحوال مرتضى ۷° (fol. 49 v°); ۶° در نبوّت وولايت (fol. 39 r°)
(fol. 63 v°).

A partir du feuillet 175, on trouve des vers persans accompagnés de
loin en loin d'un commentaire également en persan, et qu'un copiste a évidemment voulu faire passer pour l'œuvre d'Ali.

Le Divan d'Ali, fils d'Abou Taleb, se trouve dans le fonds arabe aux
n°ˢ 3082 et 3083, ce dernier exemplaire contenant une traduction persane en vers.

Début : سپاس سعادت اساس وشكر عبادت لباس معبودى راكه
أعلام نبوّت وولايت در ميدان فتوّت ......

Neskhi et nestalik turcs du xvii° siècle. 259 feuillets. 21 sur 15 centimètres.
Cartonnage turc. — (Ravius. — Ancien fonds 253.)

47

اللّدى. Recueil de sentences attribuées à Ali, fils d'Abou
Taleb, traduites en persan.

Ces sentences sont rangées d'après l'ordre alphabétique de la première lettre et précédées d'une préface en vers persans, dans laquelle le titre est donné sous la forme suivante :

چون مکمّل شد بتوفيق الهى عقل کفت

تحفه زيبى به نخواهد بود نزد اذكيا

نام آن نظم اللآلى کن که نای درخور است

چون که بر نثر اللآلى ساختى ايى بينتها (fol. ٢r°)

La traduction persane est double et se compose d'une traduction mot à mot en prose, suivie d'une traduction plus libre, formée de deux vers persans, par exemple : اخوان هذا الزمان جواسيس العيوب est traduit

par اند عيبها جاسوسان زمان ابى برادران : et

ايى برادر خواندکان کابنای دور اند وزمان

جمله جاسوسان عيب اند اى پسر پير وجوان (fol. 3 r°)

L'arabe et le persan sont également vocalisés. Ces deux versions manquent aux folios 26-37.

Bon neskhi et nestalik turcs à filet rouge, daté de Moharrem 967 de l'hégire (1559 de J.-C.). 52 feuillets. 21 sur 15 centimètres. Reliure turque en maroquin brun estampé. — (Renaudot; Saint-Germain 446. — Supplément 512.)

48

Les cent sentences du khalife Ali, fils d'Abou Taleb, en arabe, traduites en quatrains persans.

On lit dans la souscription le titre suivant مايةكلمة مى كلمات امير المومنيى اسد الله الغالب على بى ابو طالب.

La première de ces sentences : لوكشف الغطاء ما ازددت يقينًا est traduite :

حال خلد و جحيم دانستم   بيقيى آنچنانك می بايد

کر حجاب از ميانه بر دارند   آن بقيى درةٌ نيفزايد

Exemplaire de luxe. Bon talik persan à encadrements et frontispices en or et en couleurs de la fin du xvii° siècle. 18 feuillets. 23 sur 13 centimètres. Cartonnage turc. — (Legrand. — Supplément 511.)

49

Le même ouvrage, incomplet de la fin.

Le texte persan est moins correct que celui du précédent manuscrit.

Exemplaire de luxe. Très beau talik persan à encadrements et frontispices en or et en couleurs du commencement du xvii⁰ siècle. 26 feuillets, 18 sur 12 centimètres. Reliure en maroquin brun estampé et doré. — (Supplément 510.)

50

كتاب صد مقاله حضرت على. Recueil de cent sentences du khalife Ali, fils d'Abou Taleb, en arabe, traduites en vers persans.

Ce recueil est différent de celui qui se trouve dans les manuscrits 48 et 49 ; la version persane se compose de deux vers ; la première tradition, لوكشف الغطاء ما ازددت يقينًا, est rendue par :

گر اجل بر دارد از بم حیات مستعار

در یقین من نیفزاید بذات کردکار

Le manuscrit porte l'ex-libris d'un certain Mohammed Kouli-Beg.

Exemplaire de très grand luxe, écrit sur papier sablé d'or, l'arabe en neskhi, le persan en talik, au milieu du xvii⁰ siècle ; encadrements et frontispices en or et en couleurs. Reliure indienne en maroquin rouge estampé et doré. — (Bruix 73. — Supplément 513.)

51

Sentences des khalifes orthodoxes avec traduction en prose persane, par Rashid ed-Din Mohammed ibn Mohammed ibn Abd el-Djélil el-Omari, généralement connu sous le nom de Rashid-i Vatvat et de Rashid el-Katib el-Vatvat.

Rashid ed-Din Vatvat, qui était le descendant du khalife Omar, naquit à Balkh, en 481 de l'hégire, et mourut en 578, après avoir été secrétaire d'état aux Affaires étrangères صاحب دیوان انشاء sous les règnes des deux

sultans de la dynastie des Khvarizmshahs, Atsiz (535-551) et Il-Arslan
(551-568); il ne conserva pas ses fonctions sous le règne du sultan Tu-
kush, à cause de son grand âge. En plus du présent ouvrage, il a laissé
un Divan, un traité de poétique, le حدائق السحر, et un traité, le فوايد
القلايد. Le présent traité est divisé en 4 sections, comprenant chacune 100
sentences et portant un titre spécial : 1° كتاب تحفة الصّدّيق الى الصّدّيق
كتاب فضل للخطاب (fol. 1 v°); 2° من كلام امام المومنين ابى بكر الصدّيق
انس اللهفان من (fol. 42 v°); 3° من كلام امام المومنين عمر بن للخطاب
المطلوب كل طالب من (fol. 89 v°); 4° كلام امام المومنين عثمان بن عفان
كلام امام المومنين وخاتم الائمّة الرشيدين على بن ابى طالب (fol. 130 v°).
Les deux premières sections ne portent pas de dédicace; seules les deux
dernières sont dédiées au Khvarizmshah Djélal ed-Din Sultan Shah Aboul
Kasem Mahmoud ibn Khvarizmshah Atsiz ibn Khvarizmshah Il-Arslan
Mohammed (fol. 90 r° et 131 r°). Ces quatre opuscules furent composés
dans l'ordre suivant : les sentences d'Ali شرح صد كلمة, les sentences
d'Omar, d'Abou Bekr et d'Osman (fol. 1 v°, 43 r°, 90 r°, 130 v°). La
traduction est généralement double, d'abord en prose, puis en vers, et
quelquefois Rashid-i Vatvat commente en arabe le texte toujours concis
de la sentence qu'il traduit en persan.

Nestalik arabe et persan passable, copiés en 768 de l'hégire (1366 de J.-C.)
par Fath Allah Omar el-Katibi el-Kazwini. 185 feuillets, 23 sur 15 centimètres.
Reliure en maroquin estampé. — (Schefer 78. — Supplément 1387.)

CONTROVERSE.

52

كتاب مصقل صفا در تجليه وتصفية آئينه حق نُما در ردّ مذهب
نصارى. Réfutation par Emir Seyyid Ahmed ibn Zeïn el-
Abidin el-Alévi el-Améli العاملى d'Isfahan du نُما حقّ آئينه
du père Jérôme Xavier.

Le مصقل صفا, qui fut composé par le Seyyid Ahmed el-Alévi en
l'année 1032 de l'hégire, est dédié au shah séfévi de Perse Shah Abbas.

L'auteur nous apprend dans sa préface qu'il avait déjà composé deux
traités de controverse religieuse, le اللوامع الرّبانيّة فى ردّ شبهات نصارى

I.   3

صواعق رحمن در ردّ مذهب یهودان ودر تغییر et le وبیان تغیّر اناجیل
توریة ; le premier est surtout une réfutation des Évangiles, on en trouve
un exemplaire sous le n° 54 ; le second est une réfutation des dogmes des
Juifs qui étaient alors très nombreux en Perse, particulièrement dans la
ville natale d'Ahmed ibn Zeïn el-Abidin. Il n'eut pas, comme on le voit par
le الایشهای (n° 23), sous les yeux le texte même du آئینهٔ حقّ نما du
Père Xavier, qui fut imprimé à Leyde en 1639, mais seulement un abrégé
de cet ouvrage, le خلاصة حقّ نما. La cour pontificale a fait réfuter par
deux fois le صفا, une fois par مصقل, une fois par Guadagnoli dans le *Apologia pro
Christiana Religione, qua a R. P. Philippo Guadagnolo respondetur ad objec-
tiones Ahmed filii Zin Alabadin, Persæ Asphahensis, contentas in libro inscripto
Politor Speculi.* Rome, 1631 ; une autre fois par Bonav. Malvalia en 1648.

Début : بعد از حمد قیوی که آسنان ربوییتنش از سدرة المنتهای
ساکنان بارکاه لاهوت بر تراست .....

Bon neskhi persan du XVII° siècle. 237 feuillets. 24 sur 18 centimètres. Reliure en basane pleine. — (Supplément 11.)

53

Le même ouvrage ; fragment du commencement.

Nestalik médiocre, copié à Paris par David d'Ispahan au XVII° siècle. 23 feuillets.
17 sur 12 centimètres. Cartonnage. — (Renaudot ; Saint-Germain 538. — Supplément 11.)

54

اللوامع الرّبّانیّة فی ردّ الشبه النصرانیة (وبیان تغیّر اناجیل). Traité
de controverse religieuse écrit par l'alide Emir Seyyid
Ahmed ibn Zeïn el-Abidin el-Alévi, d'Ispahan (fol. 2 r°).

Cet ouvrage est surtout dirigé contre le Père Jérôme Xavier ; il fut
composé pour réfuter les doctrines que les missionnaires chrétiens étaient
venus prêcher dans l'Inde et en Perse, et leurs attaques contre l'Islamisme,
en l'année 1031 de l'hégire, comme l'indiquent un passage de la préface
(fol. 1 v°) et plusieurs chronogrammes qui se trouvent à la fin (fol. 92 r°).
Il est surtout une réfutation des quatre Évangiles que l'auteur musulman
avait lus avec beaucoup de soin, et à l'aide desquels il prétend prouver

l'authenticité de la mission de Mahomet et la préexcellence de la religion musulmane (cf. n° 5a, مصقل صفا). Ahmed ibn Zeïn el-Abidin raconte qu'il composa cet ouvrage après une vision qu'il eut et au cours de laquelle l'imam el-Mahdi lui donna l'ordre d'écrire une réfutation des livres des Chrétiens.

Début : الحمد لله الذى هدانا لنهدا وماكنا لنهتدى لو لا ان هدينا الله محنى نماند بر مدارك احماب ايمان ومشاعر ارباب ......

Assez bon nestalik persan du commencement du xvii° siècle de J.-C.; 92 feuillets. 21 sur 13 centimètres. Reliure en maroquin rouge estampé et doré. — (Renaudot; Saint-Germain 320. — Supplément 10.)

THÉOLOGIE SUNNITE.

55

عدة الاسلام. Traité sur les cinq points fondamentaux du dogme musulman et sur les prescriptions d'observance stricte.

Ce précis de théologie musulmane ne porte pas de nom d'auteur, mais il est probable qu'il est identique au livre du même titre dont parle Hadji Khalifa (t. IV, p. 256) et auquel il donne pour auteur un certain Abd el-Aziz. Le عدة الاسلام commence sans préface par ces mots : الحمد لله ...... بدان ارشدك الله كه در كشف الاسرار اوردة است كه اول چيزى كه بر بندة واجب است بيش از جمله...

L'auteur déclare dans sa conclusion (fol. 76 r°) qu'il a rédigé ce précis de théologie pour les personnes qui, n'étant pas au courant de cette science, risqueraient de se perdre dans les dédales des grands traités de théologie et de droit, et que pour le faire il a compilé plus de soixante-dix traités différents : كه عدة دينست ومشتمل بر پنج مقدّ است كه بناء اسلام است ملتقط از هفتاد وچند كتاب از كتب اصول وفروع بوجه اختصار بخاطر پريشان جمع كردم واين را عدة الاسلام نامه نهاذه شد.

3.

Parmi les ouvrages qui forment les sources du عدة الاسلام, Abd el-Aziz cite le : مشارق بزدوى ; le عقيدة نجاح , le عقيدة نجاح , le كشف الاسرار , le جامع , le كبير , les fetvas d'un nommé Serakhsi, le تمهيد , le كبير , le فقه خلاصة , les fetvas d'un nommé Serakhsi, le تمهيد d'Abou Bekr Salémi, le فقه ذخيرة , le commentaire de l'عدة , le Tefsir-i Abbassi, le Mohassal de l'imam Fakhr ed-Din Râzi, le الفقه بوستان d'Aboul Leïs, le commentaire de la هداية , le Khilaseh-i Kermani, le commentaire du تهذيب .

Il est divisé en six chapitres, correspondant à la foi ايمان (fol. ٩ v°), à la prière (fol. 18 v°), à la purification (fol. 19 v°), aux ablutions (fol. ٢٣ v°), à l'ablution avec le sable تيمّم (fol. ٢٧ r°), aux conditions de validité de la prière (fol. ٢٧ ١°).

Suivant Hadji Khalifa, le عدة الاسلام a été traduit en langue turque avec de nombreuses additions par un nommé Abd er-Rahman ibn Yousouf qui donna à ce travail le titre de زاد الاسلام ; il lui reproche d'être fondé en partie sur des traditions qui manquent de valeur احاديث ضعيفة .

Une note inscrite au recto du premier feuillet montre qu'anciennement ce manuscrit contenait en plus le كتاب حسن ودل de Fettahi Nishapouri, un traité sur l'âme humaine, et plusieurs autres dissertations sur le soufisme; il a été payé 15 piastres par Vansleb.

Nestalik passable du xviiᵉ siècle. 76 feuillets. ٢١ sur ١٥ centimètres. Reliure en basane, aux armes du roi. — (Vansleb; Regius 1486. — Ancien fonds ٢٩.)

56

مجموعة خان عن المعانى . Traité de théologie et de droit canonique, par Kémal Kérim.

Ce traité est dédié à un prince nommé 'Izz ed-Din Ouloug Koutlough Behramkhan : ناشر الاسلام والمسلمين قالع قلاع الكفرة والمشركين ناصر الملوك والسلاطين عزّ الملّة والدين الخ تتلغ اعظم معظم بهراكخان...

L'auteur déclare qu'il s'est borné (fol. 1 v°) à compiler des extraits des meilleurs ouvrages arabes qui existaient sur ce sujet et à les traduire en langue persane, il cite ses sources dans sa préface (fol. ٢ r°) comme il suit : هدايه وفتاوى خانى جامع صغيرى اوزجندى وشرح هدايه وخلاصة الغتاوى جامع صغير خانى قدورى فتاوى حجة فوابد جامع صغير شرح ندورى فتاوى عتابيّه مجموع النوازل منظومه فتاوى سراجى (autrement

سراجيّه (connu sous le nom de مجموع البحرين) مصطفى ضياء الفتاوى

مزيد طحاوى فتاوى غياثي بجديه شرح طحاوى حسامى مبسوط بكرى طاق

فتاوى ظهيرى متفرّقات شمس الأئمّه وفتاوى هوا ملتقط ونهايه وفتاوى

بكرى متفق مضمرات فتاوى اوزجندى منافع خزانة الفقه فتاوى

مسعودى نافع بحيط فتاوى نسفي ينابيع درر البحور فتاوى نوادر ذخيرة

فتاوى صغرى فقيه ابو الليث شاهان جامع للجوامع جامع كبير اوزجندى

تهذيب نوازل ترصيع بقائق اصول شاكى فوز النجاة تجنيس عمدة الشاكى

اساس كفايه شعبى منار عمدة تلفى (؟) حاوى كشف بردوى شرح كرك تحفة

نوادر اصول ترمذى نظم... (؟) نصاب اصل كتاب النجوم زاد الفقهاى

مصابيح الدلائل تجريد فروق نيشابورى كشف اسرار زبادات برهان

انصاب تفسير امام زاهدى واقعات عمدة الابرار كشان عنانى روضة العلماء

هارونيات صبر ك شرح عالاى تفسير امام ابو حفص تفسير عمدة روضة

العارفين مشارق الابرار عمدة الصلوات اسباب المغفرة بردوى كشف

عقيده واوراد شيخ الشيوخ قوّت القلوب عقيدة مولانا حافظ اعتماد

الاعتقاد مفتاح الدين مفتاح اليقين اصيا العلوم مقدّسى تاج الاساى

Ce traité est divisé en trois livres; le premier traite de la purification et de la prière, le second de l'aumône légale, le troisième du jeûne.

Exemplaire incomplet de la première page; neskhi indien passable du XVII⁰ siècle. 486 pages, 23 sur 13 centimètres. Reliure occidentale. — (Darmesteter. — Supplément 1912.)

57

Le même ouvrage.

Incomplet du commencement et de la fin.

Mauvais nestalik indien du commencement du XIVᵉ siècle. 462 pages, 23 sur 13 centimètres. Cartonnage. — (Darmesteter. — Supplément 1201.)

58

Précis des croyances fondamentales de l'Islamisme.

Ce traité, qui est rédigé sous forme d'un catéchisme par demandes et réponses, est incomplet de la fin et s'arrête au milieu de la partie relative aux ablutions. Il ne porte point de titre et le nom de l'auteur n'est pas indiqué.

Début : بدانكه اسعدك الله تعالى فى الدارين كه اين كتاب در بيان صفت ايمان واركان واحكام الصلوة كه روشناى دلهاست وپرورش جانهاست

Semi-shikestéh indien du commencement du XVIII° siècle, 24 sur 15 centimètres. Reliure en basane pleine. — (Supplément 74.)

<h1 style="text-align:center">59</h1>

كفاية المؤمنين. Exposé des pratiques religieuses fondamentales de l'Islamisme.

Ce traité, qui est anonyme, comporte les cinq divisions ordinaires : purification (fol. 3); prière (fol. 33); jeûne (fol. 84); aumône (fol. 94); pèlerinage (fol. 103).

Les folios 49-54 sont en hindoustani et n'appartiennent pas à l'ouvrage.

Début : .... بدان اسعدك الله تعالى فى الدارين كه دركتب فقير مذكور است كه هركه فرايض نماز ندانـد نماز او روا نباشد...

Neskhi indien passable du XVII° siècle, 134 feuillets. 17 sur 12 centimètres. Reliure en basane au chiffre du roi. — (Anquetil 63. — Supplément 127.)

<h1 style="text-align:center">60</h1>

Traité abrégé de théologie et de philosophie scolastique.

L'auteur anonyme de ce traité, qui ne porte point de titre, l'a dédié à un souverain, nommé l'émir Djémal ed-Din Firoûz Shah, qui est traité de ظل الله على العالمين ملاذ الافاضل والعالمين الخصوص بعون الله وشمول الاه جلال (sic) جمال الدّولة والسّلطنة والدّنيا والدّين الامير فيروز شاه خلد الله ... (fol. 5 r°); il est divisé en six discours مقاله, précédés d'une préface et suivis d'une conclusion خاتمه.

La préface traite des principes مبادى de la philosophie en général et de la foi (fol. 5 v°); le premier discours, qui est divisé en trois مقصد (fol. 19 v°), traite de la foi en Dieu در تفصيل ايمان بخداى; le second (fol. 29 v°) de la foi dans les anges در تفصيل ايمان بفرشتگان.

il est divisé en deux مطلب; le troisième (fol. 33 v°) est divisé en deux مرصد, il traite de la foi dans les livres révélés در بیان ایمان بکتابها; le quatrième (fol. 38 v°) traite de la foi dans les Prophètes, il est divisé en deux مطلب; le cinquième (fol. 45 r°), traite de la croyance au jour du jugement dernier, il est divisé en trois مبحت; le sixième (fol. 54 r°), de la croyance que le bien et le mal proviennent tous les deux du décret de l'Être Unique در تحقیق ایمان باینك خیر و شر بتقدیر خدای تعالی است; la conclusion (fol. 57 r°) de l'Imamat shïite در مباحث امامت است, elle est divisée en trois مطلب. Parmi les autorités de ce traité de philosophie, il convient de citer Abou Mansour Matoridi, l'imam Adod ed-Din Igui ایکی et Ghazali.

Début : حمد بی حدّ و ائتها و شکری بی عدّ و احصا پادشاهی راست كه دیدهٔ افکار و افهام را مشاهدهٔ جمال كالش قاصراست ...

Bon nestalik cursif qui paraît être du xv° siècle et dans lequel manquent beaucoup de points diacritiques. 62 feuillets. 25 sur 14 centimètres. Reliure orientale en maroquin gaufré. — (Supplément 87.)

61

منتخب العقاید. Traité en vers des croyances fondamentales de l'Islamisme, par Mohammed Djémil ibn Abou Tourab Badakhshi.

L'auteur, qui était évidemment sunnite, dit dans sa préface que la première chose que l'homme doit connaître étant la nature de Dieu et ce qu'est son Unité وحدانيّت, il réunit des livres et rédigea cet abrégé en langue persane, de façon que les Musulmans de Perse puissent facilement le lire : درین باب از کتاب بطریقهٔ انتخاب بفارسی جمع نموده مختصری ترتیب داد که عوام مسلمین از خواندن آن بهره مند کردند. D'après la conclusion حاتمة, cet ouvrage fut terminé au mois de Redjeb de l'année 1016 de l'hégire dans la ville de Tchatour چتمور, dans le pays de Kashmir.

Quelques rares passages de ce traité sont en prose; on y trouve cités le sheïkh Djélal ed-Din Yasbatfouti, l'émir Djélal ed-Din el-Mohaddes, le sheïkh Shihab ed-Din Tourshiti, le traditionniste el-Boukhari, Ibrahim el-Hanéfi,

Ibn el-Hadjdjar el-Mekki, commentateur du traité de traditions d'el-Boukhari, Abou Mansour el-Baghdadi, le روضة الاحباب , el-Mohsen Tchélebi.

Début : بعد از حمد وسپاس وستايش ملك علام ودرود نا معدود بر

سيد انام عليه الصلوة والسلام ....

Beau talik persan à encadrements en or et en couleur daté de l'année 1036 de
'hégire (1626 de J.-C.). 164 feuillets. 19 sur 12 centimètres. Reliure orientale
en cuir doré. — (Brueys 30. — Supplément 75.)

62

Catéchisme musulman.

Ce traité, qui est sans préface, sans titre ni nom d'auteur, est divisé en
deux chapitres : le premier sur quelques points d'interprétation du Koran,
le second sur des points identiques qui se trouvent dans les traditions
musulmanes (sic) : باب ; (fol. 1 v°) باب اول در اسوله واجوبه فى علم تفسير
(fol. 38 r°) دوم در اسوله واجوبه از علم حديث .

L'ouvrage est rédigé sous forme de demandes et de réponses; la première
partie suit l'ordre des sourates du Koran. On trouve au recto du premier
feuillet deux titres qui ont été ajoutés par deux possesseurs du manuscrit
et qui n'ont vraisemblablement rien d'authentique : تفسير غريب القران

رسالة مشكلات المفسرين تركى (sic) لـنـوح et للامام العالم نوح افندى
افندى , mais qui tous les deux l'attribuent à un certain Nouh Efendi. Ce
Nouh Efendi est probablement Nouh ibn Mustafa, qui traduisit en turc le
كتاب ملل ونحل de Shehristani, et qui était très versé dans les sciences
religieuses et la philosophie scolastique (Rieu, *Catalogue of Turkish manuscripts*, p. 35), et qui mourut en 1070 de l'hégire. Ces deux assertions
paraissent d'ailleurs démenties par une note persane de la même main que
le reste du livre et qui semble faire partie intégrante du texte : اما بعد

چنين كويد محرّر اين رساله محمد بن محمد الاقسراى كه چون اشارت
.... د'après cette note, l'auteur serait Mohammed ibn Mohammed el-Akséraï.

Nestalik turc passable, copié par un nommé Mohammed ibn Mourad au
xvii° siècle. 49 feuillets. 20 sur 12 centimètres. Cartonnage. — (Supplément 72.)

63

1° Prières en arabe pour les sept jours de la semaine, portant le titre de این صلوات سبعه را بعدد ایام هفته قسمت کنند (fol. 1 v°);

2° تحفة الصلوات. Traité abrégé sur la prière, par Hoseïn ibn Ali el-Vaïz el-Kashifi.

Cet opuscule, qui a été terminé en Ramadan de l'année 899 de l'hégire, est divisé en une préface (مقدمه), huit chapitres et une conclusion (Hadji Khalifa, *Dict. bibl.*, t. II, p. 231).

Début : احمدك اللهم وانت المحمود علی لسان حبيبك محمد بالتحيات المباركات ..... اما بعد این رساله ایست موسومه بتحفة الصلوات (fol. 29 v°).

On trouve sur le feuillet de garde des poésies turques de Hilmi Vaïz; au recto du folio 1, une tradition tirée du مشكاة الانوار et une autre rapportée par Abou Horeïra; à la fin du volume se trouvent également quelques traditions.

Nestalik turc du commencement du xviii° siècle. 146 feuillets. 21 sur 12 centimètres. Cartonnage turc. — (Mazarin. — Ancien fonds 44.)

64

Recueil de prières arabes, avec traduction interlinéaire en langue persane, sans titre ni nom d'auteur.

On trouve au commencement du volume une table des matières avec renvoi aux pages.

Début : الحمد لله ربّ العالمين والعاقبة للمتّقين والصلوة والسّلام علی ..... هه سپاس ثابت است مر خدای را که پروردگار عالمیانست ونیکوی اخرت پرهیزگارانرا ودرود وسلام نازل باد

Manuscrit de grand luxe, écrit sur papier doré, l'arabe en caractère neskhi et le persan en fin nestalik du commencement du xvii° siècle. 204 feuillets. 23 sur 13 centimètres. Reliure en cuir noir. — (Polier 3. — Supplément 131.)

65

Recueil de prières et de traditions sur l'efficacité de certaines prières, suivi de l'explication d'un talisman nommé قزديا.

Neskhi persan de la fin du xvii° siècle. 51 feuillets, 15 sur 10 centimètres. Reliure en maroquin rouge, aux armes du roi. — (Vansleb; Regius 1493, 9. — Ancien fonds 50.)

66

Fin d'un traité en langue persane sur la façon de réciter les sourates du Koran comme prières, suivi d'une prière commençant par يس يس ..... و القران الحكيم انك لمن, d'une autre commençant par المرسلين على صراط المستقيم ..., etc. ... يا حيّ يا قيّوم يا كافى يا شافى يا هادى الحمد, etc.

Assez bon neskhi persan du milieu du xviii° siècle, copié sur des bandes de papier collées en rouleau de 578 sur 7 centimètres. — (Supplément 1989.)

67

شرح السّراجيّة فى الفرائض بلغة الفارسى (sic). Commentaire sur le فرائض de Sedjavendi, par Mohammed ibn Moubeïn ابن مبين ibn Obeïd Allah el-Mouminabadi.

Le فرائض السجاوندى, qui est également connu sous le nom de الفرائض السراجيّة, ou en persan de فرائض سراج, par l'imam hanéfite Siradj ed-Din Mohammed el-Sédjavendi (mort vers la fin du vi° siècle de l'hégire), est l'un des ouvrages les plus estimés qui traitent des successions, comme l'indique un passage de cet ouvrage : فرائض سراج كه بهترين مصنّفات ومشهورترين مؤلّفاتست درين ... L'auteur du commentaire rapporte dans sa préface, qu'il se rendit à Boukhara در بلدة فاخرة بخارا pour y étudier la science des successions, sous la direction d'un maître qui avait acquis une grande notoriété dans ce genre d'études, et que plusieurs de ses nombreux élèves lui demandèrent de rédiger en langue persane le précis de l'enseignement qu'ils avaient suivi, ce qu'il fit malgré les difficultés de l'entreprise. Le style de cet ouvrage était d'ailleurs assez peu clair pour que Sédjavendi lui-même se soit cru obligé d'en écrire un commentaire.

Le فرائض a du reste été très souvent commenté par les jurisconsultes musulmans et Hadji Khalifa, dans son *Dictionnaire bibliographique*, t. IV, p. 399 et suiv., donne la liste d'un grand nombre de ces commentaires, sans citer celui de Mohammed el-Mouminabadi. Le présent exemplaire est incomplet de la fin; le recto du premier feuillet est couvert de notes sans importance.

Début : بعد از ثناء حضرت چ خالق بيچون كه علم عالم را بنور سراج علم وحكمت منور داشت وسهام علماء...

Ce volume porte l'ex-libris d'un nommé Mohammed ibn Abd er-Rahman el-Bahouni? el-Hanbali.

Mauvaise écriture nestalik, presque complètement dépourvue de points, du xvie siècle. 43 feuillets. 19 sur 13 centimètres. Cartonnage. — (Supplément 82.)

68

كنز الدقايق. Traduction persane, par Nasr Allah ibn Mohammed ibn Hammad el-Azdi الازدى, surnommé el-Kermani, du traité de jurisprudence hanéfite d'Aboul Bérékat Abd Allah ibn Ahmed, plus généralement connu sous le nom de Hafiz ed-Din el-Néséfi († 710 H.).

Ce traité est un précis du traité de droit du même Néséfi, intitulé الوافى, sur les applications du droit hanéfite. L'original arabe existe dans le fonds arabe sous les nos 891-895, il a été imprimé à Dehli en 1287 de l'hégire, à Bombay en 1294 de l'hégire, à Laknau en 1874-1877; il en existe un grand nombre de commentaires en arabe, dont les plus connus sont celui de Fakhr ed-Din Abou Mohammed Osman ibn Ali el-Zaïlaï الزيعلى († 743 H.) intitulé : تبيين الحقائق لما فيه أكتنز من الدقائق, arabe 897-8°9; le رمز de Mohammed ibn Ahmed el-Aïni († 818 H.), للحقائق ى شرح كنز الدقائق arabe 899 et 900; le مستخلص الحقائق ى شرح كنز الدقائق d'Ibrahim ibn Mohammed († 907 H.), arabe 901; le كتاب الايضاح par Yahya el-Koutchhisari, arabe 902; le البحر الرائق ى شرح كنز الدقائق par Zeïn el-Abidin ibn Nédjim el-Misri, arabe 903; le كتاب مستحسن الطرائق في, نظم كنز الدقائق, remaniement on vers du Kenz el-dékaik par Ahmed ibn Ali el-Hamadani ibn el-Fasih († 755 H.), arabe 904. On trouvera la liste des autres commentaires de ce traité de jurisprudence dans le *Dictionnaire bibliographique* de Hadji Khalifa (t. III, p. 250 et suiv.) et dans le *Catalogue de la bibliothèque d'Alger*, n°⁵ 1000-1013.

Le كنز الدقائق comprend les chapitres suivants كتاب الطهارت (fol. 4 v°); الصلوة (fol. 10 r°); الصوم (fol. 25 r°); الحج (fol. 26 v°); الايمان (fol. 33 v°); الطلاق (fol. 39 v°); الاعتاق (fol. 51 r°); النكاح (fol. 53 v°); الحدود (fol. 58 v°); السير (fol. 63 v°); اللقيط (fol. 68 r°); البيوع (fol. 68 v°); المفقود (fol. 69 r°); الشركه (fol. 69 r°); الابق (fol. 71 r°); الصرف (fol. 78 v°); الكفالة (fol. 79 v°); الحوالت (fol. 81 v°); الرجوع عن الشهادت (fol. 86 v°); الشهادت (fol. 84 v°); القضا (fol. 82 r°); الصلح (fol. 87 r°); الاقرار (fol. 93 v°); الدعوى (fol. 90 r°); التوكيل (fol. 95 v°); الوديعت (fol. 98 v°), المضاربت (fol. 96 v°); العاريت (fol. 99 r°); الاجازة (fol. 101 r°); الهبت (fol. 99 v°); ضمان الاجير (fol. 103 r°); العبد المشترك (fol. 106 r°); المكاتب (fol. 104 v°); الولاء (fol. 107 r°); الاكراه (fol. 108 r°); الجبر (fol. 108 v°); المأذون (fol. 109 r°); المزارعة (fol. 110 r°); الشفعة (fol. 111 v°); القسمة (fol. 113 v°); الغصب (fol. 114 v°); المسافات (fol. 115 r°); الذبائح (fol. 115 v°); الاضحية (fol. 116 r°); الكراهية (fol. 116 v°); احيا الموات (fol. 118 r°); الاشربة (fol. 119 r°); الصيد (fol. 119 r°); الرهن (fol. 119 v°); الجنايات (fol. 122 r°); الدية (fol. 125 v°); المعاقل (fol. 131 r°); الوصايا (fol. 131 v°); الفرايض (fol. 138 v°); الخنثى (fol. 136 r°); مسائل شتى (fol. 186 v°).

Début : بسمله للحمد لله الذى اوضع مناهج الشريعة والاسلام ...... (fol. 4 v°).

Les premiers et les derniers feuillets sont couverts de notes de tout genre, de traditions, d'extraits lexicographiques, de vers de Firdousi, de Khosrev Dehlevi, de questions juridiques; on y trouve (fol. : 1° et 2 r°) des notices sur les poids et les mesures.

Nestalik indien médiocre de deux écritures différentes, daté de l'année 1120 de l'hégire (1708 de J.-C.), copié pour Hafiz Mohammed, 147 feuillets, 26 sur 17 centimètres. Cartonnage. — (Ancien fonds 18.)

THÉOLOGIE SHIÏTE.

69

زبدة التصانيف. Traité de théologie et de droit shiïte par Ibn Mohammed Haïder el-Khvansari الخوانساری.

Cet ouvrage qui, comme nous l'apprend l'auteur lui-même dans sa préface, n'est qu'une compilation faite d'après de nombreux traités de théologie arabe (fol. 2 v°), est dédié au prince séfévi Aboul Mouzaffer Shah Abbas el-Hoseïni el-Séfévi (Shah-Abbas 1er, 996-1037 de l'hégire) : وارث ملك

سليمان السلطان بن السلطان بن السلطان الخاقان بن الخاقان بن الخاقان ابن اسد الله الغالب ابو المظفر شاه عبّاس الحسيني الصفوی بهادر خان

Il est divisé en une préface مقدّمه, douze chapitres subdivisés en فصل et une conclusion. La préface (fol. 4 v°) traite de la connaissance de Dieu.

Le premier chapitre (fol. 5 r°), divisé en 12 فصل, est intitulé : در ارکان ایمان, il traite des attributs de Dieu, de la Prophétie, de l'Imamat shiïte, de la vie future, du repentir et de la connaissance de l'âme. Le second (fol. 17 v°) et le troisième (fol. 30 r°) traitent longuement de la prière; le quatrième (fol. 4 r°), du jeûne; le cinquième (fol. 57 r°), de l'aumône; le sixième (fol. 62 v°), du pèlerinage, de ses conditions et des cérémonies qui l'accompagnent. Le septième chapitre (fol. 67 r°) est un exposé de la mission du prophète Mahomet, et surtout malgré son titre, de celles des imams shiïtes, du Mahdi et des miracles qu'ils firent au cours de leur existence. Le huitième chapitre (fol. 117 r°) contient l'histoire des grands prophètes antérieurs à Mahomet : Adam, Noé, Abraham, Jacob, Joseph, Job, Khidr et Elias dont, contrairement à certains théologiens arabes, el-Khvansari fait deux personnages différents, Moïse et Aaron, David, Soleïman, Zacharie, saint Jean et le Christ. Le neuvième (fol. 192 v°) traite des obligations du fidèle : صبر, رضا, اخلاص, توکل, عبادت, etc., avec des tendances nettement soufies; le dixième (fol. 227 r°), des choses dont les fidèles doivent se garder. Le onzième chapitre (fol. 259 r°) roule sur la science et les ouléma, sur la science du Koran et du ذکر, sur les mérites des vrais savants et les châtiments que méritent les faux savants, sur les adab des ouléma. Le douzième (fol. 281 r°) traite de la création du monde, des tables gardées, du kalam, du trône et du tabernacle, du ciel et de la terre, des anges et d'Iblis, du jour de la résurrection, de la balance dans laquelle sont pesées les actions des hommes. La conclusion (fol. ۲۹۷ v°) در بعضی احادیث وحکایات متفرقه, traite de certaines traditions relatives au Prophète, de la règle de conduite que doivent observer les rois, et d'anecdotes sur des sheïkhs soufis célèbres. On trouve dans ce traité des vers, soit de l'auteur, soit des principaux poètes persans : Nizami, Avhadi, Imad-i Fakih, Djami, Seyyid Hoseïni, Ferid ed-Din Attar, Ehli Shirazi, Mirza Djani, etc. Parmi les sources citées par el-Khvansari, on remarque un traité intitulé عین المعانی, le Keshshaf de Zamakhshari, Abou Saïd Khazari, Ibn Abbas, Abd Allah Masoud, etc., le تفسیر, جمع البیان, le ابو الفتوح.

Début : الحمد لله رب العالمین ..... حمد بیحد وستایس بیعد معبودی را سزد که پروردکار عالمین است آنچنان حمدی که نرسد بعشر عشیر ....

Bon neskhi persan à encadrements et à frontispices en or et en couleurs, daté de 1091 de l'hégire (1680 de J.-C.). 363 feuillets. 37 sur 24 centimètres. Reliure en maroquin brun estampé. — (Ancien fonds 21 A.)

70

كتاب جامع عبّاسی. Traité de théologie et de droit canonique shiite, par Béha ed-Din Mohammed Amili بها الدین محمد عاملی.

Béha ed-Din, né en 953 de l'hégire, étudia les traditions, les sciences religieuses et le droit sous la direction de son père, Mir Seyyid Hoseïn de Djebel Amil, près de Damas. Mir Seyyid Hoseïn mourut kadi d'Ardébil, et son fils Béha ed-Din fut sheïkh el-islàm à Isfahan, puis il embrassa la vie mystique. C'est à la prière du souverain séfevi Shah Abbas el-Hoseïni el-Mousévi Béhadour Khan que Béha ed-Din composa la somme juridique intitulée Djâmi-i Abbassi; كه مشتمل باشد بر مسائل ضروری وضو وغسل وتیمّم ونماز وروزه وزکوة وحجّ وجهاد وزیارت حضرت رسالة پناه (page 2); il mourut en l'année 1030 de l'hégire, laissant un grand nombre d'ouvrages de science et de théologie (Rieu, *Catalogue of Persian manuscripts*, p. 25).

Début : ..... وبعده چون توجّه خاطر ملکوت ناظر اشرف اقدس کلب آستان علی ابن ابو طالب علیه السلام شاه عبّاس الحسینی الموسوی الصفوی بهادر خان ...

La Djâmi-i Abbâsi est divisée en 20 chapitres (باب), dont le détail se trouve donné d'une façon suffisamment explicite aux pages 3 et 5.

Le présent exemplaire ne comprend que les cinq premiers chapitres :

باب ۱° ، باب اول در بیان طهارت ووضو وغسل وتیمّم وتوابع ان p. 5 ؛ ۲° ، در زکرة وخمس واجبی وسنّتی p. 78 ؛ ۳° ، دوّم در نمازهای واجبی وسنّتی p. 249 ؛ ۴° در روزهٔ واجب وسنّت p. 262 ؛ ۵° در حجّ کذاردن p. 284.

Nestalik persan cursif, copié par Tadj (ed-Din) Ahmed ibn Mir Ali Semnani en Rébi second de l'année 1022 de l'hégire (1613 de J.-C.). 347 pages, 19 sur 12 centimètres. Reliure en maroquin brun. — (Supplément 66.)

71

Le même ouvrage.

Exemplaire comprenant les chapitres 6 à 20 :

۶° . . در بیان خونبها ادم (fol. 2 r°) ؛ ۷° در وقف کردن وتصدیق نمودن وقرض دادن در زیارت (fol. 21 r°) ؛ حضرت رسالت پناه وحضرت امیر المومنین (علی) (fol. 35 r°) ؛ ۹° در بیان شروط نذر ۸° در بیان بیع کردن ورهن نمودن (fol. 40 r°) ؛ ۱۰° در بیان عاریت نمودن واحکام غصب وشفعه گرفتن (fol. 62 v°) ؛ ۱۱° در بیان فضیلت نکاح واقسام آن کردن (fol. 87 v°) ؛ ۱۳° در (fol. 129 v°) ؛ در طلاق دادن زنان وعدّه نکاهداشتن ایشان ۱۲° در بیان (fol. 145 r°) ؛ ۱۴° در حلال وحرام (fol. 142 r°) ؛ ۱۵° شکار کردن در قضا پرسیدن (fol. 150 v°) ؛ ۱۶° اداب طعام خوردن وآب نوشیدن در بیان قسمت (fol. 167 r°) ؛ ۱۸° در اقرار کردن وصیت ۱۷° (fol. 156 v°) ؛ در بیان حدودی که در شرح مقرّر (fol. 174 v°) ؛ ۱۹° کردن ترکه ومیراث است (fol. 185 v°) ؛ ۲۰° . . . در بیان خونبها ادم (fol. 194 r°).

Bon nestalik persan, copié en 1205 de l'hégire (1790 de J.-C.). 206 feuillets. 21 sur 15 centimètres. Demi-reliure. — (Supplément 1128.)

72

Traité de droit shiïte.

Cet exemplaire étant incomplet du commencement et de la fin, on n'en peut déterminer ni le titre ni l'auteur; il est divisé en livres کتاب, subdivisés en chapitres باب, répartis en sections فصل. Un possesseur moderne de ce manuscrit a ajouté une première page contenant quelques lignes de préface, d'après laquelle cet ouvrage serait le كتاب واجبات de Ziya ed-Din Shédid el-Djourdjani. Cette assertion n'a vraisemblablement aucune valeur; sur l'un des feuillets de garde, on lit le titre كتاب جمع (sic) عباسی, ce qui indiquerait que ce livre est la جامع عباسی du sheïkh Béha ed-Din Mohammed Amili, mais cette assertion est également mensongère.

Le premier chapitre complet du présent manuscrit commence ainsi (fol. 5 v°) : باب در بیان نیات وصورت آن بدانکه نیّت وضوی نماز چنین کوید انوضّؤ لرفع للحدت لوجوبه قربة الله فارسی بکوید وضوی نماز میکنم بر داشتن حدت را برای آنکه واجبست . . .

Ce manuscrit a été rapporté de Constantinople par Petis de la Croix.

Assez bon neskhi persan du xvii° siècle. 154 feuillets. 21 sur 13 centimètres. Reliure en peau rouge souple. — (Colbert 5277; Regius 1487, 2. — Ancien fonds 33.)

73

سراج السّالکین . Traité de controverse scolastique, par Ali ibn Hoseïn el-Kerbélaï.

L'auteur de ce traité dit dans sa préface (fol. 2 v°) qu'après avoir terminé un ouvrage arabe sur la théologie ésotérique intitulé : معراج السالکین الی للحقّ الیقین, il réfléchit à ce que les dévots appartenant à la secte des Imamis, les سالك, ne possédaient pas un livre qui leur enseignât l'essence de la doctrine ésotérique, et il conçut le projet d'écrire un traité qui leur permit de connaître les principaux dogmes de leurs adversaires, Philosophes, Soufis, Motazales et Asharis : که اعتقادات فرقهٔ ناجیهٔ امامیّه علیهم السّلام والتّحیّة را با اعتقادات مشهورهٔ مخالفان ایشان یعنی حکما و صوفیّه معتزله واشاعره از یکدیگر جدا ساخته هریك را بر وجهٔ کافی وطریق شافی بیان کند (fol. 3 v°), c'est dans ce but qu'il se hâta de rédiger le présent traité, se réservant d'écrire plus tard un traité sur la scolastique sous le titre de : جامع البراهین علی للحقّ الیقین; ce qu'il dit au folio 42 r° : . . . . . بعد ازین رسالهٔ دیگر در علم کلام مشتمل بر براهین عقلیّه ودلائل نقلیّه نکارش داده مسمّی بجامع البراهین والخ سازد.

Cet opuscule, dans lequel ne se trouve indiquée aucune division, est dédié à une princesse indienne, nommée Mériem Beïgoum, à laquelle Ali ibn Hoseïn el-Kerbélai donne les titres de : فاطمی القاب مریم اداب عزه

ناصیه سلطنت وشهریاری قرّة باصرهٔ جلالت وكامكاری ثمرهٔ شجرهٔ سیادت

...... عصمت الدنیا والدین ...

On voit que, malgré son titre, le Sirâdj el-salikin, tout en s'adressant à des disciples de l'ésotérisme, n'a pas été écrit pour les soufis, mais bien au contraire contre leurs doctrines, que l'auteur considère comme dangereuses.

Début : ...... چنین کوید اقلّ العباد علها واکثرهم خطا وذلّا احوجهم الی عفو الله الغنی ...

Neskhi médiocre daté de 1097 de l'hégire (1685 de J.-C.). 59 feuillets. 18 sur 11 centimètres. Demi-reliure. — (Supplément 88.)

74

دجّال نامه. Histoire des derniers jours du monde et de la venue de l'Antéchrist, par Mohammed Tahir Sindjari.

Cette histoire, qui est divisée en 10 chapitres, est basée sur les traditions musulmanes et surtout sur les révélations faites par Mahomet à Ali, fils d'Abou Taleb; il porte pour titre au recto du premier feuillet : دجّال نامه در بیان حکایت اخر الزمان وروز قیامت نویسد.

Début : ...... ابن کتاب در بیان آخر الزمان بندهٔ ضعیف محمد طاهر سنجری رحمه الله علیه وسلم میگوید ابن کتاب حکایت شاه مردان علی رضی الله عنه روزی ......

Bon nestalik persan, copié en 1196 (1781 de J.-C.) pour Ouessant : فرنسیس موسی اوسان. 22 feuillets. 25 sur 17 centimètres. Cartonnage. — (Ouessant. — Supplément 110.)

75

کتاب واجبات ضروریّة. Précis des principes fondamentaux et d'observance stricte ارکان de l'Islamisme, sans nom d'auteur; chacun de ces principes est étudié dans une section فصل, puis viennent des chapitres sur la prière et

les conditions que l'on doit réunir pour qu'elle soit valable,
sur la science et ses conditions.

Début : ... امّا بعد بدنكه (sic) اوّل چیزی که بر بندهٔ بالغ وعاقل
واجب میشود دانستن اصول دین است وآن پنج است اول توحید دویم
عدل سم نبوّت چهارم امانت پنجم معاد

Les 27 premiers feuillets du manuscrit sont occupés par une traduction
latine dont voici le commencement : "...Sed postea scito, quod prima res,
quæ servo pervenienti (ad discretionem scilicet) et intelligenti, vel sa-
pienti, necessaria est, scire radices legis sive elementa fidei est, et illæ quin-
que sunt. Prima, unitas; secunda, justitia (et intelligitur Dei); tertia, pro-
phetia; quarta, pontificatus; quinta, locus, seu tempus reversionis... " Cette
traduction, qui est assez fidèle, est peut-être due à l'un des pères jésuites
qui vécurent à la fin du xvi° siècle à la cour des Séfévis de Perse, à moins
qu'elle ne soit l'œuvre de l'évêque de Bagdad, Bernard de Sainte-Thérèse.

Bon nestalik persan et écriture italienne de la seconde moitié du xvii° siècle.
36 feuillets, 22 sur 15 centimètres. Reliure en maroquin rouge. — (Thévenot.
— Ancien fonds 30.)

76

Le même ouvrage, accompagné de la même traduction
latine.

La *Praefatio ad lectorem* commence par : "Persae, inter Muhhammedanos
Sciaai nuncupati (quod proprie interpretatur sectarij), non erubescentes
hoc nomine, discrepant a Turcis Tartarisque, a plerisque Arabum... ".
Ce manuscrit a fait partie de la bibliothèque de l'évêque de Bagdad,
Bernard de Sainte-Thérèse.

Nestalik persan du xvii° siècle. 37 feuillets, 19 sur 13 centimètres. Cartonnage.
— (Colbert 6125; Regius 588, 3; Ancien fonds arabe 402.—Supplément 1174.)

77

Le même ouvrage, copie exécutée à Paris, sur le n° 75,
par Daoud Isfahani.

On trouve au verso du dernier feuillet l'ex-libris ainsi rédigé d'Eusèbe
Renaudot : صاحب کتاب اوسبیوس رناودوت پارسی است.

Nestalik passable du xvii° siècle. 15 feuillets, 21 sur 16 centimètres. Reliure
basane. — (Renaudot; Saint-Germain 382. — Supplément 54.)

78

راحت القلوب. Traité de théologie élémentaire.

Ce petit traité, qui ne porte point de nom d'auteur, a reçu trois titres différents : منهـاج الانـوار, تنبيه الغافلين et راحت القلوب. On lit :

ونام این کتاب سه نهاده شد یکی منهاج الانوار دوم تنبیه الغافلین سیوم راحت القلوب تا هرکه خواند . . . ولخت در دل یابد وبهّمت ابواب دانا کردد . . . (fol. 108).

Il est divisé en 20 chapitres باب, dont voici le détail :

۱° در ذکر قیامت; ۲° در بیان خون قیامت; ۳° در بیان صفت دوزج; ۴° در بیان صفت بهشت; ۵° در بیان حقّ مادر وپدر; ۶° در بیان خوردن; ۷° در بیان خمر خوردن; ۸° در بیان نماز گذاردن; ۹° در بیان قرآن; ۱۰° خواندن; ۱۱° در بیان ماه رمضان; ۱۲° در بیان حقّ شوهر وزن; ۱۳° در بیان منع کردن دروغ; ۱۴° در بیان غیبت; ۱۵° در بیان ظنّ نیکو وخشم فرو خوردن; ۱۶° در بیان منع کردن از تکبّر; ۱۷° در بیان نصیحت وحکایت سلف; ۱۸° در بیان زنا ابو شکمه; ۱۹° در فضیلت خلق وخشم فرو خوردن; ۲۰° عقوبت نوحه کردن.

Ce très médiocre traité de théologie pratique n'a rien à voir avec le راحة القلوب de Férid ed-Din Gandj-i Shakar.

Mauvais nestalik indien, sur papier jaune copié par Nour Ahmed ibn . . . . . ., en 1238 de l'hégire (1822 de J.-C.). 109 feuillets. 20 sur 12 centimètres. Cartonnage. — (Darmesteter. — Supplément 1199.)

79

تسهیل معاش. Traité de théologie spéculative.

Le titre et la division de l'ouvrage ne se trouvent qu'aux folios 59 et suivants. Le premier chapitre (fol. 6 v°) traite de l'ordonnance de la vie; il est subdivisé en quatre sections فصل, dans chacune desquelles se trouve exposé l'ordre du monde et le gouvernement des royaumes, d'après les règles et les principes de la loi musulmane. Le second, qui traite de la façon de perfectionner l'âme نفس تكميل در. n'existe point dans le présent manuscrit, dont la copie n'a pas été terminée.

On trouve au folio 100 r° l'abrégé de la traduction persane de la Constitution française : خلاصه كتاب كونستيتوسيون فرانسه .

Début : خدمت ارباب عقل ودانش كه بمقتضاى عقل در امور آفرينش

تامل وتفكر وتعقّل ميفرمايند ......

Assez bon nestalik persan de la fin du XIX° siècle, 108 feuillets, 18 sur 11 centimètres. Reliure en peau bleue. — (Schefer. — Supplément 1575.)

ÉSOTÉRISME ET MÉTAPHYSIQUE.

80

شرح تعرّف لمذهب التصوّف . Commentaire anonyme sur le الكلابادى تعرّف لمذهب التصوّف de Boukhari Kélabadi.

Le titre de l'ouvrage arabe qui sert de base à ce commentaire, extrêmement diffus et confondu avec le texte arabe, ne se trouve qu'au feuillet 64 v°.

Le تعرّف est une exposition des croyances soufies, écrite par le sheïkh Abou Bekr Mohammed ibn Ibrahim el-Boukhari el-Kélabadi, qui mourut en l'année 380 de l'hégire. Ce livre jouissait d'une si grande réputation chez les ésotéristes qu'ils avaient coutume de dire que, s'il n'existait pas, il n'y aurait point de soufisme. Parmi les commentaires du تعرّف, Hadji Khalifa (*Dict. bibl.*, t. II, p. 317) cite celui qu'el-Kélabadi fit lui-même sous le titre de حسن التصوّف, et celui du célèbre sheïkh el-Islam Abd Allah ibn Mohammed el-Ansari el-Hérévi († 481 H.). Le volume est incomplet de la fin, il comprend les chapitres I-V, le premier traite du nom des soufis (fol. 65 r°); le second des رجال الصوفيه (fol. 124 v°); le troisième est intitulé : فيمن يشير علوم الاشارة كتبًا ورسائل ابو القاسم الجنيد ... البغدادى (fol. 144 r°), le quatrième traite des exercices spirituels معاملات

(fol. 154 r°), et le cinquième, qui est incomplet, de la théorie du Nirvana (fol. 155 v°).

Début : لحمد لله الحتجب بكبريائه عن درك العيون سپاس مـر

خدابراكه معتجبيست ببزركوارى خويش .....

Nestalik persan passable du commencement du xvii° siècle. 159 feuillets. 23 sur 13 centimètres. Demi-reliure. — (Arsenal. — Supplément 981.)

81

مناجات خواجه عبد الله الانصارى. Invocations du sheïkh el-Islam Abou Ismaïl Abd Allah ibn Abou! Mansour Moham-med el-Ansari el-Hérévi.

Ce personnage, qui jouit d'une grande réputation de sainteté, naquit en 395 de l'hégire, à Kohendouz, et mourut à Hérat en 481 de l'hégire. Il est l'auteur du منازل السايرين et d'un قلندر نامه; ses مناجات qui sont sou-vent nommées ... رساله خواجة sont en prose mélangée de vers. Abd Allah el-Ansari avait pris comme tékhallus le nom de Piri Ansâr (Kémal ed-Din Sultan Hoseïn, Medjalis el-oushshak, ms. 424, fol. 42 v° et suiv.; Moham-med Dara Shikouh, Sefinet el-evlia, ms. 432, fol. 98 r° et suiv.).

Début : بسمك القدوس قدس منى آلهى اين چه فضلست كه بـا

دوستان خود كرده كه هربك ...

Exemplaire de luxe; très beau talik persan, copié sur papier de couleur par le célèbre copiste Imad el-Hoseïni, au xvi° siècle; encadrements et frontispices en or et en couleurs. 8 feuillets. 25 sur 15 centimètres. Reliure orientale avec dessins en or. — (Schefer, 52. — Supplément 1358.)

82

Invocations d'Abd Allah el-Ansari.

Début : دل از جان پرسيد كه اول اين كار چيست

وآخر اين كار چيست وثمرة اين كار چيست

جان جواب داد كه اول اين كار فناست

وآخر اين كار وفاست وثمره اش لقاست

Exemplaire de grand luxe, très beau talik, copié sur du papier doré et encarté, par le célèbre copiste Ali el-Sultani, au xvie siècle, à Hérat بدار السلطنة هرا frontispices et encadrements en or et en couleurs. 15 feuillets. 26 sur 16 centimètres. Reliure en maroquin rouge estampé et doré. — (Schefer, 142 bis. — Supplément 1451.)

83

Invocations d'Abd Allah el-Ansari.

Début : هه ما هيچ درکار ما هيچ روزه بطلوع صرفه نانست نماز تعبد کار ...

Cet exemplaire consiste en quelques extraits des مناجات, copiés dans le but de servir de modèles d'écriture.

Beau talik persan du xvie siècle. 11 feuillets. 18 sur 10 centimètres. Cartonnage. — (Schefer 169. — Supplément 1471.)

84

قلندر نامه. Traité en prose rimée et en vers sur la vie religieuse, par le khvadjèh Abd Allah el-Ansari مقرّب حضرت (fol. 7 v°).

Hadji Khalifa signale un traité de ce titre comprenant 53 beïts et qui a été écrit par Emir Hoseïn Hoseïni. On trouve sur les premiers feuillets des vers turcs de Nabi, de Salem, de Mousa Yahya et du sultan Mohammed Ghazi.

Début : سپاس وستايش مر خدايرا که آفريدگار زمين وآسمان است وکشاپنده خلق ...

Manuscrit de luxe sur papier sablé d'or, très beau nestalik persan à encadrements et frontispices, copié en 920 de l'hégire (1514 de J.-C.), par le shérif Shems ed-Din Mohammed el-Kermani. 7 feuillets. 19 sur 12 centimètres. Reliure en maroquin gaufré et doré. — (Schefer, 201. — Supplément 1511.)

85

کيميا سعادت. Traité de la vie spirituelle, par Ghazali.

Hudjdjet el-Islam Abou Hamid Mohammed el-Ghazali el-Tousi fut le plus grand juriste de son temps et la plupart des livres qu'il a laissés sont

écrits en arabe. Il naquit à Tous en 450 de l'hégire, et étudia sous la direction d'Aboul Méali el-Djouveïni, connu sous le surnom d'امام الحرامين.
Il visita successivement Nishapour, Baghdad, Damas, Jérusalem et se retira
à Tous, où il se livra à la vie monastique et où il mourut en 505 de l'hégire. La كيميا سعادت est l'abrégé traduit en persan du plus important
ouvrage de Ghazali, l'احياء علوم الدين, avec de nombreux emprunts
à son traité d'ésotérisme intitulé جواهر القرآن. La Kimiâ-i saadet est
divisée en quatre livres, traitant respectivement des devoirs de l'être humain
envers la Divinité, envers lui-même, des passions humaines et des qualités
qui conduisent au salut. Ils sont précédés d'une introduction traitant de
l'existence de la Divinité, du monde, et de la vie future.

La Kimiâ-i saadet, qui est l'une des sources les plus importantes des
mystiques postérieurs et des soufis qui ont été rebutés par la lecture de
l'Ihya ouloum ed-Din, a été imprimée à Calcutta et lithographiée à Laknau
(1282 de l'hégire). On trouvera dans le *Dictionnaire bibliographique* de
Hadji Khalifa (t. I, n° 171), l'indication des ouvrages arabes qui ont été
composés sur l'Ihya ouloum ed-din.

Cet exemplaire porte l'ex-libris d'un derviche nommé Keshfi كشفى et
différentes notes sans importance. On trouve au verso du dernier feuillet
des vers de Shéref Rami. D'après une note écrite tout en tête du manuscrit,
cet exemplaire a été acheté par Ravius, de Berlin, à Constantinople, le
20 juin 1639.

Bon neskhi persan à encadrements en couleurs daté de Safar 708 de l'hégire
(1308 de J.-C.); les deux premières pages sont ornées de dessins dorés. 290 feuillets. 33 sur 23 centimètres. Cartonnage. — (Ravius. — Ancien fonds 14.)

86

Le même ouvrage.

Cet exemplaire porte les ex-libris d'Ahmed ibn Soleïman Kémal, connu
sous le nom de Kémalpashazâdèh, avec la date de 920 de l'hégire et la
mention à demi effacée d'un vakf (fol. 1); on y trouve également des vers
d'un auteur mystique, qui est qualifié de قطب الاقطاب; un tesbih qui
assure la jouissance du paradis (fol. 282 v° et 283 r°); un ex-libris de
Dervish Mahmoud ibn Yahya ibn Sheïkh Séfa شيخ صفا (sic) el-Kounévi.

Beau neskhi persan avec frontispice en or, copié en l'année 741 de l'hégire
(1341 de J.-C.), par un nommé Abd er-Rahman(?) Aboul Mouzaffer..... Shah
ibn Ahmed pour une bibliothèque royale ou princière dont l'ex-libris a été détruit.
283 feuillets. 30 sur 22 centimètres. Reliure en maroquin noir estampé et doré.
— (Ancien fonds 15.)

87

Le même ouvrage.

Neskhi persan de la fin du xiv⁰ siècle, avec encadrements et frontispices en or et en couleurs. 374 feuillets, 16 sur 12 centimètres. Reliure en maroquin rouge couverte de soie verte. — (Schefer 84. — Supplément 1392.)

88

Le même ouvrage.

Bon neskhi persan, copié en Safar 840 de l'hégire (1436 de J.-C.), par un nommé Shokroun ibn Khidr Shah شكرون بن خضر شاه. 356 feuillets. 31 sur 20 centimètres. Reliure en maroquin rouge estampé. — (Colbert 2267; Regius 1479, 3. — Ancien fonds 16.)

89

Le même ouvrage.

La Kimia-i saadet est accompagnée dans les marges du سفر السعادت de Medjd ed-Din Abou Tahir Mohammed ibn Yakoub el-Shirazi el-Firouza-badi, qui est bien connu comme auteur du grand dictionnaire arabe inti-tulé Kamous. Il naquit à Kazaroun en 727 et mourut à Zébid dans le Yémen en 817 de l'hégire. Cet ouvrage est un recueil de traditions relatives à la vie, aux pratiques et aux enseignements de Mahomet. Il est divisé en une préface, cinq livres et une conclusion; la préface traite des devoirs exté-rieurs du Musulman, ablutions, prières, jeûne, et la conclusion, des tradi-tions altérées. Le سفر السعادت est également connu sous le nom de الصراط المستقيم (Fluegel, *Die arabischen, persischen*... *Handschriften der k. k. Hofbibliothek in Wien*, t. III, p. 449.)

Il a été commenté par un certain Abd el-Hakk ibn Seïf ed-Din ibn Saad-Allah el-Turk el-Dehlévi el-Boukhari (Rieu, *Catalogue of Persian manu-scripts*, t. I, p. 15), qui tout en reconnaissant les mérites du سفر السعادت accuse l'auteur d'un rigorisme excessif qui lui fait rejeter comme fausses des traditions parfaitement authentiques.

Cette copie du سفر السعادت est incomplète de la fin et, de plus, pré-sente une lacune considérable entre les folios 6 à 36.

Bon neskhi et nestalik persans, copiés en Djoumada 1ᵉʳ de l'année 906 de l'hé-gire (1500 de J.-C.), par un certain Ahmed ibn Mahmoud ibn Hasan Sérakhsi, connu sous le nom de Kashi. 461 feuillets. 30 sur 21 centimètres. Reliure persane en maroquin brun estampé. — (Ancien fonds 13.)

90

Le même ouvrage.

Ce manuscrit a été offert par Langlès à la Bibliothèque du Roi, le 22 août 1820.

Bon nestalik persan très fin, à encadrements et à frontispices en or et en couleurs, du commencement du xvii° siècle. 367 feuillets, 20 sur 12 centimètres. Reliure en basane pleine. — (Langlès. — Supplément 85.)

91

Traité de la vie spirituelle.

Ce traité, qui n'a ni commencement ni fin, parait être un remaniement de la كيميا سعادت de Ghazali.

Nestalik turc du commencement du xviii° siècle. 215 feuillets. 21 sur 16 centimètres. Demi-reliure. — (Ochoa 39. — Supplément 91.)

92

زبدة الحقائق. Traité de philosophie scolastique et de métaphysique, par Aboul Méali Abd Allah ibn Mohammed el-Miyanadji el-Hamadani.

Hamadani, qui est plus connu sous le nom de Aïn el-Koudat عين القضاة, mourut en 533 de l'hégire, et non en 525 comme le prétend l'éditeur de Hadji Khalifa. Il a composé un grand nombre d'ouvrages, parmi lesquels Hadji Khalifa cite la الرسالة اليمينية, traité sur le serment, qu'il écrivit en collaboration avec son maître, le célèbre Ahmed Ghazali (*Dictionnaire bibliographique*, t. III, n° 6432), et le شكوى الغريب, adressé aux membres du clergé de sa ville natale (*ibid.*, t. IV, n° 7635). Le présent traité est cité dans le Médjalis el-oushshak sous forme de كشف حقايق ودقايق. Sa famille était originaire de la ville de Miyanah, située entre Maragha et Tébriz; son grand-père, Aboul-Hasan Ali, était un poète et un théologien éminent; il fut kadi d'Hamadan et mourut dans cette ville de mort violente. Hamadani, l'un des plus célèbres docteurs soufis de son époque, fut le disciple favori du célèbre Ahmed Ghazali. La vie de Hamadani se trouve racontée dans le Médjalis el-oushshak (ms. 424,

fol. 51 r°) de Kémal ed-Din Sultan Hoseïn ibn Baïkara et dans la Nafahat
el-ouns d'Abd er-Rahman Djami. Le traité cité par Hadji Khalifa sous le titre
de زبدة الحقائق paraît différent de celui qui se trouve dans le présent
manuscrit, ou, tout au moins, le commencement n'est point le même; dans
les deux exemplaires de Paris, le texte débute sans l'invocation arabe qui
est donnée par Hadji Khalifa, par بدانك در حق صورت بینان وظاهر
جویان با سید المرسلین وخاتم النبیین محمد مصطفی علیه السلام
... خطاب این آمدكه ; le commencement du même traité contenu dans
le ms. 159 offre quelques variantes sans importance. Le texte de ce dernier
est beaucoup plus étendu et celui du présent manuscrit n'en est évidemment
qu'un abrégé, ou plutôt l'abrégé de l'une des versions de cet ouvrage. Le
titre n'en est pas indiqué, on lit seulement dans la souscription تمت الزبدة
et à la première page une note ainsi rédigée عین القضات للهمدانی
(sic) فارسی, ce qui a fait croire à Armain que le titre de cet ouvrage est
«l'œil des juges». On trouve à la fin (fol. 92 v°) une invocation du soufi Sidi
Aboul Hasan el-Shadili.

Bon neskhi, très vraisemblablement osmanli, à encadrements et à frontispices en
couleurs, daté du mois de Shavval 796 de l'hégire (1393 de J.-C.). 93 feuillets.
19 sur 14 centimètres. Reliure en basane pleine, au chiffre du roi. — (Mazarin;
Regius 1494. — Ancien fonds 36.)

93

Le même ouvrage.

Le titre est donné sous la forme زبدة الحقایق فی كشف الدقایق.

Assez bon nestalik persan de la fin du xvi⁰ siècle. 178 feuillets. 16 sur 9 centimètres. Cartonnage. — (Supplément 1084.)

94

مكتوبات عین القضاة. Lettres d'Aboul Méali Abd Allah ibn
Mohammed ibn Ali el-Miyanadji el-Hamadani.

Ces lettres sont des dissertations sur des points dogmatiques du soufisme,
ou des commentaires sur l'interprétation ésotérique des prescriptions de la
loi musulmane et des traditions prophétiques. Les docteurs mystiques, auxquels elles sont adressées, ne sont point, suivant l'usage, désignés par leur
nom, mais simplement par برادر اعز ; il est probable que la plupart de ces

missives n'ont jamais été envoyées, et qu'elles ne sont que des exercices d'école écrits dans un style très recherché. A la fin de cet exemplaire, comme dans celui de Londres (Add. 16823), se trouvent quelques lettres adressées à Hamadani, sans doute par Ghazali.

Début : الحمد لله حق حمده ... هذه نسخة كتب كتبها القاضى الامام العالم العارف عين القضاة ابو المعالى عبد الله بن محمد بن على الميانجى رضى الله عنه الى بعض اصدقائه بسم الله الرحمن الرحيم ...

Ce manuscrit a été copié pour le vali de Tébriz, Ali Pacha, عمدة الامرآء والسلاطين زبدة الحكام والخواقين مقرّب لحضرة الخاقانيّة والخصوص بعنايات السلطانيّة المؤيّد بتأييد الملك العزيز على پاشا والى تبريز , au mois de امده الله بعنايته فى شهر رجب المرجب بتاريخ قال تم الكتاب Redjeb de l'année 1025, comme l'indique le chronogramme ci-dessus et un autre en vers, ainsi rédigé :

اين طرفة كتاب سهل وآسان   صد شكر خداكه يافت اتمام

بردست كمين نا سپاسان   در ماه رجب بخير واقبال

از زمرة وخيل حقّ شناسان   باتركه ولاى مرتضى راست

بودم زبراى وى هراسان   دل بود مرا بفكر تاريخ

از حجة كعبة خراسان   كفتا خودم برو طلب كن

Exemplaire de luxe en beau neskhi persan, écrit en 1616 de J.-C., à l'encre rouge pour les citations arabes, avec encadrements et frontispices en or et en couleurs. 365 feuillets. 24 sur 14 centimètres. Reliure en maroquin rouge aux armes du roi. — (Gaulmin; Regius 1481. — Ancien fonds 35.)

95

هذه رسالة للشيخ الامام احمد الغزالى الى عين القضاة الهمدانى

Lettre parénétique adressée par l'imam Ahmed Ghazali à Hamadani.

Début : قال الله تعالى انّ هذه تذكرة فن ... .

Exemplaire de grand luxe, talik de la fin du XVIᵉ siècle, copié sur papier sablé d'or encarté dans des cartons de couleur, à encadrements et frontispices. 12 feuillets. 25 sur 16 centimètres. Cartonnage oriental. — (Coislin; Saint-Germain 633. — Supplément 483.)

96

مرصاد العباد من المبداء الى المعاد. Traité de soufisme, sur la voie religieuse, le monde des monades المبداء, le monde actuel المعاش et le monde des complexes المعاد, par Abou Bekr Abd Allah ibn Mohammed ibn Shahver شاهور el-Asadi el-Razi, plus connu sous le nom de Nedjm ed-Din Daya.

L'auteur fut un disciple du sheïkh Nedjm ed-Din Koubra et, en plus du مرصاد العباد, il écrivit un autre traité d'ésotérisme intitulé بحر الحقايق. Il vécut dans l'intimité des deux célèbres sheïkhs Sadr ed-Din Kouniévi et Djélal ed-Din Roumi; il raconte dans sa préface qu'il avait entrepris d'écrire en persan un manuel de soufisme, pour remplacer les traités arabes qui n'étaient point à la portée des Persans, mais qu'il en fut empêché par les troubles qui se produisirent dans le Khorasan et dans l'Irak et qui se terminèrent par l'invasion mongole de 617; il quitta Hamadan avec quelques disciples en 618, se réfugia à Ardébil où il ne se trouva pas suffisamment en sûreté et gagna Kaisariyyèh, puis Sivas (620 de l'hégire), où il termina le Mersad el-ibad, sous les auspices du sultan seldjoukide Ala ed-Din Kaï Kobad († 636 H.) [fol. 3 v°-4 r°; cf. Rieu, Catalogue, t. I, p. 38]. Nedjm ed-Din Daya mourut en 654 de l'hégire et fut inhumé à Bagdad.

Le Mersad el-ibad est divisé en 5 livres باب subdivisés en 40 sections فصل dont le détail est donné aux folios 2-3. Ces 5 livres traitent successivement : 1° des causes qui ont amené l'auteur à écrire ce livre, et de son utilité pour les soufis ارباب طريقه; 2° de l'origine des êtres; 3° de la vie actuelle; 4° de la vie future; 5° du solouk des différentes classes d'hommes.

Début : چه بی حق وثناى بی عد پادشاهی راکه وجود هر موجودى

نتيجهٔ وجود اوست ...

Ce manuscrit porte les ex-libris de Katib Mustafa et de Katib Alaï avec la date de 1256 de l'hégire.

Bonne écriture nestalik, copiée par un certain Mahmoud ibn Abd Allah en 1050 de l'hégire (1640 de J.-C.). 113 feuillets. 30 sur 18 centimètres. Reliure orientale en maroquin brun. — (Supplément 1082.)

97

Traité de mysticisme, sans titre ni nom d'auteur.

L'auteur rapporte dans sa préface (fol. 3 v° et 4) qu'il était natif d'Hamadan et que l'invasion des Mongols d'Houlagou Khan l'obligea à quitter cette ville ainsi que Reï, et à aller chercher un refuge en Asie Mineure, en l'année 617 de l'hégire, qui correspond au règne du sultan seldjoukide Ala el-Din Kaï Kobad; il composa le présent livre à l'usage des personnes qui, par suite de leur ignorance de l'arabe, ne pouvaient lire les nombreux traités écrits dans cette langue sur le mysticisme et sur la vie monastique. Ce livre est probablement le بحر الحقايق de Abou Bekr Abd Allah ibn Mohammed ibn Shahver el-Asadi el-Razi, l'auteur du traité précédent.

Cet ouvrage était divisé en 5 chapitres باب subdivisés en sections, la fin manque; l'auteur y traite successivement de la partie métaphysique du soufisme, de la règle exotérique, de la valeur cabalistique du ذكر, des révélations et des grâces.

Début : بدانكه سخن حقيقت وبيمان سلوك راه طريقت دواى شوق وبواعث طلب در باطن مستعد طالبان ...

Les marges de ce volume sont couvertes de notes.

Nestalik persan médiocre du XVII° siècle. 190 feuillets. 22 sur 11 centimètres. Reliure en peau jaune. — (Supplément 67.)

98

لطائف الحكمة. Traité de philosophie scolastique.

L'auteur anonyme de ce traité raconte dans sa préface (fol. 2 r° et v°) qu'il arriva dans les derniers jours de l'année 655 de l'hégire à la cour du sultan seldjoukide Izz ed-Dounia wed-Din Aboul Fath Kaï Kaous ibn Kaï Khosrav ibn Kaï Kobad : حضرت پادشاه اسلام سلطان اعظم خاقان معظّم, qu'il y تاج آل سلجوق عزّ الدنيا والدين سلطان الاسلام والمسلمين ... demeura un certain temps sans rien faire, et qu'ensuite il écrivit ce livre pour le lui dédier. Le Létaïf el-hukmet est divisé en deux livres : اول در علم ومعرفت واين قسم را حكما حكمت على خوانند وقسم دوم در حكمت

ومعدلت وايٍن قسم را حكما حكمت على كويند (fol. ۲ v°). Le premier
contient la philosophie spéculative, l'exposé de la science et de la connaissance, la division des sciences, la théodicée et la théorie de l'âme. Le
second traite de la philosophie pratique et surtout des devoirs des rois
envers leurs sujets.

Début : حمد بى نهايت وثناء بى طرف وغايت مر خداييرا كه آسمان
رفيع بركشيدۀ قدرت اوست ...

Le manuscrit porte les ex-libris de deux osmanlis nommés Ali et Afféti
عفّتى, et l'estimation de 31 piastres غروش.

Bon neskhi persan, copié par Aboul Mahamid Mohammed ibn Mahmoud ibn
el-Hadji, surnommé Hamid el-Moukhlissi, à Konia, en Zoulhidjdja 684 de l'hégire
(1285 de J.-C.). Frontispice doré avec inscription coufique. 182 feuillets. 24 sur
16 centimètres. Cartonnage turc. — (Ancien fonds 121.)

99

مقصد اقصى. Traité de soufisme et de métaphysique,
par le sheïkh Aziz ibn Mohammed el-Néséfi.

L'auteur de ce traité, qui mourut en 661 de l'hégire, rapporte dans sa
préface qu'un certain nombre de derviches lui demandèrent de rédiger sous
une forme concise un précis sur la connaissance de l'essence de Dieu, ses
attributs, ses actes, sur la mission du saint ولايت et sur celle du prophète
نبّوت, sur la différence qu'il y a entre la partie exotérique et la partie ésotérique de l'homme; ils exprimèrent également le désir qu'il expliquât au
début du livre ce que sont l'aspirant, la voie, les stades, la différence qui
sépare la Loi de la Voie, la Vérité et ce qui constitue la vie mystique.

ودر اوّل كتاب بيان كنيد رونده كيست وراه چيست ومنزل چيست
وچندست ومقصد كدامست وديگر بيان كنيد كه شريعت وطريقت
چيست وحقيقت چيست وانسان كامل كدامست وديگر بيان كنيد كه
محبت چيست وترك چيست وسلوك چيست (fol. 1 v°).

Le Maksad-i aksa se divise en une préface et 4 sections فصل.

La préface est subdivisée en 8 chapitres: sur l'aspirant, la Voie et le
Nirvana (fol. 2 r°); sur la Loi, la Voie et la Vérité (fol. 4 r°); sur l'homme
parfait (fol. 7 et 8 r°); sur la société محبة (fol. 10 v°); sur le renoncement

ترك (fol. 12 r°); sur la vie mystique سلوك (fol. 15 r°); elle contient des conseils aux personnes qui veulent entrer dans l'ordre soufi.

La première section (fol. 18 v°) traite de la connaissance de Dieu; la seconde (fol. 25 r°) de la création; la troisième, intitulée در بيان اهل تقليد واعتقاد أهل كشف (fol. 35 v°), traite des croyances des soufis; la quatrième (fol. 42 r°) de la connaissance de l'homme.

Dans son *Dictionnaire bibliographique*, t. VI. p. 90, Hadji Khalifa semble dire que cet ouvrage a été écrit en langue arabe et que la version persane est due à un certain Molla Kémal ed-Din Hoseïn el-Khvarizmi († 845 H.). Rien dans le présent exemplaire ne vient confirmer cette affirmation, et cependant Hadji Khalifa dit que Khondémir, dans son حبيب السير, loue l'élégance du style de la version de Kémal ed-Din, tout en l'accusant de nombreuses erreurs de dogmes. Cette critique ne s'adresse certainement pas au présent ouvrage, car le style en est simple et la doctrine est absolument conforme à celle qui est exposée dans les autres traités dogmatiques.

Début : ... اما بعد چنين كويد اضعف الضعفاء وخادم الفقراء
وخادم عزيز ابن محمد النسقى ...

Bon neskhi persan du xvi° siècle. 55 feuillets. 18 sur 10 centimètres. Reliure en parchemin. — (Renaudot; Saint-Germain-des-Prés 540, 2. — Supplément 120.)

100

مشارق الدرارى الزهرى فى كشف حقائق نظم الدرّ . Commentaire sur la kasida en *ta* de Shéref ed-Din Abou Hafs Omar ibn Ali el-Saadi Ibn el-Faridh ابن الفارض, intitulée فى التآئية, نظم الدرّ et نظم السلوك , par Saad ed-Din Saïd Mohammed ibn Ahmed el-Ferghani, généralement connu sous le nom d'el-Saïd el-Ferghani الفرغانى (691 H.).

La préface débute par une attestation d'un sheïkh nommé Sadr ed-Din Aboul Méali Mohammed ibn Ishak ibn Mohammed ibn Yousouf ibn Ali, qui déclare que l'on trouve dans la kasida en *ta* d'Omar Ibn el-Faridh plus de vérités transcendantales que dans aucun autre traité écrit avant lui : وآكچ درين قصيده از جوامع علوم وحقائق ربّانى از ذوق خود واذواق كاملان ..... جمع كرد وبنظم آورد كسى ديگر را بيش ازين بدين خوى

وجزالت وحسن بـيـان وكمال فـصـاحـت مـيـسّـر نشـد

Mohammed ibn Ishak ibn Mohammed se trouvait en l'année 630 de l'hégire, en Égypte, où il était venu pour se livrer à la vie ascétique بصورت
تجريد وسياحت بديار مصر رسيد, il eut l'occasion de rencontrer Omar
Ibn el-Faridh, il le vit même dans une des grandes mosquées du Kaire,
mais il ne put s'entretenir longuement avec lui. En l'année 643 de l'hégire
Mohammed ibn Ishak s'en revint de Damas en Égypte; à cette époque,
la kasida en *ta* d'Omar Ibn el-Faridh était connue et commentée par tous
les mystiques qui vivaient en Égypte, en Syrie et dans le pays de Roum; les
commentaires étaient assez nombreux, mais ils offraient tous des inconvé-
nients, sauf celui qui se trouve dans le présent volume et qui est l'œuvre du
frère sheikh Saad ed-Din Saïd el-Ferghani. C'est évidemment ce personnage
qui est appelé el-Saïd Mohammed ibn Ahmed Ferghani par Hadji Khalifa
(*Dict. bibl.*, t. II, p. 86), mais c'est à tort, comme on le voit par ce qui précède, qu'il prétend que cet auteur, mort vers l'an 700 de l'hégire, est le premier qui commenta cette poésie; le sheikh Sadr ed-Din Kouniévi, qui fut le
disciple de Mohyi ed-Din Ibn el-Arabi, et qui écrivit les الـمـعات d'après
le فصوص الحكم de son maître, lui avait demandé s'il lui était possible de
commenter le نظام السلوك, mais le grand ésotériste l'en avait détourné.
On peut voir sous l'article التاثيّة في التصوف, dans le *Dictionnaire bibliographique* d'Hadji Khalifa, la longue liste des commentateurs de cette kasida.

Le commentaire ne commence qu'au folio 41 *bis* par : چنين گـويـد
نوسندة ابن كلمات اضعف عباد الله محمد بن اسحق ابن محمد بن يوسف
الله له خنم على بن ... . Il est précédé d'une introduction qui renferme
l'exposé des doctrines métaphysiques des soufis, et principalement de leurs
doctrines sur l'émanation تعيّن, sur les présences حضرات et l'unité trine
توحيد. Cette introduction est divisée en 4 chapitres nommés اصل dont
voici le détail :

۱ در ذكر ذات وصفات واعتبار علم وشهود ونور ووجود وحكم مبدايّت
۲ در بيان صدور وتعيّن عالم ارواح وظهور (fol. 6 v°); وامر اوّليّت
۳ در ترتيب (fol. 12 v°); وتحقّق عالم مثال كه خيال منفصلش خوانند
۴ در (fol. 17 r°); عالم اجسام ومراتب او تا افرينش آدم عليه السلام
شرح نشاءت انسان واطوار واحوال او تا رسيدن بنهايت كمال (fol. 24 v°).

Cette introduction est l'œuvre de Sadr ed-Din Aboul Méali Mohammed
ibn Ishak : ابو المعالى ... صدر الحق والدين ... وچون مُسَوّد ابن اوراق

... محمد بن اسحق, qui la dédia au Pervanèh du pays de Roum, Aboul Méâli Moin ed-Din Soleïman (voir le n° 194). Elle commence par محمد

وسپاس بی حدّ سزای ذات خدائی است که سلطان عزت ووحدتش

D'après une note écrite au recto du folio 6 du manuscrit suivant, note de la main de Nour ed-Din Abd er-Rahman Djami, le commentateur de la Taïyya, Saad ed-Din Saïd el-Ferghani, fut l'élève du sheïkh Nédjib ed-Din Barghash el-Shirazi, disciple du célèbre Shihab ed-Din el-Sohraverdi, de Sadr ed-Din Mohammed ibn Ishak el-Kouniévi, de Mohammed ibn Sakran el-Baghdadi; il écrivit en persan sous le titre de منابع العباد الى المعاد un traité de soufisme sur lequel on peut voir le *Dictionnaire bibliographique* d'Hadji Khalifa (t. IV, p. 159). Il fut traduit en arabe par Aboul Fadl Mohammed ibn Idris Bitlisi, sous le titre de مدارج الاعتقاد. Une longue notice biographique sur ce soufi se trouve dans la Nafahat el-ouns de Djami (ms. 430, fol. 196 r°), qui dit également, et à tort, qu'il est le premier commentateur de la kasida en *ta*.

Bon neskhi, copié par Abd Allah ibn Isa el-Arzendjani ارزنجانی au mois de Ramadan 794 de l'hégire (1393 de J.-C.). 396 feuillets, 24 sur 16 centimètres. Reliure persane ancienne en maroquin brun estampé. — (Ducaurroy 44. — Supplément 118.)

101

Le même ouvrage.

Exemplaire copié à Hérat pour Djami qui l'a annoté, de même que le traité suivant et qui a écrit à la suite de la souscription (fol. 279 r°) : تفضّل

نمود وتفقّد فرمود خدمت اخوی وجناب مولوی ادام الله تعالی بقآء ورزقه وايانا لقآء بتسويد اين بياض وترشيح اين رياض تذكرة لافقـر اخوانه وافقر خلائقه عبد الرحمن بن احمد الجامی . Une note inscrite au recto du folio 1 attribue formellement cette note à Djami; on lit au recto du folio 6 une note également de la main de Djami sur Saad ed-Din Saïd el-Ferghani.

La copie du commentaire de la kasida en *ta* d'Omar Ibn el-Faridh par Saad ed-Din Saïd ibn Ahmed el-Ferghani est suivie des opuscules suivants :

1° مشارب الاذواق . Commentaire en persan par Emir Seyyid Ali ibn Shihab (ed-Din) el-Hamadani sur la kasida en *mim* (قصيدة ميميّة فارضيّة) d'Omar Ibn el-Farid.

I. 5

Le commentaire est précédé par une préface de quelques feuillets dans laquelle Ali el-Hamadani donne l'explication de quelques termes techniques اصطلاحات des soufis, particulièrement de la محبّت.

Début : بسمله حمد اعمّ وثناى اتم حضرت ودودى راكه صفاى مودت ووفاى (fol. 279 v°).

2° Notice biographique en arabe sur Ibn el-Farid (fol. 291 r°).

3° Quelques vers de Rokn ed-Din el-Khvati الخواقى (fol. 291 v°).

Tous ces morceaux sont de la même main.

Très bon neskhi persan, copié à Hérat par Shems ibn Mohammed ibn Ali el-Djami en 861 de l'hégire (1456 de J.-C.). 294 feuillets. 26 sur 17 centimètres. Demi-reliure. — (Supplément 545.)

102

نزهة الارواح. Précis sur la vie spirituelle سلوك et طريقة des soufis, par Hoseïn ibn Alim ibn Aboul Hasan el-Hoseïni, généralement connu sous le nom de Fakhr es-Sadat, de Emir Hoseïni et de el-Fouri.

L'auteur de ce traité de soufisme, qui est écrit mi-partie en prose, mi-partie en vers, était originaire de la petite ville de Gouziv, dans le pays de Ghour; il mourut à Hérat en 718 de l'hégire, quelques années après la composition du نزهة الارواح, qui porte la date de l'année 711 de l'hégire :

در شهور سنه احدى عشرة وسبع مايه مشاطة نشاط فكر بر بساط انبساط كوش وكردن (fol. 70 v°).

La biographie de ce mystique se trouve dans la Néfahat el-ouns et dans le Medjalis el-oushshak de Sultan Hoseïn ibn Sultan Mansour ibn Baïkara. Il est précédé d'une longue préface en style recherché, dans laquelle se trouve l'éloge de Mahomet et des imams; il ne commence qu'au folio 8 r° et se divise en 28 chapitres :

1° در سلوك (fol. 8 r°); 2° در معرفت سلوك (fol. 9 v°); 3° در بيان سلوك (fol. 12 v°); 4° در نصيحت سالك (fol. 14 r°); 5° در بدو مقامات سلوك (fol. 15 v°); 6° در بيان وحدت سالك (fol. 16 v°); 7° در تجريد خلقت (fol. 17 v°); 8° در كمال استغنا (fol. 19 v°); 9° در قاعدهٔ طريق (fol. 21 v°);

در آغاز فطرت °۱۰ (°fol. ۲۲ r)؛ °۱۱ در اختلاف حالات (°fol. ۲۴ v)؛
در بیان دل °۱۲ (°fol. ۲۷ v)؛ ۱۳° در تصفیة دل (°fol. ۲۸ v)؛ °۱۴ در بیان
در سلوك ملكوت °۱۶ (°fol. ۳۳ v)؛ ۱۵° در حقایق عشق (°fol. ۳۱ r)؛ عشق
(°fol. ۳۵ v)؛ °۱۷ در بیان توبه (°fol. ۳۸ r)؛ ۱۸° در مخالفت نفس (°fol. ۴۰ r)؛
°۱۹ در (°fol. ۴۴ r)؛ °۲۱ در ترك تجرید (°fol. ۴۱ v)؛ ۲۰° در معاملت
در صبر °۲۳ (°fol. ۴۸ v)؛ ۲۲° در ترك خلق (°fol. ۴۷ r)؛ محبت ومتابعت
در ذم °۲۵ (°fol. ۵۳ r): ۲۴° در بیان كشف احوال (°fol. ۵۰ v)؛ وتسلیم
در نهایت °۲۷ (°fol. ۵۹ v)؛ ۲۶° در اشارب اهل مذهب (°fol. ۶۱ v)؛ دنیا
اس طریق °۲۸ (°fol. ۶۶ r)؛ در حتم كتاب (°fol. ۶۹ r).

Chacun de ces courts chapitres ne contient guère qu'un abrégé très
sommaire de la doctrine des soufis et des ésotéristes et, parmi les sources
du Nuzhet el-ervah, se trouvent la Kimia-i saadet de Ghazali et la Risalèh
li 'l-tesevvouf de Koshaïri.

Début : الحمد لله رب العالمين والصلوات والسلام على خیر خلقه
محمد وآله اجمعین

بتوفیقس چو روشن دیدم آواز   سخن را هم بنامش كردم اغاز

Le manuscrit porte sur l'un des plats la note : «Cairi p ۲o meidini
Vanslebius».

Nestalik cursif, mais lisible, copié en ۸۴۷ de l'hégire (۱۴۴۳ de J.-C.) dans la
ville de Bab el-Abvab par un nommé Hadji Aous عوض ibn Mohammed el-Roumi.
۷o feuillets. ۲o sur ۱۵ centimètres. Reliure orientale en cuir rouge estampé.
— (Vansleb [Kx et ۴۷۶]; Regius ۱۴۹۲. — Ancien fonds ۴۱.)

103

Le même ouvrage.

Exemplaire portant de nombreuses gloses marginales.

Bon neskhi indien de la fin du xv° siècle. ۱۵۲ feuillets. ۲۴ sur ۱۴ centimètres. Reliure en maroquin rouge. — (Supplément ۸۷۷.)

104

Le même ouvrage.

Le texte est accompagné de nombreuses gloses.
Cet exemplaire est intitulé (°fol. ۲ r) نزهه در علم سلوك, il porte

l'ex-libris d'Abd el-Ghaffour Khoushnivîs, avec l'estimation de une roupie et demie.

Beau nestalik indien copié en l'an 1079 de l'hégire (سنه ١٠٧٩) (1668 de J.-C.), correspondant à la douzième (*sic*) année du règne de l'empereur Aurengzeb, à Lahore, par Mohammed Moukim. 141 feuillets. 23 sur 14 centimètres. Reliure en maroquin rouge estampé. — (Ochoa 23. — Supplément 961.)

105

Le même ouvrage.

Une notice biographique sur l'auteur se trouve au recto du folio 1.

Assez bon nestalik persan de la fin du xvi⁰ siècle. 109 feuillets. 20 sur 12 centimètres. Encadrements et frontispices en or et en couleurs. Reliure en maroquin brun estampé et doré. — (Supplément 1118.)

106

Le même ouvrage.

Ce manuscrit provient de la bibliothèque du sultan timouride de l'Indoustan, Mohammed Shah Padishah Ghazi, dont il porte le sceau au recto du premier feuillet, avec la date de 1145 de l'hégire.

Assez bon nestalik indien copié en 1114 (1702 de J.-C.) par Abd el-Aziz el-Ghouri dans la ville de Ghouri بلده غورى .ك. 199 feuillets. 20 sur 12 centimètres. Cartonnage. — (Darmesteter. — Supplément 1192.)

107

Le même ouvrage.

Le texte est accompagné de nombreuses gloses marginales.

Nestalik indien passable copié en 1123 de l'hégire (1711 de J.-C.) par un nommé Mohammed Khan, à Shah (Djihan) Abad. 92 feuillets. 22 sur 15 centimètres. Reliure en cuir rouge. — (Supplément 878.)

108

مصباح الهداية ومفتاح الكفاية . Traduction, par Mahmoud ibn Ali el-Kashani القاشانى, du traité de soufisme de Shihab ed-Din Omar el-Sohraverdi († 632 H.) intitulé عوارف المعارف.

L'auteur raconte dans sa préface (fol. 3 v°, 4 r°) que plusieurs de ses
amis et de ses frères, qui ne pouvaient consulter les ouvrages écrits en
langue arabe, lui avaient demandé de traduire en persan l'Avarif el-méarif
du sheïkh el-Islam Shihab ed-Din Omar ibn Mohammed el-Sohraverdi,
qu'ils considéraient avec raison comme le meilleur traité de soufisme qui
existât. Mahmoud ibn Ali el-Kashani hésita durant un certain temps à
cause des difficultés de ce travail, puis il finit par s'y mettre; il dit qu'il
a ajouté la traduction, également en langue persane, des nombreuses
sentences arabes des sheïkhs du soufisme.

Ali el-Kashani a adopté une division différente de celle de l'original arabe,
et son ouvrage se compose de 10 chapitres باب subdivisés chacun en
10 sections; le détail en est donné aux feuillets 4-5.

Dans son *Dictionnaire bibliographique* (t. V, p. 587) Hadji Khalifa cite un
traité intitulé مصباح الهداية ومفتاح الكفاية comme étant l'œuvre de
Kémal ed-Din el Kashi الكاشي, qu'il nomme (t. IV, p. 276), Izz ed-Din
Mahmoud ibn Ali el-Kashi el-Naziri. Il n'y a pas à douter que cet ouvrage
ne soit le même que celui qui se trouve dans le présent manuscrit, car les
deux formules initiales sont les mêmes; d'autre part, l'attribution à Mahmoud el-Kashani est certaine d'après la préface; il faut donc corriger le
texte de Hadji Khalifa dans ces deux passages et compléter ainsi le nom de
l'auteur du Misbah tel qu'il est donné par la préface : Izz (ou Kémal) ed-
Din Mahmoud ibn Ali el-Kashani el-Naziri; ce personnage mourut en 735
de l'hégire.

L'Avarif el-méarif, l'un des traités les plus importants de la littérature
soufie, existe au n° 1332 du fonds arabe; il a été commenté, mi-partie
en arabe, mi-partie en persan, par un soufi, nommé Djouneïd ibn Fadl
Allah ibn Abd er Rahman ibn Ali ibn Barghash ibn Abd Allah, qui portait le titre honorifique de Sadr (Browne, *Catalogue of... the library
of the University of Cambridge*, p. 87). Hadji Khalifa (*Dict. bibl.*, t. V,
p. 275) signale une autre traduction persane due à Zahir ed-Din Abd
er-Rahman ibn Ali el-Shirazi, grand-père de Djouneïd ibn Fadl Allah
(† 716 H.), qui avait reçu, à ce que raconte Djouneïd ibn Fadl Allah
dans sa préface, le titre d'Aboul Nadjashi. Djami mentionne la traduction de Zahir ed-Din dans la Néfahat el-ouns; il est difficile de déterminer dans quelle mesure le travail de Zahir ed-Din a été utilisé par son
petit-fils.

Enfin, l'Avarif el-méarif a été traduit en turc par Hadji Ahmed ibn Sidi
(ou Saïdi) el-Baghavi sous la direction de Mohyi ed-Din Khalifa. Les citations du Koran et les traditions, qui se trouvent en très grand nombre dans
le texte de Sohraverdi, ont été largement commentées par Hadji Ahmed, qui
termina cette traduction en l'année 863 de l'hégire.

Début : جدى كه لمعات صدق ونفحات اخلاص آن ديده جان منوّر
ودماغ دل معطر دارد نثار حضرت پادشاهيست ....

Très beau neskhi persan, copié en 729 de l'hégire (1328 de J.-C.) par
Mohammed ibn Haïder ibn Mohammed Khayadani الخيادانى. 205 feuillets. 23
sur 16 centimètres. Reliure orientale. — (Schefer 125. — Supplément 1433.)

109

جمع البحرين. Traité dogmatique d'ésotérisme, par Shems
ed-Din Ibrahim, mohtésib de la ville d'Eberkouh.

Le nom de l'auteur, qui n'est cité qu'à la fin du volume : وصنّفه الامام
المعظّم السيد افتخار افاضل الحكماء والعلماء فى زمانه شمس الملّة والدين
ابراهيم الحتسب بابرقوه (p. 763) ne se retrouve pas ailleurs. Il raconte
dans sa préface qu'il eut l'idée de composer un traité sur les doctrines
ésotériques از علم معانى, après avoir déjà écrit des livres sur la métrique et
sur la rhétorique. Il donne sur sa personne des renseignements assez peu
précis : en l'année 711 de l'hégire, Shems ed-Din se trouve engagé contre
son gré dans un voyage dont il garde un souvenir désagréable (p. 11), et
après lequel il visite le mausolée de l'imam Zeïn el-Abidin (p. 13). De
là, il se rendit dans un couvent خانقاه, qui était dirigé par le sheïkh Sadr
ed-Din (p. 14) et suivant les ordres duquel il se livra à une retraite de quarante jours أربعينى; c'est dans ce couvent qu'il se perfectionna dans la
connaissance de la doctrine ésotérique et qu'il arriva aux extases. C'est au
cours des années 714-718 qu'il composa le Medjma el-bahreïn. On lit à
la fin du volume (p. 761) que cet ouvrage fut terminé le lundi 13 Rébi
premier 718 de l'hégire.

Le livre est divisé en : une préface (p. 16), traitant de la création du
monde et des rapports du microcosme et du macrocosme; sept livres قسم,
subdivisés en sections باب. Le premier livre (p. 43), traite de l'homme
considéré comme étant le khalife d'Allah, des esprits et des âmes, des
attributs de l'homme; le livre second (p. 70), traite du corps considéré
comme une ville habitée par le khalife d'Allah, de l'intelligence et de la passion; le livre troisième (p. 135), qui est la suite du précédent, traite de
la justice, de la science de la فراست, des tables gardées, du kalam et
de leurs correspondants dans le microcosme; le livre quatrième (p. 205)
traite du Décret et de l'Arrêt et de la Providence primordiale, de la théorie
du libre arbitre et des questions s'y rattachant, et de l'organisation du

microcosme considéré comme un royaume; le cinquième (p. 271) traite également de l'organisation du microcosme, des obligations du sālik, des secrets اسرار qui se trouvent dans l'homme; le sixième (p. 393), des ādābs, des سماع, de la vie en société, de la retraite, de la voie mystique سلوك, des soufis سالك, et de la façon d'arriver au Nirvana; le septième (p. 600) traite des سماع, de l'ascension عروج, de l'ascension au ciel de Mahomet, de la prière considérée comme une ascension. Le livre se termine par un lexique des expressions techniques مصطلحات que l'on rencontre dans les œuvres des docteurs soufis et qui est le résumé, traduit en persan, de celui que Mohyi ed-Din ibn el-Arabi a inséré à la fin des المكّيّة الفتوحات et par un chapitre sur les devoirs des disciples مريدان.

Ce traité commence par : شكر وسپاس ﺑﻰ التباس وحمد وثناى ﺑﻰ قياس

واجب الوجودى راكه هيچ در يابنده بكنه ستـايـش وسپـاس او واصل نشود. . . . .

Le style dans lequel il est rédigé est fort élégant; ses principales sources sont la Kimia-i saadet, les el-Foutouhat el-mekkiyèh d'Ibn el-Arabi, et l'Avarif el-méarif de Sohraverdi.

Les premiers et les derniers feuillets sont couverts d'extraits d'auteurs mystiques et de poésies, dont l'une, p. 766, est en arabe à la louange de Mahomet et commence par :

شبيهك بدر الليل بل انت انور   ووجهك من مآء الملاحة يـغـطر

Ce volume porte le cachet et l'ex-libris d'Ibn Hoseïn Saad Allah el-Hasani.

Bon nestalik persan du commencement du xiv⁴ siècle. 768 pages. 27 sur 17 centimètres. Reliure en basane aux armes de Napoléon Iᵉʳ. — (Vansleb. — Ancien fonds 122.)

110

سِلْك سلوك. Traité de soufisme en prose par Ziya (ed-Din) Nakhshébi ضياء نخشبى († 751 H.).

Ziya ed-Din naquit à Nakhsheb ou Nésef نسف, aujourd'hui Karshi, ville située dans la Transoxiane, non loin de Samarkand, et il vécut de la vie ascétique à Bédaoun, où il mourut en l'année 751 de l'hégire. Le Silk-i solouk est cité par Abd el-Hakk, dans son الاخبار اخبار (Rieu, Catalogue, t. II, p. 740); il a laissé d'autres ouvrages, le وكليّات جزئيّات, le عشرة

ميبشرة, le نامه ضوطى, de beaucoup le plus célèbre de tous ceux qu'il a composés, le roman de Maasoum Shah et de Naushabah intitulé كلريز; un traité pornographique intitulé لذت النّسا, qui n'est qu'une adaptation persane du कोकशास्त्र sanscrit.

Le سلك السلوك est divisé en 151 paragraphes, dont chacun porte le nom de سلك et dans les premiers desquels sont expliqués certains termes techniques du soufisme; les autres sont consacrés à l'exposition des qualités que doit posséder l'homme qui veut suivre avec fruit la vie mystique. Chacun de ces paragraphes est très court et plusieurs se réduisent à quelques lignes.

Début : چدى كه از عطر نتايج (؟) او ارواح اوليا معطّر كردد مر احدى راكه اولياء او را غير اوكسى نتواند شناخت...

Nestalik indien cursif, copié en Safer 1080 de l'hégire (1669 de J.-C.) par Abd el-Rahim ibn Molla Ali Hoseïni (ou Khoténi). 84 feuillets, 22 sur 15 centimètres. Demi-reliure. — (Supplément 121.)

111

لوايج. Traité de l'amour ésotérique, traduit par un auteur anonyme du سوانح العشاق d'Ahmed Ghazali.

On lit en effet dans la préface : این فصول را لوايج نام كرده شد ومدار این اصول كه دربن فصول مندرج است بر سوانح امام الهدى احمد غزالى قدّس الله روحه العزيز بوذه است...... (fol. 1 r°).

C'est donc à tort qu'une note inscrite au verso du dernier feuillet : این كتاب لوايج از مصنفات احمد غزالى, attribue ce traité persan à Ahmed Ghazali lui-même.

Le sheïkh koubravi Ahmed Ghazali, qu'il ne faut pas confondre avec le célèbre philosophe Ghazali, fut l'un des compagnons احجاب du sheïkh Abou Bekr Nessadj; Djami cite, parmi ses nombreux ouvrages, le سوانح, qui a servi de fondement aux لمعات de Fakhr ed-Din Iraki : وبكى از انها رساله سوانح است كه لمعات فخز الدين عراق برسنن آن واقعست, comme cela se trouve dit dans la préface de Fakhr ed-Din Iraki. Il mourut en l'année 517 de l'hégire; son tombeau se trouve à Kazwin (Djami, Nafahat el-ouns, ms. 420, fol. 124 v°).

Le premier feuillet, qui contient le commencement de la préface, a été par erreur relié à la fin du volume; elle débute par : حمد الله حق حمده

والصلوة والسلام على رسول وعبده محمد العربى الهاشمى.......

Ce traité d'ésotérisme est différent de celui que Nour ed-Din Abd er-Rahman Djami composa sous le même titre et beaucoup plus ancien; le Lévaïh de Djami consiste en un recueil de sentences soufies paraphrasées en quatrains persans.

Nestalik persan cursif copié en 772 de l'hégire (1370 de J.-C.) par le derviche Ahmed ibn Mahmoud ibn Mikaïl ibn Mousa el Maulévi. 107 feuillets. 19 sur 23 centimètres. Cartonnage européen. — (Ravius; Gaulmin; Regius 1544. — Ancien fonds 38.)

<h1 style="text-align:center">112</h1>

Traité de morale mystique, par Ahmed ibn Aboul Kasem.

Cet opuscule, qui ne porte pas de titre, traite de la manière d'écarter la pauvreté et d'acquérir la richesse, ces deux termes étant pris, non dans leur sens ordinaire, mais dans un sens mystique; il est divisé en deux chapitres : درین مجموعه جمع کرده وبدو باب موب (sic) کردانید یکی در باب اجتناب اسباب درویشی ودوم در اقراب استجلاب ثروت وخویشی (fol. 2 r°).

Il est dédié à un prince indien auquel l'auteur donne les titres et les noms suivants : الملك المعظّم القوى قامع الكفرة وقاهـر الـقـيـوم الـقـوى اختيار الدولة والدين بن ابى طالب جمال الدين العلوى المختص والمنصوب بالشغلين..., soit Ikhtiyar ed-Din ibn Abou Taleb Djémal ed Din el-Alévi, qui était le lieutenant de Barbek باربك à Delhi [?] (fol. 2 r°); la date de sa composition est fixée à l'année 773 de l'hégire (fol. 2 r°). L'auteur se sert dans sa discussion, comme il l'indique dans sa préface, des traditions attribuées à Mahomet, ainsi que des sentences des sheïkhs soufis. Un possesseur de ce manuscrit a écrit en marge du premier feuillet qu'il est le premier djouz d'un traité d'arbaïn جهل حديث.

Début : لحمد لله القابض الباسط الذى صير الغنى فـقـيـرا بـعـدلـه لصلاحه والفقير المفتقر غنيا لفلاحه والصلوة التامة على رسوله...

Assez bon talik indien du commencement du xviiie siècle. 58 feuillets. 23 sur 12 centimètres. Reliure en veau plein, au chiffre de Napoléon Ier. — (Anquetil 59. — Supplément 62.)

113

Recueil d'opuscules mystiques sur la doctrine des Nakshibendis.

1° Dernière partie d'un traité se terminant par un chapitre sur le ذكر (fol. 1 v°).

2° رسالة قدسيه. Exposé de la théorie nakshibendie des extases, des stades et des miracles, par Béha ed-Din Mohammed ibn Mohammed el-Boukhari el-Nakshibendi (fol. 6 v°).

Ce petit traité, qui commence après l'invocation par : اما بعد این کله چند است از انفاس نفیسه والفاظ متبرکه که حضرت علیه صدر مسند در ذکر احوال ومقامات, porte comme second titre ارشاد وهدایت...... شریفه وکرامات وآثار عجیبه که از مبتدا تا منتهها بر انسان گذشته است (fol. 7 r°).

Béha ed-Din Nakshibend naquit à Boukhara en 728 de l'hégire et il mourut en 791; son tombeau se trouve à Boukhara; il s'appelait Mohammed ibn Mohammed el-Boukhari, et il eut pour maîtres le khadjèh Mohammed Babaï, le seyyid Emir Kélal et le célèbre Abd el-Khalik Adjdouvani, dont l'un lui apprit la partie ésotérique de la doctrine, pendant que le second lui apprenait les règles exotériques (Djami, Nefahat el-ouns, ms. 420, fol. 128 r°; Kémal ed-Din Sultan Hoseïn, Médjalis el-oushshak, ms. 424, fol. 93 r°; Dara Shikouh, Séfinet el-evlia, ms. 432, fol. 46 r°).

C'est à tort qu'un possesseur du manuscrit attribue cet ouvrage à Khadjèh Mohammed Parsa et l'intitule رسالة قدسیه حضرت قطب خواجه محمد پارسا. Mohammed ibn Mohammed ibn Mahmoud el-Hafiz el-Boukhari, surnommé Mohammed Parsa, fut l'un des meilleurs disciples de Béha ed-Din Nakshibend, qui lui donna lui-même le nom de Parsa; il mourut en 822 de l'hégire, pendant le pèlerinage à la Mecque, et il fut enterré à Yanbo (Djami, Néfahat el-ouns, ms. 420, fol. 130 v°; Mohammed Dara Shikouh, Séfinet el-evlia, ms. 432, fol. 47 r°).

3° Petit traité sans titre, en vers et en prose, sur la manière de parcourir la voie mystique سلوك, par le khadjèh Hasan Attar.

Hasan Attar se nommait Mohammed ibn Mohammed el-Boukhari: il fut l'un des principaux élèves de Béha ed-Din Nakshibend, et en 791, il lui succéda dans la direction de la secte, après avoir été son vicaire dans la dernière partie de sa vie. Il mourut en Redjeb 802 de l'hégire et fut enterré à Naudjégha نوجغا (Djami, Nefahat el-ouns, ms. 490, fol. 199 v°; Hosam ed-Din el-Boukhari, Anis el-talibin, ms. 113, fol. 89 v°; Dara Shikouh, Séfinet el-evlia, ms. 432, fol. 47 v°).

Début :   اى عاشق سرسرى اوباش طلب

ابن وعده كه كرد است كه مرداش طلب (fol. 30 v°)

4° Traité en vers et en prose sur les cinq stades que l'être doit franchir pour passer du monde intangible عالم الغيب dans le monde tangible عالم الشهادة : ce traité, qui est anonyme, est indiqué en marge comme étant la رسالة المنازل.

Début : تا مهندسان كارگاه تقدير نقوش صور والوان بر صفحات الواح

وجوهر) (fol. 35 r°).

5° Traité sur les dix conditions : ذكر، عزل، قناعت، توكّل، زهد، توبه، que doit remplir l'aspirant سالك nakshibendi توجه، صبر، مراقبه، رضا، pour parcourir la voie mystique, et sur les trois aspects de la voie طريقه.

Début : حمد وثنا نا متناهى پروردگارى راكه استحكام قواعد اسلام ... (fol. 40 v°).

6° Traité de Djami sur la révélation et sur la connaissance.

Début : يا من لا ربّ غيره الا آله سواه وقضا بالقول و العمل .... (fol. 44 v°).

7° Traité anonyme et sans titre sur la contrition et la prière.

Début : شكر وسپاس مر خالقى راكه هزده هزار عالمى فريد واز اين ميان آدم را برگزيد .... (fol. 48 r°).

Il est suivi par la copie d'un de ses feuillets et par un fragment sur la prière.

8° اصول نقشنبديه. Règles de conduite imposées aux sheïkhs nakshibendis, par Ali el-Safar الصفر ibn el-Hoseïn el-Kashili.

L'auteur raconte dans sa préface que, lorsqu'il fut initié aux doctrines de la secte, il conçut le projet de rédiger un précis مختصر, dans lequel il expliquerait les expressions techniques, en même temps qu'il donnerait des renseignements sur la règle. L'ouvrage est divisé en une préface et trois chapitres اصل :

مقدّمه در شرح مناقب ونشر معارف این سلسلهٔ شریفه   اصل ١   در
شرح بعضی از کلمات قدسیّه که مصطلح این طائفه علیه است   اصل ٢
در بیان ذکر خواجگان وکیفیت مواظبت ومداومت در آن   اصل ٣   در
کیفیت مراقبه وتوجه این عزیزان وذکر نسبت باطنی ایشان (fol. 57 r°).

9° شرح البیتین. Commentaire, en prose et en vers, sur les deux premiers vers du Mesnévi de Djélal ed-Din Roumi.

Début : ......این سطری چند است بعضی منثور وبعضی منظوم بقلم صدق (fol. 73 v°).

10° رسالهٔ ملامتیه. Traité, en prose et en vers, sur la terminologie.

L'auteur anonyme de ce traité déclare (fol. 78 r°) que chaque classe de derviches possède une terminologie qui lui est spéciale et qui n'est pas connue des autres personnes, surtout les soufis, qui sont parvenus aux stades voisins du Nirvana; c'est dans le but d'expliquer la terminologie des mélamétis qu'il a composé cet opuscule. L'auteur de la Risaléh-i mélamétiyyè ne prend pas ici le mot de mélaméti dans son sens habituel, mais bien dans celui de disciple du sheikh Mohyi ed-Din Mohammed ibn Ali Ibn el-Arabi (fol. 78 r°); en réalité, elle traite de la «révélation de l'Essence, des Attributs et des Actes».

Début : حمد بر هستی مطلعی که متجلّی شد ذات او بذات بی امر زایدی وفیض خارق (fol. 77 r°).

11° انیس الطالبین وعدّة السالکین. Panégyrique, par Molla Hosam ed-Din Khadjéh Yousouf Hafizi el-Boukhari, du fondateur de la secte, le sheikh Béha ed-Din Nakshibend.

Hosam ed-Din raconte qu'il vécut dans l'intimité حجیم de Nakshibend et qu'il lui avait demandé la permission de prendre des notes dans le but d'écrire sa vie; c'est après la mort de Nakshibend (lundi 2 ou 3 Rébi premier de 791 de l'hégire), quand la direction de la secte fut passée à Ala ed-Din Attar, qu'Hosam ed-Din écrivit ce panégyrique. C'est donc à tort qu'Hadji Khalifa (Dict. bibl., t. I, p. 487) indique 785 comme date de la composition de l'Anis el-tàlibin, et qu'il nomme l'auteur Salah ed-Din ibn Moubarek.

Cet ouvrage, qui porte également le titre de مقامات حضرت قطب

قسم الاقطاب خواجه بها الدين, est divisé en 4 sections, ainsi qu'il
suit : قــ ١ در تعريف ولابت وولى قـــ ٢ در شرح ابتداء احوال حضرت
خواجه ما ودر سلسلة خوجكان... قـــ ٣ در بيان طريقه وصفت
نتيجه خواجه وذكر حقايقى كه در بجالس محبت بر لفظ مبارك حضرت
خواجه ما كذشته است قـــ ٤ در ذكر كرامات ومقدمات واحوال
وآثاركه از حضرت خواجه ما بظهور آمده است (fol. 89 v°).

Cet exemplaire a été collationné avec deux autres manuscrits, et les
variantes en ont été portées en marge.

Nestalik turc cursif à encadrements et à frontispices, copié en 1009 de l'hégire
(1600 de J.-C.) par un certain ...Mohammed Eshref Kazizadêh. 146 feuillets,
21 sur 13 centimètres. Demi-reliure. — (Ochoa 36. — Supplément 968.)

114

بهل الحكمة. Abrégé du traité de philosophie et d'ésotérisme musulman connu sous le nom de رسائل اخوان الصفا,
ou « Traités des Frères de l'ordre de la Pureté ».

Le traducteur vivait à l'époque de Tamerlan (Catalogue de Vienne, I, 4a).
Cette édition persane est très abrégée et n'a pas une grande importance ;
c'est tout juste si l'on y retrouve l'essentiel de la doctrine ésotérique ; elle
comprend 49 traités رسالة répartis en 4 sections قسم, dont le détail est
donné aux folios 2 v° et 3 r°. La première section traite des sciences
exactes et des arts d'agrément, la seconde et la troisième contiennent
l'exposé de la doctrine métaphysique et philosophique de l'ésotérisme.
Les titres des traités qui composent la seconde section sont :

رساله اوّل در هيولى وصورت رساله دوم در عالم نسق ونظام رساله سوم
در كون وفساد رساله چهارم در آثار علوى رساله پنجم در تكوين معادن
رساله ششم در طبيعت وانج عالم انسان بزرك رساله هفتم در تكوين نبات
رساله هشتم در تركيب جسم رساله نهم در حاس وبحسوس رساله دهم
در مسقط النطقة رساله يازدهم در آنج انسان عالم كوچك است رساله
دوازدهم در نفس جزوى رساله سيزدهم در جمع كردن علمها رساله
چهاردهم در حكمت مرك رساله پانزدهم در الم ولذت رساله شانزدهم
در اختلاف...

L'original arabe se compose de 51 traités qui ont été rédigés et réunis vers 350 de l'hégire par plusieurs savants : Aboul Hasan Ali ibn Rámi-nâs el-Aufi; Mohammed ibn Masoud el-Makdisi; Abou Ahmed el-Nahrdjouzi el-Bousti, Zaïd ibn Rifaa, Ali ibn Haroun el-Sabi. Il en existe une recen-sion espagnole par el-Madjriti (Hadji Khalifa, *Dict. bibl.*, t. III, p. 460; Rieu, *Supplement to the Catalogue of the Arabic manuscripts in the British Museum*, p. 480 et suiv). Il se trouve à Paris, sous les n° ar. 2303-2306. Le texte arabe a été imprimé à Bombay, par Nour ed-Din Djivakhan en 4 volumes (1305-1306 H.). Le Résail Ikhvan el-safa est la somme des connaissances du monde musulman au milieu du IVᵉ siècle de l'hégire, on y trouve en germe toutes les doctrines philosophiques et métaphysiques qui seront plus tard celles des docteurs de l'ésotérisme. Le 21ᵉ traité a été traduit sous le titre de شرف الانسان, par Mohammed ibn Osman ibn Elias Lami, qui le dédia en 933 de l'hégire au sultan osmanli Soleïman Khan II, fils du sultan Sélim (Suppl. turc 1177).

بسمله حمد وسپاس آن خدای که واجب الوجودست وهرچ : Début
جزویست ممکن الوجودست وکرد او هفت وهر چیزی را جداگانه از
اجناس، وانواع علتی پدید کرد وهیچ چیز بی عنایت نیست واو علت همه
موجوداتست .....

La copie de ce traité, qui se termine au folio 57 r°, est datée de l'un des deux premiers jeudis du mois de Rébi premier de 848 de l'hégire. L'écriture est un nestalik très cursif tendant au shikestèh, de la main d'un certain Sahili ibn Abd er-Rahman ساهلی بن عبد الرحمن. Il est suivi (fol. 58 v°) d'un fragment d'Insha en turc par un nommé Abd el-Djinan, comprenant la partie relative aux finances سیاقت. L'écriture de ce fragment est déplorable et à peu près illisible, elle semble remonter à la deuxième moitié du XVIIᵉ siècle. Les premiers et les derniers feuillets du manuscrit sont couverts de notes sans aucune importance parmi lesquelles il n'y a guère à remarquer que quelques extraits lexicographiques du Sihah de Djauhéri au recto du folio 2, un extrait du *Commentaire de Firishta Oghlou* (fol. 80 r°), et l'ex-libris de Shahin ibn Abd Allah الکرو.

Nestalik cursif, daté de 848 de l'hégire (1444 de J.-C.). 80 feuillets. 27 sur 18 centimètres. Reliure en maroquin plein au chiffre du roi. — (Ancien fonds 162.)

115

Le même ouvrage.

Exemplaire incomplet commençant sans la préface.

On trouve au verso du folio 1 le titre inexact : نصف الثانى من اخوان الصفا, car le premier traité contenu dans ce volume est intitulé : رساله

اول از هندسه از جمله بنجاه يك رساله كه معروفست باخوان الصفا خلّان الوفا در تهذيب نفس واصلاح خلق .....

Assez bon nestalik cursif, à filet rouge daté de 844 de l'hégire (1440 de J.-C.), 205 feuillets. 18 sur 14 centimètres. Reliure en basane aux armes de Napoléon Ier. — (Ancien fonds 131.)

116

Le même ouvrage.

Le manuscrit étant incomplet du commencement, la première page a été ajoutée par un libraire qui a donné a ce traité le titre de خلاصة جمل الحكمة.

On trouve au verso du dernier feuillet des vers d'Abd el-Kahhâr.

Nestalik persan médiocre, copié en 924 de l'hégire (1518 de J.-C.), par Fakhr ed-Din ibn Mohammed el-Khandji. 107 feuillets. 21 sur 13 centimètres. Demi-reliure. — (Supplément 322.)

117

Extrait d'un traité d'ésotérisme traitant des stades de l'existence مراتب وجود, d'après les doctrines des اخوان الصفا (fol. 1 v°).

Début : ..... اما بعد اين جالة ايست بموجب التماس عزيزى از : اخوان صفا كه حقوق معرفت ايشان .....

Bon neskhi persan du XVIe siècle. 14 feuillets. 17 sur 12 centimètres. Reliure en peau rouge. — (Schefer 101. — Supplément 1409.)

118

Traduction par Nasir ed-Din Tousi du Καρπός de Ptolémée, suivie de gloses en arabe sur le chapitre شرح الطوالع مباحث تقسيم المعلومات, traité de métaphysique de Shems ed-Din Séma el-Méani el-Isfahani, par Shéref ed-Din Ali Terkhani.

Le titre est donné sous la forme : فهذه حواشى عليها(؟) على مباحث
تقسم المعلومات من كتاب شرح الطوالع شمس سمّاء المعانى العلامــت
الاصفهانى ..... Cet opuscule, dont la fin manque, est dédié à un souverain nommé Isa Padishah (fol. 59 v°).

Le شرح الطوالع d'Aboul Séna ابو الثنا (sic) Shems ed-Din Mahmoud
ibn Abd er-Rahman el-Isfahani (✝ 749 H.), est le commentaire arabe du
précis de métaphysique que le kadi Abd Allah ibn Omar el-Beïdhawi,
l'auteur du commentaire du Koran (✝ 685 H.), écrivit sous le titre de
طوالع الانوار. Le commentaire d'Aboul Séna est dédié au sultan mamlouk
bahrite el-Mélik el-Nasir Mohammed ibn Kélaoun, et il fut composé pour
ce prince; Aboul Séna lui avait donné le titre de مطالع الانظار et il
commence par : ..... الحمد لله الذى توحّد بوجوب الوجــود ودوام.
Hadji Khalifa, qui donne ces détails (*Dict. bibliogr.*, t. IV, p. 168),
ajoute que le commentaire d'el-Isfahani fut glosé par le seyyid shérif Ali
ibn Mohammed Djourdjani (✝ 816 H.); il est probable que ce personnage
est le même que l'auteur du présent manuscrit, جرجانى étant une
faute de lecture pour تركانى; un autre glossateur est le molla Homeïd
ed-Din ibn Afdal el-Din el-Hoseïni, plus connu sous le nom d'Ibn el-Afdal
qui mourut en 909 de l'hégire. On trouvera dans Hadji Khalifa la liste des
autres commentateurs du طوالع الانوار. L'ouvrage original se trouve dans
le fonds arabe sous le n° 1256 et le commentaire d'el-Isfahani sous les
n°⁵ 1957-1958.

On trouve au recto du folio 2 des indications sur la couleur des différentes étoiles et quelques autres notes sans importance.

Mauvaise écriture nestalik persane du xv⁵ siècle. 69 feuillets. 17 sur 12 centimètres. Cartonnage. — (Bavius; Gaulmin; Regius 1154. — Ancien fonds 175.)

119

بحر المعانى بعون سبحانى. Traité d'ésotérisme, en prose et en
vers, par Mohammed ibn Nasir ed-Din Djafer el-Hoseïni
el-Mekki.

L'auteur appartenait à la loge tchishtie, comme on le voit suffisamment
par la سلسله qu'il indique à la fin du Bahr el-maani.

Le Bahr el-maani fut composé dans le courant des années 824 et 825
de l'hégire. L'auteur raconte (fol. 209 r°) qu'au bout de vingt années
passées à étudier, il se mit à voyager dans les différents climats. Il cite les

sheïkhs dont il a suivi les cours, quelques-uns durant plusieurs années, tel que celui du Pôle Nasir ed-Din Mahmoud qu'il fréquenta pendant 4 ans, 3 mois et 12 jours; c'est après avoir reçu la licence de ce sheïkh qu'il rencontra 382 saints avec chacun desquels il s'entretint. Il visita successivement Tabouk, la Palestine, Damas, Médine, la Mecque, le Kaire, le Magreb, où il cite particulièrement la ville de Djemaliyé, et l'Inde, où il visita Delhi, enfin les îles de l'Océan, depuis Sérendib jusqu'aux limites de la mer des Indes.

En 753 de l'hégire, il suivait le cours du sheïkh Nasir ed-Din Mahmoud (fol. 65 r°), cela montre qu'il devait être fort âgé quand il écrivit le Bahr el-maani, car il y avait au moins vingt ans qu'il était en voyage, et en admettant qu'il ait commencé à courir le monde vers sa vingtième année, il serait né dans les environs de l'année 713 de l'hégire. Ce fait est confirmé par un passage dans lequel il dit vivre dans la retraite et diriger ses amis dans la voie soufie depuis 42 ans (fol. 78 r° et 94 v°). Dans un autre passage, il prétend, ce qui est invraisemblable tant cela reculerait la date de sa naissance, qu'il a passé 70 ans dans les collèges et les caravansérails (fol. 97 r°). Il raconte (fol. 114 r°) qu'il navigua sur l'Euphrate le 9 Djoumada premier de l'année 758 de l'hégire (fol. 76 r°) et qu'il se trouva un jour en bateau sur le Nil en compagnie du prophète Khidr; il est certain qu'il était en Égypte en l'année 811 de l'hégire (fol. 124 v°), et c'est dans ce pays qu'il lut les Évangiles (fol. 93 v°): il dit également avoir lu la Bible, mais sans indiquer dans quelle contrée. En 814 de l'hégire, il eut un songe dans lequel le Prophète lui apparut (fol. 139 v°). Il ne dit pas à quelle époque il alla en Palestine, mais il raconte avoir rencontré dans ce pays un Juif qui lui dit avoir lu dans un verset de la Bible l'excellence de la mission de Mahomet, et le rôle des valis, ce qui est conforme à ce qu'il raconte dans le Bahr el-maani (fol. 102 r°). Ce soufi qui, plusieurs fois dans le cours de son livre, prétend être arrivé au stade de la Divinité, affirme que tout ce qu'il écrit provient de la «Source de la Certitude», c'est-à-dire de la Divinité elle-même. Enfin il raconte qu'il eut un jour une extase, au cours de laquelle on lui apporta miraculeusement une coupe du monde intangible (fol. 89 v°) et qu'on la lui fit boire, ce qui le réveilla; il vit alors une lumière qui était attachée à lui (fol. 135 v°).

Ce traité qui renferme l'exposé de la doctrine ésotérique des soufis exaltés, se divise en 36 chapitres dont voici les titres:

1. فى الايمان (fol. 3 r°); 2. فى الصلوة (fol. 7 v°); 3. فى الزكوة والصوم (fol. 15 v°); 4. فى المعرفة (fol. 20 v°); 5. فى بيان الروح والحج (fol. 28 r°); 6. الروح (fol. 33 v°); 7-10. فى العشق (fol. 41, 50, 58, 67 v°); 11. فى اسرار الانسان (fol. 74 v°); 12. فى الشاهد (fol. 84 r°); 13-16. فى بيان المشاهدة (fol. 93 v°, 102 v°, 118 r°, 127 r°); 17. فى بيان الطالب

والمطلوب .18-19 ;(fol. 139 r°) في بيان الكفر (fol. 150 v°, 160 v°);

20-24. في بيان اسرار القرآن (fol. 173 r°, 182 r°, 191 r°, 199 r°, 207 v°);

25. في بيان السكر (fol. 222 r°); 26. في الوصول (fol. 229 r°); 27.

في بيان اسرار المذاهب (fol. 237 r°); 28. معرقة النفس (fol. 246 r°);

29. في الرويا (fol. 254 r°); 30. في الوجد وحالات الانبيا والاوليا

(fol. 264 v°); 31. في بيان النور والجنون (fol. 270 v°); 32. في اسرار المصلي

(fol. 279 v°); 33. في اسرار (fol. 283 v°); 34. في بيان المشارب (fol. 290 r°);

35. في بيان الشوق والمحبّة (fol. 296 r°); 36. في بيان العشق (fol. 306 r°).

On trouve à la fin du volume (fol. 315 r°) l'indication des sheïkhs tchi-shtis par l'intermédiaire desquels la doctrine ésotérique est arrivée à Mo-hammed ibn Nasir ed-Din, soit : Ali, Hasan-i Basri, Abd el-Vahid Zeïd, Fazil Ayaz; ... Kotb ed-Din Bakhtiyar, Férid ed-din Shakar Gandj; Nizam ed-Din Bédaouni; le قطب الاقطاب Nasir ed-Din Mahmoud; l'auteur.

Début : ان خداى كه انگبين شيرين نوش را از فواره تلخ.

Assez bon neskhi indien du milieu du xviii° siècle. 317 feuillets. 22 sur 12 centimètres. Reliure en maroquin rouge estampé. — (Ochoa 33. — Supplé-ment 966.)

120

مجمع اللطائف . Traité de philosophie ésotérique, en vers et en prose, par Abd Shah Mohammed el-Maanévi, fils de l'émir Ahmed (fol. 11 v°).

L'auteur déclare dans sa préface (fol. 12 r°) que son traité est divisé en une préface افتتاح, quatre chapitres منظر, et une conclusion احتتام. La préface (fol. 3 v°) contient les louanges ordinaires d'Allah et du Prophète, les motifs de la composition du livre et la date à laquelle il a été écrit; le premier chapitre (fol. 17 r°) traite de la connaissance de l'Être unique معرفت; le second chapitre (fol. 71 v°) traite de la science علم, des dogmes de l'Islamisme, des versets du Koran; le troisième (fol. 163 v°) traite de l'intellect عقل et des gens qui en sont doués; le quatrième (fol. 203 r°) de l'amour عشق. Chacun de ces chapitres est divisé en huit sections منظور, dont la septième est écrite en langue turque avec une traduction persane interlinéaire, et la sixième se compose de 100 vers mesnévis. La conclusion (fol. 243 r°) comprend un avant-propos et huit discours; il y est parlé de conseils divers et de sujets dont la connaissance est utile :

احتتام مشتملست بر مقدّم وهشت مقاله در نصائح مختلفه وفوايد

متنوعه. La date à laquelle a été écrit le Medjma el-lélaif est indiquée dans le dernier vers d'un chronogramme :

. . . . / . . . .

شكركز لطف حقّ چنان آمد   كه محل تعجب وشكفت

فكركردم زبهر تاريخش   خردم مخزن الدقايق كفت

(fol. 12 v°), ce qui indique l'année 844 de l'hégire.

Début : يا رب لك الحمد وانت المعبود لا غيرك فى كلّ وجود موجود

ادعوك واستغفرك من

Nestalik indien négligé, copié en 1072 de l'hégire (1661 de J.-C.) à Aurengabad اورنك آباد : ar Abd el-Shoukour Pendjabi pour une princesse de la dynastie des Grands Mongols de l'Hindouston, nommée Hasan Banou : عصمت شاى عنت دستكاى

بلقيس زمانى خديجۀ عهد وآوانى حسنى بانو. Reliure indienne passable. 294 feuillets, 25 sur 15 centimètres. — (Brueys 31. — Supplément 106.)

121

جام گيتى نما. Traité de métaphysique, par le kadi Mir Hoseïn el-Meïboudi, également nommé Kadi Zadèh Hoseïn.

Ce traité, dans lequel on retrouve les théories des mystiques moyens sur le monde transcendantal et sur les origines des existences mondiales, doit, d'après la préface (fol. 4 v°), se diviser en une introduction فاتحه, trente thèses مقصد et une conclusion. D'après ce que dit l'auteur dans sa préface, le Djam-i giti numá est l'abrégé des doctrines ésotériques, composé à l'usage d'un prince du Fars, qui n'est pas nommé, mais qui est qualifié de عليحضرت شازاده (sic) عدالت پناه ابنه صور الطاف . . ., ce qui pourrait faire penser à un prince de la famille timouride. Il paraît n'avoir rien de commun avec le جام گيتى نما فى عجائب الخلوقات وغرائب الموجودات qui est décrit dans le tome II, page 513, du Catalogue de la bibliothèque impériale de Vienne.

D'après Sam Mirza, Mir Hoseïn Meïboudi était un Alide, descendant de Hoseïn; il naquit à Meïboud ou Meïbouz ميبذ, ville du Fars; il étudia la philosophie sous la direction de Davani et il cultiva également la poésie sous le nom de Mantiki. Cet écrivain vivait dans la seconde partie du IX° siècle de l'hégire; il mourut en 910 de l'hégire. Une traduction arabe de cet opuscule fut éditée à Paris en 1641 par Abraham Ecchellensis, avec

6.

une traduction latine, sous le titre de *Synopsis propositorum sapientiae Arabum philosophorum.*

Dans un exemplaire conservé à Oxford, le Djam-i giti numâ est attribué à un certain Ghiyas ed-Din Mansour, qui mourut en 948 de l'hégire.

Début après l'invocation : اما بعد معروض ارباب الباب انكه تميز نوع انسان از سایر انواع حیوان به فضیلت تعقل است وهر چند کسی در تعقل اتم واقوی است مرتبه او در انسانیه

Cet exemplaire est incomplet et se termine avec la vingt-septième thèse comme le manuscrit de Londres (Rieu, *Catalogue*, p. 812), sur lequel il se pourrait qu'il ait été copié.

Mauvais neskhi copié par un Européen inexpérimenté au commencement du xvii° siècle. 44 feuillets. 22 sur 17 centimètres. Reliure en maroquin rouge aux armes du roi. — (Ravius; Colbert 3668; Regius 1549, 3. — Ancien fonds 34.)

122

جام کیتی نما. Le même ouvrage; copie des neuf premiers مقصد, de la main de Daoud Isfahani.

xvii° siècle. Nestalik passable sur papier européen. 12 feuillets. 23 sur 16 centimètres. Cartonnage. — (Supplément 76.)

123

جواهر الاسرار. Traité d'interprétation ésotérique de traditions musulmanes et de sentences de sheïkhs célèbres, par Djélal ed-Din Ali ibn Hamza ibn Ali Mélik Hasan el-Tousi, surnommé Sheïkh Azéri, et descendant d'Abou Ahmed ibn Mohammed el-Zéki el-Mervézi el-Esféraïni.

Djélal ed-Din naquit à Merv et fut élevé à Esféraïn dont son père était gouverneur; il cultiva la poésie sous le tékhallus d'Azéri; il embrassa ensuite la vie mystique sous la direction du sheïkh Mohyi ed-Din Tousi et du saint ولی Nimet Allah. Il vécut quelque temps à la cour du sultan indien Ahmed Shah Behméni (825-838) pour lequel il écrivit une épopée intitulée نامه بهمن; il mourut en 866 à l'âge de 82 ans à Esféraïn ou à Asfizar.

il a laissé un divan et un ouvrage intitulé غرائب الدنيا (Catalogue de Saint-Pétersbourg, p. 399). Ali ibn Hamza avait écrit, en 830 de l'hégire, sous le titre de مفتاح الاسرار, un traité analogue au جواهر الاسرار, mais plus développé, et il le résuma à la cour d'Ahmed Shah Behméni, à la demande de quelques-uns de ses amis; cet ouvrage, qui reçut le nom de جواهر الاسرار, fut terminé en 840 de l'hégire.

Le présent exemplaire contient aux feuillets 1-10 le commencement d'une rédaction du Djévahir el-esrar dont le commencement correspond à celui du manuscrit de Londres (Rieu, *Catalogue of Persian manuscripts*, t. I, p. 43); le reste du volume contient une rédaction plus abrégée qui commence par : ... چنین گوید مؤلّف این مجموعه اضعف عباد الله تعالی واحوجهم الى الرحمة حمزه بن علی على ملك حسن...

Cet ouvrage se divise en 4 livres : 1° Interprétation des lettres isolées qui se trouvent au commencement de certaines sourates du Koran حروف مقطّعات; 2° explication de certaines traditions peu claires (fol. 14 v°); 3° commentaire dans un sens mystique sur les sentences de sheïkhs soufis célèbres (fol. 54 v°); 4° commentaire sur certaines poésies mystiques (fol. 199 v°).

Nestalik indien médiocre, copié à Shahdjihanabad par un certain Mohammed Behram en 1090 de l'hégire (1679 de J.-C.). 267 feuillets. 21 sur 11 centimètres. Reliure indienne en maroquin brun. — (Anquetil 61. — Supplément 128.)

124

شرح اللّمعات. Commentaire sur le traité de mysticisme écrit en persan par le sheïkh Fakhr ed-Din Ibrahim ibn Shahriyar Hamadani, surnommé el-Iraki, par un soufi nommé Mohammed Zahid.

Fakhr ed-din Iraki, l'un des poètes mystiques les plus célèbres de la littérature persane, naquit à Hamadan qu'il quitta de bonne heure pour embrasser la vie contemplative et pour voyager comme kalender; il devint dans le Moultan, khadim du sheïkh soufi Béha ed-Din Zakariya, dans la société (محبة) duquel il vécut durant 25 années. A la mort de Béha ed-Din (661 hég.), il se rendit en pèlerinage à la Mecque et il se fixa à Konia, dans le pays de Roum, auprès du célèbre sheïkh Sadr ed-Din Kouniévi († 672 H.). Ce fut d'après les leçons que Sadr ed-Din fit sur le Fosous el-hikem de Mohyi ed-Din Mohammed ibn Ali Ibn el-Arabi que

Fakhr ed-Din Iraki rédigea les Lamaât; il quitta le pays de Roum après l'assassinat du Pervanèh Moïn ed-Din Soleïman (677 H.) et il passa les dernières années de sa vie à voyager en Égypte et en Syrie. Il mourut à Damas en 686 ou en 688 de l'hégire. Sa vie se trouve racontée dans la Néfahat el-ouns de Djami et dans le Médjalis el-oushshak de Kémal ed-Din Sultan Hoseïn ibn Mansour ibn Baïkara.

Ce commentaire est dédié au sultan timouride Aboul Fath Ibrahim سلطان : سلطان الاعظم ودستور سلاطین عالم ابو الفتح ابراهـم سلطان اعلى الله تعالى سلطانه واید برهانه. Hadji Khalifa n'a pas connu ce commentaire des Lamaât d'Iraki (*Dictionnaire bibliographique*, t. V, p. 335). Les Lamaât ont été souvent commentées; en plus du commentaire de Mohammed Zahid, on peut citer celui qui fut composé sous le titre de اشعة اللمعات par Djami, à la prière de Mir Ali Shir Névaï (886 H.), le ضوء اللمعات de Saïn ed-Din Ali Tarika (815 H.) et un autre de Shah Nour ed-Din Nimet Allah Vali († 834 H.).

Début : سبحان خالقى جلّ وعلاكه حقيقت محمّدى صمم از لطف تجلّى خود منوّر کردانید حتّى تلالا وتشعشع منه النور الى يومنا هـذا وخود را در آئینهٔ حقیقت محمّدى

On trouve au verso d'un feuillet préliminaire la vie de Kémal ed-Din Ismaïl ibn Abd er-Rezzak el-Isfahani qui fut tué en 635, lors de la prise d'Isfahan par les troupes d'Ougétaï Kaan, des vers arabes de Fozouli Baghdadi, et de Mohyi ed-Din Mohammed ibn Ali Ibn el-Arabi.

Bon nestalik persan, copié en 894 de l'hégire (1488 de J.-C.) par Dervish Yousouf ibn Ahmed ibn Mohammed el-Khorasani el-Isfahani. 110 feuillets. 16 sur 11 centimètres. Reliure en peau de vache brune. — (Mazarin; Regius 1548. — Ancien fonds 49.)

125

اشعة اللمعات. Commentaire par Nour ed-Din Abd er-Rahman Djami sur les اللمعات, traité d'ésotérisme de Fakhr ed-Din el-Iraki.

Djami rapporte qu'il écrivit ce commentaire en 886 de l'hégire, à la demande du vizir Mir Ali Shir Névaï, pour rendre compréhensibles les Lamaât d'el-Iraki, dont le sens était obscur. (Voir le ms. précédent.) Le اشعة اللمعات est divisé en une préface et 28 chapitres nommés لمعت; cet ouvrage

porte souvent comme dans le présent exemplaire le titre de : شرح لمعات
فارسى.

Début après l'invocation : امّا بعد نمودهٔ ى آيد كه در ان وقت كه

شیخ عالم عامل عارف عاشق صاحب النثر الفایق والنظم الرایق مصراع

آن زجام کرم ارباب هم را ساق

فخر الدین ابراهم الهمدانى......

Les derniers feuillets du manuscrit contiennent le texte de plusieurs prières.

Assez bon nestalik persan cursif, copié par Seyyid Mohammed ibn Mir Hoseïn
en 973 de l'hégire (1565 de J.-C.). 80 feuillets. 22 sur 13 centimètres. Cartonnage turc. — (Ducaurroy 24. — Supplément 117.)

126

شرح نقش الفصوص فى نقد النصوص. Commentaire par Nour
ed-Din Abd er-Rahman el-Djami († 898 H.) sur le نقش
الفصوص du célèbre soufi espagnol Mohyi ed-din Abou Abd
Allah Mohammed ibn Ali el-Tayyi el-Andalousi Ibn el-
Arabi († 638 H.).

Le نقش الفصوص est l'abrégé exécuté par Mohyi ed-Din Ibn el-Arabi
du فصوص للحكم, l'un des ouvrages les plus importants de la littérature
ésotérique avec le الفتوحات المكيّة du même auteur. Djami le considérait
comme son chef-d'œuvre خاتم مصنفات وى (fol. 7 r°). C'est cet abrégé
qui a été commenté par Djami et plus tard, à une date inconnue, en turc,
par le sheïkh Ismaïl Mevlévi (Hadji Khalifa, *Dict. bibl.*, t. VI, p. 379-380).
Le نقش الفصوص suivait rigoureusement l'ordre du فصوص للحكم, et cette
disposition a été conservée par Djami. Mohyi ed-Din Ibn el-Arabi raconte
dans la préface du Fosous el-hikem que, se trouvant à Damas en Moharrem 627, il eut un songe au cours duquel il vit le prophète Mohammed
tenant à la main un livre qui n'était autre que le Fosous: il lui dit de le
prendre et de le faire connaître sur la terre.

Il est divisé en 27 chapitres, فصّ, dans lesquels se trouvent exposées
les sentences d'Adam, Seth, Nouh, Idris, Ibrahim, Ishak, Yakoub, Yousouf, Houd, Salih, Shoaïb, Loth, Esdras, Jésus-Christ, Soleïman, David,

Jonas, Job, saint Jean, Zacharie, Élias, Lokman, Aaron, Moïse, Khaled, Mohammed.

Cet ouvrage a été souvent commenté et Hadji Khalifa donne une liste très longue de ces traités (t. IV, p. 426 et suiv.). Il a été notamment commenté par Djami dans un ouvrage arabe différent du présent commentaire et dans lequel, au dire d'Hadji Khalifa, le texte était confondu avec la glose.

Dans sa préface, Djami cite deux des principaux de ces commentaires, celui de Sadr ed-Din Mohammed ibn Ishak el-Kouniévi et de son élève Mouayyad ed-Din el-Djoundi, qui est en réalité le premier commentateur du Fosous, et celui du sheïkh Saad ed-Din Saïd el-Ferghani qui est le commentateur de la kasida en *ta* d'Omar Ibn el-Farid (voir n° 100).

وبعضى از معارف قدسيه متابعان او از مشايخ كبار چون شيخ ... صدر الحقّ والملّة والدّين محمّد بن اسحق السقونيوى ... ومريدان ومستفيدان او چون شيخ عارف كامل مؤيّد الدين الجندى كه شارح اوّل فصوص الحكم است وشيخ سعد الدين سعيد الفرغانى كه شارح قصيدهٔ تائيّة فارسيّه است بتخصيص شارحان فصوص الحكم ... (fol. ۷ r°)

Le commentaire d'el-Djoundi Mouayyad ed-Din ibn Mahmoud ibn Saïd ibn Mohammed el-Hatimi († 700 H.) avait été commencé par son maître, le célèbre Sadr ed-Din Kouniévi, qui lui avait laissé le soin de le terminer. Saad ed-Din el-Ferghani mourut également vers 700 de l'hégire.

Le commentaire est précédé d'une introduction مقدّمه, contenant un précis de la théorie ésotérique des émanations تعيّنات, des présences حضرات et de la théodicée, qui est identique à celle du n° 100.

Début : الحمد لله الذى جعل صفاح قلوب ذوى الهمم قابلةً لنقش فصوص الحكم والصلوة على المظهر الاتمّ لاسمه الاعظم ...

Ce traité est suivi de différents fragments, dont le principal est un vocabulaire arabe, rangé par ordre alphabétique, des expressions techniques de l'ésotérisme, sans titre ni nom d'auteur (fol. 111 v°-113 r°); on y trouve des extraits des poésies arabes intitulées التجديات (fol. 114 r°), et une longue prière mystique en arabe (fol. 117 r°); ensuite viennent :

1° Le texte du نقش الفصوص, abrégé du فصوص الحكم de Mohyi ed-Din Ibn el-Arabi. Ce traité porte le titre de : كتاب مختصر فصوص الحكم اختصره الشيخ الامام ... يحى الدين ابو عبد الله بن العربى ...

commence par : اعلم ان الاسماء الالهيّة للحسنى تطلب بذاتها وجود :
العالم فاوجد الله تعالى العالم جسدًا مسوّى وجعل روحه ...

La copie, qui est de la même main que le commentaire de Djami, est datée de Ramadan 882 de l'hégire, c'est-à-dire que ce manuscrit est contemporain de Djami (fol. 118 v°).

On trouve à la suite (fol. 123 r°) un fragment sur les noms de la Divinité.

2° Extraits des التحديات d'Afdal ed-Daulah Aboul Mozaffer Mohammed ibn Aboul Abbas el-Abiverdi (fol. 125 r°).

Abiverdi mourut en 507 de l'hégire (Hadji Khalifa, t. VI, p. 305). Les التحديات comprennent 1,000 vers et roulent sur l'amour mystique; c'est à tort que l'éditeur de Hadji Khalifa lui fait dire, ayant lu نسب pour نسيب, qu'elles traitent de généalogie. Elles ont été commentées par Shéref ed-Din Ahmed ibn Omar ibn Osman el-Djoundi. Il s'en trouve un exemplaire dans le fonds arabe sous le n° 3411, 2.

Bon neskhi persan de 882 de l'hégire (1477 de J.-C.), 128 feuillets, 18 sur 13 centimètres. Reliure orientale en maroquin. — (Supplément 1091.)

127

امواج خون در معارف محمديه. Commentaire sur un mesnévi mystique hindoustani, intitulé خوب ترنك (तरंग), par le sheïkh Kémal Mohammed.

L'auteur du mesnévi hindoustani, Khoub Mohammed, est le même que Kémal Mohammed : خوب محمد که مصنف این کتابست چنان هوس
دارد که

نعت مهيين دو بول مسلاون   باری تس مداح کهادئون
. . . .

خوب که بخطاب خون مصنف مثنوی بزبان گجراتی ومصنف ترجمهٔ شرح
کفت خواهد فارسی بزبان مثنوی ان تما (fol. 3 v°).

Cet ouvrage a été composé en 989 de l'hégire; il traite surtout d'ontologie et de la théorie de l'unité trine, des présences et de l'émanation.

Début :

وجود مطلق از هر قید بد پاك   انیت اندر ان چون خُر در تاك

شد اوّل قید علی از انیـت   ....

Une table des chapitres se trouve au commencement du volume. D'après une note écrite tout à fait à la fin du manuscrit (fol. 105 r°), l'auteur est mort en l'année 1094 de l'hégire.

Nestalik indien passable copié en 1091 de l'hégire (1680 de J.-C.) par le sheïkh Hasan ibn Mohammed Hosein. 105 feuillets, 26 sur 18 centimètres. Cartonnage. — (Ochoa 48. — Supplément 975.)

128

Le même ouvrage; exemplaire incomplet.

Assez bon neskhi indien de la fin du xviii° siècle. 104 feuillets, 24 sur 12 centimètres. Cartonnage. — (Ochoa 52. — Supplément 979.)

129

چهار عُنصر ou چار عُنصر. Traité de soufisme en prose mêlée de beaucoup de vers, par Aboul Méani Abd el-Kâdir Bîdil بیدل.

Bîdil, le plus grand poète indien du xii° siècle de l'hégire, était d'origine turque et se rattachait à la tribu des Arlat qui appartient à la branche de Tchaghataï; il naquit en 1054 à Patna آباد عظم, et il fut attaché dans sa jeunesse à Mohammed Azem Shah; il ne tarda pas à quitter son service pour vivre à Delhi, où il s'entoura des principaux poètes de son temps; il mourut dans cette ville, en 1133, laissant un divan, des quatrains et plusieurs mesnévis traitant de mysticisme [Shir Khan Loudi, Mirât el-khéyal (fol. 241 r°); Mountekhâb el-bédaïï (fol. 88 r°); Azad Hoseini Wasiti Belghrâmi, Khazaïn-i 'amirèh (fol. 103 r°); Rieu, *Catalogue*, t. II, p. 706].

Ce traité qui est écrit dans un style des plus obscurs, est divisé en quatre chapitres, dont les titres sont : عنصرا ۱ اجد اشتعال شعلهٔ مقال

وکرمیهای محبت ارباب فضل وكمال   عنصر ۲ رواج شكفتنگی بهار عالم

منظوم ونسائم فیض غنائم فوائد معلوم   عنصر ۳ طروات شبنمستان

مراتب منثور وآبيارى نخلستان كيفيت شعور عنصر غبار نشانى بساط صور غايب وزنك زدانٌ آينه نقوش غرايب (fol. ٥٠ r°).

Ce traité a été imprimé à Laknau en 1287 de l'hégire avec le divan de cet auteur.

Nestalik indien tendant au shikestèh, copié en 1156 (1743 de J.-C.) par Mohammed Djafer ibn Sheikh Moushtak Mohammed. Encadrements et frontispices. 311 feuillets, 21 sur 12 centimètres. Demi-reliure. — (Brueys 35. — Supplément 904.)

130

Le même ouvrage.

Le second livre عنصر.

Semi-shikestèh indien du xviiiᵉ siècle écrit sur papier semé d'argent par Mohammed Djafer ibn Sheikh Moushtak Mohammed el-Sadiki. 59 feuillets, 21 sur 11 centimètres. Demi-reliure. — (Brueys 34, 2. — Supplément 905.)

131

Le même ouvrage.

Nestalik copié dans la Transoxiane en 1223 de l'hégire (1808 de J.-C.). 330 feuillets, 24 sur 14 centimètres. Reliure boukhare en papier jaune. — (Darmesteter. — Supplément 1194.)

132

Le même ouvrage.

Bon nestalik turc copié sur papier jaune en 1234 de l'hégire (1818 de J.-C.), par Mohammed Nazir Boukhari à Scutari, dans le couvent des Nakshibendis. 216 feuillets, 24 sur 15 centimètres. Reliure en maroquin noir doré. — (Schefer 131. — Supplément 1439.)

133

غرائب الخلوقات. Somme des doctrines mystiques, par un anonyme.

Ce traité, qui a été écrit dans l'Inde, a pour sources principales le تذكرة الاولياء de Férid ed-Din Attar, le نفحات الانس من حضرات القدس d'Abd

er-Rahman Djami, le طبقات الصوفيّة, le كشف الاسرار (*sic*) [fol. 26 v°],
le كشف للحقايق (fol. 1 v°), et le الفتوحات المكيّة de Mohyi ed-Din Ibn
el-Arabi (fol. 207 v°).

C'est une compilation tardive sans aucune originalité divisée en 78 chapitres intitulés كنجينه.

Début : كنجينة اول در بيان ولايت من كشف لحقايق بدانكه معنى
ولى نزديكى ودوستى است نزديكى ودوستى كه مقام قُرب ومحبّت است...

Nestalik indien cursif et médiocre du xvıı° siècle. 521 feuillets. 27 sur 18 centimètres. Demi-reliure, au chiffre de Louis-Philippe. — (Supplément 145.)

134

مكتوبات. Recueil de lettres sur la vie mystique, écrites
par le sheikh nakshibendi Osman Djalandar جلندر.

Le commencement des deux premières lettres manque et l'ouvrage complet se composait de 40 lettres; l'auteur est postérieur à Shems ed-Din
Tébrizi († 645 H.).

Nestalik indien passable, daté de 1116 de l'hégire (1704 de J.-C.). 138 feuillets,
19 sur 12 centimètres. Demi-reliure. — (Supplément 1130.)

135

Traité sur les prescriptions religieuses et les doctrines
philosophiques de l'Islamisme, rédigé au point de vue
shiite.

Le commencement et la fin de ce volume manquant, on ne connaît ni
son titre ni le nom de son auteur; il a été dédié à un gouverneur du Mazendéran nommé Agha Hasan, et il est divisé en une préface et deux chapitres. La préface commence par (fol. 1 v°) : بدانكه ايمان واجب است
بر هر مكلف وايمان آنست كه مكلف اعتقاد كند بدل واقرار كند بزبان
بهستى ...

Bon neskhi persan du xvıı° siècle. 97 feuillets. 18 sur 12 centimètres. Demi-
reliure. — (Supplément 81.)

136

Traité de théologie ésotérique et de soufisme.

Cet ouvrage, qui n'a ni commencement ni fin, ne porte ni titre ni nom d'auteur; les deux premiers feuillets, qui ont été rapportés à une époque relativement récente, le donnent comme étant le كتاب التوحيد de Molla Ahmed ibn Molla Elias ibn Molla Abd Allah ibn Molla Hoseïn el-Vaïz Sinévi الواعظ سينوى, mais rien ne dit que cette attribution soit exacte. La première section complète a pour titre فى ارسال الرسل والكتب et commence par : مراتب خلق برانست که مقام عامهٔ مومنان بر تر از مقام کافرانست ومقام اولیا بر تر از مقام عامه مومنانست... (fol. 4 v°). L'auteur anonyme de ce traité qui est fort ancien, fonde ses doctrines sur les traditions et sur les sentences des premiers mystiques; il ne paraît pas qu'il ait été traduit de l'arabe.

Assez bon neskhi persan du commencement du xiii° siècle, écrit presque sans points diacritiques. 111 feuillets. 18 sur 14 centimètres. Cartonnage. — (Supplément 79.)

137

Fragments de plusieurs traités de soufisme.

Le premier fragment traite des qualités que doit réunir le sheïkh, ou supérieur du couvent soufi, de la prière canonique et de la prière surérogatoire; le dernier qui est en arabe commence (fol. 95 v°) par une assez longue préface dans laquelle il est question des noms de la Divinité et des Présences.

Neskhi moderne du milieu du xviii° siècle. 102 feuillets. 22 sur 15 centimètres. Demi-reliure. — (Supplément 73.)

138

Recueil de dissertations de théologie scolastique et de métaphysique.

Elles ne portent ni titre ni nom d'auteur, et elles traitent des sujets qui sont les lieux communs de l'ésotérisme musulman; comme la plupart des ouvrages de ce genre, elles se présentent sous forme de demandes et de réponses.

الحمد لله رب العالمين وصلى اللهم على محمد وآله اجمعين : Début

بدانكه پيش از خلقت آسمانها وزمين وملائكه.....

Ces dissertations sont suivies (fol. 89 v°) d'un commentaire en persan, sans titre ni nom d'auteur, sur le vers :

.........بچشم خدا بين خود　　　ديدم صفاتى كه ذات خدارا نبود

On retrouve dans ce commentaire qui commence par اگر سائل سوال

كند كه كدام صفت باشد كه ذات خدارا نباشد وابن چگونه توان

بود......., les mêmes théories métaphysiques sur l'Essence et les attributs de la Divinité que dans le commentaire de la kasida en *ta* d'Omar Ibn el-Faridh par el-Ferghani.

Bon nestalik turc du xvii° siècle. 90 feuillets. 21 sur 15 centimètres. Reliure en peau noire. — (Vaillant; Regius 1483. — Ancien fonds 31.)

139

Recueil de dissertations sur divers points de métaphysique musulmane et d'ésotérisme, sans titre ni nom d'auteur.

Un possesseur de ce volume a inscrit sur la marge du premier feuillet le titre de : ملفوظات سلطانى ملفوظ اول حضرت سلطان نظام الدين دويم

سلطان شيخ فريد...نصر الدين چراغ دهلى ,...شيخ حميد...الدين...

Cette indication est trop restreinte et l'attribution de ces dissertations aux sheïkhs Nizam ed-Din, Nasr ed-Din de Dehli et Hamid ed-Din est incomplète; on trouve dans ces dissertations les noms d'autres docteurs, en particulier du sheïkh Loutf Allah Kadiri. Tous ces docteurs qui ont occupé les stades les plus élevées de l'ésotérisme, sont originaires de l'Hindoustan et ces dissertations rédigées sous forme de lettres dans un style assez difficile à comprendre ont sans doute été réunies par un de leurs disciples. La copie de cet exemplaire n'a pas été terminée.

Talik indien passable du commencement du xviii° siècle, à filets en encre de couleur. 104 feuillets. 24 sur 15 centimètres. Reliure en peau. — (Supplément 61.)

140

Recueil de quatrains sur la métaphysique soufie et la théorie mathématique de la Divinité, commentés en persan par leur auteur.

L'auteur anonyme de ce traité qui n'a point de titre raconte dans sa préface qu'il avait composé des quatrains sur des questions de métaphysique, principalement sur l'unité trine, et que le présent ouvrage est destiné à commenter un certain nombre d'entre eux dont le sens était obscur : امّا ...

بعد نموده ميشود كه پيش از انشاى اين نامه ناى ... رباعى چند در
اثبات وحدت وجود وبيان تنزلاتش بمراتب شهود با تنبيه بر كيفيت
در يافتن آن على سبيل الكشف والعرفان ..... وصورت انتظام پذيرفته امّا
چون ترجمان زبانرا بواسطه رعايت .. تنك بود .. در ذيل آن رباعيات
.. كلمة چند منشور از سخنان كبراى دين وعرفان اهل يقين مرقوم
ميكرد (fol. ۲ r°).

Début après le bismillah :

در بحر نوالش همه ذرات غريق   حمد آله هو بالحمد حقيق
نسپرده طريق شكر او هيچ فريق   ناكرده ركض فضل توفيق رفيق
پاكا يكانة كه كثرت ثنويّت صفت وموصوف را كرد سرايرده ......

Les premiers et les derniers feuillets sont couverts de pièces de poésie.

Assez bon nestalik persan, à double filet rouge de 899 de l'hégire (1493 de J.-C.) 46 feuillets. 20 sur 13 centimètres. Cartonnage. — (Thévenot; Regius 1601, 4. — Ancien fonds 287.)

141

Le même ouvrage.

Nestalik indien médiocre copié en 1084 de l'hégire (1673 de J.-C.) pour le sheïkh Abd er-Résoul ibn Shihab ed-Din Makboul par Mirza Khan. 50 feuillets. 22 sur 12 centimètres. Demi-reliure. — (Ochoa 51. — Supplément 978.)

142

Recueil d'anecdotes en prose sur la vie mystique et sur la morale religieuse.

Ce traité n'a point de préface et l'on ne connaît ni son titre ni le nom de son auteur; on lit au recto du premier feuillet le titre كتاب هـذا, مناقب الاوليا لمّلا حسين واعظ, d'où il s'en suivrait qu'il aurait été écrit par Hoseïn ibn Ali el-Vaïz el-Kashifi, mais rien ne prouve que cette attribution et le titre de مناقب الاوليا soient exacts.

Début : قال النّبى عليه السلام شرّ العلماء من زار الامراء وخيـر الامـراء من زار العلماء نعم الامير على باب الفقير......

Assez bon nestalik turc, à filet rouge de la fin du xvii° siècle. 160 feuillets. 20 sur 11 centimètres. Reliure en basane pleine aux armes du roi. — (Oratoire DI 26. — Supplément 144.)

143

Traité de morale mystique.

Ce traité qui est divisé en 80 chapitres est basé sur des extraits du koran et sur les traditions musulmanes. Une note préliminaire lui donne le titre de حقايق ودقايق et prétend qu'il a été écrit par Djélal ed-Din Roumi, mais il n'y a que les nombreux vers persans intercalés dans cet ouvrage qui soient de l'auteur du Mesnévi.

Début : قال النّبى صعم الشريعة اقوالى والطريقة افعالى والحقيقة حـالى محّد مصطفى عم ميفرمايد كه شريعت كفتار منست........

Cet ouvrage est évidemment différent du حقايق دقايق d'Ahmed Roumi qui est décrit dans le *Catalogue of Persian manuscripts* de Rieu, t. I, p. 39.

Bonne écriture turque de la fin du xvii° siècle. 92 feuillets. 22 sur 16 centimètres. Reliure en maroquin brun. — (Supplément 126.)

144

كتاب مزاهر. Traité de théodicée et de métaphysique ésotérique, par Abd el-Latif Firishta.

Rien ne permet de déterminer l'époque à laquelle vécut cet auteur qui est peut-être le même que le Firishta Oghlou qui a composé, vraisemblablement au x° siècle de l'hégire, un dictionnaire turc très estimé. Ce traité est divisé en sept chapitres اصل, subdivisés en sections nommées فصل, dont voici le détail : chap. 1, در بيان توحيد خدا وذكر ذات وصفات;

chap. 2, او جلّ جلاله در شرح روح ونفس كلّى وجزوى وتولّد دل از دواج;

chap. 3, ايشان در ذكر; chap. 4, در احوال عوالم كليه ونزول كتب آلهيه;

chap. 5, در بيان آنكه ترتيب عالم اجسام تا آفريدن آدم عليه السلام;

chap. 6, آدم حقيقى خليفة خداست در بيان اقسام ولايت ورفعت رتبت;

chap. 7, او در بيان مراتب محبّت وكيفيت آتحاد محبّ بمحبوب.

Assez bon neskhi turc daté de 944 de l'hégire (1537 de J.-C.). 53 feuillets. 21 sur 15 centimètres. Cartonnage. — (Oratoire DI 25. — Supplément 112.)

145

Traité en vers mesnévis sur l'amour mystique.

Un possesseur de ce volume a écrit sur l'un des feuillets de garde : رسالة فى بيان العشق الجازى والحقيقى, et un autre attribue ce poème à Kémal Ismaïl, ce qui paraît confirmé par le dernier vers :

قربان برة تو جان زشوق آوردم   يا ربّ تو قبول كن چو اسمعيم

Début :

سبحان الله هو العلى المتعال   كو راست كمال وقدرت وجاه وجلال

Beau nestalik persan à encadrements et à frontispice en or et en couleurs de la première moitié du xvi° siècle. 18 feuillets. 21 sur 14 centimètres. Reliure en maroquin brun estampé et doré. — (Supplément 114.)

146

جنيه. Traité de soufisme par un auteur nommé Shah Abbas.

Ce traité qui porte dans la souscription le titre de الجمنيه العليه et qui est en prose mélangée de beaucoup de vers, contient le précis de la doctrine soufie basée, suivant l'habitude des mystiques, sur des extraits du Koran et sur les traditions musulmanes; il a très probablement été écrit pour des néophytes. Il est divisé en un grand nombre de paragraphes qui portent le titre de بجمن.

Début : ... الحمد لله جاعل اسرار الاحدیت والوحدت والواحدیت
العارفین وخالق استار المراتب والارواح والمثال

Nestalik indien passable à encadrements daté de 1132 de l'hégire (1719 de J.-C.). 84 feuillets. 22 sur 12 centimètres. Demi-reliure. — (Supplément 122.)

147

Recueil de pensées mystiques et d'anecdotes ayant trait à la vie religieuse, par un auteur nommé Béha ed-Din (Nakshibend).

Ce recueil est divisé en un très grand nombre de chapitres assez courts, introduits par الله اعلم, et dont la majorité consiste en commentaire d'un passage du Koran ou d'une tradition. On lit au recto du second feuillet et sur la tranche le titre de : كتاب سلطان العلماء.

Début : الحمد لله ..... قال الشیخ الامام العالم الكامل المحقّق
المدقّق قطب الاولیاء والعارفین سلطان العلماء فی العالمین بها الملّة والحقّ
والدیّن قدس الله روحه ونوّر ضریحه ...

Les premiers et les derniers feuillets sont couverts d'extraits de poésies mystiques.

Assez bon neskhi turc daté de 928 de l'hégire (1521 de J.-C.). 120 feuillets. 17 sur 12 centimètres. Reliure en maroquin brun estampé. — (Ducaurroy 37. — Supplément 123.)

148

Recueil de traités de métaphysique.

1° Fragments de deux ouvrages : le premier (fol. 1-7) traite des esprits et comprend les sections 5-7 intitulées در بیان نزول ارواح et در بیان عروج ارواح; le second, sans commencement ni fin (fol. 8-15), traite de la création de l'homme et des conditions que doit réunir le soufi سالك pour progresser dans la voie mystique.

2° الاسمار سمر. Traité sur l'amour mystique et sur la vie religieuse, par khvadjêh Sadr ed-Din Aboul Fath.

Ce traité est incomplet du commencement (fol. 16) et les indications ci-dessus sont tirées de la souscription dans laquelle l'auteur, qui fut l'élève d'un certain Seyyid Mohammed Hoseïni, surnommé Kisoudiraz كيسودراز, est qualifié de حضرت قطب الاقطاب عاشق شهباز سرافراز; il est divisé en 114 chapitres nommés سمر.

Le n° 2 est d'un assez bon nestalik cursif copié en 987 de l'hégire (1579 de J.-C.) par Ibn Nimet Allah Koreïshi; les deux premiers fragments sont en nestalik et en neskhi presque contemporains. 210 feuillets. 24 sur 17 centimètres. Demi-reliure. — (Supplément 108.)

149

Recueil de traités de soufisme et d'ésotérisme.

1° كتاب الحروف. Traité sur la valeur cabalistique des lettres de l'alphabet arabe, par Saad ed-Din Mohammed ibn el-Mouayyad Hoummouï († 650 H.). Ce traité est le même que celui auquel Hadji Khalifa donne le titre plus exact de حقائق الحروف, sans ajouter plus d'explications (Dict. bibl., t. III, p. 78); il paraît avoir été composé d'après les الفتوحات المكيّة de Mohammed ibn Ali Ibn el-Arabi. Le sultan timouride Kémal ed-Din Hoseïn ibn Baïkara dit dans le Médjalis el-oushshak qu'il avait composé 400 volumes dont Aziz ibn Mohammed el-Néséfi tira l'essentiel dans son Maksad-i aksa. D'après le même auteur (ms. 424, fol. 56 v°), Saad ed-Din qui était également versé dans les deux aspects de la science تجنيل et le محبوب الاولیا, composa entre autres le در علوم ظاهر وباطن, الارواح. Il avait été le disciple du sheïkh Nédjm ed-Din Koubra et mourut à l'âge de 63 ans. (Sefinet el-evliâ, ms. 432, fol. 64 r°).

Début : بباید دانست که الف اوّل حروف تمتّهى (؟) است مرکبّست
(fol. 1 v°). از سه نقطه نقطهٔ اول روح القدس خوانند...

2° Traité sur les différentes classes de saints اولیا (fol. 11 v°).

3° العرف بين المقام والحال. Fragment en persan sur la différence qui sépare le stade de l'extase.

Début : بدانک این دو لفظ مشتهلست در میان متصوّفه وجاری اندر
(fol. 12 v°). عباراتشان ومتداول اندر اول علوم وبیان محقّقان...

7·

4° Fragments en arabe et en persan contenant une prière soufie intitulée الخطبة اهل الارادة (fol. 14 r°) et le récit d'une aventure survenue au célèbre Ibrahim ibn Edhem (fol. 14 v°).

5° كتاب تبصرة المبتدى وتذكرة المنتهى. Traité de théodicée et de métaphysique, par le sheïkh Sadr ed-Din Mohammed ibn Ishak el-Kounévi. Le nom de l'auteur qui mourut en 673 de l'hégire et qui fut le meilleur disciple de Mohammed Ibn el-Arabi et l'ami intime de Djami (Sefinet el-evlia, ms. 432, fol. 40 r°), ne paraît pas dans cet exemplaire qui commence par سزاوار ثنا حضرت جلال احدیت راست آن خدای ودود که نتیجهٔ مقدمات آفرینش ارواح جملهٔ انوار معرفت, mais il est donné sous une forme suffisamment explicite par Hadji Khalifa (Dict. bibl., t. II, p. 178). D'après certains manuscrits de cet ouvrage, l'auteur ne serait pas Sadr ed-Din, mais un traditionniste nommé Nasir ed-Din el-Mohaddis. Le Tebsiret el-moubtedi est divisé en une préface, trois chapitres مصباح, et une conclusion خاتمه (fol. 21 r°); la préface traite de questions de théologie transcendantale; le premier chapitre (fol. 24 r°), de la connaissance de Dieu; le deuxième (fol. 37 r°), de la mission du saint et du prophète در احكام خواصّ طور ولایت ونبوّت; le troisième (fol. 44 r°) est intitulé : ان شا الله تعالى كى بر سبيل تلويح(؟) از احكام اين نشاءت بقدر امکان تعبیری كرده شود. Il existe un autre traité qui porte ce même titre, mais dans lequel il est parlé de la lecture du Koran, par le sheïkh Abou Mohammed Abd Allah ibn Ali ibn Ahmed, connu sous le nom de Sibt el-Kheyyath (†541 H.) [fol. 20 v°].

6° Un fragment du Mesnévi de Djélal ed-Din Roumi (fol. 49 v°).

7° رسالة فى الفتوّة. Traité sur l'Ordre de la Noblesse, par le sheïkh soufi Shihab ed-Din Houdjdjet el-Islam Abou Abd Allah Omar ibn Mohammed el-Sohraverdi.

Début : اعلم ان هذه الرسالة فى الفتوّة من تصنيف شيخ المشايخ العالم العامل الكامل الحقّ المحقّق شهاب الملّة والـدیـن حجّة الاسلام... (fol. 50 v°).

8° Fragment de la même écriture que le n° 7 sur les qualités que doit réunir l'homme qui fait partie de la فتوّة (fol. 61 r°).

9° Traité en vers mesnévis sur la Noblesse فتوّة (fol. 68 v°).

La fin du volume est remplie d'extraits de tout genre sans importance.

Écritures passables de différentes mains du xiv° siècle; les n°° 7 et 8 sont d'un assez bon neskhi persan daté de 753 de l'hégire (1352 de J.-C.). 76 feuillets. 20 sur 14 centimètres. Reliure en peau brune. — (Supplément 113.)

150

Recueil de traités de philosophie mystique.

1° رسالة اخلص خالصة للحقائق. Résumé, en arabe, des prescriptions concernant la vie religieuse et le soufisme, par Ali ibn Mahmoud ibn Mohammed el-Raïz el-Badakhshani الرائض البدخشان. Ce traité est l'abrégé du خالصة للحقائق écrit en arabe sous une forme beaucoup plus développée par Aboul Kasem Imad ed-Din Ahmed el-Farabi († 607 H.). Le خالصة للحقائق fut terminé en 597 de l'hégire.

Le اخلص خالصة للحقائق est, comme le traité d'el-Farabi, divisé en 50 chapitres très courts, dans lesquels il ne se trouve guère que des traditions musulmanes et des extraits du Koran qui forment le fondement de tout le système métaphysique et social des soufis. Cet ouvrage a été publié à Kazan en 1851.

Début : الحمد لله الاحد القديم السلام الصمد القدير العلام الخالق الارواح والاجسام ورزّاق الانام والانعام ... (fol. 2 v°).

2° رسالة سير العباد الى المعاد. Poème en persan, traitant de métaphysique soufie, accompagné d'un commentaire perpétuel en prose par Aboul Méfakhir Mohammed Mansour. Le nom de l'auteur est indiqué dans le dernier vers du poème :

كفتم آن نور كيست كفت آن نور   بسو المفاخر محمّد منصور

(fol. 119 r°). On trouve dans ce poème les divisions suivantes :

صفت نفس (fol. 47 v°); در صفت نفس ناميه بر طريق حس ظاهر صفت جوهر خاك (fol. 63 v°); عاقل كه آنرا نفس مستفاد كويند (fol. 73 v°); صفت حقد وندامت (fol. 77 v°); صفت حسد (fol. 79 v°); صفت زحل (fol. 81 r°); صفت جوهر آبى (fol. 83 v°); صفت صورت طبع

صفت (fol. 90 v°)؛ صفت رطوبت آبی (fol. 85 v°)؛ صفت قر (fol. 84 v°)؛
صفت (fol. 94 r°)؛ صفت مشتری سعد اکبر (fol. 92 v°)؛ جوهر وتولّد او
صفت (fol. 97 r°)؛ صفت تکبّر وبزرک منشی (fol. 94 v°)؛ جوهر آتشی
صفت (fol. 100 v°)؛ صفت مراتب انسانی قر (fol. 97 v°)؛ شمس ومریخ
افلاك (fol. 101 v°)؛ صفت عقل كل (fol. 107 v°).

Début du poème :

مرحبا ای برید (؟) سلطان وش   تختنت از آب وتاجت از آتش

در صفت نفس نامیه ... یعنی نفس نامیه زیادت : et du commentaire
شنیده باشد بمراتب واو از حال بحال کردیدن بود ... (fol. 46 v°).

3° رسالهٔ جام خوب فرجام. Traité de métaphysique, sur la nature de
l'homme et des anges, le microcosme et le macrocosme, les tables gardées, etc., par Tadj ed-Din el-Hamadani. La division de ce traité est faite
sans ordre et ne suit pas un ordre déterminé; voici les titres des huit
premières sections :

در بیان کیفیت سلوك صراط المستقیم (fol. 123 v°)؛ 2° در بیان 1°
در بیان تقلّب قلب (fol. 128 v°)؛ 3° حقائق ملائکه وشیاطین وانسان
در بیان ایات عالم اکبر من السمك الی السماك (fol. 132 r°)؛ 4°
در بیان تنظم (fol. 136 v°)؛ 5° در بیان عالم اصغر (fol. 135 r°)؛ 6°
در بیان کتاب کبیر (fol. 140 r°)؛ 7° نفس انسان وتحریض بر معرفت دل
در بیان (fol. 144 r°)؛ 8° در بیان حقائق افتاب وماه (fol. 141 v°)؛ 9°
کیفیت طلوع حقائق وانواع از مطالع ابداع (fol. 145 r°).

Début :   ای ذات تو سر دفتر هر هستنیها
                لطف تو بهر فراز وهر پستنیها
        آنکس که شراب وصل تو نوش کند (fol. 122 v°)

4° رسالهٔ انتخاب معارف. Extraits du Mesnévi de Djélal ed-Din Roumi,
accompagnés d'une introduction en prose (fol. 155 v°).

5° رسالهٔ انیس. Poème mystique en vers mesnévis, accompagnés d'un
commentaire perpétuel en prose, par Emir Kasim.

شکر وسپاس وحمد بی قیاس سزاوار حضرتیست که ذات او از : Début
صفت وامکان وصفات (fol. 198 r°).

6° رسالة احصاب نور. Histoire, expliquée allégoriquement, de Moïse et de Khidr représentant l'intelligence et l'amour, sans nom d'auteur.

Début : بدان ای طالب که اوّل مقام ومرتبهٔ احصاب نور هیمن مقام

ومرتبهٔ احصاب نار است یعنی اوّل از هستی خود (fol. 219 v°).

7° رسالة کنز الرموز. Traité de mysticisme en vers, par Hoseïn ibn Hasan Hoseïni (†vers 700 H.). Il débute par la louange des quatre maîtres de l'auteur, Sohraverdi, Béha ed-Din, Sadr ed-Din (el-Kounévi), Kébir ed-Din (fol. 223 v° et suiv.).

Début :

باز طبعم را هوای دیگرست
بلبل جانرا نوای دیگرست
باز شهباز دلم پرواز کرد
این چه رسمست اینکه باز آغاز کرد

· · · · · · · · · · · · · · · · · · ·

(fol. 220 v°) ·

8° Le مقصد اقصی. Traité de soufisme, par Aziz ibn Mohammed el-Néséfi.

Les deux derniers feuillets du manuscrit contiennent des extraits en langue turque sur les رجال الغیب.

A l'exception du premier traité écrit en nestalik turc passable daté de 1086 de l'hégire (1675 de J.-C.), les autres sont en assez bon nestalik, copié en 883 de l'hégire (1478 de J.-C.) par Kasem ibn Hadji Beg ibn Yousouf el-Kassab. 332 feuillets. 18 sur 13 centimètres. Reliure en maroquin brun. — (Ducaurroy 46. — Supplément 124.)

151

Recueil de traités de soufisme et d'extraits d'ouvrages relatifs à la vie ésotérique.

1° Récit d'un miracle opéré par Maarouf el-Karkhi et que Sadi raconte également dans le Boustan (fol. 1 v°).

٢° اقرب الطريق. Opuscule anonyme sur la mort volontaire qui est le chemin le plus court pour atteindre le Nirvana.

Début : ... این رسالتیست که نام این اقرب الطریق دائم یوجد
(fol. ٢ r°).

3° الفتح الباری فی الموت الاختیاری. Traité sur la mort volontaire, servant de commentaire au اقرب الطریق; la fin manque.

Début : ... بدانکه این رسالة ایست در فضل وشرف موت اختیاری
مشتمل است بر بعضی اسما وصفات (fol. 3 r°).

4° Fragment en arabe sur les prescriptions religieuses de l'Islamisme; ce fragment est écrit obliquement en travers des pages (fol. 7 r°).

5° علم وصول لحقیقة والمعرفة. Traité mystique, sans nom d'auteur, sur les moyens d'arriver au Nirvana.

Début : الحمد لله ... بدان اسعدك الله فی الدارین اعلم ان الوصول
الی ثلث انواع اولها الوصول الی ... (fol. 10 v°).

6° رسالة التصوف فی اداب لخلوة. Traité sur la façon dont le mystique doit se conduire au cours des retraites, par Ahmed ibn Mohammed el-Biyabanéki البیابانکی, surnommé Ala ed-Dauléh Semnani. Ce traité porte également le titre de رساله اداب خلوة, il n'a pas de préface et commence par بدانکه جهاد بر دو نوعست جهاد اصغر وآن در عالم شهادتست جهة
اعلاء کلمه توحید کارزار (fol. 19 v°).

7° رسالة شهودیة. Traité de métaphysique en prose mélangée de vers par Ahmed ibn Seyyid Ismaïl el-Hoseïni el-Kadiri.

Début : امّا بعد بر ضمایر ارباب بصائر پوشیده نماند که بدلائل قطعیّه
محقق شده که عالم بجمیع اجزاء حادثست وحتاج بموحدی (fol. 50 r°).
Ce traité est suivi de quelques extraits sans importance.

8° La kasida intitulée مراة الصفا d'Émir Khosrev Dehlévi, suivie d'une kasida de Djami (fol. 62 v°).

9° جوامع التسمیة. Dictionnaire des termes techniques de l'ésotérisme par Ali ibn Hosam ed-Din, surnommé el-Mouttéki المتقی. L'auteur rapporte dans sa préface (fol. 71 v°), qu'il avait composé antérieurement un traité vraisemblablement écrit en arabe, et intitulé جوامع الكلم فى المواعظ والحكم qui contenait l'explication de 3,000 maximes حكم tirées du Koran, des traditions et des sentences des sheïkhs soufis. Le Djévami el-tesmiyyé a été composé pour expliquer les termes métaphysiques قدسيّة, qui sont génélement nommés اصطلاحات, que l'on rencontre dans les ouvrages du sheïkh el-Islam Abd Allah el-Ansari, de Seyyid Hoseïn, auteur du نزهة الارواح, dans le مرآة العاشقين par Mélik Zadéh Masoud Beg, dans Sadi et les autres docteurs soufis. Ce traité est rangé suivant l'ordre alphabétique.

Début : الحمد لله رب العالمين والصلوة والسلام على سيدنا محمد ... (fol. 71 v°).

10° Extraits divers, en persan et en hindoustani, prières, traditions, etc. (fol. 117 r°).

11° انيس الغربا. Recueil d'exhortations mystiques par un anonyme.

Début : محمد وثنا مر مفضلى راكه فضل داد مهاجرات را بر شهريباران باجابت دعوت ودرجه (fol. 130 v°). ...

12° Commentaire sur les 14 noms syriaques de Dieu tirés des Évangiles, et prières en arabe (fol. 167 v°).

13° Les cent conseils du sage Lokman (fol. 170 r°).

14° ظفر نامه. Traité d'éthique et recueil de conseils moraux, par Bouzourdjmihir, vizir de Khosroès Anoushirvan, composé à la requête de ce prince; d'après la préface, Bouzourdjmihir s'adressa à Aristote et c'est la correspondance de ces deux philosophes qui forme le Zafer namèh. Ce livre fut traduit du pehlvi en persan par Ibn Sina, sur l'ordre de l'émir samanide Nouh ibn Mansour (Hadji Khalifa, Dict. bibl., t. IV, p. 175).

Début : الحمد لله رب العالمين والعاقبت للمتقين الصلوة على رسوله محمد ... (fol. 171 v°).

15° تنبيه المريدين. Traité de morale élémentaire, par l'imam Abou Nasr Ahmed ibn Mohammed el-Haddadi. Ce traité qui a été composé pour les aspirants مريد est divisé en 9 chapitres traitant : de la connaissance du corps; de la lutte contre les passions de l'âme نفس; de la faim; du jeûne; des exercices spirituels destinés à vaincre l'âme; de la crainte; de l'amour; de l'affection; des signes auxquels on reconnaît les élus للخواص.

Début : خواجه امام ابو نصر احمد بن محمد للحدادى رحمة الله عليه وعلى والديه اين كتاب است (fol. 175 v°).

16° رسالة معرفة المريدين ودليل السالكين. Petit traité de morale mystique, en prose, par un anonyme. Les sources de ce traité sont indiquées tout au commencement de la préface.

Début : الحمد لله الذى نوّر قلوب العارفين بنور معرفته وفضل احوال

السالكين (fol. 175 v°, en marge). ...

17° فراست نامه. Traité abrégé de physiognomonie, par Seyyid Ali Hamadani.

... بدان اسعدك الله تعالى فى الدارين كه اين رسالة است : Début

مفيد (fol. 183, en marge). ...

18° Même traité que le numéro 5 (fol. 189 v°).

19° رسالة فى بيان الاربعين الشريفه. Commentaire sur des traditions interprétées dans un sens mystique et soufi, sans nom d'auteur (fol. 199 v°).

20° ارشاد الطالبين وبدرقة السالكين Petit traité sur les croyances des soufis, par un anonyme.

Début : الحمد لله الذى زيّن صدور المريدين بزينت الفرقان بتوفيقه

وينوّر قلوب المؤمنين العارفين (fol. 217 r°). ...

21° Traité sur la voie ésotérique طريقة et la valeur cabalistique de certains termes, par Shihab ed-Din el-Sohraverdi (fol. 222 r°).

22° Traité de cabale et d'astrologie par Sheïkh Zadèh Koreïshi ibn Mohammed Mousulman. Ce traité qui ne porte point de titre est destiné à servir de commentaire à un ouvrage arabe intitulé الكافى (fol. 225 r°).

23° Commentaires, sans titre ni nom d'auteur, sur des versets du Koran interprétés dans un sens mystique.

Début : ... امّا بعد فقد قال الله تعالى وخلقت الجنّ والانس الا

ليعبدون يعنى نيافريدم پرى وآدمى (fol. 237 r°). ...

24° Conseils adressés par le sheïkh Abd Allah el-Ansari au Khvadjèh Nizam el-Moulk Tousi (fol. 254 r°). Cet opuscule est suivi d'extraits de tout genre, prières, traditions, fragments d'ouvrages mystiques, dont le plus important est un traité d'une page sur le sens des mots قرب et وصول, par l'auteur du سلوك الطريق (fol. 263 r°).

25° Vocabulaire trilingue, arabe, persan et hindoustani (fol. 254 v°, dans la marge).

٢٦° السلوك المصباح. Traité de métaphysique, par Mahmoud ibn el-Seyyid el-Nasir ibn el-Hasan.

Début : الحمد لله الذى خلق السموات والارض بضع قدرته ورزّق الحيوانات والعالمين بكرم فضله ... . La fin manque (fol. ٢63 v°).

Écritures indiennes du xvii° siècle; les n°° 15-20 sont datés de 1052 (1642 de J.-C.), le n° 11 de 1054 (1644 de J.-C.), les n°° 9 et 14 de 1056 (1646 de J.-C.) et le n° 13 de 1057 de l'hégire (1647 de J.-C.). ٢67 feuillets, 20 sur 12 centimètres. Reliure indienne en maroquin rouge. — (Anquetil 58. — Supplément 125.)

152

Recueil de traités de mysticisme et d'ésotérisme.

1° الالواح العادية. Traité de philosophie ésotérique, en arabe, par Shihab ed-Din Yahya ibn Habash حبش el-Hakim el-Sohraverdi. Cet ouvrage fut écrit sur le désir du sultan seldjoukide Imad ed-Din Kara Arslan ibn Daoud, d'où son titre. Shihab ed-Din el-Sohraverdi mourut en 587 de l'hégire. (Hadji Khalifa, *Dict. bibliographique*, t. I, p. 422). Le premier chapitre complet commence par قاعدة اذا تطهرت النفس استنارت بنور لحق كما ورد فى التنزيل وهو قوله الله تعالى (fol. 2 r°).

2° Aphorismes de médecine, en arabe, l'un d'Abou Ali el-Hasan ibn Abd Allah Ibn Sina el-Boukhari, l'autre du médecin Beyadouk qui vécut du temps de Khosroès Anoushirvan et qui atteignit l'âge de cent années : كان فى ايّام الملوك الاكاسرة وعاش مايه سنة حتّى وصل وبلغ الى ايّام كسرى انوشيروان (fol. 9 v°).

3° Traité en vers arabes sur la digestion, par Abou Ali Ibn Sina.

Début : توّق اذا استطعت ادخال مطعم على مطعم من قبل فعل الهواضم (fol. 10 r°)

Cette kasida est suivie d'un fragment, de la même écriture et églement en arabe, sur les destinées de l'âme après la mort.

4° روضة القلوب. Traité de métaphysique, en persan.

L'auteur anonyme dit dans sa préface (fol. 11 v°) qu'il entreprit la rédaction de ce traité, à Isfahan, sur la demande de plusieurs de ses amis, qui

désiraient un livre dans lequel fût exposé un précis de la théorie métaphysique : ودر خواستند که کلمهٔ چند در حقیقت جمع کنم . Il divisa cet ouvrage en deux sections قسم , l'une relative au monde tangible عالم الاجسام ,
l'autre au monde spirituel عالم الارواح .

Début : ... اما بعد جماعتی دل از اهل سپاهان که مرا با ایشان
نسبت وخاست بود (fol. 11 v°). L'écriture est de deux mains, la première est du copiste du numéro 1.

5° Traité de métaphysique et de théodicée, sans titre, ni nom d'auteur.

Ce traité est divisé en deux sections; la première traitant du مبداء , la
seconde du معاد (voir n° 96). Chacune de ces sections est divisée en chapitres, dont voici le détail pour la première : 1° در برهان واجب الوجود ;
2° در اثبات واجب الوجود ; 3° در توحید واجب الوجود ; 4° در تنزیه واجب الوجود ;
5° در کثرت عقول فلکی ; 6° در اثبات نفوس فلکی ; 7° در واجب الوجود
ترتیب وجود وکیفیت صدور .

Début : ... بدانک غرض از علم آلهی معرفت مبداء ومعاددست
ومعرفت مبدا آن باشد که واجب الوجود (fol. 53 v°).

6° رموز نامه . Solutions de métaphysique, anonyme.

Début : سپاس مبدع را ک بحقیقت مکملی باعتراف عهد ازو موجوددست
واز روی شهادت (fol. 66 v°).

7° Précis de métaphysique, par Aboul Fath Omar ibn Ibrahim el-Khey-
yami.

L'auteur dit dans sa préface qu'il fut le disciple d'un docteur nommé
Fakhr el-Millet wed-Din Mouvayyad el-Moulk. Ce précis fut rédigé d'après
les théories de ce sheïkh, et son auteur n'hésite pas à dire que sa lecture
est plus profitable que celle d'un gros volume.

Début : چنین گوید ابو الفتح عمر ابراهیم اشیای چون مرا سعادت
بخدمت صاحب (fol. 71 v°).

8° Extraits des œuvres philosophiques de Maulana Afdal el-Millet wed-
Din (fol. 78 v°).

9° Fragment arabe sur le معاد des âmes (fol. 82 v°).

10° Traité de logique, sans titre ni nom d'auteur.

Début : ... دانستن چیزها از دو نوع خالی نبود یا دانستن چیزی

(fol. 85 v°). بود بی انك برو حكمی كرده باشند ... Ce traité est incomplet de la fin.

Les n°° 1, 2, 4 sont un beau neskhi persan copié en Rébi second de l'année 688 de l'hégire (1289 de J.-C.) par Omar ibn Mohammed ibn Omar; les n°° 5-8 d'un bon neskhi du vıı° siècle de l'hégire, le n° 3 d'un nestalik persan médiocre du xiv° siècle, le n° 9 un nestalik cursif du xvı° siècle, et le n° 10 un nestalik cursif du vıı° siècle. 106 feuillets. 15 sur 8 centimètres. Demi-reliure. — (Supplément 139.)

153

Recueil de traités mystiques.

1° تذكرة الاولياء. Biographie des saints du soufisme par Férid ed-Din Attar; on trouve aux folios 7 et suiv., la liste des saints dont il est parlé dans l'ouvrage; cet exemplaire est incomplet, et s'arrête au milieu de la biographie d'Ahmed-i Harb.

2° الرسالة التهليليّه. Traité sur l'unité transcendantale et sur le Nirvana, par Djélal ed-Din Mohammed ibn Asad el-Davvâni († 907 H.), l'auteur du لوامع الاشراق. Cet ouvrage est dédié à un prince dont le nom est resté en blanc, auquel Davvâni donne des titres extrêmement pompeux (fol. 156 r°), et qui est vraisemblablement Adoud ed-Daulèh wed-Din Mozaffer Yakoub Béhadour Khan (voir le numéro suivant). L'auteur cite parmi ses sources : Aristote, le sheïkh Féridoun, Avicenne (fol. 162 r°), Shihab ed-Din Sohraverdi (fol. 163 r°), etc.

Début : افتاب جمال قدم از آن متعالی است كه خفافیش ظلمت سرای

(fol. 153 v°). حدوث بنظر كليل فكر ونظر ...

3° رسالة العدالت. Traité sur la justice, par Djélal ed-Din Mohammed ibn Asad el-Davvâni. Ce traité est dédié au prince de la dynastie du Mouton Blanc, اق قيونلی, Adoud ed-Daulèh wed-Din Mozaffer Yakoub Béhadour Khan (fol. 178 v°), qui est qualifié de السلطان ابن السلطان ابن السلطان, il est divisé en une préface, deux chapitres et une conclusion. On trouve dans la préface la théorie habituelle des facultés de l'homme. Par ses interprétations allégoriques, cet ouvrage rappelle la partie correspondante du مجمع البحرين du mohtésib Shems ed-Din Ibrahim d'Éber-kouh (n° 109).

Début : سپاس بيقياس ملك الملكى را كه پادشاه نفس ناطقه در سواد حقّ ... (fol. 176 r°).

4° (?) الرسالة الصبحة. Traité sur l'Unité transcendantale et le Micro-cosme, par Djélal ed-Din el-Davvâni.

Début : سبحانك سبحانك انت انت تعاليت عن محاذاة الاشباه والامثال انت كما انت تقدّست عن محاكات (fol. 184 v°).

5° جام جهانما. Traité de métaphysique sur les présences, l'existence, وجود et ses stades, et sur l'Unité trine (واحديت، احديت، وحدت). D'après une note écrite au recto du folio 197, ce traité aurait pour auteur un certain Shâh Woudjih ed-Din, mais Hadji Khalifa cite dans son *Diction-naire bibliographique* (t. II, p. 499), un Djam-i djihan-numa persan, composé par Mir Ghyas ed-Din Mansour ibn Mir Sadr ed-Din, et cette dernière attri-bution paraît plus exacte, Mir Ghyas ed-Din étant connu dans l'histoire de l'ésotérisme. Ce traité dont le texte est confondu avec un commentaire perpétuel est divisé en deux chapitres nommés cercles دائرة, pour rappeler les deux cercles par lesquels les métaphysiciens représentent le monde transcendantal (cf. ms. arabe 1338, fol. 219 r° et ms. 128, fol. 16 r°). Il est dit formellement dans le souscription, que l'auteur du commentaire du Djam-i djihan-numa est sultan Woudjih ed-Din el-Alévi العلوى.

Début : حمد بيحدّ وشكر بيعدّ سزاى ذاتى كه وحدتش منشاء احديت وواحديت شد ومراتب ازليت ... (fol. 197 v°).

6° نان وحلوا. Poème, en mesnévis, sur la vie ascétique, par le sheikh Béha ed-Din Amili, autrement appelé Béhâî († 1030 H).

Béha ed-Din est l'auteur du traité de droit intitulé جامع عبّاسى (n°° 70-71). Il écrivit le Nan-u halwa au cours d'un pèlerinage qu'il fit à la Mecque. Ce mesnévi a été imprimé à Constantinople, en 1268 de l'hégire; chacun des chapitres porte un titre particulier.

Début : ايها الساقى عن العهد القديم ايها اللاهى عن النهج الكريم (fol. 229 r°).

Ce manuscrit porte l'ex-libris de D'Angery موسى دانجرى فرانسيس (fol. 2 r°).

Nestalik indien cursif du XVIIIe siècle. 244 feuillets. 24 sur 13 centimètres. Demi-reliure. — (D'Angery. — Supplément 143.)

154

Recueil de traités mystiques.

1° رساله فى العشق. Traité sur l'amour divin interprété dans le sens mystique le plus absolu, par un auteur qui ne se nomme pas; il est divisé en 28 chapitres très courts, nommés لمعه. Le premier chapitre débute par : اشتقاق عاشق ومعشوق از عشقت عشق در مقر عزّ خود از (fol. 4 r°). .... تعيين منزة است (Fol. 1 v°).

2° Autre traité en prose sur l'amour divin, rédigé dans les mêmes tendances mystiques que le précédent et extrait, d'après ce qui est dit dans la préface, d'un ouvrage de Sultan Véled, fils du célèbre soufi Djélal ed-Din Roumi, dont le titre n'est point donné.

Début : هذا الكلمات مستخرج من كتاب قطب سپهر ولايت غنجهٔ خوشبوى كلشن هدايت سلطان ولد بن مولانا جلال الدين روى قدّس الله سرّه در بيان آنك عشق من وجه موجب شكرست ...

Ce fragment n'a pas grande importance. Sultan Véled, né en 623, mourut en 712 de l'hégire; il eut pour maîtres, son père, Hosam ed-Din Tchélébi et Shems ed-Din Tébrizi; il est le dernier sheïkh cité par Dara Shikouh comme appartenant à l'ordre سلسله qui a pour fondateur Nedjm ed-Din Koubra [Séfinet el-evlia, ms. 432 (fol. 66 v°); Shems ed-Din Ahmed Eflaki, Ménakib el-arifin, ms. 411 (fol. 233 v°); Kazi Nour Allah, Medjalis el-mouminin, ms. 429 (fol. 224 r°)]. On trouve au folio 60 v° un extrait arabe d'un commentaire intitulé شرح المواقف, dans lequel il est traité de la النفس الناطقة, d'après les idées des philosophes anciens et des soufis; il débute par : جمهور من متاخرين الامامية وكثير من مواقف. Le الصوفية فانهم قالوا الانسان بالحقيقة هو النفس الناطقة.... est, soit le traité de théosophie écrit en arabe par le sheïkh Mohammed ibn Abd el-Djebbar ibn Hasan el-Soufi el-Niffari († 354 H.), qui fut commenté par Afif ed-Din Soleïman ibn Ali ibn Allah Soufi el-Tilimsani († 690 H.), soit un traité de métaphysique, le مواقف فى علم الكلام du kadi Adoud ed-Din Abd er-Rahman ibn Ahmed el-Idji الايجى († 756 H.), dédié au vizir du sultan mongol Kharbendèh, le célèbre historien Fadl Allah Rashid Tébib, l'auteur de la جامع التواريخ (Voir n° 157, 6). Il fut commenté par le seyyid shérif Ali ibn Mohammed Djourdjani († 816 H.) et par Shems ed-Din Mohammed ibn Yousouf Kermani († 786 H.). Ce dernier ouvrage, comme on le voit par Hadji Khalifa (t. VI, n° 13356), a été très souvent commenté et glosé.

Les feuillets 1 v°, 40 v°-44 r°, 61 r°-62 v° sont couverts de notes d'une main turque, pour la plupart rédigés en turc et sans valeur.

Nestalik turc médiocre du XVI° siècle. 62 feuillets. 15 sur 10 centimètres. Cartonnage oriental. — (Gaulmin. — Ancien fonds 355.)

155

Recueil de traités de mysticisme.

1° رياحين البساتين . Traité de théologie ésotérique et de métaphysique, par un docteur soufi, nommé Wahid ed-Din Aboul Hasan Mohammed خادم المساكين المكنى بابى الحسن والمسمى بمحمد والملقب بوحيد) الدين, fol. 2 v°) qui fut le disciple du sheïkh Zeïn ed-Din el-Esferghanawi. Cet ouvrage, dont le titre est donné au folio 3 r° de la préface, fut composé en l'année 971 de l'hégire, à Boukhara, comme l'indique la note suivante qui termine la copie de cet exemplaire : اين تاليف ونام ونام وى مسطورست در اول كتاب در بلده فاخرة بخارا (sic) ...... فى سابع شهر رجب المرجب سنه احدى وسبعين وتسعمائة (fol. 161 v°). Il est divisé en treize chapitres :

1° (fol. 3 r°) sur le Nirvana, la contemplation et la connaissance; 2° (fol. 7 r°) sur le renoncement et l'action d'abandonner la direction de sa vie au Créateur; 3° (fol. 11 v°) sur la nécessité qu'il y a d'agir toujours en vue de Dieu; 4° (fol. 17 r°) sur les saints اولياء, et la façon dont ils arrivent à se rapprocher تقرّب de Dieu; 5° (fol. 39 v°) sur la nécessité d'abandonner tous les êtres et toutes les choses pour se consacrer uniquement à Dieu; 6° (fol. 53 r°) sur la règle أدب; 8° (fol. 62 r°) sur la perdition fatale de l'être qui ne suit pas la règle; 10° (fol. 78 v°) sur la crainte que l'on doit avoir de la Divinité; 11° (fol. 86 v°) sur les qualités morales que doit réunir le mystique, l'humilité تواضع, le bon caractère حسن خلق et la mansuétude حلم; 12° (fol. 94 r°) sur le perfectionnement de soi-même, la générosité et les vingt conditions auxquelles le mystique est soumis dans les deux mondes; 13° (fol. 106 v°) sur les miracles qu'il est donné aux saints de faire كرامت, et sur la différence qui sépare les Motazallites des Sunnites.

La copie, à laquelle il manque les chapitres 7 et 9, se termine par une

conclusion خاتمة, qui porte le titre de : در تشكّر حضرت وهّاب وطلب
مراد از برای خود واقربا واحباب (fol. 159 v°).

Le traité d'ésotérisme de Wahid ed-Din est moins un livre d'enseignement dogmatique qu'un recueil d'anecdotes empruntées à la vie du Prophète, de ses compagnons et des mystiques célèbres; l'auteur paraît avoir appartenu au soufisme modéré; ses principales sources sont les traditions musulmanes, le كيميا سعادت de Férid ed-Din Attar, la تذكرة الاولياء de Ghazali, la نفحات الانس شواهد النبوة et la نفحات الانس de Djami (fol. 108 r° et 112 v°) et le كشف المحجوب de Djoullabi (fol. 154 v°).

Début : سپاس قوی اساس وحامد بی شبه وقیاس مقبول نزد ملك
وجن واناس منشعب از دلهای ......

2° Note anonyme en persan sur les prières musulmanes qui sont nommées dans ce texte ورد. Ce mot désigne ordinairement les prières magiques du soufisme et, à une époque plus moderne, les formules de prières des chefs des confréries musulmanes du Maghreb.

Début : بدانكه ادمی را باین عالم غریب كه عالم خاك وآب است
بتجارت فرستاده اند واكرچه حقیقةً روح وی علویست... (fol. 162 r°).

Cette note est suivie de la prière à réciter après la lecture complète ختم
du Koran : اللهم ان كان فی تلاوتنا من خطاء او زیادة او تغییر كلمة او
تغییر حرف

3° Commentaire, en persan, par un anonyme, sur une kasida persane composée par l'émir Izz ed-Din Mohammed Hafiz قصیدة محمد حافظ
المشهور بامیر عزّ دین, sur la façon de lire le Koran.

Début : ... الحمد لله رب العالمین والعاقبة للمتقین والصلوة والسلام
بدانك ارشدك الله فی الدارین كه خوانندهٔ قران را آنچه ......

Le n° 1 est un assez bon reskhi, copié dans une ville de la Transoxiane par un nommé Tash-Poulat ibn Molla Ebel تاش دولات ابن ملّا ابل, au mois de Djoumada premier de l'année 1033 de l'hégire (1624 de J.-C.): les n°° 2 et 3 sont d'une main du xvii° siècle. 172 feuillets. 20 sur 14 centimètres. Cartonnage turc. — (Ancien fonds 37.)

I. 8

156

Recueil de traités de philosophie ésotérique et de théologie mystique à l'usage des soufis, pour la plupart écrits par Émir Seyyid Ali Hoseïni el-Hamadani.

Émir Seyyid Ali ibn Shihab ed-Din ibn Mir Seyyid Mohammed el-Hoseïni el-Hamadani, né à Hamadan, est le fondateur d'une secte de soufis; il abandonna de bonne heure la vie sédentaire et voyagea comme un kalender dans tout le monde musulman. Il fut l'apôtre du Kashmir, où il pénétra en 781 de l'hégire, et où il acquit une très grande influence auprès du sultan Kotb ed-Din. Il mourut en 786 de l'hégire, à son retour en Perse et fut enterré à Koutilàn; il venait d'avoir 73 ans. Il avait été le disciple du sheïkh Shéref ed-Din Mahmoud Ferghani, du sheïkh Taki ed-Din Ali, qui était l'élève d'Ala ed-Daulèh Semnani. [Dara Shikouh, Séfinet el-evlia, ms. 432 (fol. 65 r°); Kazi Nour Allah, Medjalis el-mouminin, ms. 429 (fol. 231 r°).]

1° مرآة التائبين. Traité sur la valeur mystique, les conditions et la place de la توبة, ou contrition, dans la vie religieuse. Ce traité, qui est anonyme n'est point cité par Hadji Khalifa; il est divisé en quatre sections dont voici le détail :

1° در حقيقت توبه ووجوب آن در جميع احوال (fol. 2 r°); 2° در آنچه (fol. 2 r°); 3° در شرائط توبه (fol. 8 r°); توبه از وى واجسبت وانقسام صغاير وكباير (fol. 16 r°); 4° در باعثه تائب بر (fol. 16 r°) وكيفيت تكفير گناهان وتدارك مظالم (fol. 20 v°). توبه وعلاج حل عقده اصرار

Ce petit traité se présente sous la forme habituelle d'exhortations introduites par la formule اى عزيز; il est basé sur les traditions et sur les sentences des soufis célèbres, tels qu'Aboul Hasan Nouri (fol. 12 v°), Abou Soleïman Darani (fol. 6 v°).

Début : جمد وثناء نا متناهى حضرت حكيمى را كه حقايق اثار ترياق (fol. 1 v°). توبه را سبب شفاء بيماران سموم معاصى كردانيد كريمى كه...

2° رسالة اورادية اميريه ورد. Traité, en arabe, sur les virds ou prières incantatoires des ésotéristes. Ce traité qui, est anonyme a sans doute pour auteur, comme on le voit par le titre, Seyyid Émir Ali Hoseïni Hamadani, mais aucune indication précise n'est donnée sur ce point dans sa courte préface, qui débute après les invocations par : اما بعد فان الله تعالى خلق عباده بسفر هايل ذات من مهابة اخطارة قلوب الابرار وجار لى فضيلة مهالك عقابة اولى الابصار..... . Il est divisé en trois chapitres : 1° فى ما (fol. 23 r°) ; 2° فى بيان احتياج الطالب اليها (fol. 25 r°) ; 3° الاوراد يوضع اوقات فى وظائف الاوراد والاذكار (fol. 27 r°). Il est basé comme le précédent sur les traditions musulmanes et les sentences des sheïkhs soufis (fol. 22 v°).

3° اربعين اميريه. Recueil de quarante traditions attribuées au prophète Mahomet, mises en ordre par le sheïkh Seyyid Ali el-Hoseïni el-Hamadani (fol. 31 v°).

4° Invocations de Seyyid Ali el-Hoseïni el-Hamadani, en langue arabe, portant le titre de : مناجات حضرت سيد على همدانى بدرگاه قاضى الحاجات.

Début : رب اشرح لى صدرى ويسر لى امرى واحلل عقدة من لسانى (fol. 33 r°).

5° كتابه رساله مكتوبات. Recueil de lettres contenant l'exposition de plusieurs des dogmes de la doctrine mystique et l'explication de certains points de la règle (fol. 33 v°).

6° كتابه اسناد اوراد فتحيه عن احد من المريدين. Lettre analogue aux précédentes et qui ne s'en distingue que parce qu'elle porte un titre particulier.

Début : الحمد لله والسلام على عباده الذى اصطفى قال الله تعالى فان الذكرى تنفع (fol. 39 v°).

7° Traité, sans titre ni nom d'auteur, sur les moyens d'arriver à la connaissance ésotérique; Seyyid Ali el-Hamadani y est cité.

Début : حمد وثناى بى نهايت مر پادشاهى را كه هر كرا خواست كه مقرب ومكرم كرداند (fol. 44 r°).

8° رسالة ذكرتيه اميريه. Traité par Émir Seyyid Ali el-Hamadani sur les divers degrés de la طريقه et les moyens d'arriver au Nirvana توحيد.

Début : حمد وسپاس پرورد كاريرا كه حقائق اثمار ارواح قدسى را در حدائق اشجار (fol. 47 r°).

8.

9° Recueil de traités mystiques et ésotériques, la plupart et probablement tous, d'Émir Seyyid Ali el-Hamadani, portant le titre général de مكتوبات اميريه (fol. 52 v°), parmi lesquels la رسالهٔ داودیّه (fol. 57 r°); le دهٔ قاعدهٔ امیرکبیر, sur les conditions requises pour la vie religieuse, ce dernier traduit du traité arabe du sheïkh Nedjm ed-Din Koubra; le رساله مكارم الاخلاق (fol. 60 v°); la رسالهٔ كشف الحقايق (fol. 62 r°); la رسالة اعتقادیة امیریّة (fol. 64 v°); la رسالهٔ مشارق الاذواق (fol. 69 v°); la رساله فتویه از مصنفات حضرت سادت (fol. 73 r°); la رساله درویشیّه مای قطب الاقطاب وامام الموحدین سلطان الواصلین ... امیر سیّد (fol. 77 r°); la رساله انسان نامه (fol. 82 v°); la رساله منامیّه علی همدانی (fol. 88 r°); le كتاب شرح مشكل حل از مصنفات ... سیّد علی الهمدانی (fol. 92 v°); la رساله مشنه میریه (fol. 94 r°); sur la معرفت un traité sans titre, mais très vraisemblablement d'Hamadani, commençant après l'invocation par... بدان بلغك الله وايانا الى الدار العليا التی لا... (fol. 95 r°).

10° رساله اصطلاحات الصوفیه. Ce traité, dont l'auteur n'est pas indiqué, mais qui est sans doute d'Hamadani, n'est point, comme son titre pourrait le faire croire, un vocabulaire des termes de la technologie soufie: il contient simplement l'énumération des stades de la vie mystique, d'après le sheïkh Moïn ed-Din Abou Abd Allah Mohammed ibn Hoummouï el-Djouveïni.

Début : الكلام فی مقامات الصوفیة وبیان حالاتهم واظهار درجاتهم ومعنى الفقر وما یتعلق به من امور الفقر وهو على اربعین درجة ..... (fol. 97 r°).

11° Traité sur les ادب, sans titre ni nom d'auteur, par Nedjm ed-Din el-Koubra الکبری. Nedjm ed-Din Aboul Khabbâb (ou Djénâb) Ahmed ibn 'Omar el-Kheyyouki, surnommé el-Koubra, fut le chef de l'un des ordres soufis, dont le général était avant lui Aboul Kasem Ali Gourgani, fils de Djaafar, qui vécut vers le milieu du v° siècle, et qui fut contemporain d'Abou Saïd, fils d'Aboul Khaïr. C'est l'un des sheïkhs mystiques les plus célèbres; il mourut à Khvarezm en Djoumada premier de l'année 617 ou 618 H., au moment où Houlagou Khan arrivait dans cette ville; il était alors âgé de plus de soixante ans. Ses principaux disciples sont : Saad ed-Din Hoummouï, Razi ed-Din Ali Lala, Baba Kémal Khodjendi, Seïf ed-Din Bakhouri, Nedjm ed-Din Razi, Djémal ed-Din Gili et, suivant quelques auteurs, Béha ed-Din Véled, père de Molla Roumi. Il fut inhumé à Khva-rezm. (Dara Shikouh, Séfinet el-evlia, ms. 432, fol. 63 v°; Kémal ed-Din Sultan Hoseïn, Medjalis el-oushshak, ms. 424, fol. 60 v° et suiv.; Nour ed-Din Djami, Nefahat el-ouns, ms. 420, fol. 140 r°.) Parmi ses œuvres, Hadji Khalifa cite le اصول العشرة, le تحفة الفقرآء; une رسالة لومة; le فواتح لجمال, le رسالة الطرق: رسالة التنوير; une فى السلوك et le هداية الطالبين اللازم, tous ouvrages mystiques, et un commen-taire sur le Koran, en 12 volumes.

Début : صفت هذا الادب الشيخ الكبير سلطان الطريقه برهان للحقيقة
... امام الشريعة مرشد السالكين (fol. 98 r°).

12° رساله منازل السالكين. Abrégé, probablement par Emir Seyyid Ali Hamadani, sur les moyens d'arriver au كشف, et sur les stades que les mystiques doivent franchir les uns après les autres, pour arriver à l'اتحاد.

Début : ...... اما بعد فهذا مختصر فى الكشف عن الاقسام العشرة
المشتمل كل قسم منها على المنازل العشرة التى لها (fol. 100 v°).

13° كتاب الواردات الغيبيّة ولطائف قدسيّه از حضرت امير سيد علي همدان. Traité, par Emir Seyyid Ali Hamadani, sur les conditions de la vie ésotérique; il commence identiquement comme le n° 4 (fol. 102 r°).

14° كتاب عقلية. Traité sur l'intelligence et les intelligibles, par Émir Seyyid Ali ibn Shihab ed-Din Hamadani.

Début : حمد وثنا نا متناهى ان فاطر حكم را كه اشعة انوار مصباح
عقول را جناح هم سايران منازل غيب وشهادت كردانيده كريمى كه (fol. 105 v°).

15° سير الطالبين. Traité sur les conditions que doit réunir l'aspirant pour arriver au Nirvana, par Émir Seyyid Ali ibn Shihab ed-Din el-Hama-dani.

Début : حمدى كه ورق حدداق بصاير اولى الابصار از ملاحظة اثار غاية
ان عاجز وثناى كه افهام وعقول (fol. 110 r°).

Assez bon neskhi persan du xvii° siècle. 120 feuillets. 20 sur 13 centimètres. Cartonnage turc. — (Vansleb; Regius 1488. — Ancien fonds 39.)

157

Recueil de traités de soufisme, d'ésotérisme et de rhétorique.

1° رسالة شيخ نظام الدين فى التوحيد. Traité sur les sept stades du Nirvana ésotérique, par le sheïkh Nizam ed-Din ibn Abd el-Shoukour el-Omri el-Thaniséri التهانيسري. Peut-être ce personnage est-il le Djélal Mohammed تهانيسري du Séfinet el-evlia (ms. 432, fol. 61 v°), dont le père était originaire de Balkh et se nommait Kazi Mahmoud. A sept ans, ce personnage savait le Koran par cœur, et à dix-sept ans il connaissait toutes les sciences musulmanes. Il fut le disciple du sheïkh Abd el-Kaddoûs Kenkévi; il mourut en Zilhidjdja 989 de l'hégire, à l'âge de 96 ans, et fut inhumé à Thâniser.

Début : ...بدانكه اين رساله ابست در تحقيق سخن بعضى صوفيه

كه در توحيد هفت مرتبه نهاده اند از علم اليقين وعين اليقين وحقّ اليقين وحقيقة لحقّ وحقّ لحقيقة وحقّ..... (fol. 2 v°).

2° Opuscule sans titre, du même auteur, sur le stade de la Divinité لاهوت et sur les hypostases; le surnom du sheïkh Nizam ed-Din est écrit au folio 7 v° التانى سرى.

Début : لحمد لوليه والصلوة على نبيه وآله قال الامام الكامل العالم

الفاضل واقف اسرار السبحانية غوامض الامكانية سلطان سرير العلا..... (fol. 7 v°).

3° Fragments de traités de mysticisme, en arabe et en persan, sur les hypostases et les révélations, sur la double nature des esprits ارواح, sur la division du monde tangible; extraits du commentaire du traité d'ésotérisme intitulé جام جهان نما (voir n° 153, 5°), du روضة الرياحين dont l'un sur la hiérarchie mystique des saints; sur la création des lettres par Dieu (fol. 18 v°).

4° رساله وجوديّة ou, suivant un autre titre, رسالة فى الوجود. Traité, par Seyyid Shérif el-Hamadani sur les trois états de l'existence métaphysique.

Début : بدان وقنك الله تعالى وايانا كه احصاب بحث ونظر از براى

مراتب موجودات در موجوديت تمثيلى كرده اند (fol. 26 v°).

5° Prière en arabe à réciter au mois de Safer; prière de Mohyï ed-Din Ibn el-Arabi, citée par un sheïkh soufi, nommé Férid ed-Din et qui est peut-être le célèbre Férid ed-Din Attar ou Férid ed-Din Gandj-i Shakar, mort en 664 de l'hégire (Séfinet el-evlia, ms. 432, fol. 58 r°) [fol. 3o v°].

6° رسالة فى اسماء الله. Fragment d'un traité de cabale numérale, contenant une explication des noms d'Allah. La fin de ce traité manque; parmi les autorités qui y sont citées, on relève les noms de Ghazali, du kadi Adoud ed-Din, l'auteur du كتاب مواقف (voir n° 154, 2), de l'Imam Fakhr ed-Din Razi, de l'Imam Navavi.

Début : در اسماء حقّ سبحانه بدان اى برادر عزيز كه اسم الله تعالى باصطلاح صوفيه قدّس الله تعالى اسرارهم (fol. 33 r°).

7° كشف الاسرار عبد الله انصارى فى تفسير سورة النجم. Commentaire par le célèbre docteur soufi Abd Allah el-Ansari, de la 53° sourate du Koran.

Début : ......والنجم اذا هوى بباره از قران هركه كه (sic) فرو آيد از : اسمان ما فضل صاحبكم وما غوى كراة انكشت اين مرد...... (fol. 82 v°).

8° Fragments, en persan, de divers traités d'ésotérisme (fol. 99 v°).

9° Commencement du commentaire de Abd el-Nébi el-Osman (العثمان sic) el-Shétari sur la troisième section جوهر de l'ouvrage théosophique intitulé جـواهـر خـمـسـه. Abd el-Nébi nous apprend dans sa préface (fol. 107 r°) qu'il s'est beaucoup servi pour écrire ce commentaire d'un traité d'ésotérisme qui avait été composé par son maître, le sheïkh Siradj ed-Din Abd Allah Soufi Shétari, intitulé كـشـف الانـوار از شـرح جـواهـر اسرار (sic); cet opuscule d'Abd el-Nébi traite des noms d'Allah et de la prière. D'après Hadji Khalifa (Dictionnaire bibliographique, t. II, p. 643), le جواهر خمسه, qu'Abd el-Nébi nomme ici الجواهر لخمس, en traduisant son titre en persan, a pour auteur le sheïkh Aboul Mouayyed Mohammed ibn Khatir ed-Din, qui le composa dans le Goudjerate en l'année 956 de l'hégire; cet ouvrage était, comme l'indique suffisamment son titre, divisé en cinq chapitres, dont voici le détail : 1° فى الزهد 2°; فى العبادة 3° فى عمل المحقّقين من اهل الطريقة 4°; فى الاذكار 5°; فى الـدعـوة. La fin du commentaire d'Abd el-Nébi manque.

Début : جد سزاى مالك الملكيست كه ملك غيب وشهادت را بـانـوار : ذات وتجلّيات اسما وصفات بجلّى ومنوّر سـاخت (fol. 106 r°).

10° Fragments divers réunis sous le titre de متفرقات ورسالة فى الصلوة على النبى; on y trouve (fol. 123 r°) l'explication des différences qui séparent les متكلمين des philosophes et des soufis, et une foule de notes et d'extraits de tous genres qui ont été ajoutés sur les pages restées en blanc du manuscrit.

11° Traité de soufisme, sans commencement ni fin. La première division complète de ce traité est intitulée تمهيد فى بيان العشق; elle commence par (fol. 130 v°) اهل حقايق گويند كه محبت بر مخلوق درست بود اما عشق.....; on y trouve citées les autorités habituelles des docteurs mystiques, à savoir les traditionnistes et les premiers soufis (fol. 130 r°).

12° Traité sur l'amour mystique, par le sheïkh Férid ed-Din Attar.

Début :

قادرا پروردكارا جاودان   من بغير تو نه بينم در جهان

خود ترا كى غير باشد اى خدا   من ترا دانم ترا دانم ترا

(fol. 152 v°).

13° الغوايد الغيائية. Résumé en arabe de la troisième partie du مفتاح العلوم de Siradj ed-Din Abou Yakoub Yousouf ibn Abi Mohammed ibn Ali el-Sekkaki († 626 H.), par le kadi Adoud ed-Din Abd er-Rahman ibn Ahmed el-Idji الايجى († 756 H.). La troisième partie du مفتاح est relative à la rhétorique. Le مفتاح العلوم a été très souvent commenté et étudié par les docteurs musulmans, et Hadji Khalifa, dans son *Dictionnaire bibliographique*, a réuni les noms de beaucoup de ces commentateurs. Cet exemplaire, qui est incomplet de la fin, présente des lacunes dans le texte; il est couvert de gloses marginales et interlinéaires.

Début : فهذا مختصر فى علم المعانى والبيان يتضمن مقاصد.....

مفتاح العلوم سميته بالغوايد الغيائية........ (fol. 161 v°).

14° Résumé de syntaxe arabe, sans nom d'auteur.

Début : الكلمة هى اللفظة الموضوعة (sic) للمعنى وهى على ثلثة اقسام.....

اسم وفعل وحرف فالاسم..... (fol. 200 v°).

Manuscrit de diverses mains passables du xvii° et du xviii° siècle. 207 feuillets. 26 sur 15 centimètres. Demi-reliure. — (Supplément 80.)

158

Recueil de traités de mysticisme.

منهاج العابدين الى الجنّة. Traité de morale ésotérique à l'usage des personnes qui veulent renoncer au siècle, écrit en arabe par Abou Hamid Mohammed ibn Mohammed el-Ghazali († 505 H.), et traduit en langue persane par le sheïkh Yousouf Boudh.

Yousouf Boudh fut le disciple de Seyyid Djélal Boukhari, du sheïkh Radjou Kattal († 827 H.) et de Khvadjèh Ikhtiyar ed-Din († 809 H.); il mourut en l'année 834 de l'hégire (Rieu, *Catalogue of Persian manuscripts*, p. 1079, *a*). D'après Hadji Khalifa, le Minbâdj el-abidin fut le dernier ouvrage de Ghazali; l'original arabe, dont le plan est suivi par la version persane, est divisé en sept livres, عقبة, traitant successivement : 1° de la science علم; 2° du repentir; 3° des vicissitudes عوائق; 4° des accidents, عوارض; 5° des causes بواعث; 6° des blâmes قوادح; 7° de la louange حمد.

Ce traité sur la vie contemplative a été composé par Ghazali pour les personnes qui n'avaient pas la possibilité de lire le احياء علوم الدين ou القربة الى الله; une traduction turque en fut exécutée par Elias ibn Abd Allah Nihali, qui y fit quelques additions.

Début : بسمله حمد مر خدايرا كه او ملك حكيمست وجواد كريم است وعزيز ورحم است آنكه بيافريد آسمانها... (fol. 1 v°).

2° Formule de vird en arabe (fol. 146 r°).

3° مرغوب القلوب. Poème, en mesnévis, sur la vie ascétique, divisé en 10 fasl, composé en 757 de l'hégire par Shems? Le titre de ce petit poème ne paraît que dans le dernier vers :

شد تمام اين مختصر موزون خوب   نامش نهادم مرغوب القلوب

qui semble indiquer qu'il n'est que l'abrégé d'un traité plus étendu.

Début :

بكويم حمد ربّ العالمين را   عطاكوكرد برمن عقل دين را

درودى مصطفى بعد از ثنايش   فرستم از دل وجان تا صفايش

(fol. 147 v°).

4° رسالهٔ حضرت سلطان العارفین سید ناصرخسرو. Traité sur le microcosme et sur le macrocosme, par l'alide Abou Moïn ed-Din Nasir-i Khosrau Kobadiani Mervézi. Il s'agit certainement ici du célèbre hérésiarque, né en 394, mort en 481, dont les deux plus célèbres ouvrages sont le سفرنامه et le روشنای نامه; on y trouve les doctrines courantes chez les philosophes et les ésotéristes musulmans sur les correspondances entre les différentes parties du corps de l'homme et les grandes divisions du κόσμος.

Début : بدان ای طالب من عرف نفسه فقد عرف ربّه که پروردگار

عالم بقدرت خویش چهار عنصر........ (fol. 153 r°).

5° افاق نامه. Traité analogue au précédent, par le même auteur, Nasir-i Khosrau.

Début : .....امّا بعد بدانکه خدای تعالی اعضای آدم را هفت طبق

بیافرید چنانچه درکلام مجید میفرماید........ (fol. 153 v°).

6° Formules de prières en arabe (fol. 155 r°).

7° Tradition attribuée à Mahomet sur le moyen de provoquer les songes prédisant l'avenir : قال علیه السلام من اراد ان یرا فی المنام فی اخر الزمان

فعلیه ان...... (fol. 157 v°).

Assez bon nestalik persan du xvi° siècle. 157 feuillets. 20 sur 13 centimètres. Reliure en maroquin brun estampé. — (Vansleb; Regius 1490. — Ancien fonds 45.)

159

Recueil de traités de mysticisme et d'ésotérisme.

1° La زبدة الحقایق d'Aïn el-Koudat el-Hamadhani; voir n°° 92 et 93 (fol. 2 v°).

2° شرح دعا باد سرخ. Explication, en langue persane, de la prière dite du vent rouge, par Vahab ibn Menbah? d'après Moukatil ibn Soleïman et le célèbre traditionniste Kaab el-Ahbar.

Début : وهب بن منبه روایت کند از مقاتل بن سلیمان واو ازکعب

بسمله بسم . Le texte arabe commence par الاحبار که کفت روزی سلیمان

والله اکبر ایها الملکان الاکبران الله (fol. 116 v°).

3° Liste des animaux dont il est permis de manger la chair, suivant les opinions des 4 sectes, par Afdal el-Moutéakkhirin Lisan el-Millet wéd-Din Semnani.

Début : بسمله والخ الحيوانات التى تحل بلا خلاف فى مـذهـب الامـام الشافعى رضى الله عنه... (fol. 119 r°).

4° كتاب شيخ عزيز نسفى در عشق. Traité sur l'amour mystique, par le sheïkh Aziz ibn Mohammed el-Néséfi.

Aziz-el-Néséfi est l'auteur du Maksad-i aksa (voir n° 99); il raconte dans la préface de cet opuscule que plusieurs derviches de ses amis le prièrent d'écrire à leur usage un traité abrégé sur l'amour, de façon à expliquer clairement ce que sont le عشق et la حبّت, ainsi que la différence qui sépare ces deux termes. La date de la composition de ce traité n'est pas indiquée; il commence par بسمله چنين كويد اضعف الضعفا وخادم الفقرا عزيز بن محد نسفى كه جماعت درويشان... (fol. 120 v°).

5° كتاب بحر الحقيقة احد الغزالى. Traité de métaphysique et d'ontologie, par le sheïkh Ahmed Ghazali (fol. 123 v°).

L'auteur considère que pour arriver au Nirvana, l'homme doit traverser sept mers, dans chacune desquelles se trouve un joyau, qui est l'un des stades de la vie mystique : بحر اول معرفت است وكوهر وى يقين است بحر درم جلال است وكوهر وى حسرة است بحر سوم وحدانيت است وكوهر وى حيات بحر چهارم ربوبيّت است وكوهر وى بقا بحر بنجم الـوهـيت است وكوهر وى وصال است بحر ششم جمال است وكوهر وى رعايت بحر هفتم عزت است وكوهر وى فقر است (fol. 126 r°).

6° كتاب قدشيه حضرت شيخ روزبهان. Traité, par le sheïkh Rouz-béhan, sur les principaux dogmes de la doctrine ésotérique.

Le sheïkh Rouzbéhan ou, suivant Djami, Abou Mohammed ibn Abou Nasr el-Bakli el-Nésévi النسوى, puis el-Shirazi; il mourut à Shiraz en l'année 606 de l'hégire et il y fut inhumé. D'après Djami, au commencement de sa vie mystique, il voyagea dans l'Irak, dans le Hedjaz, en Syrie et en Égypte, il se lia dans cette dernière contrée avec le célèbre Aboul Nédjib Ali Sohraverdi, et tous les deux assistaient à des séances سماع qui se tenaient à Alexandrie, et au cours desquelles ils lisaient le Sahih de Boukhari; il reçut le froc خرقة des mains du sheïkh Siradj ed-Din Mah-

moud ibn Khalifa ibn Abd el-Sélam ibn Ahmed ibn Sâl et il se livra à
une vie très ascétique à Shiraz; il passa cinquante années de sa vie contemplative dans une vieille mosquée de cette ville, occupé à des exercices de
mortification. Il écrivit plusieurs traités en arabe et en persan, parmi lesquels Djami et Sultan Hoseïn citent les تفسیر عرایس , شرح شطحیّات et
كتاب الانوار فى كشف الاسرار. Parmi les personnages qui vécurent dans son
intimité, furent les sheïkhs Ali Lala, Béha ed-Din Asad Yezdi, Moubarek
Kahri, Aboul Kasem Havi; il reçut les visites des atabeks Saad ibn Zengi
et Abou Bekr ibn Saad (Kémal ed-Din Sultan Hoseïn, Medjalis el-oushshak,
ms. 424, fol. 58 r°; Djami, Nafahat el-ouns, ms. 420, fol. 85 r°;
Sheïkh Zerkoub el-Shirazi, Histoire de Shiraz, ms. 504, fol. 103 r°;
Mohammed Dara Shikonh, Sefinet el-evlia, ms. 43°, fol. 104 v°). Ce
traité est divisé en douze livres : 1° در علم معرفت ; 2° در علم توحید ; 3°
در علم حال ; 4° در علم معاملت ; 5° در علم مکاشفت ; 6° در علم خطاب ;
7° در علم سماع ; 8° در علم وجد ; 9° در علم معرفت روح ; 10° در علم
معرفت عقل ; 11° در علم معرفت نفس ; 12° در علم معرفت قلب
(fol. 160 v°).

7° كتاب بیان الادیان. Traité sur l'histoire des sectes religieuses, par
l'imam alide Aboul Méali Mohammed ibn Obeïd Allah.

Ce traité fut terminé en 485 de l'hégire à Ghazna, à la cour du prince
ghaznévide Ala ed-Daoulèh Abou Saïd Djélal ed-Din Masoud , fils d'Ibrahim ,
qui régna de 482 à 492 de l'hégire; il est le plus ancien des traités d'histoire religieuse écrits en persan; il est divisé en cinq chapitres, traitant :
1° des religions des peuples antéislamiques; 2° des peuples connus des
Musulmans; 3° des sources اسناد; 4° des différentes sectes musulmanes.
Le cinquième manque dans le présent exemplaire.

Début : اسامی اهل اصناف هالکنید کروه که وذ ید بدعت از هفتاد
قدریان دوازده (fol. 195 v°). Le texte a été publié par M. Schefer dans sa
Chrestomathie persane.

8° رساله در معرفت بارى. Traité anonyme sur la connaissance de Dieu.

Début : الحمد لله الذى ابدع للخلایق بلا آله وابتلاهم بشکرة من غیر
جاحد وهو ولى الهدایه (fol. 224 v°).

9° جهت ..... نسخه اجازت که سلطان المشایخ محمد الدین البغدادى
شیخ المشایخ رضى الدین لالا نبشته است. Diplôme de licence accordé

par Medjd ed-Din Baghdadi (556-616 H.) à Radi ed-Din Ali ibn Saïd ibn Abd el-Djélil Lala († 642 H.). Des licences de derviches kadirites et shadilites sont conservées dans les manuscrits arabes 4915 et 4917 (fol. 230 r°).

10° نذكّر المشايخ. Biographies de quelques sheïkhs soufis, par un anonyme.

Ce traité commence par la filiation du froc خرقة du sheïkh Nour ed-Din Abd er-Rahman ibn Mohammed el-Esféraïni († 639 H.) et il a été composé par un derviche qui appartenait à l'ordre des Koubravis. On trouve dans le Tézekkour quelques renseignements sur Ahmed Kourpâni († 669 H.), Radi ed-Din Ali Lala († 642 H.), Medjd ed-Din Baghdadi, Nedjm ed-Din Koubra (540-618 H.), Aboul Nédjib Sohraverdi († 563 H.), Ahmed Ghazali († 517 H.), etc. [cf. Mohammed Dara Shikouh, Séfinet el-evlia, ms. 432, fol. 62 r° et suiv.] (fol. 231 v°).

11° مقالات خواجه عبد الله الانصارى. Invocations du sheïkh Abd Allah el-Ansari (voir n°³ 81-83), commençant par قال الشيخ الامام الاجل تدوّة اهل الطريقة حاى حى لحقيقة (fol. 236 v°).

Beau neskhi copié en 877 de l'hégire (1472 de J.-C.) par Dervish Ali Ibn Abou Saïd; le n° 3 est daté de 900 de l'hégire (1494 de J.-C.). Encadrements et frontispice en or et en couleurs. 242 feuillets. 24 sur 17 centimètres. Reliure en maroquin rouge estampé et doré. — (Schefer, 50. — Supplément 1356.)

160

Recueil de traités de mysticisme.

1° ارشاد الطالبين. Traité sur la voie mystique, la récitation de la tevhid et le Nirvana, par le sheïkh tchishti Djelal ed-Din ibn Mahmoud Thaniséri تهانيسرى († 989 H.). Ce traité est divisé en sections فصل qui ne portent point de numérotation.

Début : الحمد لله الذى اعطى للطالبين شوق لقايه . . . . (fol. 1 v°).

2° Traité sur les miracles accordés aux saints.

Début : بدان اسعدك الله ى الدارين كه كرامات . . . . . سالكان دين وتحققان اهل يقين بر دو نوع است (fol. 27 r°).

3° فصل در بیان دانستن مقام وحال . Chapitre sur la différence qui sépare l'extase du stade, suivi d'autres chapitres tirés d'un traité d'ésotérisme (fol. 3o r°).

4° Traité de mysticisme et de métaphysique, sans titre ni nom d'auteur (fol. 46 r°).

5° مناجات خواجه عبد الله انصاری . Invocations du khvadjèh Abd Allah el-Ansari (voir n°° 81-83 et 159, 11). Exemplaire incomplet de la fin (fol. 102 v°).

Nestalik indien tendant au shikesteh du XVIIIᵉ siècle; le n° 1 est daté de 1130 (1717 de J.-C.) et le n° 4 de 1135 de l'hégire (1722 de J.-C.). 122 feuillets. 19 sur 12 centimètres. Demi-reliure. — (Supplément 1127.)

ISMAÏLISME.

161

زاد المسافرین . Traité de philosophie scolastique, par l'hérésiarque alide Abou Moïn ed-Din Nasir-i Khosrau el-Kobadiani el-Mervézi.

L'auteur, auquel le titre du volume donne le nom de سیّد العاشقین وسند المشتاقین خاتم العشّاق واسوة اهل الاشتیاق , fut l'un des missionnaires que les khalifes fatimites du Kaire envoyaient faire de la propagande pour leurs doctrines; il fut surnommé حجّت خراسان et mourut en 481 de l'hégire. On trouvera une notice biographique sur ce personnage dans le *Catalogue of Persian man.* de Rieu, t. Iᵉʳ, p. 379. Le présent traité, dont le nom fait allusion au chemin mystique سفر ى الله ou سفر الى الله qui mène les ésotéristes au Nirvana, est divisé en 27 chapitres قول, dont voici le détail :

اندر کتاب که آن در °2 ؛ اندر قول که آن در علم حاضران است °1
اندر °5 ؛ اندر حواس باطن °4 ؛ اندر حواس ظاهر °3 ؛ علم غایبانست

اندر ۸° ؛اندر نفس ۷° ؛اندر حرکت وانواع او ۶° ؛جسم واقسام او
اندر ۱۲° ؛اندر ترکیب ۱۱° ؛اندر زمان ۱۰° ؛اندر مکان ۹° ؛هیولی
اندر ۱۵° ؛اندر اثبات صانع ۱۴° ؛اندر حدث عالم ۱۳° ؛فاعل ومنفعل
اندر قبول ۱۷° ؛اندر مبدع حق ۱۶° ؛صانع عالم جسم که چیست
اندر علت بودش عالم ۱۹° ؛اندر لذات واثبات آن ۱۸° ؛وکثابت حق
؛اندر آنکه چرا خدای عالم را پیش از آنکه آفرید نیافرید ۲۰° ؛جسم
اندر چراق پیوستن ۲۲° ؛اندر چگونگی پیوستن نفس بجسم ۲۱°
اندر بود ۲۴° ؛اندر اثبات مخصص بدلالات مختص ۲۳° ؛نفس بجسم
؛اندر ۲۶° ؛اندر آنکه مردم از کجا آمد وکجا می شود ۲۵° ؛وهست وباشد
اندر اثبات ثواب وعقاب ۲۷° ؛ردّ مذهب تناسخ.

Bon nestalik de la seconde moitié du xixᵉ siècle. 201 feuillets. 31 sur 20 centimètres. Reliure persane en peau rouge. — (Schefer, 15. — Supplément
1318.)

DOCTRINE HOUROUFIE.

162

محبّت نامه جاوید. Traité de philosophie ésotérique et de
cabale, par Fadl Allah el-Tébrizi el-Houroufi الحروفى.

Dans sa grande chronique intitulée انبا الغمر فى ابنا العمر, Ibn Hadjar el-
Askalani raconte que ce Fadl Allah ibn Abou Mohammed el-Tébrizi el-
Houroufi fut le créateur de la secte hétérodoxe des Houroufis, qui appartient au soufisme outrancier et qui est, en quelque sorte, l'intermédiaire
entre le soufisme et le babisme; il enseignait que les lettres étaient des
hommes changés de nature. Il invita l'émir Timour Kourkan à embrasser
ses doctrines, mais le conquérant, bien qu'il ait toujours témoigné beaucoup
de respect pour les sheïkhs soufis, menaça de le tuer; à ces mots, le fils de
Timour qu'el-Askalani ne nomme pas, mais qui est probablement l'émir
Shah Rokh Mirza, se précipita sur Fadl Allah et lui trancha la tête. Le
corps de Fadl Allah fut ensuite brûlé sur un bûcher (804 H.). (Hadji
Khalifa, *Dict. bibl.*, t. II, préf. p. vu-vin, cf. p. 581). Le principal

ouvrage de Fadl Allah est le جاويدان كبير. Le جاويدان نامه est simplement un traité de soufisme, écrit par Afdal ed-Din Mohammed Kashi
(Hadji Khalifa, t. II, p. 582). M. Browne a décrit un manuscrit du Djavi-
dan-i kébir dans le *Cat. of the Persian manuscripts in the library of the University of Cambridge*, p. 69 et suiv. On trouvera des renseignements sur
les doctrines des Houroufis dans un article de M. Browne, intitulé *Some
notes of the literature ... of the Hurúfi sect*, *J.R.A.S.*, 1898, January,
p. 63 et suiv.

Cet ouvrage qui débute sans préface par بسمله هو در تقسیم و و و وّ
بشناس وبخوان ای خوانندۀ طوط وۀ کریم دّ ةّ که حتّ لتّ فرمودة
است حص وعلی صراطّ الرحمن, contient l'exposition des dogmes de la métaphysique houroufie, basée sur de nombreux passages du Koran, mais le
texte présente de nombreuses abréviations conventionnelles, dont le sens
n'est point indiqué, de telle sorte que l'interprétation de ce manuscrit est
très difficile; c'est ainsi que رایت رقّ لیلة المعراج فی صورة امرد قطط est
écrit dans ce manuscrit رایت رقّ فی صّ صّ مرّ قطّا. On trouve au recto du
folio 2 une note de la fin du xvii° siècle, ainsi conçue : «Traitté de l'im-
mortalité de l'âme, en prose persienne, appellé Dgavidan namé, avec l'explication des lettres cabalistiques inconnues qui sont dans l'Alcoran,
composé par Fadlalla Houroufy de la secte des Sofis...» Le titre de جاويدان
نامه ne paraît pas dans le manuscrit, mais ces renseignements ont évidemment été donnés à l'auteur de cette note par un houroufi ou par un
homme au courant de ces questions. On lit au même folio le vers suivant
qui a donné naissance à l'opinion suivant laquelle cet ouvrage est le
جاويدان نامه :

اگر خواهی رسی ای دوست کامه　　بدست اور بسرو جاوید نامه

Les premières et les dernières pages sont couvertes de vers mystiques et
d'extraits divers.

Nestalik persan passable, copié en 1005 de l'hégire (1596 de J.-C.), par un
certain Dervish Ahmed, qui prend le titre de بندة بندگان خدا. 139 feuillets.
15 sur 9 centimètres. Reliure en peau brune souple. — (Supplément 107.)

163

Traité de philosophie ésotérique, de métaphysique et
de cabale numérale, sans titre ni nom d'auteur.

Sur la tranche du manuscrit se trouve écrit le titre جاودان, de sorte que ce livre pourrait être soit le جاودان كبير, soit une recension du جاویدان نامه, qui se trouve décrit sous le n° 162; il est divisé en 242 chapitres dont le détail est donné aux folios 1-8. Le texte de ce traité, qui débute par از جميع اطراف و بكعبه ى باید کردن بحكم حدیث نبوی که خلق الله تعالى راس ادم وجبهته من تربة الكعبة وصدرة وظهرة من ارض بيت المقدس......, présente beaucoup d'abréviations, mais en moins grand nombre toutefois que le n° 162. Une grande partie de ces sigles sont d'ailleurs expliquées dans un tableau, qui se trouve au recto du folio 8. Cet exemplaire porte l'ex-libris d'un derviche maulévi nommé Akbar.

Assez bon nestalik persan cursif à encadrements et frontispices en or et en couleurs, copié en l'année 990 de l'hégire صطا (1582 de J.-C.), par Dervish Ahmed, qui prend dans la souscription le titre de بندة بندكان فضل ذو الجلال ریادشاه لم یزل. 271 feuillets. 18 sur 11 centimètres. Reliure en maroquin brun estampé. — (Supplément 109.)

BABISME.

164

Traités de théologie babie.

Le premier traité est le بیان فارسی du Bab Ali Mohammed el-Shirazi († 1266 H.). Cf. Browne, *J.R.A.S.*, 1889, p. 911; il est suivi (fol. 284 r°) d'un autre traité babi anonyme.

Début : بسمله تسبيح وتقديس بساط قدس عزّ مجد سلطان را لايق که لم یزل......

Bon nestalik persan copié en 1279 de l'hégire (1862 de J.-C.) pour le comte de Gobineau كنت. 356 feuillets. 24 sur 17 centimètres. Reliure en peau rouge. — (Supplément 1070.)

165

Le بیان فارسی du Bab Ali Mohammed.

Nestalik arabe cursif, daté de Nicosie, octobre 1897 544 feuillets. 17 sur 12 centimètres. Demi-reliure. — (Supplément 1279.)

I. 9

166

Traité sur les stades de la vie mystique et les révélations, sans titre ni nom d'auteur.

Début : باسم ربنا العلى الاعلى الباب المذكور فى بيان ان العباد لــن
يصلى الى شاطى بحر العرفان الا بالانقطاع

Ce volume se termine par une poésie du poète babi Nébil نبيل.

Shikestèh persan de la seconde moitié du xixe siècle, 90 feuillets. 10 sur 11 centimètres. Reliure en peau souple. — (Schefer, 92. — Supplément 1400.)

167

Traité de métaphysique, sans titre ni nom d'auteur.

Début : بسمله حمد بلا مثل ونعت بلا كفو وصف جمـال ذات اقـدس
تعالى بودة وهست در مراتب

Bon neskhi persan de la seconde moitié du xixe siècle. 198 feuillets. 23 sur 18 centimètres. Reliure en peau rouge. — (Supplément 1071.)

168

Poème babi, sans titre ni nom d'auteur, peut-être de Nébil.

Début : اى حيات العرش خـورشـيـد وداد
كه جهان وامكان چه تو نورى نزاد

Neskhi persan du xixe siècle. 12 feuillets. 17 sur 11 centimètres. Cartonnage. — (Schefer, 233. — Supplément 1546.)

PARSISME.

169

Le Yasna.

Texte zend, accompagné de la traduction sanscrite de Néryoseng.

Manuscrit composé de deux parties : celle qui va du folio 190 à la fin, paraît du xvi° siècle; le commencement du volume semble du xviii° siècle et est beaucoup moins bien écrit. Les folios 90-91 sont d'une très mauvaise main qui ressemble à celle de Darab, le maître d'Anquetil. 231 feuillets, 25 sur 17 centimètres. Reliure en maroquin rouge. — (Anquetil 2. — Supplément 28.)

170

Vispéred Sadé.

Texte zend sans traduction pehlvie. Sur la première page se trouve écrit un nireng ou formule incantatoire; les dernières lignes de la dernière page contiennent le commencement du Yasht des sept Amshaspands; la copie n'est point terminée.

Écriture indienne médiocre du xvii° siècle. 110 pages. 26 sur 21 centimètres. Reliure en basane pleine. — (Anquetil 3. — Supplément 30.)

171

Le Vendidad.

Texte zend accompagné de la traduction pehlvie. — Anquetil a décrit ce volume dans ses notices, sous le numéro II.

Manuscrit terminé au gâh Aiwisruthrema Aibigaya du jour Atûr du mois de Mihir de l'année 1127 de Yezdegerd, soit le 25 septembre 1758; très belle copie exécutée par Dârâb, fils de l'herbed Framroûdj (Féramourz), fils de l'herbed Minôichhar (Minoutchehr), fils de l'herbed Gershasp, fils de l'herbed Néryoseng, fils de l'herbed Aspar (Isfendiâr?), fils de l'Oshta Vohuman, fils de l'Oshta Hosheng, fils de l'herbed Kâmân, fils de l'herbed Roustem, fils de l'herbed Tchanda Féridoun. 244 feuillets. 44 sur 24 centimètres. Reliure recouverte de velours bleu estampé, aux armes du roi — (Supplément d'Anquetil 2. — Supplément 26.)

172

Le même ouvrage.

Texte zend accompagné de la traduction pehlvie, laquelle porte une sorte de glose interlinéaire en persan moderne et en pazend. Au recto du premier feuillet, se trouve une table des fargards de la main d'Anquetil.

Début : [zend/pehlvi script] (كنتش) [script] (اورمزد) [script] (سپتمان) [script] (زرتشت)

Écriture médiocre, mais lisible du xviii° siècle. 439 feuillets, 26 sur 16 centi-mètres. Reliure en basane au chiffre de Louis-Philippe. — (Anquetil 1. — Supplément 25.)

173

વંદીદાદ ગુજરાતી ભાષાનીનો. Le même ouvrage, accompagné d'une traduction en langue goudjaratie.

Le texte zend est écrit en caractères goudjaratis.

Début : મરૂદ અ કુરી મજ઼દા સપીતામાદ ૭ઝ઼ુશાત્રાહિ અળ્મ ઽ઼ાંમ સપીતમ ૭ઝ઼ુશાત્ર...

Très belle écriture du commencement du xviii° siècle. 375 feuillets, 30 sur 25 centimètres. Cartonnage. — (Supplément 1269.)

174

Vendidad Sadé, textes zends du Yasna, du Vispéred et du Vendidad mélangés.

Le texte est suivi par un fragment zend commençant par : [zend script]

[zend script]

سم . سودلد . عدوس . سىلط . سود . درسوىط .

غم . كـط . . .

Bonne écriture du milieu du xviii° siècle. 340 feuillets. 40 sur 29 centimètres.
Reliure en maroquin violet. — (Supplément 1251.)

175

Le même ouvrage.

Bonne écriture datée du jour Gavâd du mois Spendarmat 1104 de Yezdegerd
(mercredi 28 février 1735), copiée par le destour Darab, le maître d'Anquetil,
à Nausari. 339 feuillets. 33 sur 20 centimètres. Demi-reliure. — (Tahmouras
Dinshawdji Ankalésaria. — Supplément 1079.)

176

Le même ouvrage.

Ce manuscrit a été décrit par Anquetil dans ses notices, sous le numéro VI.

Mauvaise écriture indienne du xviii° siècle. 139 feuillets. 25 sur 21 centimètres.
Reliure en velours bleu aux armes du roi. — (Supplément d'Anquetil 6. — Supplément 39.)

177

Le même ouvrage.

On peut voir sur ce manuscrit la notice qu'Anquetil lui a consacrée dans
son *Zend-Avesta, ouvrage de Zoroastre...*, Paris, MDCCLXXI, t. I, part. II,
p. II-XL, et t. I, part. I, p. DXIX et suiv., notice I.

Très beau manuscrit, terminé à Sourate در بندر سورت au gâh Hâvâni du jour
Zemyâd du mois de Mihir de l'année 1083 de Yezdegerd, soit le 14 octobre 1714.
تمام شد نسك از نسك و‌جيداد در روز فزخ زامياد ايزد امهاسفند ودر ماه مبارك مهر
ايزد امهاسفند ودر‌كاه منيت (sic) هاون ودر سال مانوس بر يكهزار هشتاد وسه از
يزدجرد شهريار شاهنشاه. Le copiste est le maître d'Anquetil, Darab, fils de
l'herbed Roustem, fils de l'herbed Khourshid, fils de l'herbed Roustem, descendant du célèbre mobed Néryoseng, qui traduisit en sanscrit le commentaire pehlvi
de l'Avesta. 281 feuillets. 37 sur 25 centimètres. Reliure en maroquin bleu aux
armes du roi. — (Supplément d'Anquetil 1. — Supplément 27.)

178

Daroun Sadé.

Cet ouvrage se compose de chapitres du Yasna que l'on récite dans l'office du Daroun; ce volume contient une table des matières dressée par Anquetil. Les deux premiers feuillets et le dernier ont été rapportés à une époque récente.

Bonne écriture du xvii° siècle. 250 pages. 19 sur 12 centimètres. Reliure en maroquin bleu aux armes du roi. — (Anquetil. — Supplément 983.)

179

Recueil d'ouvrages zends.

1° Le Vendidad, texte zend avec la traduction pehlvie (fol. 2).

On lit au folio 2, cette notice de la main d'Anquetil : «Manuscrit de Zoroastre avec la traduction pehlvie du pazend et dépouillé par le Destour Darab des commentaires superflus qui défigurent celui de Mancherdji». Une autre note indique que ce manuscrit a été collationné avec trois autres exemplaires.

2° Le Vispéred, texte zend avec la traduction pehlvie (fol. 296.)

3° Le Vadj ou formule cabalistique que l'on doit réciter à voix basse en urinant (fol. 306).

4° Le Srosh Yasht Hadokht, texte zend avec traduction sanscrite (fol. 308).

5° Le Sirouzèh, ou prières pour les trente jours du mois, en zend avec une traduction persane.

A la fin du volume se trouve une table des matières dressée par Anquetil qui l'a décrit dans ses notices sous le numéro V.

Manuscrit de la fin du xviii° siècle; le n° 1 est d'une bonne écriture datée de 1127 de Yezdegerd, soit 1758 de J.-C.; les n° 2-5, de la main du maître d'Anquetil, le destour Darab, qui les a copiés en 1760. 323 feuillets. 26 sur 24 centimètres. Reliure en maroquin bleu aux armes du roi. — (Supplément d'Anquetil 5. — Supplément 39.)

180

Recueil de textes du Khorda Avesta, en zend et en pazend avec une traduction goudjaratie.

Le zend et le pazend sont écrits en caractères goudjaratis à l'encre rouge et la traduction à l'encre noire; les mots obscurs de la traduction et les mots persans sont glosés en persan; on y trouve : le nireng du kosti (pazend) [fol. 1 v°]; le Vâdj de Srosh (pazend) [fol. 6 r°]; le Hoshbam, ou prière à l'aurore (zend) [fol. 13 v°]; les Nyayishn du Soleil, de la Lune, d'Ardvisoura Anahita, du Feu (zend) [fol. 19 v°]; le Nam Stayishn (pazend) [fol. 67 r°]; la prière Nemo aônhãm (zend) [fol. 74 r°]; le Patet (pazend) [fol. 81 v°]; le Doup-nireng (pazend) [fol. 111 r°]; les Afergan de Dahman, des Gathas, du Gahanbar [fol. 129 r°]; le vadj à réciter avant le repas (zend) [fol. 142 r°]: la Nékah, formule de bénédiction de mariage [fol. 143 v°]; l'Airyama ishyô [fol. 150 v°]; la prière à réciter après le Srosh Yasht [fol. 151 v°]; la prière Ya dadar [fol. 152 r°]; l'Ormazd Yasht [fol. 152 v°]; une prière à Haoma (zend); ce n'est point le Hom Yasht comme Anquetil l'indique dans sa notice [fol. 167 r°]; le nireng contre les magiciens (pazend) [fol. 169 r°]; la prière Yatha ahû vairyô [fol. 169 r°]; l'Ashem vohu [fol. 170 v°, 171 r°, 171 v°]; le vadj à réciter avant le repas [fol. 172 v°]: sur les mérites de l'Afergan (goudjarati) [fol. 173 r°]: un fragment du Vendidad traduit en goudjarati [fol. 174 v°]: sur le barashnoom (goudjarati) [fol. 175 r°]; fragments du Vendidad (Farg. V, § 48; VIII, § 16) [fol. 180 r°]; sur les quinze qualités du mobed (pazend) [fol. 181 r°]; sur le barsom [fol. 182 r°]; sur le daroun, en goudjarati [fol. 182 v°]; sur le temple du feu, avec le plan de la salle ou l'on célèbre le Yasna [fol. 184 r°]; table des matières [fol. 201 r°]; explication des cent noms de Dieu [fol. 203 r°].

Ce manuscrit a été décrit par Anquetil dans ses Notices, sous le numéro IX; il a inscrit au recto du premier feuillet, le titre de : «Néaeschs et autres prières en zend en parsi et en indou du Guzarate, le tout écrit en caractères indiens avec le persan moderne sur les mots indiens».

Bonne écriture datée de l'année 1795 de Vikramaditya (سنوت), soit 1739 de l'ère chrétienne (fol. 196 v°). 210 feuillets. 25 sur 14 centimètres. Reliure en velours bleu aux armes du roi. — (Supplément d'Anquetil 9. — Supplément 43.)

181

Recueil de prières et de formules cabalistiques, en zend

et en pazend, accompagnées de traductions en langue indienne.

1° कुस्तीनीनोंग. Nireng du kosti, en zend.

Début : ⟨zend script⟩ . . . (fol. 1 r°).

2° Le Srosh-vadj, en pazend.

Début : ⟨zend script⟩ . . . (fol. 12 r°).

3° ⟨zend script⟩. Le Hoshbam, ou prière de l'aurore, en zend.

Début : ⟨zend script⟩ . . . (fol. 25 r°).

4° Les Nyayishn du Soleil, de la Lune, d'Ardvisoura Anahita, du Feu.
une partie du Nyayishn d'Ardvisoura Anahita est accompagnée d'une
traduction persane interlinéaire (fol. 33 r°).

5° दोबनरणा. Le Nām stayishn, ou prière au nom d'Auhrmazd.

Début : ⟨zend script⟩ . . . (fol. 97 v°).

6° पतिनोतरणा . . . Le Patet, en parsi.

Début : ⟨zend script⟩ . . . (fol. 107 r°).

7° Formule à réciter quand on a mis du bois parfumé sur le feu sacré, nommée Doup nireng, en pazend.

Début : [texte en pazend] (fol. 153 v°).

8° Les Afergan de Dahman, d'Ardafrohar et du Gahanbar, en zend (fol. 165 r°).

9° [texte en devanagari]. Nikah, ou formule de bénédiction nuptiale, en pazend.

Début : [texte en pazend] (fol. 205 r°).

10° Le Yasht d'Ormazd, en zend (fol. 225 v°).

11° [texte en devanagari] ... Prière à Haoma, intitulée Hom Yasht, mais différente du Hom Yasht formé des Hâs ix-xi du Yasna, en langue zende.

Début : [texte en zend] (fol. 248 v°).

12° Nirengs, ou formules incantatoires à réciter quand on aperçoit une ville, avant de manger, après la récitation de l'Ormazd Yasht, du Shrosh Yasht, etc., en zend et en pazend (fol. 259 r°).

13° Profession de foi, en pazend.

Début : [texte en pazend] (fol. 258 v°).

Les folios 260-261 contiennent une table des matières dressée par Anquetil Duperron, qui a écrit au recto du premier feuillet : «Quatre Néaeschs et plusieurs autres prières en zend ou en parsi et en indou du Guzarate, mêlé de Samskretam et écrit dans les caractères de cette dernière langue...».

Une notice détaillée de ce manuscrit se trouve dans le *Zend Avesta* d'Anquetil, sous le numéro VIII et dans le *Bibliographe Moderne* (année 1898, n° XIX).

Belle écriture indienne datée de l'année 1754 de l'ère de Vikramaditya, soit 1698 de l'ère chrétienne, 261 feuillets, 22 sur 16 centimètres. Demi-reliure. — (Supplément d'Anquetil 8. — Supplément 34.)

182

Recueil de textes liturgiques.

1° ‏رسـ . دوی لطی س . وس لطی ب‎. Le petit Sirouzé, en zend avec traduction pehlvie.

Début : ‏ سـورلسوپر . عدکوسع . لدوپررسط . سپدپد ه‎

‏. . . عپاووعدع . وپسطه‎ (fol. 2 r°).

2° ‏دوی لطی س . ودلپج او . رس عپود س‎ . Le grand Sirouzé, avec traduction pehlvie.

Début : ‏ سوپدعع . عدکوسع . لدوپررسپهپو . سپدپاسوپو‎

‏. . . وعپسو ه عد كـ . سپعوعه‎ (fol. 7 r°).

3° Les Nyayishn du Soleil, de la Lune et du Feu, en zend, avec traduction pehlvie (fol. 13 v°).

4° L'Afergan Dahman, l'Afrin des Rois, l'Afrin du Gahanbar, l'Afergan Gatha, en zend, avec traduction pehlvie (fol. 31 v°).

5° Le Lexique pehlvi-pazend (fol. 44 v°).

En tête de cet important lexique se trouve la concordance des deux alphabets pehlvi et zend. Beaucoup de mots sont accompagnés de leur explication interlinéaire en persan; à la fin, se trouvent le tableau des chiffres et les noms des mois.

6° Le Yasht d'Ormazd, en zend, avec traduction pehlvie (fol. 49 r°).

Le Yasht d'Ormazd se termine par une double notice en pehlvi et en persan, d'après laquelle le copiste de ces différents textes est le Mobed

Shapour, fils de Manek, fils de Bahram, fils du Mobed Sohrab, fils de Darab, fils de Sohrab, qui termina son travail en l'année 1071 de Yezdegerd, au jour Auhrmazd du mois d'Atar (16 novembre 1702).

7° معنى هاونم هيربد داراب دستور پالن از پهلوى وسنسكرت بيرون آورده. Le Havanim ou Hom Yasht, formé des Hâs IX-XI du Yasna, accompagné d'une traduction persane exécutée par l'herbed Darab, fils du Destour Palan, d'après la traduction pehlvie du Yasna et la traduction sanscrite de Néryoseng.

Début : .... هاون رد که هاون گاه باشد هوم ايزد باشو زرتشت رسيد (fol. 58 v°).

Le copiste est également l'herbed Shapour, fils de Manek, qui data son travail du 15 juillet 1761.

8° Rivayet en langue goudjaratie traduit du persan.

Il contient outre les décisions légales que l'on est habitué à trouver dans ces sortes d'ouvrages, des traductions de parties du Khorda Avesta; il commence au folio 198 v° et se termine au folio 77 r°, l'écriture allant en sens inverse de celle des deux premières parties dont se compose ce manuscrit.

On trouve au folio 79, une table des matières également en goudjarati. Anquetil a décrit ce volume dans ses Notices sous le numéro IV et lui a donné au recto du premier feuillet le titre de : «Sirouzé en zend et en pehlvi, Néaeschs, Ormusd lescht et quelques autres morceaux zends et pehlvis, Hâouênim zend et persan et Ravaët traduit du persan en indien».

Bonnes écritures indiennes du XVIII° siècle. 198 feuillets. 38 sur 23 centimètres. Reliure en velours bleu aux armes du roi. — (Supplément d'Anquetil 4. — Supplément 40.)

183

Recueil de traités zends et pazends.

1° Le Yasna, accompagné de la traduction sanscrite de Néryoseng.

Le texte zend est nommé dans le titre ويددموه avīstak et la version de Néryoseng كرد سروودوو zand-i hindoûkîk «zend indien» (fol. 2).

2° L'Afringan Dahman (fol. 129).

3° Le Nyayishn du Feu.

Début : . . . ܡܣܕܕܣܘ . ܣܘܕܝܩܕܝܣܘ . ܣܘܕܕܣܘ (fol. 131).

4° Le 68° Hâ du Yasna (fol. 132).

5° Le Nyayishn de l'Eau.

Début : ܣܘܕܣܪܘ . ܣܘܣܪܣ . ܣܪܩܘܒܝ . ܣܪܩ . ܣܘܣܪܩ
. . . ܣܝܪܡ (fol. 134).

Le Nyayishn de l'Eau est suivi par deux souscriptions, l'une en persan, l'autre en pazend, indiquant que cette partie du manuscrit a été terminée pour Anquetil Duperron, en pazend «Senor Mose Doparau» سنيور موسى دوپراون, le jour Aniran du mois de Khordad de l'année 1130 de Yezdegerd, soit le 18 juin 1761.

6° Profession de foi en zend.

Début : . . . ܣܕܕܐܣܕܕܣ . ܣܘܐܣܘܕܣ ܣܣܟܘܣܣܕܣܣ . ܐܛܕܘܣ (fol. 138 r°).

7° Liste des caractères de l'alphabet zend (fol. 138 r°).

8° Ce que le Parsi doit faire en se levant au Gâh Ushahin, en pazend.

Début : ܣܝܣܣ . ܣܘܣܣܘܘܢ . ܣܝ . ܣܝܣܣ . ܣܘܐ . ܣܣܣܣ
. . . ܣܘܡ (fol. 138 r°).

9° Nireng à réciter en mettant le kosti et en se lavant les mains, en pazend (fol. 138 v°).

10° Prière du Hoshbâm, ou de l'aurore, en zend.

Début : . ܛܕ ܣܘܣܕܕܛܣܝ . ܣܘܣܣܘܛ . ܣܩܝܕ . ܣܘܩܣ
. . . ܣܘܣܝܡ (fol. 141 r°).

11° Les Nyayishn du Soleil, de Mithra, de la Lune, de l'Eau, du Feu (fol. 142 v°).

12° Prière à réciter après le Nyayishn de Mithra, en zend.

Début : ‎ﯪﯪﯪﯪﯪﯪ ‎. ‎ﯪﯪﯪﯪﯪﯪ ‎. ‎ﯪﯪﯪﯪﯪﯪ ‎. ‎ﯪﯪﯪﯪ

... ‎ﯪﯪﯪﯪ ‎. ‎ﯪﯪﯪﯪﯪﯪﯪ ‎. ‎ﯪﯪ ‎ (fol. 153 v°).

13° Nām stayishn, ou louange du nom divin, en pazend.

Début : ... ‎ﯪﯪﯪﯪﯪﯪ ‎. ‎ﯪﯪﯪﯪﯪﯪﯪ ‎. ‎ﯪﯪﯪﯪﯪﯪ ‎ (fol. 154 r°).

14° Prière à réciter après les Nyayishn, en zend.

Début : ‎ﯪﯪﯪﯪﯪ ‎. ‎ﯪﯪﯪﯪﯪﯪﯪ ‎. ‎ﯪﯪﯪﯪﯪﯪﯪ ‎. ‎ﯪﯪﯪﯪﯪﯪ ‎. ‎ﯪﯪﯪ

... ‎ﯪﯪﯪﯪ ‎. ‎ﯪﯪﯪﯪﯪﯪﯪﯪﯪ ‎ (fol. 155 r°).

15° Le Patet d'Adarbad Mahraspand, le Patet-i Moukhtat, le Patet des Vivants, le Patet de l'Iran, en pazend (fol. 155 v°, 159 v°, 165 r°, 168 r°).

16° Le Nireng-i bôî dâden; formule à réciter en mettant le bois sur le feu, en pazend.

Début : ‎ﯪﯪﯪﯪﯪﯪﯪﯪ ‎. ‎ﯪﯪﯪﯪﯪﯪﯪﯪﯪ ‎. ‎ﯪﯪﯪﯪﯪﯪ ‎. ‎ﯪﯪﯪﯪﯪ ‎. ‎ﯪﯪﯪ

... ‎ﯪﯪﯪﯪﯪ ‎. ‎ﯪﯪﯪﯪﯪﯪ ‎. ‎ﯪﯪﯪ ‎ (fol. 175 r°).

17° L'Afergan du Gahanbar (fol. 177 v°).

18° L'Afrin des Rois (fol. 179 r°).

19° Les Afergan des Gâthas, de Dahman, de Rapithwin (fol. 180 r°).

20° Les Afrin de Rapithwin, de Dahman, des sept Amshaspands, du Gahanbar, du Myazda, de Zoroastre (fol. 184 r°).

21° Nikah, souhaits de bonheur adressés à de nouveaux mariés, en pazend.

Début : ... ‎ﯪﯪﯪﯪﯪﯪﯪﯪﯪ ‎. ‎ﯪﯪﯪﯪﯪﯪﯪﯪﯪ ‎. ‎ﯪﯪﯪﯪﯪﯪ ‎. ‎ﯪﯪﯪﯪ

... ‎ﯪﯪﯪ ‎. ‎ﯪﯪﯪ ‎. ‎ﯪﯪﯪﯪﯪﯪﯪﯪ ‎ (fol. 200 v°).

22° Afrin à réciter devant le trône du roi, en pazend.

Début : . . . (fol. 202 v°).

23° Nikah, en sanscrit et en goudjarati (fol. 203 v°).

24° Nämzad de l'Inde et du Kirman, formules en pazend récitées dans l'Inde et en Perse, quand on donne un nom à un enfant (fol. 204 v°).

25° Prières à réciter aux cinq gâhs (fol. 205 v°).

26° Invocation à Ormazd, en pazend.

Début : . . . . (fol. 210 v°).

27° Prières à réciter avant et après les repas (fol. 210 v°).

28° Recueil de prières, de vadjs, de tuavids, de nirengs et de formules cabalistiques pour toutes les circonstances de la vie (fol. 211 v°).

29° Les Yashts en zend :

D'Ormazd (fol. 224); des sept Amshaspands (fol. 224); d'Ardibehesht (fol. 230); de Khordat (fol. 232); des Eaux (fol. 234); du Soleil (fol. 247); de la Lune (fol. 248); de Tishtar (fol. 249); de Gosh (fol. 256); de Mithra (fol. 259); de Srosh, tiré du Hadokht Nask (fol. 275); de Srosh, tiré du Yasna (fol. 278); de Rashnu Razishta (fol. 281); des Férouers (fol. 284); de Bahram [Verethraghna] (fol. 303); d'Ashtad (fol. 308); de Hom (fol. 309); de Vanant (fol. 309).

Anquetil a donné une description de ce manuscrit dans ses Notices, sous le n° III; on en trouvera une notice très détaillée dans le *Bibliographe moderne*, n° XVII.

Cette seconde partie du manuscrit a été terminée pour Anquetil le jour Anirân du mois Ardibehesht de l'année 1130 de Yezdegerd, soit le 19 mai 1761.

Très belle écriture indienne du XVIII° siècle. 310 feuillets. 44 sur 24 centimètres. Demi-reliure. — (Supplément d'Anquetil 3. — Supplément 29.)

184

Recueil d'opuscules en zend et en pazend.

1° Profession de foi.

Début : . . ٮٮٮٮٮٮٮٮ . ٯٮٮٮٮٮٮٮٮٮ . ٯٮٮٮٮٮٮٮٮٮٮ . ٯطٮٮٮٮ

ٯٮ . ٯٮٮٮٮ . ٯٮٮٮٮٮ . ٯٮ . ٯٮٮٮٮٮٮٮ . ٯٮٮٮٮٮٮ

. . . ٯٮٮٮٮٮٮ . (جلق) (fol. 1 r°).

2° L'alphabet zend (fol. 1 v°).

3° Ce que doit faire un Parsi en se levant au Gâh Ushahin, en pazend.

Début : . . ٯٮٮٮٮ . ٯٮٮٮٮٮٮٮٮ . ٯٮ . ٯٮٮٮٮ . ٯٮٮٮٮ . ٯٮٮٮٮٮٮٮ

. . . ٯٮٮٮ . ٯٮٮٮ . ٯٮٮٮٮ (fol. 1 v°).

4° *Les nirengs que l'on récite en mettant le kosti, et en se lavant les mains, en zend et en pazend* (fol. 2 r°).

5° Le Hoshbâm ou prière de l'aurore, en zend.

Début : . ٯٮٮٮٮ . ٯٮٮٮٮٮ . ٯٮٮٮٮٮٮٮٮٮٮٮ . ٯٮٮٮٮٮٮٮٮٮٮٮٮٮٮٮٮ

. . . ٯٮٮٮٮٮٮٮٮٮٮٮٮٮ . ٯٮٮٮٮٮٮٮٮٮٮٮٮٮٮٮ (fol. 8 r°).

6° Les Nyayishn du Soleil, de Mithra, de la Lune, d'Ardvisura Anahita, du feu Bahrâm (fol. 11 r°).

7° Prière que l'on récite après la lecture du Nyayishn de Mithra (fol. 36 r°).

8° Nâm stâyishn, en pazend.

Début : . ٮ . ٯٮٮٮٮٮ . ٮ . ٯٮٮٮٮٮٮٮ . ٯٮٮٮٮٮٮٮٮٮ . ٯٮٮٮ . . . .

. . . ٯٮ ٯٮ . ٯٮٮٮٮٮ (fol. 36 v°).

9° La prière Némô-aonhãm (fol. 39 r°).

10° Le Patet d'Adarbad Mahraspand, le Patet Mouktatmanãm, le Patet des Vivants, le Patet de l'Iran, en pazend (fol. 39 v°).

11° Le Nireñg-i bôi dâden ou Doup nireñg, en pazend (fol. 86 r°).

12° L'Afringan du Gahanbar (fol. 92 v°).

13° L'Afrin des Rois, en zend.

Début : ⟨zend script⟩ (fol. 96 r°).

14° L'Afringan Gâtha, l'Afringan Dahman, de Rapithwin, en zend (fol. 98 r°).

15° L'Afrin de Rapithwin, de Dahman, des sept Amshaspands, du Gahanbar, du Myazda, de Zoroastre, en pazend (fol. 103 v°).

16° Asirvad ou Nikah, formule de bénédiction aux nouveaux époux, en pazend (fol. 144 v°).

17° Afrin à réciter devant le trône des rois.

Début : ⟨zend script⟩ (fol. 149 r°).

18° L'Asirvad ou Nikah, en goudjarati (fol. 150 v°).

19° Les Nãmzad de l'Inde et du Kirman (fol. 153 v°).

20° Prières aux cinq gâhs, en zend (fol. 156 r°).

21° La prière Yâ dâdâr Ormazd, en zend (fol. 167 v°).

22° Prières à réciter avant et après les repas, en zend (fol. 167 v°).

23° Formules de prières, nirengs, vadjs, taavids, etc., pour toutes les circonstances de la vie (fol. 170 r°).

24° Les Yashts.

Yasht d'Ormazd (fol. 198 v°); des sept Amshaspands (fol. 209 r°); d'Ardibehesht (fol. 215 r°); de Khordad (fol. 222 r°); des Eaux (fol. 226 r°);

du Soleil (fol. 260 v°); de la Lune (fol. 263 r°); de Tishtrya (fol. 264 v°); de Gosh (fol. 282 v°); de Mithra (fol. 290 v°); de Srosh, tiré du Hadokht Nask (fol. 335 r°); de Srosh, tiré du Yasna (fol. 342 v°); de Rashnu Razishta (fol. 351 r°); des Férouers (fol. 357 r°); de Verethraghna (fol. 406 v°); d'Ashtad (fol. 421 v°); de Haoma (fol. 424 r°); de Vanañt (fol. 425 r°).

Tous ces textes ont été traduits par Anquetil dans son *Zend Avesta*, t. I, p. 1-305. On trouvera une description plus complète de ce manuscrit dans le *Bibliographe moderne*, année 1898, xxv.

Écritures passables du xviii° siècle. 427 feuillets. 20 sur 13 centimètres. Reliure en velours bleu. — (Anquetil 4. — Supplément 31.)

185

Recueil de traités zends et pehlvis.

1° Le premier feuillet de la traduction parsie de l'Arda-Viraf namèh اردا ویراف نامه.

Début : بنام ایزد بخشاینده‌ی مهربان دادکر کتاب اردای ویراف سپاس دارم ایزدی را که... (fol. 2 r°).

2° Le texte pehlvi de l'Arta-Viraf Namak; le commencement manque.

Premiers mots : ‹pehlvi text› (fol. 3 r°).

3° ‹pehlvi text›. Histoire de Yosht-i Friyân, en pehlvi.

Début : ‹pehlvi text› (fol. 25 v°).

4° Fragment d'un traité d'astronomie, en langue pehlvie.

Début : ‹pehlvi text› (fol. 33 v°).

5° Fragment zend, accompagné d'une traduction en langue pehlvie.

Début : . ‏ ‏ . . . (fol. 34 r°).

6° Le Yasht d'Ormazd, fragment du texte zend, accompagné d'une traduction en langue pehlvie.

Début : . . . . (fol. 43 r°).

7° Exorcisme contre le démon, en pehlvi.

Début : . . . (fol. 43 v°).

8° Rivaïet pehlvi, recension du Shayast la shayast, contenant des décisions de tout genre sur la loi religieuse et sur la morale.

Début : . . . (fol. 44 r°).

9° Le vocabulaire zend-pehlvi, connu sous le nom de Farhang Oim-Yak.

Début : بنام يزدان دانشن نيك باد اور بشناختن واحد ماريان

. . . (fol. 63 r°).

10° Le texte pehlvi de la recension abrégée du Bundehesh.

Début : . . . (fol. 74 v°).

11° Le texte pehlvi de l'apocalypse connue sous le nom de Bahman Yasht (Vohuman Yasht, بهمن یشت).

Début : [pehlvi script] (fol. 110 r°).

12° Questions sur la morale et la loi religieuse, formant un rivaïet; le texte présente de nombreuses lacunes.

Début : [pehlvi script] (fol. 120 v°).

13° Le Goudjastak Abalish, relation d'une conférence religieuse qui se tint à Bagdad par devant le khalife abbasside el-Mamoun.

Début : [pehlvi script] (fol. 125 v°).

14° Lettre du destour Adarbad, fils de Mahraspand, au roi de Perse.

Début : [pehlvi script] (fol. 128 v°).

15° Fragment zend accompagné d'une traduction pehlvie; Anquetil Duperron en a donné la traduction dans son Zend-Avesta, t. I, part. 1, p. xx.

Début : [pehlvi script] (fol. 129 v°).

16° Le Srosh Yasht, tiré du Hadokht Nask; texte zend accompagné d'une traduction pehlvie.

Début : [pehlvi script] (fol. 131 r°).

17° Les Hâs XII, XIII, XIV et XXIX, en partie, du Yasna, accompagnés de la traduction pehlvie (fol. 136 v°).

18° Commentaire en pehlvi sur la prière Yatha ahu vairyo.

Début : [Pehlvi text] (fol. 141 r°).

19° Mesure des péchés et des indulgences qui peuvent les racheter, en pehlvi; et fragment d'un rivaïet sur les obligations légales.

Début : [Pehlvi text] (fol. 142 r°).

20° Nombre des versets du Gahan Yasht (Cim-i gâsan), avec l'interprétation mystique et cabalistique de ces nombres, en pehlvi.

Début : [Pehlvi text] (fol. 146 r°).

21° Sur la célébration de l'office du Daroun, en pehlvi.

Début : [Pehlvi text] (fol. 149 v°).

22° Le Patet des Vivants, en pehlvi.

Début : [Pehlvi text] (fol. 150 r°).

23° La prière intitulée Nàm stayishn, en langue pehlvie.

Début : [Pehlvi text] (fol. 153 v°).

24° Traité des vertus des Izeds qui président à chacun des trente jours du mois; le texte se termine au cours du paragraphe consacré à Mihir (Mithra) qui est le seizième; le reste manque.

Début : ⟨texte pehlvi⟩ (fol. 154 r°).

Ce manuscrit a été décrit par Anquetil dans son *Zend-Avesta* sous la rubrique VII.

Bonne écriture indienne de la fin du xviii° siècle. 24 sur 21 centimètres. Reliure en veau plein aux armes de Louis-Philippe. — (Supplément d'Anquetil 7. — Supplément 33).

<h1 style="text-align:center">186</h1>

Recueil de textes liturgiques.

1° Les Nyayishn du Soleil, de la Lune et du Feu, texte zend avec traduction pehlvie (fol. 2 v°).

2° Les Afringan de Dahman, des Rois, du Gahanbar, texte zend avec traduction pehlvie (fol. 25 v°).

3° Le Pendj Gâh ou prière aux cinq Gâhs, texte zend avec traduction pehlvie.

Début : ⟨texte pehlvi⟩ (fol. 37 v°).

4° Le Farhang pehlvi-pazend, précédé d'un tableau de transcription pazende des lettres pehlvies (fol. 40 r°).

5° ⟨texte pehlvi⟩ (sic) ⟨texte pehlvi⟩. L'Ormazd Yasht avec traduction pehlvie.

Début : ⟨texte pehlvi⟩ (fol. 47 v°).

L'Ormazd Yasht est suivi d'une souscription en pehlvi et en pazend, d'après laquelle cette partie du manuscrit a été finie de copier au jour

Auhrmazd du mois d'Adar, de 1191 de Yezdegerd, par Darabdji, fils du mobed Sohrab, fils du mobed Bahman, fils du mobed Bahram Féramourz
فرامرز.

6° Le Vispéred, texte zend avec traduction pehlvie (fol. 60 v°).

7° Le Srosh Yasht Hadokht, texte zend traduit en pazend et en sanscrit.

Début : ﺭﺩ · ﺍﺩﺳﺴﺩﻭﻩﺭﺩ · ﻳﻪﺳﺩﻭﺭﻑﺱﺭﺩﺭﺩﻳﻂ · ﺭﺳﻠﺩﺳﻒﺩﻭﻳﻤﺩﻣﻠﺪ ·
(sic)... ﺭﺳﺩﻭﻭﺩﻟﺴﻰ · ﺭﻩﺳﺩﻭﻳﻤﺪﺍﺩ · ﺑﻮﺩ · ﺍﺩﺳﺴﺩﻭﻳﻤﺪﺍﺩ (fol. 115 r°).

Le Srosh Yasht est suivi d'une souscription, d'après laquelle cette partie du manuscrit a été terminée le jour Spandarmat du mois d'Amurdad de l'année 1130 de Yezdegerd, soit le 23 juillet 1761.

8° معنى هاونم هربد داراب دستور پالن از پهلوی وسنسکرت بیرون
آوردﺓ.... Le Hom Yasht (IX, X et XI° Hâs du Yasna) avec une traduction persane faite d'après la traduction pehlvie et la traduction sanscrite de Néryoseng, par l'herbed Darab, fils du Destour Palan.

Début : (sic) ﻃﻎ 6 · ﺳﻮﻫﻄ · ﺳﺲ · ﺳﻠﺴﻤﻮﺭﻯ · ﺭﻭﺳﺪﺭﺳﺪﺍﻳﻰ ·
ﺭﺳﺪﺳﺳﻢ · ﺭﺳﻠﺪﻓﺩﻭﻳﻤﺩﻣﻠﻰﻍ 0 هاون رد که هاون کاه باشد هوم
ایزد باشو زرتشت رسید... (fol. 136 v°).

La copie du Havanim est datée du jour Zamyad, du mois de Tir, de l'année 1106 de Yezdegerd, soit le 16 juillet 1737; le copiste est l'herbed Kaous, fils du mobed Féridoun, fils du destour Bahman, fils du mobed Bahram.

9° سی روزﺓ با معنی پارسی. Le grand Sirouzé, texte zend accompagné d'une traduction en persan.

Le commencement manque et le texte débute par : ﺩﺳﻮﺳﺩﺭﻳﻤﻰﻟﻮﻳﺩﺩ
ﺭﺩﻣ 0 ﺳﻮﺩﺳﺳﻮﺭﺭ · ﺍﺷﻬﻰ · ﻭﻟﺴﻮﺩﻭﻳﻤﺩﺳﺩﻭﺭ · پهلوم یعنی اشو
نیکتر یعنی اردیبهشت... (fol. 173 r°).

Il a été copié par le mobed Shapour, fils de Manek, à une date qui n'est pas indiquée, mais qui, comme celle du numéro suivant, est l'année 1170 de Yezdegerd.

10° لو مهر و لوحهر کرد Le petit Sirouzé, avec une traduction pehlvie. Le texte zend est abrégé, la plupart des mots n'étant représentés que par leur première lettre. Le petit Sirouzé a été terminé par le mobed Shapour, fils de Manek, le jour Shahrivar du mois de Tishtar-i Tir de l'année 1170 de Yezdegerd.

Début : سسددسوبر . عسکوسع . لسوبردمهط . سسدلهاسوبس سه

... ههط (fol. 192 r°).

11° Le Khourshid Nyayishn, en zend écrit en caractères persans, avec une traduction persane.

Début : خشناوثرو بزرک داشتم اهرو مزداو اورمزد (fol. 208 r°).

Terminé au jour Bahram, du mois de Tir de l'année 1048 de Yezdegerd par Kaï Kaous, fils de Meherdjiv, fils de Rana, qui habitait le village de Mehder dans le pargana de Partchoul, alors dépendant de Sourate.

12° اوستا وزند خورشید نیایش . Le Khourshid Nyayishn et le Mihir Nyayishn, texte zend écrit en caractères persans et accompagné d'une traduction persane.

Début du Khourshid Nyayishn : نمو هورخشتاعه اروداسفاعه خشنوثرو اهورو نماز بچشمه خورشید قوی اسپ ستایش دادار... (fol. 218 v°).

13° Le Nām stayishn, prière au nom d'Ormazd, en parsi.

Début : هی بود ایزد سپاهینو اندرج مینوان مینواش خدا یک... (fol. 224 v°).

14° Nirengs et formules magiques (fol. 225 v°).

15° Fragment en persan sur les cinq Gâhs.

Début : بدانکه شبانه روز پنجگاهست چنانکه از شش... (fol. 227 v°).

16° Fragment zend écrit en caractères persans avec une traduction persane.

Début : ...... شیموتنه چه بکردار ویثرو (fol. 228 r°).

On trouvera une description plus complète de ce manuscrit dans le *Bibliographe moderne*, année 1898, n° XVIII.

Écritures indiennes passables des XVII° et XVIII° siècles. 228 feuillets. 27 sur 15 centimètres. Reliure en basane pleine au chiffre du roi. — (Anquetil 5. — Supplément 49.)

187

Recueil de textes liturgiques.

1° آفرين كهنبار. L'Afrin du Gahanbar, en pazend.

Début : [texte pazend] . . . [texte pazend] (fol. 9 v°).

2° Le Nām stayishn, en pazend.

Début : [texte pazend] . . . [texte pazend] (fol. 12 r°).

3° Bénédiction que récita Zoroastre quand il se présenta devant le roi Goushtasp, en pazend.

این آفرین که زرتشت پیش گشتاسپ شاه آمد واین دعا کرد : Début

[texte pazend] . . . [texte pazend] (fol. 14 r°).

4° Les Yashts d'Ardibehesht, de Khordad, de Vanañt, en zend (fol. 24 r°).

5° این ذکر آتش ورهٔ رام نشاندن. Traité sur la manière d'installer le feu Bahram, en pazend.

Début : [texte pazend] . . . [texte pazend] (fol. 26 v°).

6° Rivaïet pazend.

Ce rivaïet traite, comme tous les ouvrages analogues, de la purification, du barashnom, de la récitation des Yashts, du nombre de Yatha ahu vairyo qu'il y a dans les Nyayishn et les Yashts; on y trouve un commentaire sur la prière Cithrem buyât ahmi namâna. Ce rivaïet a été copié par Kamdîn, fils de Shapour, de la ville de Baroudj.

7° Les sept merveilles faites par Djemshid, en pazend.

Début : سهداب · ى طدسپوهم · وم · ىدى · ودمم · سوولد
... ىدسلدمد · سپوسلا · 6 ىدسوو · (fol. 52 r°).

8° Fragments en persan sur les Gahanbars (fol. 52 v°).

9° كتاب عطا اسلام. Ouléma-i Islâm, traité sur la religion mazdéenne en persan.

Début : عطای اسلام یکی از دین آگاهی مسئله چند خواست
ودرینمعنی سخن گفته است (fol. 54 r°).

Ce texte se termine par la note suivante de la main d'Anquetil : «Fini le 11 août 1760».

10° Préfaces du Shah namèh.

Ces préfaces, différentes de celles du sultan Baïsonkor, contiennent l'histoire de la Perse antéislamique divisée en quatre dynasties d'après Tabari et le سیر الملك d'Ibn el-Mokaffa.

Début : .....اما بعد بباید دانست که از روزگار آدم صفی که پدر
(fol. 63 r°).

11° Préface du Shah namèh.

Plus complète que la précédente, elle diffère également de celle de Baïsonkor; on y trouve la vie de Firdousi.

Début : سپاس مر خدای را که خداوند دو جهان است وآفریدکار
زمین وزمان (fol. 66 r°).

12° كتاب لغت الفرس. Lexique des mots persans difficiles du Shah namèh (fol. 73 v°).

13° Fragments de poésies de Firdousi avec le titre : من کلام افصح الشعرا واصلح المتكلمین والبلغا فردوسی طوسی (fol. 76 v°).

14° Préface du Shah namèh, contenant la liste des quatre dynasties persanes.

Début : . . . عاصغان قهرش خاك درکله شدادیان ریختته (fol. 77 v°).

15° Les premiers vers du Livre des Rois de Firdousi (fol. 85 v°).

Écritures indiennes médiocres du XVIII° siècle; le n° 12 est daté de Shaaban 1173 (mars 1760). 88 feuillets. 28 sur 24 centimètres. Reliure en basane. — (Anquetil 6. — Supplément 50.)

188

Recueil de textes pazends, sanscrits et goudjaratis.

1° Le Minokhired, entretien sur la spiritualité et la religion mazdéenne entre l'esprit d'omniscience (Ormazd), et un interlocuteur nommé le Sage داسا qui n'est autre que Zoroastre, texte pazend avec traduction sanscrite. Le texte primitif du Minokhired écrit en pehlvi n'existe, à l'état fragmentaire, que dans un seul manuscrit, qui est conservé à Copenhague.

Début : (fol. 2 r°).

2° Le Nireng du kosti, en pazend avec traduction sanscrite.

Début : (fol. 211 v°).

3° Table des matières du Minokhired, en goudjarati (fol. 226 r° à 218 v°).

Cette dernière partie, qui semble rapportée, est datée du jour Din, du mois Farvardin, de l'an 1702 de l'ère indienne de Vikramaditya, soit de 1646. Anquetil a donné une notice de ce manuscrit dans son *Zend-Avesta*, sous le numéro X, mais c'est à tort qu'il affirme que ce volume est écrit en caractères zends et mêlé de beaucoup de pazend, car il est tout entier en pazend.

Assez bonne écriture indienne du XVI° siècle. 226 feuillets. 23 sur 13 centimètres. Reliure en velours bleu aux armes du roi. — (Supplément d'Anquetil 10. — Supplément 37.)

189

Shikan goumanih vidjar, texte pehlvi accompagné d'une traduction pazende écrite au-dessus du pehlvi.

Début :

Le pazend est quelquefois écrit en caractères persans. Le texte du Shikan goumanih vidjar est suivi d'une notice en goudjarati et de 4 chapitres du Srosh Yasht Hadokht; le texte de ce Yasht est accompagné d'une traduction pehlvie. Ce manuscrit a été décrit par Anquetil dans ses Notices sous le numéro XVIII.

Écriture indienne passable du xviii° siècle; rouleau composé de feuilles de papier collées, dans un étui recouvert de velours bleu aux armes du roi. — (Supplément d'Anquetil 18. — Supplément 42.)

190

Le même ouvrage.

Texte pehlvi accompagné d'une transcription pazende qui est quelquefois écrite en caractères persans.

Début :

Assez bonne écriture datée du jour Zamyat, du mois Artavahisht, de 1124 de Yezdegerd (17 mai 1755). 68 feuillets; 25 sur 15 centimètres. Cartonnage. — (Destour Kaousdji Darabdji; Darmesteter. — Supplément 1186.)

191

صد در. Traduction en vers persans du Sad der, traité de la religion zoroastrienne en 100 chapitres, par Iràn Shàh ibn Mélik Shàh ايران شاه بن ملك شاه.

Le Sad der fut primitivement écrit en prose pehlvie à une époque restée inconnue, par plusieurs grands prêtres dont on ne connaît pas les noms, d'après le Zend-Avesta, ses commentaires pehlvis, le Bundehesh et d'autres traités analogues. Cet ouvrage qui présente un compendium du Mazdéisme, a été traduit en pazend, puis en prose persane.

La version en vers persans qui débute par :

خداوند فيض وخدای حيات　　بنام خداوند ذات وصفـات

خدای كه او جم جان آفريد　　خدای كه عقل وروان آفريد

fut composée par Iràn Shàh ibn Mélik Shàh, dans le Kirman, où il se trouvait alors en voyage, sur les conseils du destour Shahriyàr, fils du destour Ardeshir ibn Bahram Shàh, et d'autres destours qui appartenaient à la même famille sacerdotale; il la termina le 6ᵉ jour du mois d'Isfendarmad de l'année 864 de Yezdegerd, date qui correspond au 14ᵉ jour du mois de Moharrem de l'année 900 de l'hégire, comme l'indique la souscription

شتـركرد تاريخ آن در سخن　　ده وچار بود از محرم كه من

Nestalik indien passable du xviiiᵉ siècle. 107 feuillets. 12 sur 9 centimètres. Reliure en cuir brun. —(Anquetil 9. — Supplément 35.)

192

Le même ouvrage.

Assez bon nestalik indien copié sur papier sablé d'or pour Brueys (برويس) par son copiste, le mounshi Mirza Kanbar Ali Goudjarati, fils de Mirza Djaafer Ali Kerbélaï, fils de Salih Mohammed Khan Shirazi, au mois de Moharrem de l'année 1205 de l'hégire (1790 de J.-C.). 70 feuillets. 22 sur 14 centimètres. Reliure indienne dorée. (Brueys. — Supplément 36.)

193

كتاب اردای ویراف. Traduction en vers persans du livre d'Arda Viraf, par le destour Zartousht, fils de Bahram, fils de Pazhdou زرتشت بن بهرام بن پژدو.

Cette traduction, qui dérive du texte pehlvi qui se trouve dans le manuscrit 185, 2°, a été exécutée par le destour Zartousht, à Raï, aux environs de l'année 647 de Yezdegerd.

Début :

چو گیتی شاه بود آن شهریاری   که بود از شاه بهمن یادگاری

Nestalik indien passable, copié en 1208 de l'hégire (1793 de J.-C.) par Kanhar Ali Goudjarati, fils de Mirza Djaafer Ali, fils de Salih Mohammed Khan Shirazi, pour Brueys. 20 sur 15 centimètres. Reliure indienne dorée. — (Brueys. — Supplément 45.)

194

كتاب وجرکرد. Le Vitchirkerd en persan.

Ce traité sur la religion mazdéenne a été traduit du pehlvi en persan sur un manuscrit apporté du Kirman par le célèbre destour Djamasp, ou peut-être simplement copié sur cet exemplaire; c'est ce qu'indique en partie une note inscrite au folio 2 à côté de la signature d'Anquetil Duperron : این كتاب وجرکرد نقلش از کتاب دستور جاماسپ کرفته شد. Le nom du traducteur, s'il y a eu traduction, comme le mot نقلش semble assez l'indiquer, ne se trouve pas dans cet exemplaire. La lecture traditionnelle du titre est Vadjerguerd, mais le premier élément est certainement le pehlvi ودۉل vichr «celui qui résout une question», d'où provient le persan گزیر, qui se retrouve dans le Talmud sous la forme [גזיר]פת, et l'arabe وزیر, dont la prononciation a été altérée en vazir.

Le Vitchirkerd se compose de deux parties :

La première, qui comprend les 11 premiers folios, est en persan mêlé de pazend; elle traite des darouns et des cérémonies à effectuer quand on cueille le barsom; on y trouve le daroun des Saints, des sept Amshaspends (fol. 2 v°), des Hamkars (fol. 3 r°), du bœuf (fol. 3 v°), la prière à réciter quand l'on cueille le barsom اوستای برسم چیدن (fol. 6 r°), quand on cueille le haoma اوستای هوم چیدن (fol 8 r°), quand on puise l'eau sacrée (fol. 10 v°); la seconde partie du Vitchirkerd est un rivaïet persan, par demandes et réponses, qui porte le titre de : سوال وجواب دینی کفته اند تا معلوم بوده باشد

Écriture indienne médiocre datée du jour Shahrivar, du mois Farvardin de l'année 1115 de Yezdegerd (24 mars 1746). 42 feuillets. 20 sur 10 centimètres. Reliure en velours bleu aux armes du roi. — (Supplément d'Anquetil 16. — Supplément 41.)

195

Recueil de textes parsis.

1° چنگرکاچه نامه. Livre de Tchengrégatchèh.

Poème, contenant le récit d'une prétendue discussion de Zoroastre avec un brahmane nommé Tchengrégatchèh. L'original de cette histoire était écrit en langue pehlvie; il fut mis en vers persans par l'auteur de la traduction en vers de l'Arda Viraf, Zartousht, fils de Bahram.

Début :

نگهدار زمین وچرخ کردان   سر دفتر بنام پاک یزدان
خدای دادگر دادار خاور   اشو هست ایزد وبخشنده داور
(fol. 1 v°).

2° جاماسپ نامه ou جاماسپی. La préface de la traduction en vers persans du livre de Djamasp, dont l'original était écrit en pehlvi. (Voir n° 201, 18.)

Début :

که هستی تو بخشنده ومهربان   خدایا بنامت کشایم زبان
خداوند گنج وخداوند راد   خداوند عقل وخداوند داد

Nestalik indien médiocre, copié en 1174 de l'hégire (1760 de J.-C.), à Sourate, pour Anquetil Duperron, انکتیل دیپرون سنور. 102 feuillets. 26 sur 15 centimètres. Demi-reliure. — (Anquetil 10. — Supplément 44.)

196

Recueil de textes parsis.

1° نظم مینوخرد. Traduction en vers persans du Minokhired par un parsi nommé Darab.

Cette traduction a été effectuée en l'année 1046 de Yezdegerd, soit en 1677 de l'ère chrétienne. La plupart des titres des chapitres, qui devaient être écrits à l'encre rouge, manquent.

Début :

كه گیتی بیا کرد از کاف ونون   بنـام خـدا ایـزد رهـمـون

خداوند جان وخداوند جای   خداوند عقل وخداوند رای

(fol. 1 r°).

2° Récit en vers persans de la création du monde et des événements qui l'ont suivie, d'après les théories que l'on trouve exposées dans le Bundehesh.

Ce récit est incomplet de la fin; toutes les rubriques manquent.

Début :

بگویم بلطف جهان آفرین   کنون از روایت یکی قصّه دین

بدیدار کرد آسمان وزمین   بوقتی که دادار جان آفرین

(fol. 99 r°).

Bon nestalik indien du xviii° siècle. 120 feuillets. 23 sur 13 centimètres. Reliure en basane au chiffre de Napoléon I°'. — (Anquetil 8. — Supplément 38.)

197

زرتشت نامه. Histoire de Zoroastre en vers persans traduite du pehlvi en 647 (1277 J.-C.) par Zartousht, fils de Bahram, fils de Pazhdou (voir n° 193).

Début :

باغاز در آشکـار ونـهـان   سخن را بنام خدای جهان

Bon talik indien sur papier à fonds d'or, copié à Sourate pour Brueys, برویس, par Mirza Kanbar Ali Goudjarati, fils de Mirza Djaafar Ali Kerbélaï, fils de Salih Mohammed Khan Shirazi, en 1205 de l'hégire. 59 feuillets. 22 sur 15 centimètres. Reliure indienne en maroquin rouge gaufré et doré. (Brueys 71. — Supplément 199.)

198

Recueil de textes parsis.

1° Histoire de la retraite des Guèbres de Perse dans l'Indoustan.

Ce poème, qui porte également le titre de قصّة سنجان, a été composé par un certain Bahman, fils de Kaï Kobad, d'après le récit du destour Hosheng, en 969 de Yezdegerd, soit en 1600 de J.-C. Quelques Parsis sont d'avis, et non sans raison, que ce traité était primitivement écrit en pehlvi. (Voir Anquetil, *Zend-Avesta*, t. I", part. 1, p. 318; *ibid.*, part. 2, introd., p. 34).

Début :

بـنـام ایـزد دانـای سـبحـان   بهر دم ی سرایم نکتـه از جان

فراوان شکر میکویـم شـب وروز   که از شکرش مرا جانست فیروز

زرتشت نامه °d. Le Livre de Zoroastre, par Zartousht, fils de Bahram (voir n° 197) [fol. 25 v°.]

Talik indien passable, copié à Sourate en 1103 de Yezdegerd (1735 J.-C.), par Roustem, fils de Manek, fils de Darab, fils de Hosheng, fils de Néryoseng, fils de Saïr, fils de Khourshid, fils d'Akouz, surnommé Sandjana et prêtre du feu Bahram. 100 feuillets. 18 sur 12 centimètres. Reliure en peau noire. — (Anquetil 11. — Supplément 200.)

199

Recueil de textes relatifs à la religion mazdéenne.

Anquetil cite ce manuscrit sous le titre de Recueil d'ouvrages persans; il porte en tête une table des matières écrite de sa main.

1° زرتشت نامه. Livre de Zoroastre, en vers persans (voir n°° 197-198).

Début :

سخن را بنام خدای جهان   بـآغـاز در آشـکـار ونـهان

که بی نام او هـیـچ کـار تـمـام   نگردد کسی را نگیرد نظام

(fol. 1 v°).

2° اردای ویران نامه. Le Livre d'Arda Viraf, traduit en vers persans par Zartousht, fils de Bahram (voir n° 193).

Début :

شهنشاه اردشیر از فـرّ دادار   گرفت آن پادشاهی را سزاوار

(fol. 39 v°).

3° چنگرگاچه نامه . Le Livre de Tchengrégatchèb, traduit en vers persans, par le même Zartousht, fils de Bahram (voir n° 193,1).

Début :

سر دفتر بنام پاك يزدان   نگهدار زمين وچرخ كردان

(fol. 72 v°).

4° Préface en vers persans de la traduction du Zartousht namèh (voir 1°)
par Zartousht, fils de Bahram (fol. 86 v°).

5° Le Khourshid Nyayishn, texte zend écrit en caractères persans, avec
une traduction persane interlinéaire.

Début :   ارودا سفاعه خشنوترة   نمو هورخشتاعه

(fol. 94 v°) نماز بچشمة خورشيد   قوى اسپ ستايش

6° Nireng ou formule magique à réciter après un rêve, texte zend écrit
en caractères persans (fol. 99 v°).

7° Nâm stayishn, prière au nom d'Auhrmazd, en zend, écrit en caractères persans, avec une traduction parsie (fol. 100 r°).

8° Quelques nirengs et formules cabalistiques (fol. 100 v°).

9° Prières à réciter aux cinq Gâhs (fol. 101 r°).

10° كتاب علمآ اسلام . L'Ouléma-i Islam, traité sur la religion et les
sectes du Mazdéisme, sans nom d'auteur (voir n° 187, 9° et 209, 7°).

11° Lettre adressée par les destours du Kirman aux destours Kaous et
Darab au sujet du Naurouz, ou premier jour de l'année sassanide (fol. 108 v°).
fol. 103 v°).

12° صد در نظم . Traduction du Sad der, en vers persans.

Début :

بنام خداوند ذات وصفات   خداوند فيض وخداى حيات

خداى كه عقل وروان آفريد   خداى كه او جم وجان آفريد

(fol. 112 v°).

I.

13° Histoire en vers persans de la retraite des Guèbres de Perse dans l'Hindoustan (voir n° 198, 1°).

Début :

بهردم ى سرايم نكته از جان   بـنـام ايـزد دانـاى سـجـعـان

فراوان شكر ميگويم شب وروز   كه از شكرش مرا جانست فيروز

(fol. 156 v°).

14° جاماسپ نامه . Le livre de Djamasp, en vers persans, par le destour Barzou (Cf. n°ˢ 202, 16; 195, 2; 201, 18).

Début :

كه هستى تو بخشنده ومهربان   خدايا بنامت كشايم زبان

خداوند گنج وخداوند راد   خداوند عقل وخداوند داد

(fol. 167 v°).

Ce manuscrit a été écrit, par les soins du frère d'Anquetil, à la fin de 1760 et au commencement de 1761, par «Nour-beigue» نوربيك , biblio-thécaire du dernier soubahdar d'Ahmedabad (Anquetil, *Zend-Avesta*, t. I, part. I, p. xxxii). Nour Beg a copié plusieurs des souscriptions des manu-scrits qu'il avait à reproduire, de sorte que les diverses parties du manuscrit, quoique tout entier de la même main, paraissent avoir été copiées à des époques différentes.

Le n° 1 a été copié sur un manuscrit transcrit le jour Ram, du mois Ader 1103 de Yezdegerd (6 nov. 1734), par Roustem, fils de Manek, fils de Darab, fils de Hosheng, fils de Néryoseng, fils de Saïr, fils de Khourshid, fils d'Akouz, surnommé Sandjana, prêtre du feu Bahram فرستار آتش ورهرام ; l'exemplaire sur lequel travailla Roustem-i Manek était de la main du behdin Darab, fils de Djiv, fils de Tchanddji, fils de Manek, ce manu-scrit n'est autre que le n° 198. Le n° 2 a été copié sur un exemplaire daté du jour Aniran du mois Farvardin de 1104 de Yezdegerd (20 mars 1735), c'est-à-dire évidemment sur le manuscrit 198, alors qu'il contenait des pièces qui ont disparu depuis. Le n° 4 a été transcrit sur un manuscrit copié par l'herbed Féridoun, fils de Djemshid, fils de Rannan (?), fils de Kivam ed-Din, et daté du jour Bad, du mois Aban 1008 de Yezdegerd (7 novembre 1639). Dans la souscription du n° 4, Nour Beg nomme Anquetil دوپرون انكتيل سنور فيضرسان صاحب سنور . Anquetil a décrit ce manuscrit dans ses Notices, sous le n° XIII.

Écriture nestalik indienne passable du xviii° siècle. 223 feuillets. 23 sur 26 centimètres. Reliure en basane au chiffre du roi. — (Supplément d'Anquetil 13. — Supplément 48.)

200

قصّة سنجان . Histoire de la retraite des Guèbres dans l'Hindoustan, en vers (voir n° 198, 1°).

Cet exemplaire qui est incomplet de la fin commence par :

كنون شنو شكفتها داستانها   زكفت موبدان وباستانها

Au recto du 1er feuillet, on trouve une autre histoire de 29 vers avec le titre de پاره . . . . . . حكايت درويش . Cette histoire débute par :

شنيدم بود درويشى بجانى   كه نان پاره جدى از هر سرانى

Semi-shikestèh indien de la fin du xviii° siècle. 5 feuillets. 15 sur 11 centimètres. Cartonnage. — (Supplément 1073.)

201

Recueil de textes relatifs à la religion mazdéenne.

Ce manuscrit, qui est celui qu'Anquetil Duperron nomme le Grand Ravaët, se compose de deux parties.

Première partie :

1° Réponses des destours de l'Iran aux questions que leur avaient posées les Parsis de l'Inde, alors sans aucune direction religieuse, en l'an 1013 de Yezdegerd. Cette première partie, qui se compose de 13 lettres, forme le rivaïet du destour Barzou.

1re lettre. Sur la célébration du daroun du Gahanbar avec le texte du Khoshnoumen du Gahanbar (fol. 1 r°); du Gîtî-khirïd (fol. 2 r°); du Zendèh-ravan, du No-zoud, du Barashnom des neuf nuits (fol. 2 v°); nombre de fois que le Yathâ ahû vairyö revient dans les Yashts, sur le crime d'aller pieds nus; nom des 21 Nasks de l'Avesta (fol. 3 r°); l'Afringan de Rapithwin (fol. 5 r°); sur le Messie Bahram Amavand (fol. 6 r°); âge auxquels viennent les prophètes, sur la femme dashtan, fragment de la traduction persane du Bundehesh (fol. 6 v°); âges auxquels les herbeds peuvent réciter les Havishts, sur la création du monde d'après le Bundehesh (fol. 8 v°); signes du zodiaque et sphères des planètes (fol. 8 v°). — La 2° lettre (fol. 11 r°) traite de l'impureté et de la pureté légales, de la construction des dakhmas,

11.

du barashnom avec le plan du Barashnom gah. — La 3ᵉ lettre (fol. 13 v°), traite également de la purification et des dakhmas, de la femme dashtan; des degrés de parenté auxquels le mariage est licite et du feu Bahram. — La 4ᵉ et la 5ᵉ lettres (fol. 15 v°-17 r°) traitent des feux. — La 6ᵉ lettre (fol. 18 v°) de la question de la conversion d'un Mazdéen. — La 8ᵉ lettre (fol. 19 v°) traite de la récitation des Nyayishn, de l'Avesta, du nombre de fois que la formule Yathā ahū vairyō se retrouve dans le Vendidad, des cérémonies funéraires, du Mihir Druj. On y trouve les Nyayishn à réciter au jour Khordad du mois de Farvardin et des détails sur les feux ainsi que sur les crimes. — La 9ᵉ lettre (fol. 22 r°) roule sur les dakhmas et les cérémonies funéraires. — La 10ᵉ lettre (fol. 24 r°) traite de la purification, du Douvazdèh Homast, des nasasalars, de l'Izishn gâh. — La 12ᵉ lettre (fol. 29 v°) traite spécialement du Zendèh ravan, des nasasalars, des gahs du jour et de la construction des dakhmas.

2° خلاصة دين. Précis de la religion mazdéenne, qui est très probablement l'œuvre du destour Darab.

Après une préface en vers par ce grand-prêtre, le Khilasèh-i din, nommé par Anquetil le «Kholasé din», commence par l'invocation suivante : بنام

داداں اورمزد رایو مند خرّہ مند یزدان مینویان و یزدان کیتیان

وآفریدکار بندکان ... . Il contient des extraits des deux Sad der, du Boundehesh et de plusieurs rivaïets qui ne sont pas parvenus jusqu'à nous, en particulier ceux du destour Barzou, du Vèh-din Bahman Djasa, de Bahman Pountchih, de Kamdin Shapour, de Kamèh Bhourèh, de Kaous Kaman, de Kaous Kamdin, de Kaous Mahyar, de Nériman Hosheng, de Roustem Merzéban et de Shapour Baroudji. Il traite de :

La création du monde (fol. 35 v°); miracles de Zoroastre devant Goushtasp (fol. 36 r°); commentaire en persan du Yathā ahū vairyō (fol. 35 v°); les 21 Nasks de l'Avesta (fol. 36 r°); nombre de Yathā ahū vairyō qui se trouvent dans les divers sacrifices (fol. 38 v°); commentaire en persan sur l'Ashem vohu (fol. 39 r°); différentes questions sur le kosti (fol. 40 v°); sur le Patet (fol. 44 v°); sur le mensonge, le mihir-druj et le serment (fol. 46 r°); le سوکند نامه, traité sur le serment, sans nom d'auteur (fol. 48 r°); sur le commerce et les dettes (fol. 52 v°); extrait du کرشاسپ نامه (fol. 55 v°); sur les feux (fol. 57 r°); sur la Nasu et la purification (fol. 62 r°); extraits du Goudjastak Abalish et du Boundehesh traduits en persan (fol. 62 v°); sur le Hom blanc (fol. 68 v°); traduction en persan de fragments du Minokhired, du 2ᵉ et du 3ᵉ fargard du Vendidad (fol. 69 v°); sur les dakhmas et les astodan (fol. 72 r°); cérémonies fu-

nèbres, Sag-did, purification, etc. (fol. 76 r°); fragment du commencement de la traduction en vers de l'Arda Viraf :

چنین کوید هی ویراف دینـدار   که در مینوچو دیدم اینچنین کار

یکایك حـالـها معـلـوم کـردم   هان پاداشـها مـلـهـوم کـردم

(fol. 90 r°); sur la mort, les funérailles, les cérémonies à accomplir et les
textes à réciter (fol. 90 v°); le پند نامه ou livre des conseils du destour
Noushirvan.

Début :

زاحوالم شود روشن هـا تـن   بروزی کز جهان بیرون شوم مـن

پنت روزی کنـد الـگـاه یـارم   بدانگاهی که جان را ی سپارم

(fol. 97 r°).

Ce traité est incomplet de la fin.

Deuxième partie du Rivaïet.

3° تـرجـمۀ مینوخرد نظم. Traduction en vers persans du Minokhired.
Le début manque et le poème commence par :

که در پادشاهیـش نـیـک فـزود   ز لهراسپ سه اینچنین سـود بـود

پس داد وهم عـدل وانصاف کـرد   بیزدان پرستمش بـسـیـار کـرد

Toutes les rubriques manquent.

(fol. 116 r°).

4° Poème sur l'histoire de Tahmouras et de Djemshid, sans titre ni
nom d'auteur (fol. 125 r°).

5° خلاصۀ دین. Recueil de fragments de tout genre formant un second
Khilasèh-i din plus considérable que celui qui est décrit sous le numéro 2.
Il contient :

L'alphabet zend avec ses équivalents persans (fol. 142 r°); les 21 Nasks
de l'Avesta (fol. 143); commentaire sur le Yathā ahū vairyō et l'Ashem
vohu (fol. 147 r°); décisions sur le kosti (fol. 151 r°); sur le Patet (fol. 156 r°);
fragment en persan dans lequel il est raconté comment Auhrmazd montra
à Zoroastre l'âme de Djemshid (fol. 156 v°); sur les Patets (fol. 158 r°); le
Patet de l'Iran, en parsi (fol. 159 r°) qui commence après l'invocation par :

le ; فراج استایم هت وهوخت وهورشت بمنش وکوشن وکنشن اواج استایم

Patet-i khod, en pazend (fol. 162 r°); le Patet d'Adarbad Mahraspand, en parsi (fol. 163 v°); le Patet des morts, en parsi (fol. 165 v°); sur la vérité, le mihir drūj (fol. 168 v°). sur le serment (fol. 170 r°); سوكند نامه, le livre du serment, en persan, sans titre ni nom d'auteur (fol. 171 r°); nirengs, vadjs, taavils et formules cabalistiques de tout genre pour toutes les circonstances de la vie (fol. 179-194); sur les feux (fol. 194-206); گرشاسپ نامه, histoire légendaire de Guershasp débutant par :

کنون من ز کرشاسپ کویم ترا   که از بهر آتش چه آمد ورا

زرتشت روزی به پیش خدای   بهم پرسشنی بود آن رهنمای

fragments de la traduction en vers du Minokhired نظم مینوخرد et du Vendidad (fol. 218 v°); sur les cérémonies funèbres, les prières à y réciter, etc. (fol. 220-250); بند نامه, livre des conseils du destour Noushirvan, en vers persans (fol. 251); fragment du فیروز نامه persan, en vers, sur ce qui arrive après la mort (fol. 252); sur les relations légales de l'homme et de la femme (fol. 262-288); fragment de la traduction en vers de l'Arda Viraf (fol. 297 r°); sur les animaux dont il est permis ou défendu de se nourrir (fol. 298 v°); noms des plantes avec leurs équivalents en arabe (fol. 310 r°); histoire d'Adarbad Mahraspand (fol. 331 v°); obligations du bèh-dîn (fol. 314 v°); questions de Djamasp à Zoroastre (fol. 317 v°); péchés et indulgences (fol. 318-321).

6° L'Afergan et l'Afrin de Rapithwin, en zend (fol. 330 v°).

7° Prière au gah Havani, en zend écrit en caractères persans (fol. 333 r°).

8° Les Nyayishn du Feu et d'Ardvisoura Anahita, en zend écrit en caractères persans (fol. 335 r°).

9° Commentaire en persan sur la prière Yathā ahū vairyō (fol. 337 v°).

10° Les Nyayishn du Soleil et de la Lune, en zend écrit en caractères persans (fol. 338 r°).

11° L'Ormazd Yasht, en zend, avec une traduction persane (fol. 344 r°).

12° Prières à réciter quand l'on a mis du bois parfumé sur le feu (Doup nireng); quand on commence la récitation des Afergans (fol. 346 r°).

13° Les Afringan d'Ardafravash, de Mithra, de Verethraghna, de Rama Hvastra, du jour Ormazd du mois Farvardin; du jour Khordat du mois Farvardin; du jour Tir du mois de Tir; du jour Mihir du mois de Mihir; du jour Aban du mois Aban; du jour Adar du mois Adar; Khoshnoumen de l'Afringan du jour Farvardin du mois Adar; du jour Spandarmat, du jour Khordat, du mois Spendarmad, en zend écrit en caractères persans (fol. 349-351).

14° صد در نثر. Traduction en prose du Sad der; toutes les rubriques manquent.

Début : این کتابیست در شایست ونا شایست که از دین به مازدیسنان

بیرون آورده است که واجب آنست ... (fol. 35a r°).

15° Adaptation en vers persans de l'Arda Viraf; toutes les rubriques manquent.

Début :

سر اغاز دفتـر بنـام کـسی کـه بودست وباشد وهیشه بسی
کسی راکه نـه درد و رنج وزوال نبود ونباشد وهیشه ملال
(fol. 365 v°).

16° صد در بندهش. Le Sad der Boundehesh, en prose persane; le texte présente des lacunes considérables.

Début: این دفتر شایست ونا شایست که بر مردمان فریضه باشد تا بر:

خوانند نیك از بد بدانند ... (fol. 381 r°).

17° Fragments de l'Avesta, traduits en persan, on y trouve le nom des sept climats et les dimensions du monde (fol. 406 r°).

18° جاماسپی ou جاماسپ نامه. Livre de Djamasp, en vers persans, composé en 1617 de J.-C., par le destour Barzou de Nausari.

خدایا بنامت کشایم زبان که هستی تو بخشنده ومهربان
خداوند عقل وخداوند داد خداوند گنج وخداوند راد
(fol. 411 v°).

Ce volume a été décrit par Anquetil dans ses Notices, sous le numéro XII; on en trouvera une analyse plus détaillée dans le *Bibliographe moderne*, 1899, n° LXV.

Très belle écriture nestalik indienne de la seconde moitié du xviii° siècle. 444 feuillets, 31 sur 23 centimètres. Reliure en maroquin bleu aux armes du roi. — (Supplément d'Anquetil 12. — Supplément 46.)

202

Recueil de textes relatifs à la religion mazdéenne.

Anquetil a donné à ce manuscrit le nom de *Vieux Ravaët*; le commencement manque, et la première page porte le chiffre 77 dans une numérotation indienne; il a été très endommagé et restauré maladroitement. Il se compose de trois parties :

Première partie :

1° Commentaire sur la prière *Ashem vohu vahishtem asti*, en persan (fol. 3 v°).

2° Le *Khorshid Nyayishn*, en zend écrit en caractères persans à l'encre rouge, avec une traduction et un commentaire en persan.

Début : نمسق نماز ترا اهرمزد یا خدای ترپچید سه بار بررو انیـایش ...

پیش اینان خلقان (fol. 4 v°).

3° Commentaire sur la prière *Yathā ahū vairyō*, en persan (fol. 6 r°).

4° Sur le barashnom et les cinq Gâhs du jour (fol. 6 v°).

5° مینوخرد نثر . Traduction en prose persane du *Minokhired*.

Début : ..... چنین گویند که دانای بود اندیشید که یزدان دین

براستی وفراهرونی... (fol. 6 v°).

6° Analyse des 21 nasks de l'Avesta, en persan (fol. 10 v°).

7° Éphémérides du jour Khordad du mois Farvardin, en persan; recension du texte pehlvi décrit sous le n° 207, 5° (fol. 12 v°).

8° Les sept merveilles, construites par Djemshid à Istakhar, en persan, incomplet de la fin (fol. 13 v°).

9° Commentaire sur la prière *Yathā ahū vairyō*, en persan (fol. 20 r°); sur les 101 noms d'Ormazd (fol. 21 v°).

10° Description du temple du Feu, bâti par Khosrav Anoushirvan, en persan (fol. 31 v°).

11° Histoire de Khosrav Anoushirvan, en persan (fol. 32 r°).

12° Commentaire, en vers persans, de la formule Khshnaôthra Ahurahë Mazdão.

Début :

خدايا رسانى تو مارا بسكام   كه دارم چنين آرزو من تمام (fol. 39 v°)

13° Commentaire, en vers persans, de l'Ashem vohû, du Fravarane, etc. (fol. 39 v°).

14° Traduction, en prose persane, de l'Arda Viraf.

Début : ايدون گويند كه چون شاه اردشير بابكان چون بپادشاهى

بنشست... (fol. 41 r°).

La traduction de l'Arda Viraf se termine par l'indication du jour Ormazd du mois de Din 954 de Yezdegerd, soit du 26 décembre 1585 de J.-C.

Deuxième partie :

15° صد در بندهش. Le Sad der Boundehesh, en prose persane (voir n° 201, 160).

Début : اين دفتر شايست ونا شايست كه بر مردمان فريضه باشد...

(fol. 55 v°).

16° كتاب جاماسپى. Livre de Djamasp, en persan, par le destour Barzou de Nausari (1617 de J.-C.).

Ce livre est une histoire de l'Iran, d'après les théories mazdéennes, présentée sous forme de prédiction de Djamasp au roi Kaï Goushtasp. Ce livre était primitivement écrit en pehlvi; il en existe, attribuée au même auteur, une recension en vers (n°° 201, 18).

Début : احكام جاماسپ كه از دين مازديسنان بيرون آورده است واز

زفان پهلوى نقل كرده... (fol. 89 r°).

17° Rivaïet en prose persane (fol. 96 r°).

Ce Rivaïet est analogue aux deux Khilasëh-i din du n° 201, et il contient comme eux une foule de demandes et de réponses, des décisions tirées de l'Avesta, sur toutes sortes de points contestés de la Loi.

18° Le Patet-i irâni, en parsi (fol. 123 r°).

Cette partie du manuscrit se termine par une notice, mi-partie en pazend, mi-partie en persan, dans laquelle le copiste déclare se nommer Barzou.

fils de Kivam ed-Din, fils de Kaï Kobad, surnommé Sandjanan, et avoir terminé son travail en 984 de l'ère de Yezdegerd [cf. ms. 202, 20°], soit en 1615 de J.-C.

Troisième partie :

19° Rivaïet, en persan.

Ce Rivaïet commence au folio 159 r° du manuscrit, et contient, entre autres choses :
Le Yasna du Gahanbar (fol. 163 v°); les prières des morts (fol. 168 v°); un fragment en vers moutakarrib sur Bahram Amavand (fol. 181 v°); l'Afergan de Rapithwin (fol. 181 v°).

20° Lettre adressée par les destours du Kirman aux destours de l'Hindoustan, écrite le jour Din pa Adar du mois Aban de 985 de Yezdegerd, (man. 885), soit le 24 octobre 1616 de J.-C.

Cette lettre a été copiée par le même Barzou, fils de Kivam ed-Din; elle est suivie de deux autres lettres, fort mal écrites. Ce manuscrit a été décrit par Anquetil dans ses Notices, sous le numéro XV, et dans le *Bibliographe moderne*, année 1899, n° XV.

Écriture nestalik indienne passable du xvi° et xvii° siècles. 208 feuillets. 25 sur 14 centimètres. Reliure en maroquin bleu aux armes du roi. — (Supplément d'Anquetil 15. — Supplément 47.)

203

Recueil de textes liturgiques.

Ce volume est nommé par Anquetil, le Petit Ravaet; il contient entre autres pièces :
1° Le Khoshnonmen du Daroun, pour les différents jours (fol. 1 v°); 2° le Khoshoumen des trente jours خشنومن سی روز (fol. 20 r°); ce recueil a été copié par Zaratousht-i Djamas(p)-i Shapour زراتشت جاماس شاپور, à une date qu'Anquetil évaluait à la fin du xvi° siècle; 3° le Daroun des Saints درون اشوان (fol. 86 r°); 4° la traduction du passage du Vendidad (fargard V), sur la femme qui accouche d'un enfant mort (fol. 87 v°); 5° sur les Darouns (fol. 126 r°); 6° le plan du Barashnom gah (fol. 138 r°).
Il y a au folio 207 v°, une table des matières en goudjarati.

Écritures indiennes passables de différentes mains, variant du xvi° au xvii° siècle. 276 feuillets. 24 sur 14 centimètres. Reliure en basane pleine, aux armes de France. — (Anquetil 7. — Supplément 51.)

204

Recueil de textes parsis.

1° Traité sur le péché et les indulgences (fol. 1 r°).

2° Lexique pehlvi, pazend et sanskrit (fol. 5 v°).

3° Lexique pazend sanskrit, fragment de deux feuilles (fol. 16 r°).

4° Lexique pazend sanskrit avec de nombreuses gloses en persan moderne (fol. 18 r°-41 v°). Ce lexique est incomplet et s'arrête à la lettre K.

Le n° 2 est d'une écriture médiocre de la fin du xviii° siècle. 19 sur 11 centimètres; le n° 3 d'une écriture passable de la fin du xviii° siècle. 21 sur 11 centimètres; le n° 4 d'une bonne écriture du commencement du xix° siècle. 41 feuillets. 28 sur 24 centimètres. Reliure en basane rouge. — (Darmesteter. — Supplément 1181.)

205

Recueil de textes liturgiques.

1° Yasht du Daroun.

Ce Yasht qui porte le titre de : ꞏꞏꞏ se récite en l'honneur des Fravashis avec le Myazda (cf. Anquetil, *Zend-Avesta*, t. II, p. 81). Il est différent du Yasht des Férouers (Yasht xiii).

Début : ꞏꞏꞏ (fol. 1).

2° Le Farvardin Yasht [Yasht xiii] (fol. 25 v°).

3° Nirengs, taavils et carrés magiques pour faciliter l'accouchement (fol. 26 v°).

4° Les Sirozas (fol. 28 v°).

5° La Prière des sept Amshaspands (fol. 34 r°).

6° Le fragment VIII de Westergaard (fol. 36 r°).

7° Fragments du Yasna [Hâ xxxii, § 10 et 12] (fol. 36 v°).

8° Le fragment ix de Westergaard (fol. 38 v°).

9° Fragments du Yasna [Hâ xxxii, § 15 et 11] (fol. 39 r°).

10° Les fragments I et IV de Westergaard (fol. 40 r°).

11° Le Yasht de Gôsh [Yasht ix] (fol. 41 v°).

12° Nireng pour chasser la maladie (fol. 50 r°).

13° Rivaïet persan.

Ce Rivaïet contient des textes sur les prières (fol. 52 v°); sur le Patet et les serments (fol. 54 r°); sur les feux (fol. 55 r°); les enterrements (fol. 58 v°); le mariage (fol. 79 r°); la femme qui accouche d'un enfant mort ou qui meurt (fol. 81 v°); les animaux impurs (fol. 84 v°); sur le Barashnom (fol. 86 r°); l'histoire de Tahmuras et d'Arihman (fol. 88 r°); les sacrifices à faire le jour Ardibehest du mois Farvardin (fol. 90 r°); le jour Khordad du mois Havan (fol. 90 v°); sur la récitation des Afringans (fol. 91 r°); une table des matières du Vendidad (fol. 102 v°).

14° Extrait du Vicirkart-i dînî (fol. 104 v°).

15° Le livre des Préceptes, اندرز نامه, d'Abouzourdjmihir (fol. 111 v°).

16° Histoire des quatre dynasties antéislami...s de Perse, avec les préceptes اندرز, attribués à chacun des rois (fol. 114 r°).

17° Histoire des philosophes (Pythagore, Djamasp, Hippocrate, etc.), avec leurs préceptes (fol. 127 r°).

18° Les 21 nasks de l'Avesta (fol. 131 r°).

19° Traité sur les Gahanbars (fol. 134 r°).

20° Noms des péchés, en zend, avec leurs équivalents en استنیو (fol. 136).

21° Fragment d'une version persane du Minokhired (fol. 136 r°).

22° Histoire de Gayomart (fol. 138 v°).

23° Fragment d'une traduction parsie du xviii° fargard du Vendidad.

Début : ... وس مردم اند ابدون گفت اورمزد که ای اشو زرہ تشت (fol. 140 v°).

24° Prière, en zend, à réciter après un songe (fol. 141 v°).

25° Fragment du xv° fargard du Vendidad, traduit en persan (fol. 142 v°).

26° داستان عدالت شاه نوشیروان. Histoire de Khosrav Anoushirvan et de ses successeurs, en vers.

Début :

بنام خداوند بود ووجود   که از هستی اوست وهر هست وبود
(fol. 143 v°).

27° Les miracles de Zoroastre et les 21 nasks de l'Avesta, en vers persans (fol. 172 v°).

28° Traduction, en vers, du Minokhired, non terminée (fol. 176 r°).

Assez bonne écriture du commencement du xiv° siècle. 185 feuillets. 21 sur 18 centimètres. Reliure en cuir brun. — (Darmesteter. — Supplément 1191.)

206

Rivaïet, en vers persans.

Le titre est donné à la première page qui a été rapportée par un parsi, nommé Jamshedji Mervandji Antia, sous la forme بن خرد.

بنام دادگر دادار فیروز   کزو باشد خور و مَه گیتی افروز
سر دفتر ستایش مر خدا را   که آورد او بهشت از نیست مارا

Bonne écriture indienne datée de 1157 de Yezdegerd (1788 J.-C.). 80 feuillets. 20 sur 15 centimètres. Reliure en basane rouge. — (Darmesteter. — Supplément 1193.)

207

Recueil de textes zends et pehlvis.

1° Fable pehlvie.

Cette fable contient une discussion entre une chèvre et un chêne, sur la question de savoir lequel des deux est le plus utile à l'homme.

Début : ﺪﻟﺴﻤﺳ ﻟﺴﻤﻣ ﻟﻤﻤﻣ ﻟﻘﻤﻟ ١٣ ﻦ-ﻣﻤ ١١١-ﻣﻤ ﺳﻮﺮﻣﻟﺪﻮ
... ﻣﻤﻤﻣ-ﻮ ﺳﻮﻮﺴ- ١١١١ﻮﺴ (fol. 1 v°).

2° Traité de morale, par demandes et réponses, en pehlvi.

Début : ‹‹‹‹‹‹‹‹‹‹‹‹‹‹‹‹‹‹‹‹‹‹‹‹‹‹‹ (fol. 4 v°).

3° Texte sur la venue de Bahram Amavand, en pehlvi.

Début : ‹‹‹‹‹‹‹‹‹‹‹‹‹‹‹‹‹‹‹‹‹‹‹‹‹‹ (fol. 9 v°).

4° Décision juridique sur les enterrements, en pehlvi.

Début : ‹‹‹‹‹‹‹‹‹‹‹‹‹‹‹‹‹‹‹‹‹
(fol. 10 v°).

5° Éphémérides du jour Khordat, du mois Farvartin, en pehlvi: une traduction persane se trouve sous le n° 202, 7°.

Début : ‹‹‹‹‹‹‹‹‹‹‹‹‹‹‹‹‹‹‹‹‹ (fol. 11 r°).

6° Le Vaêtha, en zend, avec traduction pehlvie.

Début : ‹‹‹‹‹‹‹‹‹‹‹‹‹‹‹‹‹‹‹‹‹‹‹‹
(fol. 26 v° à 15 r°).

7° بهرام يشت با معنى پهلوى. Le Bahrâm Yasht (Yasht XIV), avec traduction pehlvie.

Début : ‹‹‹‹‹‹‹‹‹‹‹‹‹‹‹‹‹‹‹‹‹‹‹‹ (fol. 27 v°).

Écritures médiocres de la seconde moitié du XIX° siècle. 65 feuillets, 34 sur 21 centimètres. Cartonnage. — (Darmesteter. — Supplément 1216.)

208

Rivaïet persan.

Ce Rivaïet est composé de trois parties distinctes contenant des pièces liturgiques en zend transcrites en caractères persans, et des décisions sur la loi mazdéenne.

Écritures passables de la fin du xviii° siècle. 136 feuillets. 17 sur 10 centimètres. Reliure en peau brune. — (Supplément 1172.)

209

Recueil de pièces historiques, en vers et en prose.

1° داستان شاهزاده پسر يزدجرد با عمر خطاب. Histoire du prince, fils de Yezdegerd et d'Omar ibn el-Khattab.

ندانكامٔ که عمر شد خليفه   نكر تا چون در افتاد اين لطيفه (fol. 1 r°).

2° كيفيت قصّهٔ محمود غزنوى. Histoire des relations du sultan Mahmoud le Ghaznévide avec les Mazdéens, composé par un parsi nommé Anoushirvan انوشيروان (fol. 20 r°, 26 r°).

Début :

بنم خداوند اين قصّه را   بروز ورهرام كردم بسنـا (fol. 20 r°).

3° قصّهٔ شاه جمشيد با ديوان. Histoire des luttes que Djemshid soutint contre les démons, par le même auteur.

Début :

ذكر از دين يزدان كويم ايـدر   بلطف آن بزرك پـاك رهـبـر (fol. 26 v°).

4° رفتن ارداى ويران بتماشاى دوزخ. Récit de la descente d'Arda Viraf aux enfers (Cf. n° 201, 2°).

Début :

چنين كويد هى ويران دينـدار   كه در مينو چو ديدم اينچنين كار (fol. 30 r°).

5° Fragments de la traduction persane du Boundehesh (fol. 5o v°).

6° Traité sur l'histoire du Mazdeïsme, en prose.

Début : سپاس وستايش مر خداى را كه ما بندكانرا بيافريد
... بخواست (fol. 53 v°).

7° Le traité de controverse connu sous le titre de علماء اسلام (Cf. n°° 187, 9° et 199, 10°) [fol. 62 v°];

8° Description des merveilles bâties à Persépolis par Djemshid.

Début:.... چنين كويند كه جمشيد هورميه اندر پاريسته (fol. 69 r°).

9° Fragments d'un Rivaïet persan.

Ce Rivaïet contient : la disposition des contrées du monde (fol. 7o v°); l'histoire de Gayomart (fol. 71 v°); l'histoire de la retraite des Parsis dans l'Indoustan, par Darab, fils de Palan, fils de Féridoun.

Bonne écriture nestalik indienne du xviii° siècle. 94 feuillets. 15 sur 25 centimètres. Reliure en maroquin rouge. — (Haughton; Mohl. — Supplément 1022.)

210

Histoire légendaire du sage Djamasp.

Cette rédaction en prose, complètement différente de celle qui se trouve dans le manuscrit 195, 2°, porte les titres de احكام جاماسپ et de فرمانات جاماسپ; d'après la souscription, elle a été traduite d'un commentaire pehlvi شرح پهلوى.

Début : چنين كويد مترجم اين كتاب كه جاماسپ حكم از حكماء زمانه خويش بود ودر ان روزگار در عالم ...

Ce manuscrit porte les ex-libris de Mohammed Beg Ahmed Pashazadèh, et de Hasan Reïs, qui fut médecin et kadi à Alep.

Assez bon neskhi du xviii° siècle. 69 feuillets. 17 sur 10 centimètres. Reliure en peau brune. (Mohl. — Supplément 1090.)

211

كتاب جمشيد وناهيد. Histoire de Djemshid et de Nahid.

Elle est également intitulée قصّۀ جمشيد et جمشيد نامه; elle s'éloigne beaucoup de la légende avestique de Djemshid.

Début : ... جمشيد شكوهان اقلم افسانه گذاری در بزم بیان

Nestalik indien passable du XVIII⁰ siècle. 122 feuillets. 21 sur 14 centimètres. Reliure en peau brune. — (Mohl. — Supplément 1094.)

212

فرهنگ حرف بهلوی بمعنی فارسی. Dictionnaire pehlvi, pazend et persan.

Début : ...

Assez bonne écriture datée du jour Ziga (Vat) du mois Artavahisht, de l'année 1126 de Yezdegerd, soit le 11 mai 1757 de J.-C. 45 feuillets. 20 sur 12 centimètres. Reliure en velours bleu aux armes du roi.—(Supplément d'Anquetil 17. — Supplément 417.)

213

Dictionnaire pehlvi, zend et pazend, expliqué en persan.

Ce lexique est la copie de l'appendice du Farhang-i Djihangiri.

Bon nestalik persan de la seconde moitié du XIX⁰ siècle. 27 feuillets. 22 sur 12 centimètres. Cartonnage. — (Supplément 1045.)

214

Le même ouvrage.

Cet exemplaire porte le titre de : لغات كتاب زند پازند و وستا این هر سه كتاب از كبرانست كه ابراهم زرتشت در دین آتش پرستی

تصنیف کرده است. Il a été transcrit à Paris par Daoud Isfahani, qui avait disposé sa copie de façon à ce qu'on put y ajouter une traduction.

Écriture médiocre du xvii° siècle. 60 feuillets. 21 sur 16 centimètres. Reliure en basane pleine. — (Colbert 3764; Regius 1571, 4. — Ancien fonds 185.)

215

Dictionnaire pehlvi-français, copié sur les fiches de Saint-Martin.

xix° siècle. 441 feuillets. 22 sur 17 centimètres. Demi-reliure. — (Mohl. — Supplément 1107.)

HINDOUISME.

216

سرّ اکبر. Traduction des Oupanishads par Mohammed Darâ Shikouh.

Cette traduction contient les Oupanishads (उपनिषत् , persan اپنکهت) des quatre Védas, le Rig-Véda رك بيد, le Yadjour-Véda جبر بيد, le Sama-Véda سام بيد, et l'Atharva-Véda اتهربن بيد.

Le prince timouride Darâ Shikouh, fils aîné de l'empereur Shah Djihan Padishah, naquit en 1022 de l'hégire et fut assassiné sur l'ordre de son frère, l'empereur Aurengzeb, en 1069 de l'hégire. Mohammed Darâ Shikouh se trouvait dans le Kashmir en l'année 1050 de l'hégire, et il y suivit l'enseignement d'un célèbre docteur soufi, Molla Shâh († 1072 H.): quand il eut une connaissance suffisante des ouvrages de l'ésotérisme musulman, il lut la Bible, les Évangiles et les Oupanishads, qui lui parurent renfermer l'exposé de la doctrine philosophique la plus parfaite. Il réunit alors à Bénarès les pandits les plus versés dans la connaissance des livres védiques, et sous leur direction, il traduisit lui-même les Oupanishads des quatre Védas. Cette traduction, commencée à Bénarès, fut terminée six mois plus tard à

Delhi, à la fin du mois de Ramadan de l'année 1067 de l'hégire. Il est dit formellement, dans la souscription du n° 217, que le سرّ اكبر est l'œuvre de Dârâ Shikouh رساله اينكهت من تصنيف سلطان محمد دارا شكوه (fol. 389 v°); l'hypothèse d'Anquetil, suivant laquelle ce prince n'aurait écrit que la préface de la traduction, a donc toutes les chances d'être erronée.

Cet ouvrage porte également le titre de سرّ الأسرار; il a été traduit en latin par Anquetil Duperron sous le titre suivant : *Oupnekhat (i. e. Secretum tegendum) opus ipsa in India rarissimum, continens antiquam et arcanam docrinam e quatuor sacris Indorum libris excerptam, ad verbum e Persico idiomate in Latinum conversam* ... Argentorati, 1801.

Début : حمد ذاتى راكه نقطه باى بسم الله در جميع كتب سماوى از اسرار قديم اوست ...

Cet exemplaire a appartenu à Gentil, qui en a inscrit une notice assez inexacte aux folios 2 et 3. Gentil l'envoya, par l'entremise de M. Bernier, à Anquetil Duperron, qui le reçut en Décembre 1775 et qui le prit comme base de sa traduction, en le comparant avec le n° 217. Une table des matières, de la main d'Anquetil, se trouve au verso du folio 1. La traduction des Oupanishads est suivie (fol. 247 v°), d'un traité sur la manière de tirer les horoscopes, par un anonyme, divisé en 10 chapitres et intitulé مفتاح النجوم, qui commence par : بعد از حمد سپاس شيرازه بند شمس وقمر ومشترى

Mauvais nestalik indien, tendant au shikestèh, de l'année 1162 de l'hégire (1748 de J.-C.). 271 feuillets. 25 sur 17 centimètres. Reliure indienne en maroquin estampé. — (Gentil; Anquetil 64. — Supplément 15.)

217

Le même ouvrage.

Cet exemplaire porte sur les feuillets de garde une notice et une table des matières de la main d'Anquetil Duperron, qui l'acquit à Faïzabad en 1773 : "Cette copie, dit-il, est défectueuse en bien des endroits; il y manque des mots, des phrases, des morceaux considérables sans lesquels il est impossible de saisir le sens de l'ouvrage; en général, elle est moins complette que la mienne (n° 216), cependant elle m'a servi à éclaircir beaucoup de passages obscurs dans mon manuscrit..." Il porte au recto du folio 3, le cachet de Gentil, مدبّر الملك رفيع الدولة جنتيل بهادر ناظم

12.

جنك. On trouve au recto du folio 390, une note écrite à l'encre rouge, en shikestèh, sur les quatre âges du monde (sanskrit युग, persan جوك).

Bon nestalik indien copié par Seyyid Dergahi Oudéhi اودهی, pour Gentil موسی جنتیل, au mois de Redjeb 1185 de l'hégire (1771 de J.-C.). 390 feuillets. 25 sur 15 centimètres. Reliure indienne en maroquin rouge estampé. — (Gentil: Anquetil. —Supplément 14.)

218

كتاب مهابهارت. Traduction en prose persane du Mahâbhârata, précédée d'une préface en prose, par le vizir d'Akbar, Aboul Fazl ibn Moubarek.

Aboul Fazl expose dans sa préface, écrite en l'année 995 de l'hégire, qu'il fit traduire le Mahâbhârata en langue persane pour permettre aux Musulmans de se rendre compte de la valeur de la religion indienne, et pour mettre un terme à l'animosité qui régnait entre les sujets musulmans et indous de l'empereur Akbar. Cette préface contient de plus un éloge pompeux du souverain timouride et un exposé très précis du système cosmogonique du Brahmanisme ainsi que l'analyse de l'épopée sanskrite.

L'auteur de la chronique connue sous le nom de منتخب التواریخ, Abd el-Kader Bédaouni rapporte que l'empereur Akbar donna l'ordre de commencer cette traduction en l'année 990 de l'hégire; Bédaouni y travailla avec Mir Ghyâs ed-Din Ali Abd el-Latif el-Hoseïni, auquel Akbar avait donné en 988 de l'hégire, le titre de Nakib Khan, sous lequel il est généralement connu, Mollâ Shâh et Mohammed Sultan Thanéséri; la traduction effectuée sur le texte sanskrit par les quatre collaborateurs fut revue et mise en style élégant par Faïzi. Le principal traducteur du Mahâbhârata fut Nakib Khân qui exécuta cette version en un an et demi, et qui la termina en Shaaban 992. Dans la souscription du présent exemplaire, qui est autographe, Nakib ne parle pas de ses collaborateurs, et se borne à dire qu'il est le disciple du grand vizir de l'empereur Akbar, Aboul Fazl: نقیب...

خان بن عبد اللطیف الحسینی که از شاکردان ابو الفضل وزیر خاتان بود
این کرنتهٔ مهابهارت را در مدّت یکندم سال از زبان سهنس کرت بزبان
فارسی ترجمه کردم (fol. 703 v°). Nakib se fit aider dans son travail par les pandits Madhousoudhana Misra مدهسودن مصر, Tchatourboudja Misra چتر بهوج مصر, Déva Misra et Bhavana (fol. 703 v° et Rieu, *Catalogue*, t. I, p. 57); il mourut à Adjmir en 1023 de l'hégire. Quelques exemplaires revus par Faïzi portent le titre de رزم نامه. La division de l'épopée en livres وर a été conservée par le traducteur persan qui leur donna le nom de پرب;

il a gardé au début de chacun des livres, l'indication du nombre de distiques اشلوك, sanskrit श्लोक, qui le composent.

Assez bon nestalik indien à encadrements et frontispices en or et en couleurs, copié par Nakib Khan lui-même dans les dernières années du xvıᵉ siècle, aux environs de l'année 992 de l'hégire (1584 de J.-C.). 703 feuillets. 38 sur 23 centimètres. Reliure indienne en maroquin noir. — (Supplément 1038.)

219

Le même ouvrage.

Exemplaire de grand luxe, en très beau nestalik avec encadrements et frontispices en or et en couleurs, copié par Mohammed Yahya au commencement du xvııᵉ siècle. 783 feuillets. 36 sur 23 centimètres. Reliure orientale en maroquin estampé et doré. — (Ancien fonds 11.)

220

Le même ouvrage.

Fragment comprenant la fin du iiiᵉ et le commencement du ivᵉ livre بیرات پرب.

Bon nestalik indien à encadrements en or et en couleurs, du xvııᵉ siècle. 36 feuillets. 26 sur 18 centimètres. — (Schefer. — Supplément 1577.)

221

Recueil d'ouvrages indiens.

1° رمایں. Version abrégée du Ramâyana de Valmiki en vers mesnévis par un indou nommé Giridhardâs (کردهرداس, गिरिधरदास).

D'après une note qui se trouve à la fin de la copie (fol. 227 rᵒ), cette traduction fut exécutée en l'année 1132 de l'hégire, dans la deuxième année du règne de l'empereur Mohammed Shah, l'auteur demeurant alors à Dehli خطه پاك حضرت دهلی; il appartenait d'après le ms. de Londres (Rieu, *Catalogue*, t. I, p. 56), à la tribu de Kayâth. Ce dernier exemplaire est dédié à l'empereur Djihanguir et porte la mention que cette traduction aurait été terminée en 1036 de l'hégire, soit en l'année 1681 de Vikramaditya: cette assertion est formellement démentie par la souscription du manuscrit persan 221. D'après une note de la main de Gentil, écrite au recto du premier feuillet, cette traduction fut exécutée sous le règne de l'empereur

Ferroukhsiyer. Elle commence par deux chapitres sur la cosmogonie d'après les théories des Brahmanes. Râma et Lakhshmana y sont nommés راام et لچمن; la division en kandas du texte sanscrit n'a pas été conservée par Giridhardâs.

Début : خدا وشكر آن بخشنده جان را   پدید آورد كوهر دو جهان را
چنان كنبد نكارين آفریده   خرد را راز حكمت او رمـيـده
(p. 12).

2° Extrait du جوك باششتـه Yoga vasishtha (p. 229).

3° Résumé très concis du Mahâbhârata, d'après la version exécutée par Abd el-Kader Bédaouni, l'auteur du Mountékhab el-tévarikh, suivi d'un précis de l'histoire de l'Inde musulmane, jusqu'à l'époque des sultans afghans.

Début : مقّدمه در معتقدات اهل هند وبيان كيفيت ظهور اسلام در
آن بلاد بدانكه كتاب مهابهارت ... (p. 231).

Ce manuscrit porte à la page 1 le cachet de Gentil; on y trouve (p. 7) un carré magique.

Nestalik et shikestèh-amiz indiens médiocres du xviii° siècle. 252 pages. Reliure indienne en maroquin rouge. — (Gentil 67. — Supplément 18.)

222

Traduction en prose du Ramâyana, par un auteur indou nommé كوتال بن ستری, Gotal ibn Satri (?).

Cet auteur qui ne donne aucun renseignement sur lui-même dans sa préface avait, avant d'entreprendre cet ouvrage, traduit en prose persane le dixième livre (قند, sanscrit kanda) du Bhagavata Pourana باكهوت (fol. 3 r°).

La présente traduction qui est divisée en 73 adyaya (ادهیای) est datée de l'année 1095 de l'hégire (1683 de J.-C.) et d'une année رام اوتار (849) vraisemblablement indiquée suivant l'ère Kolamban (Quilon) du sud de l'Inde, qui commence en 824 de J.-C.

سنة ١٩٠

كلام حـان فـزای رام اوتـار   تمت تمام شد بتاریخ غزّة شهر
(fol. 241 r°).

D'après une note écrite par Gentil au recto du folio 1, cet ouvrage qu'il nomme «Histoire de Ram et Latcheman, par Chiriram (*sic*) [Srirama?], brame natif de Dély», aurait été composée sous le règne de l'empereur timouride Béhadour Shah. Or Alem Shah Kotb ed-Din Béhadour Padishah, successeur de l'empereur Aurengzeb, mourut à Lahore en 1712.

Début :?	همه اغازها در اندك لهام بنام رام می باید سرنجام

چم وسپاس بیہد سزوار درگاه

Ce manuscrit porte au recto du premier feuillet le cachet de Gentil.

Shikestèh-amiz indien très négligé, copié en 1190 de l'hégire (1776 de J.-C.). 241 feuillets. 18 sur 11 centimètres. Reliure indienne. — (Gentil 66. — Supplément 19.)

223

جوك باششت. Traduction persane du traité de gnosticisme sanskrit intitulé Yogavasishtha योगवशिष्ठ.

Ce traité est rédigé sous forme d'un dialogue entre Rishi Vasishtha et Ramatchandra, fils de Dasaratha; il est attribué à Valmiki, l'auteur mythique du Ramáyana. La traduction, dont l'auteur ne se nomme point dans la préface, est faite, non d'après le texte original sanskrit, mais sur un abrégé en 6000 slokas اشلوك, et divisé en 6 livres (fol. 5 v°). Cet abrégé a pour auteur un pandit du Kashmir dont le nom est donné dans le présent exemplaire sous la forme بندت کشمیری الهٔ نندن, et dans le manuscrit de Londres (Add. 5644; Rieu, *Catalogue of Persian manuscripts*, t. I, p. 61), sous celle un peu plus exacte de بندت کشمیری انندن, soit Ananda. Chacun des livres de l'abrégé du pandit Ananda est nommé prakarana (प्रकरण, پرکرن) et chaque prakarana est divisé en sarga (सर्ग, سرک).

Les 6 livres de l'abrégé du Yogavasishtha portent les titres de :

ɥiragyaprakarana बैरग्यप्रकरण بیراگ پرکرن; Moumoukhshouprakarana मुमुक्षुप्रकरण مکچھت پرکرن; Outpatti prakarana उत्पत्तिप्रकरण اتپت پرکرن; Sthiti prakarana स्थितिप्रकरण اشتهت پرکرن; Oupasamaprakarana उपशमप्रकरण نربان پرکرن; Nirvanaprakarana निर्व्वाणप्रकरण ابشم پرکرن.

D'après une note de Gentil (?) (fol. 1 v°), cette version du Yogavasishtha aurait été exécuté par ordre du prince timouride Darà Shikouh par un pandit nommé Ramnandan. Cette affirmation n'est point confirmée par la préface qui ne contient guère qu'une dissertation philosophique et il est probable

que la version de Darà Shikouh est celle que Rieu indique d'après le cata-
logue de D. Forbes; il en existe également une troisième version abrégée
(Londres, Add. 5637) qui fut exécutée en 1006 par ordre de l'empereur
Akbar et qui paraît antérieure à celle du pandit Ananda.

Début : برهنان هند را در وحدت حقّ تعالى وصفات وكمال ومراتب
وتنزلات او در منشاء كثرت . . .

Ce volume porte au recto du folio 2 le cachet du colonel Gentil.

Nestalik indien médiocre copié à Faizabad, au mois de Moharrem 1184 de
l'hégire (1770 de J.-C.). 327 feuillets. 25 sur 17 centimètres. Reliure indienne
en maroquin estampé. — (Gentil 69. — Supplément 16.)

224

Traduction abrégée du Ramâyana de Valmiki, en prose persane (cf. Rieu, *Cat.*, p. 55).

D'après une note qui se trouve à la fin de la copie (fol. 325 v°), cette
traduction est l'œuvre du sheïkh Aboul Fazl, grand vizir de l'empereur
Akbar. Il est vraisemblable qu'Aboul Fazl ne traduisit pas lui-même le Ramâyana en persan, mais que ce fut le molla Abd el-Kader Bédaouni, l'auteur
de la chronique connue sous le nom de Mountékhab el-tévarikh qui exécuta
cette traduction, en l'année 999 de l'hégire (Rieu, *Catalogue of Persian man.*,
t. I, p. 56). Deux autres traductions de cette épopée sont dues à Dévidasa
et à Giridhardasa; cette dernière est écrite en vers mesnévis (cf. n° 221, 1°).

Début : بر ضمایر ارباب نظایر مخفی نماند كه كتابیست در اهل هند
مشهور كه رماین میخوانند دریـن عـبـارتست كـه از سركـذشـت
احوال . . .

Talik indien passable copié en l'année 1062 de l'hégire (1651 de J.-C.)
par Rokn ed-Din Koupamouvi? كوپامووی, à Akbar Abad. 325 feuillets. 30
sur 18 centimètres. Reliure indienne en maroquin noir estampé. — (Gentil 82.
— Supplément 17.)

225

سری بهاكوت . Traduction en langue persane du Bhagavata
Pourana श्रीभागवतपुराण, histoire légendaire de Krishna.

On lit en tête du manuscrit اسكندہ پرتھم بھاكوت سرى ات : अथश्रो-
भागावतपथमस्कन्धे, soit «ceci est le premier skandha du Bhagavata Pourana».
D'après plusieurs indications contenues dans ce manuscrit, cette version
est celle du vizir d'Akbar, Aboul Fazl : ملاّ صاحبدل فھاى علاى تصنيف
ابو الفضل (fol. 2 v°); cette indication se trouve reproduite au verso du
folio 309. La souscription écrite par le copiste (fol. 308 v°) donne également
Aboul Fazl comme auteur de cette traduction دوازدھم اسكندہ شد تمام
سرى بھاكوت كه صاحب علم وعقل ..... ملا ابو الفضل از زبان ھندى
بزبان فارسى ترجمه نمود... . Dans le ms. 227, Anquetil Duperron attribue
également cette version du Bhagavata Pourana à Aboul Fazl.

Les neuf premiers skandha et les deux derniers ne sont guère que des
résumés très succints du texte sanskrit; le dixième seul est traduit d'une
façon à peu près complète; dans ces conditions, il est probable que cette
traduction est l'œuvre de Gotal ibn Satri qui, dans la préface de sa traduction du Ramâyana, dit avoir mis en langue persane le dixième skandha
du Bhagavata Pourana (ms. 222). Cette traduction est la même que celle
dont le dixième skandha incomplet existe au British Museum sous le
n° Add. 6607 (Rieu, *Catalogue*, p. 60), sans nom d'auteur.

Cet exemplaire porte le cachet du colonel Gentil.

Shikestèh indien daté de 1136 de l'hégire (1723 de J.-C.). 309 feuillets.
24 sur 16 centimètres. Reliure indienne en maroquin rouge estampé et argenté.
— (Gentil 86. — Supplément 20.)

226

Le même ouvrage, portant le titre de سریكرشن جیوسھاى.

Assez bon nestalik indien de la seconde moitié du xviii° siècle. 288 feuillets.
26 sur 13 centimètres. Reliure en peau rouge. — (Ochoa 40. — Supplément 72.)

227

Le même ouvrage.

D'après une note écrite par Anquetil au recto du premier feuillet, ce
livre a été traduit du sanskrit en persan par Aboul Fazl.

Shikestèh indien écrit dans le corps des pages et dans les marges, copié en
1137 de l'hégire (1781 de l'ère du radja Vikramaditya et 1724 de J.-C.). 49
feuillets. 44 sur 24 centimètres. Reliure en basane aux armes de Napoléon I°.
— (Anquetil 65. — Supplément 21.)

228

سری بهاكوت . Traduction persane du Bhagavata Pourana, sans nom d'auteur.

La traduction proprement dite ne commence qu'au folio 4 r°; elle est précédée d'une introduction dans laquelle l'auteur anonyme expose la théorie cosmogonique des Brahmanes et le système des youga ou âges du monde. Elle paraît faite directement sur le texte sanscrit, mais elle ne le suit pas d'une façon absolue et représente beaucoup plus une version abrégée qu'une traduction littérale. Elle est divisée en chapitres باب, subdivisés en فصل et مرسد; chacun de ces chapitres portant le nom des skandhas sanscrits auxquels ils correspondent.

D'après une note de la main de Gentil (?), inscrite au commencement du volume, qui valait dans l'Inde 4 roupies et 1 roupie de reliure, cette traduction du Bhagavata Pourana, aurait été exécutée par le vizir d'Akbar, Aboul Fazl. Si cette assertion est exacte, il faut évidemment entendre qu'elle a été faite sur l'ordre d'Aboul Fazl, beaucoup plus que par lui-même.

Début : زبان صدق بيان بيد ويوران بدان ناطق است كه بيش از

آفرينش عالم هه آب بود بعد از ان بقدرت آفريدگار...

Nestalik indien cursif tendant au shikestèh, vraisemblablement copié dans la seconde moitié du xviii° siècle. 241 feuillets, 22 sur 11 centimètres. Reliure indienne en papier. — (Supplément 22.)

229

سری كيتی . Traduction en prose persane de l'épisode du sixième parva du Mahâbharata, connu sous le nom de Bhagavat Gita.

Cette version, qui est divisée en 18 adhyaya, est la même que celle qui se trouve au British Museum sous le n° Add. 7675 (Rieu, *Catalogue*, t. I, p. 58) et qui est attribuée au vizir d'Akbar, Aboul Fazl. La traduction de la Bhahavat Gita n'est point extraite de la grande version du Mahâbharata qui fut exécutée par les ordres d'Aboul Fazl, mais elle constitue une œuvre indépendante, dans laquelle le traducteur inconnu, qui a travaillé sur les indications du vizir de l'empereur Akbar, a suivi le texte sanscrit de beaucoup plus près qu'il ne l'a été dans la traduction intégrale du Mahàbharata. Cet exemplaire est incomplet de la fin.

Début : دیدتر اشت (دهرت راشتر) گفت ای سخی در زمین کرکهیت
که مزرعه نیکوکاریست مردم من وجماعت پاندوان هنگامی...

Nestalik indien passable de la seconde moitié du xviiie siècle. 31 sur 20 centimètres. Reliure indienne en peau rouge. (Gentil 1. — Supplément 93.)

230

پربودہ چندر ناٹك. Traduction en langue persane du drame philosophique en six actes, écrit par Krishna Misra, sous le titre de Prabodhatchandrodayanataka.

Cette traduction porte également le titre persan de گلزار جان (fol. 86 r°) et گلزار حال (fol. 3 v°); le nom de l'auteur de la Prabodhatchandra est donné sous la forme de کرشنداس بهت Khrishnadas Bhat(?). A une époque qui n'est point marquée dans la préface, un indou nommé Siva Minabatdâs traduisit en vers, l'original sanscrit dans la langue bhakha parlée à Gwalior; ensuite l'auteur de la présente version, dont le nom est donné dans la préface sous la forme de Bénavali, et, dans la souscription, sous celle de Bénavalidâs دانش بجسّم وعقل مصوّر حق شناس حقیقت اساس بنوالیداس والی تخلّص (fol. 86 r°), et qui avait pris en poésie le tékhallus de Vâlî, traduisit en persan la version bhakha de Siva Minabatdâs avec la collaboration d'un ésotériste (خادم الفقرا) nommé Bhavanidâs, en l'année 1350 de l'ère indoue. بدان واکاه باش که این نسخة است مسمّی بإسم

پربودہ چندر ناٹك از تصنیف حقائق ومعارف آگاه استاد اهل الله عارف بالله کرشنداش بهت در زبان فصاحت بیان سنس کرت بر شش داستان ترتیب یافته بعد از آن این نسخه را ... سوای نبتداس در زبان کوالیارکه آنرا بهاکها می نامند بتنظیم کرد چون از مطالعه نسخة مسطور در خاطر فقیر حقیر بنوالی که در شعر تخلّص ولی دارد ... باتّفاق صادق العقیدہ

والاخلاص خادم الفقرا بهوانيداس که محرم کتاب بهاکها بود بزبان
فارسی منسلك ساخته

مظهر تاریخ ابن کلزار حال　　　　یکهزار وسیصد وپانصد سال　．(fol. 3 v°).

Début :

جهد ذاق راکه اصل ذات ماست　　　　ذات او در اصل اصل ذات ماست

D'après une note de la main de Gentil, cet ouvrage a été «traduit du samscretan en persan, par Goulram sous Alemguir». Ce volume lui avait coûté 1 roupie (fol. 1 v°).

Bon nestalik indien copié au mois de Zilhidjdjèh de l'année غره = 1205 (1790 de J.-C.) de l'hégire, dans la ville de Fathpour فتحپور (fol. 86 r°). 86 feuillets, 23 sur 12 centimètres. Cartonnage européen. — (Gentil 84. — Supplément 24).

231

مفرح القلوب. Traduction en prose persane de l'Hitopadésa هیتوپدس par Tadj ed-Din ibn Moïn ed-Din el-Maliki.

Cette traduction est dédiée à un prince nommé Nasir ed-Daulèh wed-Din, possesseur du fief de Shikk-i Béhar ملك الملرك الشرق والغرب نصیر الدولت والدین مقطع شق بهار... (fol. 2 v°). De Sacy a décrit cet ouvrage dans le tome X, p. 226-264 des Notices et extraits. Un lecteur a vu dans cette traduction de l'Hitopadésa, un traité mystique, car il a inscrit en tête du folio 1 v° le titre در توحید باری تعالی کوید.

Début: سپاس بی قیاس مرحضرت پادشاهی راکه از جمله بندکان خویش
بشر را مراتب اعلی داد ...

Talik indien daté du lundi 19 Rébi second de l'année 1062 de l'hégire (1562 de J.-C.) 116 feuillets, 20 sur 11 centimètres. Cartonnage. — (Thévenot. — Ancien fonds 386.)

232

تحفة القلوب. Recension en prose persane de l'histoire des amours de Ratnaséna رتن سین, roi de Tchitor et de

Padmavati یدماوت, fille du roi de Ceylan, d'après la traduction qui avait été faite sur l'original sanskrit par Mohammed Djaïsi.

Cette recension fut dédiée en 1062 de l'hégire, à l'empereur timouride Shah Djihan (fol. 2 v°). Il existe de cette histoire, quatre recensions en vers persans (Pertsch, *Persischen Handschriften*, n° 934) et une recension en vers hindoustanis par Malik Mohammed (Garcin de Tassy, *Histoire de la littérature indoustanie*, t. II, p. 67, 86). Un exemplaire de cette dernière récension qui formait le 31° volume de la collection Gentil se trouve dans le fonds indien sous le n° 189.

Padmavati qui vivait au xiii° siècle fut enlevée de force par Ratnaséna, puis elle passa au pouvoir du sultan de Dehli, Ala ed-Din Mohammed Shah Ier. Elle se brûla vive en 1303 avec 13,000 autres femmes.

Début : جهان جهان سجود و عالم عالم نیایش مرکرکدکار پاك راکه ذات
پاکش از جمیع صفات مبرّاست وپرتو جمال ...

Nestalik indien tracé obliquement, copié en 1090 de l'hégire (1679 de J.-C.), par un nommé Sheikh Abd el-Hakim Béhadour, dans la ville de Djihangir Nagar جهانکبر نکر, dans le Bengale ینکاله. 101 feuillets, 21 sur 13 centimètres. Reliure en maroquin aux armes de France. — (Thévenot. — Ancien fonds 387.)

233

لذت النسا. Traité de l'amour physique.

Ce traité qui est sans titre ni nom d'auteur, est traduit d'un ouvrage indou composé par Koka Pandita کوکا پندت, sous le titre de Koka çâstra کوك شاشتر; dans la préface du n° 234, Koka Pandita est donné comme ayant été l'un des nombreux vizirs d'un souverain nommé Bahram Shah (Moïzz ed-Din Bahram Shah de Dehli, 637-639 de l'hégire), qui avait mille femmes dans son harem.

Il en existe deux versions : l'une en vers, dédiée par Mohammed Kouli Djami à Abd Allah Kotb Shah en 1036 de l'hégire; l'autre écrite par Ziya ed-Din Nakhshébi (✝ 751 H.). (Rieu, *Catalogue of Persian man.*, t. II, p. 740; cf. Pertsch, *Persischen Handschriften*, p. 590).

Il est divisé en 6 chapitres :

1° در دانستن رحم عورت °2 ؛در صفت عورت که چگونه باید؛

در دانستنِ شهوت ْ5 ؛ در شناختنِ مردها ْ4 ؛ در شناختنِ عورت ها ْ3 . در ادویه مطیع شدن عورت ْ6 ؛ عورت،

Début : چد بیعت وثنای بیعت مر آفریدکاری را که هر یکی را زوج گردانید چنانچه در کلام مجید ...

Assez bon nestalik indien du xviii° siècle. 32 feuillets. 25 sur 15 centimètres. Reliure en peau noire. — (Supplément 938.) G. Ko...

234

لغت النسا. Recension du même traité indou.

Ce traité est divisé en 18 chapitres et le présent manuscrit n'en contient que 14.

Début : الحمد لله ... بدانکه این نامه برای پادشاهی بود نیک نام وشجاعت و بزرگی اورا در اطراف واکناف عالم ...

Shikesteh indien médiocre du xviii° siècle. 17 feuillets. 21 sur 14 centimètres. Cartonnage. — (Supplément 398.)

235

تحفة الهند. Traité sur les sciences et les arts des Indous par Mirza Mohammed ibn Fakhr ed-Din Mohammed.

Cette encyclopédie fut écrite sous le règne de l'empereur Aboul Mou-zaffer Mohyi ed-Din Aurengzeb, par ordre de Koukeltash Khan, pour le prince Mohammed Moïzz ed-Din Djihandar Shah, fils aîné de Shah Alem, qui naquit en 1071 de l'hégire et qui dans sa jeunesse fut gouverneur du Moultan.

La préface traite de l'écriture des Indiens et des expressions techniques de la grammaire sanskrite; le 1er chapitre (fol. 43), de la poésie بنکل ; le 2°, de la rime تک (fol. 120); le 3°, des figures de rhétorique النکار (fol. 133); le 4°, de l'amour سنکارس (fol. 152); le 5°, de la musique سنکیت (fol. 165); le 6°, de l'amour physique کوک (fol. 240); le 7°, de la physiognomonie قیافت (fol. 267); la conclusion intitulée در علم لغت اهل هند forme un très bon dictionnaire hindoustani persan.

Assez bon nestalik indien du commencement du xviii° siècle. 411 feuillets. 26 sur 16 centimètres. Reliure en basane rouge. — (Supplément 387.)

236

بيج كنت. Traduction du Vidjaganita par Ata Allah Réshidi ibn Ahmed Nadir.

Le Vidjaganita बीजगानित est un célèbre traité d'algèbre écrit en sanscrit par Bhashkara Atcharya بهاشكر اچرج, l'auteur du Lilavati ليلاوتى: cette traduction fut exécutée en 1044 de l'hégire, la 8ᵉ année du règne de l'empereur timouride Shah Djihan, auquel elle est dédiée (fol. 3 rᵒ). Elle est divisée en une préface et 5 chapitres.

Début : اول زستایش آلهى كویم   پس نعت رسول او كاى كویم

Bon nestalik indien du commencement du xviiiᵉ siècle. 70 feuillets. 23 sur 14 centimètres. Reliure en plein maroquin. — (Sir Estrachey. — Supplément 354).

237

كتاب در بيان سرى مهادیو جیو. Histoire de Siva, par Anandakin انندكین, surnommé en persan Khosh خوش.

Ce traité, qui fut terminé en 1206 de l'hégire (fol. 58 vᵒ), est divisé en 4 adhyayas, dont le dernier est consacré à la description de Bénarès.

Début : سپاس بیقیاس مر آن بیچون بیچگون را كه به مجرد كفتنى حرف
فیكن این جمله جهان وجهانیان

Assez bon nestalik indien de la fin du xviiiᵉ siècle. 58 feuillets. 24 sur 15 centimètres. Reliure indienne en soie verte. — (Supplément 1106.)

HISTOIRE.

HISTOIRE GÉNÉRALE.

238

تاریخ الأمَم والملوك. Chronique générale du monde par Tabari.

Cette chronique écrite en arabe par Abou Djafer Mohammed ibn Djérir ibn Yézid el-Tabari, fut traduite en persan en 352 de l'hégire par Abou Ali

Mohammed ibn Mohammed ibn Abd Allah el-Bélami, البلعمى, vizir de l'émir samanide Abou Salih Mansour ibn Nouh ibn Nasr ibn Ahmed ibn Ismaïl ibn Ahmed el-Samani, qui mourut en 386 de l'hégire.

Cette célèbre version persane, qui est généralement connue et citée sous le nom de تاريخ طبرى, a été éditée à Laknau et traduite en turc oriental et en turc osmanli; il existe au moins deux recensions de la version turque, l'une écrite vers 710 de l'hégire est anonyme (ancien fonds turc 51-53), la seconde intitulée جمع التواريخ a pour auteur Safi Nasouh el-Mitraki (ancien fonds turc 50). Elle a été traduite en français par Dubeux en 1836, et par Zotenberg, 1867-1874; le texte arabe a été édité à Leyde par M. de Goeje avec la collaboration des principaux arabisants européens. Dans le manuscrit 240 (fol. 258 v°), cette chronique est appelée كتاب تاريخ روزكار عالم واخبار پيغمبران عم وملوك وخلفا وسلاطين از مازيان و پارسيان; la traduction persane est nommée كذارش dans ce passage. [1]

Exemplaire de la première rédaction, incomplet du commencement et de la fin, et présentant de nombreuses lacunes, contenant tout le texte entre les chapitres خبر جمع مؤيد ومخالفته et ناحج آنك كور سليمان كجاست.

Beau neskhi persan à double filet rouge du commencement du xiii° siècle. 387 feuillets, 32 sur 23 centimètres. Reliure en basane aux armes de Napoléon I°. — (Ancien fonds 63.)

239-240

Le même ouvrage.

Premier volume, contenant le récit des événements depuis la création du monde jusqu'à la conversion d'Abou Bekr, et second volume, commençant à la conversion d'Omar ibn el-Khattab et se terminant avec la mention du 29° khalife abbasside, el-Mostarshid-billah.

Début: سپاس وآفرين مر خدای را كامران وكامكار وآفريننده زمين واسمان را آنكس كس نه هتنا وند..... (fol. 10 v°).

Les premiers feuillets de ce manuscrit sont occupés par un planisphère représentant le monde divisé en climats, ayant pour centre les deux villes saintes et par un traité chronologique, sans titre ni nom d'auteur, commençant par ....بباید دانست كه از روزكار آدم كه پدر نخستين بود و تا بدين عصر كه تحرير كرده ى شود. Il consiste en tableaux contenant les noms, surnoms, les inventions, la durée du règne des rois des différentes dynasties, avec les noms des prophètes qui vécurent à leur époque; ces tableaux sont précédés d'une introduction de quelques lignes en prose. On y trouve les dynasties suivantes :

Pishdadiens (fol. 2 v°), Gayomarth étant donné comme fils de Amim ibn Loud ibn Aram ibn Sam ibn Nouh; Kéyanides (fol. 3 r°); Arsacides (fol. 3 v°); Sassanides (fol. 4 r°); Mahomet et les khalifes orthodoxes (fol. 4 v°); les Omeyyades (fol. 5 r°); les Abbassides (fol. 5 v°); Samanides et Bouïdes (fol. 6 v°); Ghaznévides (fol. 7 r°); Seldjoukides (fol. 7 v°); les Ismaïliens (fol. 8 v°), dont le dernier cité est Rokn ed-Din Khourshah ibn Ala ed-Din Mohammed ibn Hasan.

Le premier volume a fait partie de la bibliothèque du Sérail; il porte le cachet du sultan Moustapha (fol. 2 r°), l'ex-libris et le cachet de Mohammed Emin Efendi (1219 H.) [fol. 1 r°], du seyyid Mohammed Haïder ibn Yahya el-Hoseïni (fol. 2 r°).

Bon neskhi persan copié en 842 de l'hégire (1438 de J.-C.), par Taher ibn Mohammed Beg (?) el-Hafiz el-Sivasi. 250 et 258 feuillets. 32 sur 21 centimètres. Reliure en basane pleine aux armes du roi. — (Ducaurroy 28. — Supplément 162 et 162 A.)

241

Le même ouvrage.

Exemplaire de la plus ancienne rédaction, comprenant le récit des événements qui se sont passés depuis la création jusqu'à la fin de l'époque sassanide.

D'après une note signée de L. Langlès et datée de décembre 1816 «ce précieux manuscrit persan a été offert à la bibliothèque du roi par M. Xavier Bianchi, élève de l'École spéciale des Langues orientales vivantes...» Bianchi l'avait acquis à Smyrne en 1812. On trouve sur le recto du premier feuillet un quatrain de Hafiz.

Bon neskhi turc du commencement du XVII° siècle. 191 feuillets. 30 sur 10 centimètres. Reliure turque. — (Bianchi. — Supplément 163.)

242

Le même ouvrage.

Exemplaire de la rédaction la plus ancienne, contenant le récit des événements depuis la création jusqu'au chapitre حدیث رفتن موسی با بنی اسرائیل از مصر و گذشتن از دریا

Assez bon nestalik persan, copié en 997 de l'hégire (1588 de J.-C.), par Ali ibn Mouzaffer Kbatounabadi? حامو نابادی. 189 feuillets. 23 sur 13 centimètres. Reliure orientale en maroquin brun estampé. — (Renaudot; Saint-Germain 552. — Supplément 164.)

243

Le même ouvrage.

Exemplaire de la rédaction remaniée, s'étendant jusqu'au règne du khalife abbasside el-Mostazher-billah; le traducteur persan y est nommé, par suite d'une erreur de copiste, el-Taalébi الثعلبي. Les 13 premiers feuillets contiennent une table des chapitres.

Assez bon nestalik indien daté de 1107 de l'hégire (1695 de J.-C.). 715 feuillets. 29 sur 17 centimètres. Reliure en basane pleine. — (Ouseley. —Supplément 166.)

244

Table des chapitres d'un abrégé de la chronique de Tabari, commençant avec les Sassanides.

Écriture occidentale médiocre du xviii° siècle. 9 feuillets. 22 sur 17 centimètres. — (Renaudot. — Supplément 165.)

245

مجمل التواريخ والقصص. Traité d'histoire générale, depuis la création jusqu'à l'année 520 de l'hégire.

L'auteur, qui ne se nomme pas, cite parmi ses sources (fol. 3 v°) le Shah namèh de Ferdousi, le Guershasp namèh, le Féramourz namèh, la chronique de Tabari, à laquelle il a emprunté les histoires de Behmen, fils d'Isfendiar, de Goush-i Pil dendân, de Sam-i Nériman, de Kaï Kobad, de Kaï Lohrasp, le Siyer el-moulouk, aujourd'hui perdu, qui fut traduit du Livre des Rois pehlvi, le سرمس ايهو par le célèbre Ibn el-Mokaffa, et qui est l'une des principales sources de Ferdousi, la chronique de Hamza ibn el-Hoseïn el-Isfahani. Le Modjmel a été composé en 520 de l'hégire (fol. 8 r° et fol. 11 v°), sous le règne du sultan seldjoukide Aboul Haris Sindjar († 552 H.) ...... ادام الله پادشاه سلطان اعظم معزّ الدنيا والدين ناصر الاسلام والمسلمين ابو الحرث سنجر ملكشاه بن محمد برهان امير المؤمنين وعهد سلطان معظم مغيث الدنيا والدين كهف الاسلام

والمسلمين ولى العهد ى العالمين ابو القسم محمود بن ملكشاه يمين امير
المومنين...

سپاس خدايرا جل جلاله كه آسمان معلق وزمين مطبقى را : Début
بيافريد وانرا بانوار ومشاعل مزين كرد واين را بجنين.....

Le Modjmel el-tévarikh est divisé en 25 chapitres :

اندر تاريخ °٢ ;(٧° 8 .fol) اندر توارنخ واختلاف كه اندر آن رود °١
در تاريخ بعضى از °٣ ;(٧° 10 .fol) پيغمبران عليهم السلام الى يوم القيامة
در تاريخ °٤ ;(٧° 11 .fol) پادشاهان عجم تا سنه عشرين وخمسمائة
در تاريخ ملوك عرب واسلاف °٥° ;(r° ١٢ .fol) پادشاهان روم وحكما وغيرهم
در تاريخ عهد خلفا تا بدين عهد °٦° ;(v° ١٢ .fol), le dernier
khalife étant el-Moustarshid-billah Abou Mansour (fol. 13 r°); °٧° تاريخ در
Samanides (fol. 13 v°); Bouïïdes : ملوك وسلاطين تا بدين غايت
(fol. 14 r°); Ghaznévides (fol. 14 v°); Seldjoukides (fol. 14 v°); °٨° در
در نسق پادشاهان عجم بر نسه °٩° ;(r° 15 .fol) ذكر كيومرث بر چهار فصل
فصل (fol. 16 v°); cette partie contient l'histoire des quatre dynasties légendaires de l'Iran; le texte en a été publié avec une traduction française et
des notes dans le *Journal asiatique* de 1841-1842 par J. Mohl; °١٠ اندر
ياد كردن كه در روزكار هر پادشاهى پيغمبران كه بودند وموبدان
اندر نسب تركان از هر بطنى °١١° ;(v° 58 .fol) وسپهبدان ومعروفان
در ذكر پادشاهان °١٢° ;(r° 63 .fol) وجنس وذكر ايشان در حدود مشرق
در تاريخ پادشاهان °١٣° ;(v° 68 .fol) هندوان ونسب از اينچ بما رسيده است
اندر نسق ملك روم وذكر °١٤° ;(r° 81 .fol) يونان وذكر اخبار ايشان
اندر سالهاء قبطيان ابى قدركه معلوم °١٥° ;(v° 83 .fol) اخبارشان
اندر سالهاء بنى اسراييليان وذكر ملوك وعلماء °١٦° ;(r° 90 .fol) شد
اندر تاريخ ملوك عرب وآن پنج فصلست °١٧° ;(v° 90 .fol) ايشان
اندر تاريخ پيغامبران عليهم السلام ومدت عمر واخبار °١٨° ;(v° 93 .fol)
اندر نسق ملوك قريش عرب اسلام از روزكار °١٩° ;(v° 116 .fol) ايشان
پيغامبر عم (fol. 149 r°); cette partie contient l'histoire de Mahomet et

13.

des khalifes, divisée par années, suivant les habitudes des chroniqueurs musulmans: ۲۰° در تاریخ وذكر ونسب ملوك وسلاطین اندر عهد خلفا ; Samanides (fol. ۲۵۱ r°); Bouïdes (fol. ۲۵۲ v°); Ghaznévides (fol. ۲۶۳ r°); Seldjoukides (fol. ۲۶۴ r°); ۲۱° و اندر لقب پادشاهان عجم وشهرها مشرق بعضی از هند و زمین مغرب والقاب خلفا و سلاطین بعد رسل در ذکر حفائر ونواویس ودفینة پیغامبران وپادشاهان (fol. ۲۷۱ v°); ۲۲° اندر مساحت عالم (fol. ۲۸۰ v°); ۲۳° وخلفاكه بر چه سان بوده است وكوها ودریاها وجویها وشكل آن وبنیادها چون حرمین وبیت المقدس اندر ذکر شهرها اسلامی (fol. ۳۰۵ r°); ۲۴° وكعبه و صفت اقالیمها وآنچ بر عمارت آن فرودند بعضی از آنچ یافتند (fol. ۳۳۹ v°); le ۲۵° cha-pitre indiqué dans la préface n'existe pas dans le présent exemplaire.

Il y a à la fin du manuscrit une table des chapitres de la main de Mi-chel Sabbagh; on pourra consulter sur ce volume la notice que Quatremère en a donnée dans le *Journal asiatique* de 1839. On trouve au folio 1 r° une courte notice en arabe sur le grammairien persan Sibouya, et au folio 2 r° l'ex-libris de Mohammed ibn Mohammed Taaliki zadèh تعلیقی زاده. Deux notes inscrites sur ce même feuillet montrent qu'on a voulu faire passer ce volume pour un exemplaire complet de la Chronique de Tabari.

Gros neskhi persan copié en Djoumada premier 813 de l'hégire (1410 de J.-C.), par Ali ibn Mahmoud ibn Ali Nédjib el-Roudbari. 361 feuillets. 30 sur 19 centimètres. Reliure en basane aux armes de Napoléon Ier. — (Vansleb; Regius 1506. — Ancien fonds 62.)

246

طبقات ناصری. Traité d'histoire générale depuis les ori-gines jusqu'à l'année 658 de l'hégire, par Abou Omar Osman Minhadj ed-Din ibn Mohammed Siradj ed-Din el-Djouzadjani جوزجانی, connu sous le nom de Kazi Minhadj Djouzadjani.

Le père de l'auteur, Siradj ed-Din Mohammed fut nommé en 582 de l'hégire, Kazi-asker de l'Hindoustan par le sultan Moïzz ed-Din Moham-med ibn Sâm qui le fit ensuite venir à Firouzkouh; le sultan Béha ed-Din Sâm l'appela à Bamiân et lui donna la charge de kadi de tout son royaume.

Abou Omar naquit en 589 et il avait 18 ans quand Mélik Rokn ed-Din Mahmoud fut assassiné à Firouzkouh. Il passa après cette catastrophe au service de la princesse Mah-i Moulk, fille du sultan Ghiyas ed-Din Mahmoud ibn Sâm, qui était la sœur de lait de sa mère. En 622 et 623 de l'hégire, il fut envoyé comme ambassadeur au sultan du Nimrouz, Tadj ed-Din Niyal-tikin. En 624, Abou Omar, qui avait embrassé la vie mystique, se rendit dans l'Inde, à Outchh, et il fut nommé par le sultan Nasir ed-Din Kabatcha, supérieur de la Médréséh-i Firouzi et Kadi de l'armée; quand Kabatcha eut été vaincu par Shems ed-Din Iltatmish, Abou Omar suivit le vainqueur à Dehli et il occupa sous les règnes de ce sultan et de ses successeurs de hautes situations dans la magistrature.

Cette chronique fut écrite en 657 et 658 de l'hégire, ودر تاريخ سنه ثمان وخمسين وستمايه كه اتمام آن تاريخ طبقات است; on trouve à la fin du présent ms. (fol. 310 r°) et dans le ms. 247 (fol. 491 r°), une note de Minhadj Siradj Djouzadjani, dans laquelle cet historien décrit les cadeaux qui lui furent envoyés par le sultan Nasir ed-Din ibn Iltatmish et par le Khakan suprême الخّان معظم. Le prince qui est ainsi qualifié et qui dans un autre passage (ms. 246, fol. 309 v°; ms. 247, fol. 490 v°) est nommé خاقان معظم الخّان, ne peut guère être que l'ilkhan Houlagou, fils de Toulouï Khan, et frère de l'empereur de Chine, Mankkou Kaan, qui l'en-voya faire la conquête de la Perse. Dans la dédicace, le sultan auquel est dédiée cette chronique est nommé ناصر الدين محمود بن التنمیش شاه يمين خليفة الله قسم امير المؤمنين (ms. 246, fol. 1 v°, et ms. 247, fol. 2 r°), ce qui pourrait faire croire que le Tabakat-i Nasiri a été commencé avant 656, date à laquelle Houlagou Khan s'empara de Bagdad, et mit fin à la dynastie abbasside; mais il est évident qu'il ne faut voir là qu'un titre auquel l'auteur n'attribuait pas d'importance, puisque, dès que son ouvrage fut terminé, il se hâta d'en envoyer un exemplaire au vain-queur. Le Tabakat-i Nasiri est dédié au sultan de Dehli, Nasir ed-Din Mahmoud Shah ibn Shems ed-Din Iltatmish (644-664 H.); il traite par-ticulièrement des dynasties qui régnèrent au vi° et au vii° siècle de l'hégire dans le Ghour, à Ghazna et dans l'Indoustan. Il est divisé en 33 sections, طبقه, dont le détail est indiqué par Rieu dans son *Catalogue of Persian manuscripts*, t. I, p. 73. Le Tabakat-i Nasiri a été édité dans la *Bibliotheca Indica*, en 1864.

Début : الحمد لله الاوّل الذى لا ابتداء لوجوده الآخر الذى لا انتهاء لجوده الملك الذى ليس لملكه

Cet exemplaire qui porte à la fin la mention : كتبه المنهاج سراج ى الخامس من شهر ربيع الثانى سنه خمس وخمسين وستمايه n'est nullement

autographe et la date ainsi indiquée est manifestement fausse. Il a appartenu à l'empereur timouride Shihab ed-Din Mohammed Shah Djihan Padishah, qui y a inscrit une note de sa main (fol. 1 r°) بتاریخ ۲۳ شهر شر
سنه ...

Assez bon nestalik persan du xvii° siècle. 310 feuillets. 26 sur 17 centimètres. Reliure en maroquin rouge. — (Anquetil 77. — Supplément 181.)

247

Le même ouvrage.

Beau talik persan à encadrement, du xvii° siècle. 491 feuillets. 34 sur 21 centimètres. Reliure en maroquin violet. — (Gentil 13. — Supplément 182.)

248

نظام التواريخ . Précis d'histoire générale de la Perse, depuis la création jusqu'à l'année 674 de l'hégire, par le Kadi el-Kodat Nasir ed-Din Abou Saïd Abd Allah ibn Kadi el-Kodat Imam ed-Din Aboul Kasim Omar ibn Fakhr ed-Din Aboul Hasan Ali el-Beïdhavi.

Nasir ed-Din el-Beïdhavi fut kadi de Shiraz et mourut à Tauris en 685 ou 692 de l'hégire. Son père, Imam ed-Din Aboul Kasem Omar, avait été grand kadi du Fars sous le règne de l'atabek Abou Bekr ibn Saad. Le Nizam el-tévarikh est l'une des dernières œuvres de Nasir ed-Din qui la composa en 674 de l'hégire, mais qui lui ajouta une brève mention des événements postérieurs; il parle, en effet, tout à fait à la fin (fol. 59 v°) du sahib-i divan Béha ed-Din Mohammed el-Djouvéïni comme de son contemporain. Sylvestre de Sacy a publié dans les *Notices et Extraits* (t. IV, p. 672-695), l'analyse de cet ouvrage d'après le présent ms.; il est divisé en quatre sections :

I° Prophètes, saints et souverains, d'Adam à Noé; II° les quatre dynasties antéislamiques de l'Iran; III° les khalifes orthodoxes, les Omeyyades et les Abbassides; IV° les dynasties contemporaines des Abbassides, Saffarides, Samanides, Ghaznévides et Ghourides, Deïlémites, Seldjoukides, Salghourides, Ismaïliens, Khvarizmshahs et Mongols.

Début : الحمد لله ذى العظمة و الكبرياآ حمد بى غايت مبدعى راكه بيك

امرکن عالم ارواح واشباح را بیاقرید و بیدا کرد واجرام فلکی واجسام
عذ مری

Bon nestalik persan de la fin du xvi° siècle. 59 feuillets. 19 sur 11 centimètres.
Reliure occidentale en basane au chiffre du roi. Frontispice et encadrements en
or et en couleurs. — (Gaulmin; Regius 1513. — Ancien fonds 117.)

249

Le même ouvrage.

Cet exemplaire est suivi d'une liste de chronogrammes en vers sur la
mort d'Houlagou, Abaga, Arghoun, Ghazan, Oldjaïtou, Sultan Abou Saïd,
Sultan Oweïs, Shah Shodja, Shah Mansour, Sultan Barkouk, Yilderim Ba-
yezid et des saints اولیا célèbres.
Ce volume a fait partie de la bibliothèque du Sérail, comme le montre un
cachet imprimé au recto du folio 2.

Bonne écriture nestalik du xvi° siècle. 46 feuillets. 27 sur 18 centimètres. Cartonnage turc. — (Schefer 56. — Supplément 1362.)

250

Le même ouvrage.

L'histoire des souverains mongols s'étend, dans cet exemplaire, jusqu'en
739 de l'hégire, date de la mort du sultan Abou Saïd Mirza Béhadour
Khan. A la fin du volume (fol. 45 r° et suiv.) se trouvent les mêmes
chronogrammes en vers que dans le ms. 249.
Cet exemplaire provient de la bibliothèque du Sérail.

Assez bon nestalik persan de la fin du xvii° siècle, à encadrements et frontispice en or et en couleurs. 46 feuillets. 27 sur 17 centimètres. Reliure en basane
pleine au chiffre de Louis-Philippe. — (Ducaurroy 30. — Supplément 191.)

251

Le même ouvrage.

Rédaction presque identique à celle du ms. 248; cet exemplaire est incomplet du commencement.

Assez bon nestalik persan de la fin du xvii° siècle. 50 feuillets. 21 sur 14 centimètres. Reliure en papier. — (Anquetil 78. — Supplément 192.)

252

Le même ouvrage.

Exemplaire s'étendant jusqu'à la mort du sultan Abou Saïd.
On lit au recto du premier feuillet une note biographique sur Beïdhawi.

Neskhi turc du XVII° siècle à encadrements et frontispice en or et en couleurs,
58 feuillets, 18 sur 12 centimètres. Cartonnage turc. — (Schefer 208. — Supplément 1518.)

253

Histoire générale de la Perse et du monde musulman, par Nikpaï ibn Masoud ibn Mohammed ibn Masoud.

Le nom de Nikpaï نيكبى, a été porté par un prince mongol,
fils de Sarban, fils de Tchaghataï; il prouve que l'auteur de cette histoire
était d'origine turque ou mongole.

Une grande partie de la préface a disparu avec le titre du volume qui
débute ainsi après l'invocation : امّا بعد چنين كويد ناظم اين فرايد فوايد

از بحار ايمّة دين وناقد اين، لالى معالى از اصدان لباب علمآء راسخين
افقرخلق الله الغنى المعبود نيكبى بن مسعود بن محمّد بن مسعود......

Cette chronique est formée d'extraits d'historiens, cousus les uns au
bout des autres et à peine cités; ses principales sources sont, la chronique de Tabari, le grand traité historique d'Ibn el-Djauzi المنتظم في
تأريخ الأمم, le Djihankushaï et l'abrégé d'histoire de Nasir ed-Din ibn Omar
el-Beïdhavi, connu sous le titre de نظام التواريخ (†679 H.).

La présente chronique s'arrête à la conquête de Bagdad, par Houlagou
Khan (656 H.) et il vraisemblable qu'elle a été écrite dans les premières
années du VIII° siècle de l'hégire. La table des matières que l'on trouve
aux folios 2-7 est très incomplète. Voici le détail des faits historiques qui
sont exposés dans ce manuscrit :

Livres I, II. Les rois de Perse des dynasties légendaires, cette partie historique étant tirée du تأريخ معجم (man. 261 et suiv.). Pishdadiens (fol. 7 v°);
Kéanides (fol. 51 v°); Alexandre et les Arsacides اشكانيان (fol. 63 r°); Sassanides (fol. 67 v°); on trouve souvent citées dans cette partie la traduction
par Ibn el-Mokaffa du سمسم ايهو, le سير الملوك et la traduction par

Bélami de la chronique arabe de Tabari. — Livre III. Histoire antéislamique de l'Arabie (fol. 94 v°); histoire de Mahomet (fol. 104 r°); Abou
Bekr (fol. 174 v°); Omar (fol. 202 r°); Osman (fol. 247 r°); Ali (fol.
256 r°); Hasan (fol. 279 r°); les Omeyyades (fol. 285 v°); les Abbassides
(fol. 362 r°); expédition d'Houlagou contre Bagdad (fol. 460 v°). —
Livre IV. Les dynasties contemporaines des khalifes abbassides : Saffarides (fol. 462 v°), cette partie est extraite du نظام التواريخ (man. 248
et suiv.); les Samanides (fol. 463 r°); les Ghaznévides (fol. 508 v°); les
Bouïides (fol. 547 v°); les sultans du Khvarizm (fol. 551 v°); cette partie
est copiée du Tarikh-i Djihankushaï d'Ala ed-Din Ata Mélik el-Djouvéïni
(man. 441 et suiv.); histoire de Tchinkkiz Khakan (fol. 617 r°) également
tirée du Tarikh-i Djihankushaï.

Neskhi, nestalik et talik persans du xvi° siècle, 641 feuillets, 36 sur 29 centimètres. Reliure en basane pleine aux armes de Napoléon I°. — (Gaulmin,
Regius 1503. — Ancien fonds 61.)

254

جامع التواريخ. Histoire générale du monde depuis la
création jusqu'en 703 de l'hégire, par Rashid ed-Din Fadl
Allah ibn Imad ed-Daulèh Aboul Kheïr ibn Mouvaffik el-
Daulèh Ali.

Rashid ed-Din, né à Hamadan en 645, exerça d'abord la profession de
médecin et devint en 697 vizir de Ghazan Khan; Oldjaïtou Kharbendèh
le garda dans ces fonctions, et le sultan Abou Saïd Mirza Béhadour Khan le
fit mettre à mort en 718, à Tébriz, sous l'inculpation d'avoir empoisonné
son père Oldjaïtou.

La Djami el-tévarikh fut commencée en 700 sur l'ordre de Ghazan et
terminée dix ans plus tard sous Oldjaïtou; elle s'arrête définitivement en
703 (ms. 255, fol. 443 r° et fol. 269 v°). Elle fut composée par six secrétaires
qui travaillaient sous la direction du vizir et de l'ambassadeur de l'empereur de la Chine, Poulad Tchingsang (丞相), mais indépendamment les
uns des autres, de sorte qu'il n'est pas rare d'y relever des contradictions.
Pour la partie qui traite de l'histoire des Mongols et des peuples turks,
Rashid et Poulad furent à même de puiser dans les archives officielles de
l'empire, et les principales sources de cette partie de la chronique sont l'Al-
tan debter التان دبتر, les pièces officielles mongoles et turques qu'il firent
traduire en persan et le Djihankushaï. Elle est divisée en trois volumes,
qui ne se rencontrent complets dans aucun exemplaire.

Le premier volume comprend deux livres :

1° L'origine et les légendes historiques de l'antiquité turque rattachée à Noé, avec l'histoire et le pedigree des peuples turks; 2° l'histoire des ancêtres de Tchinkkiz Khakan, depuis Alankava; l'histoire de Tchinkkiz; de ses successeurs, les empereurs Yuen, et les princes des 4 oulous dans l'ordre suivant : Ougétaï, Tchoutchi, Tchaghataï, Touloui, Kouyouk, Mankkou, Koubilaï, Timour; des ilkhans de Perse, Houlagou, Abaga, Takoudar, Arghoun, Kaï Khatou, Ghazan.

Le second volume devait comprendre :

1° L'histoire d'Oldjaïtou; 2° une histoire générale du monde, d'Adam à l'année 700 de l'hégire, et la fin du règne d'Oldjaïtou, cette partie n'ayant probablement jamais été écrite.

Le troisième, dont on n'a jamais rencontré d'exemplaires, traitait de la géographie du monde.

Le présent exemplaire contient le texte du premier volume de la Chronique; il est incomplet du commencement et de la fin et présente de nombreuses lacunes dans les règnes du khakan Ougétaï, de Tchoutchi, de Tchaghataï; les règnes de Kouyouk, de Koubilaï et de Timour ont disparu presque en entier; la partie qui s'étend d'Houlagou à la mort de Ghazan est à peu près complète; il est orné d'un grand nombre de peintures, dont on trouvera la description dans la *Revue des Bibliothèques*, 1899, p. 46; bien que le plus grand nombre de ces peintures soient d'une exécution passable, elles sont fort importantes au point de vue de la documentation de l'époque des Mongols. Il porte au recto du feuillet 191 un cachet à demi effacé.

Neskhi persan cursif, de la première moitié du xiv° siècle, de 285 feuillets. 39 sur 23 centimètres. Demi-reliure. — (Supplément 1113.) E Reserve

255

Le même ouvrage.

Le premier volume, avec les deux préfaces, suivi d'un appendice ذيل contenant l'histoire des deux sultans Oldjaïtou et Abou Saïd. Rashid ed-Din avait l'intention d'écrire l'histoire du règne d'Oldjaïtou Kharbendèh et d'en former une grande partie du deuxième volume, mais il est vraisemblable que cette partie de la chronique de Rashid ed-Din est toujours restée à l'état de projet, de même que le troisième volume. Comme nous l'apprend Hafiz Abrou dans sa Zoubdet el-tévarikh (ms. 270, fol. 5 r°; Rosen, *Les manuscrits persans de l'Institut des langues orientales*, p. 66) et l'auteur de l'appendice du présent volume (fol. 443 r°), Shah Rokh Béhadour eut l'idée de faire compléter la Djami el-tévarikh, qui était restée imparfaite, pour raccorder l'histoire du premier empire mongol avec celle de Tamerlan. C'est pour satisfaire en partie à ce désir de Shah Rokh que l'auteur anonyme de cet appendice, qui est peut-être Hafiz Abrou, écrivit l'histoire des deux princes avec lesquels se termine l'empire fondé par Houlagou, rédigé sur le même plan que les biographies précédentes.

Début : ..... امّا بعد بندگی حضرت با رفعت پادشاه اسلام سلطان

سلاطین زمان واسطه امن وامان خلاصهٔ نوع انسان... (fol. 443 r°).

Le texte de ce manuscrit est de la même famille que celui du ms. 254. C'est sur cet exemplaire que Quatremère a établi le texte de son histoire d'Houlagou.

Exemplaire de luxe; très beau talik persan à encadrements et frontispices en or et en couleurs, copié en 837 de l'hégire par Masoud ibn Abd' Allah pour Shah Rokh Béhadour, comme l'indique un frontispice aux trois quarts effacé. 534 feuillets. 35 sur 26 centimètres. Reliure en basane pleine. — (Supplément 209.)

256
Le même ouvrage.

Exemplaire contenant le premier livre et le commencement du 2° livre du premier volume, jusqu'à la fin de la vie de Tchinkkiz Khakan (cf. Quatremère, Introduction à l'*Histoire des Mongols*, p. CXI). Le texte en est correct, mais toutes les têtes de chapitres, qui devaient être écrites à l'encre rouge, ont été omises, ce qui le rend difficile à utiliser; de plus, les derniers feuillets manquent. Ce volume porte au recto du folio 1 le titre de

تاریخ چنکس خان.

Bon neskhi persan de la première moitié du XIV° siècle. 121 feuillets. 33 sur 23 centimètres. Reliure en basane aux armes de Napoléon I°. — (Gaulmin: Regius 1510. — Ancien fonds 68.)

257-258
Le même ouvrage.

Deuxième partie du deuxième volume, en deux tomes, comprenant :

L'histoire des khalifes fatimites du Kaire, des Nizariens, نزاریان, ou Ismaïliens d'Alamout [ms. 257 (fol. 65 r°)]; d'Oughouz et des peuples de race turque (fol. 138 v°); des rois de Tchin et Matchin, comprenant l'histoire ancienne de la Chine (fol. 186 v°); l'histoire de l'Inde, comprenant une histoire du Bouddha et l'exposition des principaux dogmes du Bouddhisme (fol. 228 v°); l'histoire des Ghaznévides et des dynasties contemporaines [ms. 258 (fol. 2 v°)]; des Seldjoukides (fol. 121 v°); des sultans du Khvarizm (fol. 211 r°); des Salghourides du Fars (fol. 226 v°).

Cette portion de la chronique de Rashid ed-Din a été copiée à Constantinople sur un exemplaire qui fut exécuté pour le sultan Oulong Beg Kourkan, mais qui était donné comme étant le كتاب تواريخ عالم de Ahmed ibn Mohammed ibn Mohammed el-Boukhari; le texte n'en est pas très correct.

Bon nestalik turc de la seconde moitié du XIV° siècle. 336 et 239 feuillets. 26 sur 17 centimètres. Reliure en soie verte. — (Schefer 58 et 58 bis. — Supplément 1364 et 1365.)

259

روضة اولى الالباب فى تواريخ الاكابر والانساب. Précis d'histoire générale, depuis la création du monde jusqu'à l'avénement du sultan mongol Mirza Abou Saïd Béhadour Khan (717 H.), par Abou Soleïman ibn Daoud ibn Aboul Fazl Mohammed el-Bénakéti, البناكتى, surnommé Fakhr (ed-Din) el-Bénakéti, fils de Tadj ed-Din el-Bénakéti.

Fakhr el-Bénakéti, qui appartenait à une famille de Seyyids, reçut du sultan Mahmoud Ghazan Khan, en 701 de l'hégire, le titre de poëte lauréat, ملك الشعراء, et son frère Nizam ed-Din Ali acquit une grande célébrité dans le soufisme. Bénaket est la forme arabisée de Fénaket, فناكت, nom de la ville de la Transoxiane qui est aujourd'hui connue sous le nom de Tashkent.

Cette chronique, qui est souvent citée sous le titre de تاريخ بناكتى, est en réalité un abrégé de la chronique جامع التواريخ, de Fadl Allah Rashid ed-Din; elle fut composée en l'année 717 de l'hégire, comme l'indique le chronogramme de la fin (fol. 209 v°).

بسسسمال یسسزد وشسسسوال   شد این دفتر تمام از قیل و از قال ...
(ms. 259 یزود).

Elle est divisée en 9 sections :

1° Les prophètes, d'Adam à Abraham; 2° les quatre dynasties antéislamiques de Perse; 3° Mahomet, les imams et les trois dynasties des khalifes; 4° les dynasties contemporaines des Abbassides en Perse; 5° les rois et les prophètes des Juifs; 6° histoire des Chrétiens et des Francs; 7° histoire des Hindous; 8° histoire de la Chine; 9° histoire des Mongols.

Début : ..... امّا بعد چون حقّ جلّ وعلا توفيق رفيق اين ضعيف

..... وهو اضعف خلق الله. تعالى ابو سليمان بن داود

Manuscrit de luxe; talik à encadrement et à frontispice en or et en couleurs, daté de l'année 1013 de l'hégire. 209 feuillets, 31 sur 18 centimètres. Reliure ornementée en maroquin brun. — (Arsenal. — Supplément 210.)

260

Le même ouvrage.

Bon nestalik persan du XIX° siècle. 140 feuillets. 30 sur 18 centimètres. — (Schefer, 42. — Supplément 1347.)

261

كتاب المعجم فى آثار ملوك العجم. Histoire des quatre dynasties antéislamiques de la Pers, de Kayoumars à Khosrav Anoushirvan, par Shéref ed-Din Aboul Fazl Fazl Allah el-Hadji el-Hoseïni.

L'auteur de ce traité historique est souvent confondu avec Izz ed-Din Fazl Allah, père du célèbre historien Vassaf; un possesseur de l'un des exemplaires de cette chronique a même commis une erreur plus grave en en faisant le fils de Vassaf : كتاب فى آثار ملوك العجم تاليف صاحب معظّم مولانا اعظم منشى النثر والنظم مختار السلاطين شرف الدولة ابو الفضل بن الوصّاف فضل الله. Une note du même possesseur indique qu'il aurait eu entre les mains l'exemplaire autographe de l'histoire des Mongols de Vassaf, à la fin duquel se serait trouvée une mention, d'après laquelle le el-Modjem serait l'œuvre de Vassaf lui-même. Ahmed Razi, l'auteur du Heft Iklim, admettait qu'il est l'œuvre du père de Vassaf (Rieu, *Catalogue of Persian manuscripts*, p. 811). Cet ouvrage historique, qui est écrit dans un style très recherché, est dédié à l'atabek Nousret ed-Din Ahmed ibn Yousouf Shah, de la dynastie du Lour-i Bouzourg, qui mourut en 730

ou 733 de l'hégire, suivant l'auteur du Hébib el-siyer; Hadji Khalifa indique à tort 654 comme la date de sa composition.

Début : ان حقّ ما يفتح به الكلام و ينتج به المرام حمد الملك العلّام

القدوس السلام الذى اشرقت بانوار قدسه......

ou, d'après une autre préface : تحميد بلا نهايت و تمجيد بلا غايت ملكى

را سزاوارست كه بيك اشارت امركن عالم......

Cet exemplaire porte les ex-libris de Mahmoud ibn Mohammed ibn
Kadizadèh Roumi, surnommé Miram; de Tchélébi Ismaïl Asim (1170 H.)
et de Mohammed Arif, kaziasker de Roumélie.

Exemplaire de luxe en beau neskhi persan à encadrements et frontispices en or
et en couleurs, du commencement du xvi° siècle. 128 feuillets, 26 sur 17 centimètres. Reliure orientale en cuir gaufré. — (Schefer 53. — Supplément 1359.)

262

Le même ouvrage.

Exemplaire de plusieurs mains, neskhi et nestalik passables de la fin du
xvii° siècle. 172 feuillets. 22 sur 16 centimètres. Reliure orientale en cuir rouge.
— (Renaudot; Saint-Germain 372. — Supplément 195.)

263

Le même ouvrage.

Exemplaire incomplet d'un feuillet de la fin.

Bon nestalik persan du commencement du xiv° siècle, sur papier bleu foncé.
108 feuillets. 29 sur 17 centimètres. Reliure en cuir noir. — (Supplément 196.)

264

تاريخ گزيده. Abrégé d'histoire générale, depuis l'origine
du monde jusqu'en 730 de l'hégire, par Hamd Allah ibn
Abou Bekr ibn Ahmed ibn Nasr Mostaufi Kazwini.

Hamd Allah appartenait à une famille de Kazwin nommée les Mostaufis;
son arrière grand-père, Emin ed-Din Nasr, embrassa la vie religieuse après
avoir été mostaufi de l'Irak; il fut tué au cours de l'invasion mongole. Son
frère, Zeïn ed-Din Mohammed ibn Tadj ed-Din Abou Bekr ibn Zeïn ed-

Din Ahmed ibn Emin ed-Din Nasr, fut naïb du vizirat وزارت ديوان نائب
à l'époque de Fadl Allah Rashid ed-Din, l'auteur de la جامع التواريخ. Hamd
Allah Mostaufi est l'auteur d'un traité de géographie célèbre en Orient
sous le titre de نزهة القلوب.

Le Tarikh-i gouzidèh est dédié à Ghiyas ed-Din Mohammed († 736 H.),
fils de Rashid ed-Din, qui avait protégé Hamd Allah; cet ouvrage n'est
guère qu'un abrégé sans grande valeur de la جامع التواريخ du vizir de
Ghazan. Il est divisé en :

I. Une introduction, dans laquelle se trouve racontée la création du
monde. II. Six livres comprenant : 1° les prophètes; 2° les souverains
antéislamiques; 3° Mahomet, les imams, les khalifes orthodoxes, les Omeyyades et les Abbassides; 4° les Saffarides, Samanides, Ghaznévides, Ghourides, Déïlémites, Seldjoukides, Khvarizmshahs, Atabeks du Diar-Bekr et
du Fars, Ismaïliens, Karakhitaïs, Atabeks du Louristan, les Mongols,
Tchinkkiz Khakan et ses successeurs; 5° les biographies des imams, des
traditionnistes, des sheïkhs, des poètes; 6° la description et l'histoire de la
ville de Kazwin. III. La conclusion خاتمه comprend des tables généalogiques.

Début : سپاس وستنايش مر پادشاهی راکه ملك او بی زوالست و مملکت
او بی انتقال...

Assez bon nestalik persan, daté de 872 de l'hégire (1467 de J.-C.). 363 feuillets. 22 sur 14 centimètres. Reliure en cuir estampé. — (Schefer 130. —
Supplément 1438.)

265

Le même ouvrage, portant un grand nombre de gloses
marginales.

On trouve au verso du folio 3 des vers de Reshid-i Vatvat. Cet exemplaire
a fait partie de la bibliothèque des sultans timourides de l'Hindoustan.

Bon neskhi persan à encadrements, copié par Ismaïl ibn Kadi Minâ Firouzabadi en 943 de l'hégire (1536 de J.-C.). 309 feuillets. 24 sur 18 centimètres.
Demi-reliure. — (Brueys 9. — Supplément 173.)

266

Le même ouvrage.

Exemplaire incomplet du commencement et de la fin.

Très bon talik du milieu du xvie siècle. 403 feuillets. 24 sur 15 centimètres.
Reliure persane ornée. — (Supplément 172.)

267

Le même ouvrage.

Exemplaire incomplet de la fin.

Assez bon nestalik persan de la fin du xvii° siècle. 303 feuillets. 27 sur 15 centimètres. Reliure en basane pleine aux armes du roi. — (Jolif. — Supplément 171.)

268

Le même ouvrage.

Assez bon nestalik indien à encadrements et frontispices, du xviii° siècle. 336 feuillets. 2° sur 16 centimètres. Reliure en maroquin brun. — (Gentil 15. — Supplément 170.)

269

جمع الانساب. Précis d'histoire générale, depuis les temps les plus reculés jusqu'en 736 de l'hégire, par Mohammed ibn Ali ibn Mohammed ibn Hoseïn ibn Abi Bekr el-Shébankaraï.

Un possesseur moderne de ce manuscrit a voulu le faire passer pour un exemplaire de la chronique de Hafiz Abrou, tout en laissant la date de 736. Mohammed ibn Ali, qui était originaire du district de Shébankara, entre le Fars et le Kirman, était poète, et il dédia cette chronique au vizir Ghiyas ed-Din Mohammed, fils de l'illustre Rashid ed-Din. Cet ouvrage eut une seconde édition, qui vit le jour en 743 de l'hégire.

La division de l'ouvrage est très compliquée; il commence par une longue introduction, dans laquelle l'auteur traite de la nature de l'âme et de l'intelligence, et expose les théories courantes des philosophes, sur le monde, le microcosme et le macrocosme, et un abrégé de géographie. L'introduction est suivie par une table du livre, qui, comme le dit l'auteur, est divisé en deux grandes sections, l'histoire des prophètes et celle des rois (fol. 36 r°). L'histoire des rois est très inégale suivant les dynasties et comprend l'énumération de tous les princes qui ont régné dans le monde jusqu'à la mort du sultan mongol Mirza Abou Saïd Béhadour Khan. Quelques exemplaires sont suivis d'une histoire du Louristan.

Le présent manuscrit est incomplet du commencement et de la fin, et beaucoup de feuillets ont été très endommagés.

Nestalik médiocre du xvii° siècle. 315 feuillets. 25 sur 17 centimètres. Reliure en demi-parchemin. — (Supplément 1278.)

270

زبدة التواريخ . Traité d'histoire générale, par Khvadjèh Nour ed-Din Loutf Allah, plus connu sous le nom de Hafiz Abrou حافظ ابرو († 834 H).

Le titre de l'ouvrage ne se trouve pas indiqué dans cet exemplaire, pas plus que le nom de l'auteur, mais son identification n'est point douteuse. Cette chronique fut dédiée en 828 de l'hégire (fol. 3 v°) au sultan timouride Shah Rokh Mirza et à son troisième fils, Baïsonghar Béhadour Khan, dont le nom est resté en blanc dans le présent exemplaire (fol. 3 v°) et qui mourut en 837, après s'être beaucoup occupé de littérature. En 826 de l'hégire, Baïsonghar Béhadour Khan avait chargé Hafiz Abrou de la composition d'une grande chronique, et cet historien s'acquitta de cette tâche en compilant les traités de traditions, les commentaires du Koran, l'histoire des prophètes de Nishapouri, la chronique de Tabari, les Prairies d'Or de Masoudi, le Livre des Rois de Firdousi, etc. وحكايات از كتب

احاديث وتفاسير وتواريخ متعدد مثل قصص الانبيا وسير النبى وتاريخ محمد بن جرير طبرى ومروج الذهب ومعادن الجواهر وشه نامه فردوسى وغيرهم ..... (fol. 5 r°).

Sur ces entrefaites (828 H.), Shah Rokh Béhadour donna à Hafiz Abrou l'ordre de compléter le Kitab-i Réshidi, autrement dit la جامع التـواريخ, dont la partie comprenant toute l'histoire du monde jusqu'à Mahomet était perdue, ou peut-être n'avait jamais été écrite; Hafiz Abrou conseilla au sultan de faire mettre à cet effet le commencement de sa chronique à la place qui était restée vacante dans celle de Rashid ed-Din (fol. 5 r°; cf. V. Rosen, *Manuscrits persans de l'Institut...*, 1886, p. 52 et suiv.; Rieu, *Supplément*, p. 16 et suiv.). L'auteur du مطلع السعدين donne 830 comme la dernière date que l'on trouve dans cette chronique; d'autre part, Hafiz Abrou déclare qu'elle se composait de deux parties, l'une allant de la création à Mahomet, l'autre de Mahomet à Ouloug Beg (fol. 8 v°). Le présent exemplaire ne contient que la première partie, celle qui fut ajoutée, pour la compléter, à la chronique de Rashid ed-Din.

La préface se continue par deux chapitres, l'un sur la chronologie, les ères در تعريف تاريخ (fol. 5 r°), et l'autre sur les lois de la critique historique ذكر فوايد علم تاريخ (fol. 6 r°).

Cette première partie de la Zoubdet el-tévarikh est ainsi divisée :

Une introduction dans laquelle se trouvent exposés : la création du monde, celle d'Adam, l'adoration d'Adam par les anges, la création d'Ève, l'expul-

ا.

ا h

sion d'Adam et Ève du paradis, le pèlerinage d'Adam à la Mecque, sa mort; le 1er chapitre, باب, réparti en deux sections, comprend l'histoire des prophètes, depuis la mort d'Adam jusqu'au commencement de la dynastie sassanide; le 2e chapitre est divisé en 8 sections; il comprend l'histoire de tous les prophètes; le 3e chapitre, divisé en cinq sections, contient l'histoire d'Alexandre le Grand et des prophètes qui l'ont suivi, celle des Arsacides ملوك طوائف, des empereurs grecs, et des rois des Arabes à l'époque des Arsacides; le 4e chapitre contient l'histoire des Sassanides.

Ce manuscrit, étant daté de Moharrem 829, a probablement été copié pour être offert à Shah Rokh ou à Baïsonghar, mais il est vraisemblable qu'il ne l'a point été, car Hafiz Abrou n'aurait pas laissé en blanc le nom de ces deux princes.

Manuscrit de grand luxe en très beau talik, daté de Moharrem 829 de l'hégire (1425 de J.-C.), contenant l'ébauche de quelques peintures. 227 feuillets. 33 sur 20 centimètres. Reliure en maroquin rouge. — (Arsenal. — Supplément 160.)

271

بهجة التواريخ. Précis d'histoire générale, depuis la création jusqu'à l'avènement du sultan osmanli Mohammed ibn Mourad, en 855 de l'hégire, par Shokr Allah ibn el-Imam Shihab ed-Din Ahmed ibn el-Imam Zeïn ed-Din Zéki.

L'auteur, qui fut durant cinquante et un ans au service des princes de la famille d'Osman, termina cette chronique en 861 de l'hégire et la dédia au sultan régnant; il avait alors 73 ans. Il avait été envoyé en 854 de l'hégire par le sultan Mourad en ambassade au prince de Karamanie; il composa deux autres ouvrages de théologie, le منهاج الرشاد et le انيس العارفين.

Cette chronique, qui fut terminée en 861 de l'hégire, est divisée en 13 chapitres, dont l'énumération se trouve donnée dans la préface :

1° La création matérielle et spirituelle; les races qui peuplent les sept climats; 2° les prophètes de l'Islam; 3° la généalogie de Mahomet; 4° la vie de Mahomet; 5° la famille de Mahomet; 6° et 7° les compagnons de Mahomet; 8° et 9° les chefs des quatre rites et les sheïkhs; 10° les philosophes anciens; 11° les rois des quatre dynasties antéislamiques de l'Iran; 12° les khalifes Omeyyades, les Abbassides et les Seldjoukides; 13° les sultans osmanlis.

Début : اين كتابيست از تفاسير كلام رب العالمين جل ذكره وعم نواله
از كتب سنه احاديث نبوى واز كتاب سير نى......

Bon neskhi persan daté de 940 de l'hégire (1533 de J.-C.). 157 feuillets. 23 sur 14 centimètres. Reliure en maroquin brun estampé et doré. — (Supplément 1120.)

272

Le même ouvrage.

Exemplaire incomplet du commencement.

Bon neskhi turc copié en 955 de l'hégire (1548 de J.-C.) à Philippopoli, 185 feuillets. 21 sur 15 centimètres. Cartonnage turc. — (Schefer 190. — Supplément 1500.)

273

Le même ouvrage.

Bon nestalik turc daté de 987 de l'hégire (1579 de J.-C.). 195 feuillets. 21 sur 13 centimètres. Reliure en maroquin brun estampé et doré. — (Ancien fonds 91.)

274

Le même ouvrage.

Cet exemplaire porte les ex-libris du fakir Ibrahim ibn Mohammed, d'Abou Bekr Roustem ibn Ahmed el-Shirvani.

Assez bon nestalik turc, copié par Ibrahim ibn Hadji Mohammed el-Foudji, écrivain de la Porte ottomane, كاتب ديوان هايون, en 1014 de l'hégire (1605 de J.-C.). 216 feuillets. 20 sur 13 centimètres. Reliure en maroquin rouge estampé et doré. — (Ancien fonds 90.)

275

Le même ouvrage.

Cet exemplaire porte l'ex-libris de Masoud ibn Ibrahim et de Fcïz (Allah) ibn Abd el-Kadir.

Bon neskhi du xviie siècle. 372 feuillets. 18 sur 13 centimètres. Reliure en maroquin brun. — (Schefer 161. — Supplément 1470.)

276

رَوْضة الضّفا فى سيرة الأنبيا والملوك والخلفاء. Traité d'histoire générale du monde, et spécialement du monde musulman

14.

et de l'Iran jusqu'à l'époque de l'auteur, écrit en persan par Mohammed ibn Khavend Shah شاه خاوند ibn Mahmoud, généralement connu sous le nom de میرخواند Mir Khvand et, en Europe, de Mirkhond.

Mohammed ibn Khavend Shah ibn Mahmoud appartenait à une famille alide établie à Boukhara. Seyyid Bourhan ed-Din Khavend Shah, père de Mirkhond, se rendit célèbre dans cette ville par sa piété et par sa science: Mirkhond quitta de bonne heure sa ville natale pour se rendre à la cour des sultans timourides du Khorasan, qui brillait alors de toute sa splendeur, et où les littérateurs et les artistes étaient sûrs d'être bien accueillis; il y fut le client du célèbre Mir Ali Shir Névaï, qui accepta la dédicace du Rauzet el-séfa, sans prévoir sans doute l'immense popularité dont cet ouvrage était appelé à jouir. Mirkhond mourut à Hérat au mois de Redjeb 903 de l'hégire. Le Rauzet el-séfa a été lithographié à Bombay en 1271 de l'hégire et à Téhéran de 1270 à 1274; une traduction turque a été imprimée à Constantinople en 1258 de l'hégire; il est divisé en sept volumes et un appendice géographique. Le dernier volume, par suite de la maladie dont Mirkhond fut atteint à la fin de sa vie, fut terminé par Khondémir.

Le 1er volume contient l'histoire des prophètes et celle de la Perse ancienne jusqu'à Yezdegerd; le 2e, l'histoire de Mahomet et des premiers khalifes; le 3e, l'histoire des douze imams et des dynasties des Omeyyades et des Abbassides; le 4e, l'histoire des dynasties contemporaines des Abbassides et de celles qui régnèrent jusqu'à Timour; le 5e, l'histoire des Turks, de Tchinkkiz Khakan et de ses successeurs jusqu'à Timour; le 6e, l'histoire de Timour et de ses successeurs jusqu'au sultan Abou Saïd; le 7e, l'histoire des Timourides, d'Aboul Ghazi Sultan Hoseïn à l'année 929 de l'hégire.

Cet exemplaire, qui comprend le volume I, fut offert en 1828 à la bibliothèque de la ville de Calais par un certain Pigault Maubaillare.

Bon talik indien copié à Agra en 1019 de l'hégire (1610 de J.-C.) par Allah-bakhsh ibn Sheïkh Taha Kanoudji. 310 feuillets. 35 sur 24 centimètres. Encadrements et frontispices en or et en couleurs. Demi-reliure. — (Sir Estrachey (1767); Shea (1813). — Supplément 152.)

277

Le même ouvrage, volume I.

Beau talik persan copié en 1027 de l'hégire (1617 de J.-C.) par Ismaïl ibn Mohammed el-Shirazi. 318 feuillets. 31 sur 20 centimètres. Demi-reliure. — (Regius 1502. — Ancien fonds 55.)

278

Chronique de Mirkhond, volume I.

Nestalik indien passable, copié en 1048 de l'hégire (1638 de J.-C.) par Tahmasp ibn Mohammed el-Hoseïni. 265 feuillets. 30 sur 18 centimètres. Reliure en maroquin rouge estampé. — (Brueys I. — Supplément 151.)

279

Le même ouvrage, volume I.

Talik indien cursif, copié en 1054 de l'hégire (1644 de J.-C.) par Mohammed Kazem Khatounabadi (?). 342 feuillets. 25 sur 31 centimètres. Reliure en maroquin rouge estampé et doré. — (Otter. — Supplément 152 A.)

280

Le même ouvrage, volume I.

Cet exemplaire porte l'ex-libris de Molla Hakkzadèh Mohammed Masoud.

Nestalik persan cursif du xvii° siècle. 398 feuillets. 25 sur 18 centimètres. Reliure orientale en maroquin brun. — (Ducaurroy 31 A. — Supplément 153.)

281

Le même ouvrage, volume I.

Cet exemplaire est orné de peintures dont on trouvera la description dans la *Revue des Bibliothèques*, 1900, p. 295.

Bon nestalik du xvii° siècle, à encadrements et frontispices. 307 feuillets. 20 sur 33 centimètres. Reliure en maroquin brun. — (Schefer 250. — Supplément 1567.)

282

Le même ouvrage, volume I.

Talik indien du commencement du xviii° siècle. 199 feuillets. 37 sur 21 centimètres. Reliure orientale en maroquin rouge estampé et doré. — (Anquetil 82. — Supplément 154.)

283

Chronique de Mirkhond, volumes I et II (fol. 170).

Nestalik indien passable du commencement du xviii° siècle. 379 feuillets. 34 sur 23 centimètres. Reliure en cuir noir. — (Gentil 55. — Supplément 150.)

284

Le même ouvrage, volume II.

Les feuillets 3-4 contiennent une table des chapitres.

Assez bon neskhi persan daté de 978 de l'hégire (1570 de J.-C.), à encadrements et frontispices en or et en couleurs. 264 feuillets. 33 sur 21 centimètres. Reliure orientale en maroquin noir. — (Arsenal. — Supplément 159.)

285

Le même ouvrage, volume II.

Assez bon talik persan, copié en 983 (1585 de J.-C.) par Dost Mohammed ibn Ali Dost. 405 feuillets. 32 sur 21 centimètres. Reliure en cuir rouge estampé et doré, frontispice et encadrement en or et en couleurs. — (Brueys 1. — Supplément 151 A.)

286

Le même ouvrage, volume II.

Cet exemplaire porte plusieurs cachets et ex-libris : de Hadji-Mohammed ibn Ali, de Siradj ed-Din Mohammed, de Seïf Allah avec la date 1059 de l'hégire, de Djémal ed-Din Mohammed el-Hoseïni, d'un officier indien nommé Behmenyar Leshkéri, خاكپای بهمنیار لشكری avec la date (10)32 de l'hégire, et d'un prince (?) nommé Shah Shodja Rouh el-Emin?

Assez bon nestalik indien, copié en 1016 de l'hégire (1607 de J.-C.). 302 feuillets. 33 sur 23 centimètres. Reliure en maroquin rouge aux armes du roi. — Thévenot; Regius 1502. — Ancien fonds 56.)

287

Le même ouvrage, volume II.

Talik persan cursif, copié en 1020 de l'hégire (1611 de J.-C.) par Abd Allah... el-Hoseïni pour Hoseïn ibn Miran el-Hoseïni el-Astérabadi. 365 feuillets. 25 sur 18 centimètres. Cartonnage. — (Ducaurroy 31 B. — Supplément 153 A.)

288

Chronique de Mirkhond, volume II.

Talik à encadrements et frontispices en or et en couleurs, de la première moitié du xvii° siècle. 379 feuillets. 36 sur 25 centimètres. Demi-reliure. — (Otter. — Supplément 152 B.)

289

Le même ouvrage, volume II.

Incomplet, s'arrêtant au milieu du khalifat d'Omar, au commencement du chapitre . . . ذكر رسيدن روميان بحمص.

Bonne écriture persane du xvii° siècle. 198 feuillets. 30 sur 21 centimètres. Cartonnage turc. — (Gaulmin; Regius 1503. — Ancien fonds 57.)

290

Le même ouvrage, volume II.

Ce manuscrit a été acquis par Gentil au prix de 12 roupies.

Talik indien passable de la fin du xvii° siècle. 492 feuillets. 31 sur 17 centimètres. Cartonnage. — (Gentil 55. — Supplément 150 A.)

291

Le même ouvrage, volume II.

Assez bon talik indien de la fin du xvii° siècle, à encadrements et frontispices en or et en couleurs. 286 feuillets. 33 sur 20 centimètres. Demi-reliure. — (Supplément 155 B.)

292

Le même ouvrage, volume III.

Nestalik indien médiocre copié en 1070 de l'hégire (1659 de J.-C.), par Nizamaï Saïdi نظامای صاعدی Shirazi. 127 feuillets. 31 sur 19 centimètres. Reliure indienne en cuir rouge. — (Supplément 155.)

293

Chronique de Mirkhond, volume III.

Nestalik persan copié en 1087 de l'hégire (1676 de J.-C.), par Ibn Djémal Shoû-listâni شولستانی Abou Mouslim. 255 feuillets. 24 sur 18 centimètres. Reliure en cuir jaune. — (Otter. — Supplément 152 C.)

294

Le même ouvrage, volumes III et VI (fol. 186).

Assez bon nestalik persan, à frontispices et encadrements en or et en couleurs, daté de 978 de l'hégire (1570 de J.-C.). 389 feuillets. 34 sur 23 centimètres. Reliure en cuir noir. — (Gentil 55. — Supplément 150 B.)

295

Le même ouvrage, volume IV.

Bon neskhi persan, daté de 980 de l'hégire (1572 de J.-C.), à encadrements et frontispice en or et en couleurs. 290 feuillets. 33 sur 21 centimètres. Reliure orientale en maroquin noir. — (Supplément 159 A.)

296

Le même ouvrage, volume IV.

Bon talik indien daté de 1022 de l'hégire (1613 de J.-C.), à encadrements et à frontispices en or et en couleurs. 291 feuillets. 31 sur 17 centimètres. Reliure orientale en maroquin brun. — (Supplément 157.)

297

Le même ouvrage, volume IV.

Manuscrit appartenant au même exemplaire que le numéro 292.

Assez bon nestalik, copié par Nizamaï نظامای Katib Tarikhi Shirazi en 1070 de l'hégire (1659 de J.-C.). 174 feuillets. 30 sur 19 centimètres. Reliure indienne en cuir rouge. — (Supplément 155 E.)

298

Chronique de Mirkhond, volume IV.

Assez bon talik persan, daté de 1080 de l'hégire (1669 de J.-C.), 279 feuillets, 28 sur 17 centimètres. Reliure en basane pleine. — (Supplément 156.)

299

Le même ouvrage, volume V.

Bon nestalik persan de la fin du xvi° siècle, 237 feuillets, 37 sur 24 centimètres, Reliure orientale en maroquin rouge estampé. — (Supplément 158.)

300

Le même ouvrage, volume V.

Neskhi persan médiocre, daté de 1017 de l'hégire (1608 de J.-C.), 265 feuillets, 29 sur 17 centimètres. Demi-reliure. — (Supplément 155 C.)

301

Le même ouvrage, volume V.

Bon neskhi indien de la fin du xvii° siècle, 223 feuillets, 37 sur 23 centimètres, Demi-reliure. — (Anquetil 83. — Supplément 154 A.)

302

Le même ouvrage, volume V.

Fragments se terminant avec le chapitre consacré à Tourakina Khatoun توراكينا خاتون.

Neskhi persan passable du milieu du xvii° siècle, 54 feuillets, 29 sur 19 centimètres. Reliure en parchemin. — (Renaudot. — Supplément 161.)

303

Chronique de Mirkhond, volumes V et VI.

Cet exemplaire est incomplet du commencement; il débute vers la fin du règne du khakan Mankkou Kaan. Le volume VI est suivi d'un extrait du حبيب السير de Khondémir, pris dans le volume III, quelque peu avant le chapitre intitulé : ذكر بهلى از احوال و اوصان خاقان مطفر, c'est-à-dire au règne du sultan timouride Hoseïn Mirza.

Un possesseur de ce manuscrit, dont le premier feuillet était perdu, a voulu le faire passer comme étant une chronique écrite par Mohammed ibn Abbad Allah Shah, sur le désir du vizir Mir Ali Shir Névaï.

Assez bon nestalik du commencement du xvii° siècle. 551 feuillets. 35 sur 24 centimètres. Reliure en cuir noir. — (Gentil 55. — Supplément 150 C.)

304

Le même ouvrage, volume V.

Extraits comprenant la vie de Tchinkkiz Khakan et de son fils Ougétaï Khan. D'après une note en latin, cet exemplaire a été copié sur un volume appartenant à d'Herbelot, par Joseph Lazare d'Alep.

Neskhi du xviii° siècle. 108 feuillets. 23 sur 17 centimètres. Reliure en maroquin rouge aux armes du roi. — (Galland 51: Regius 1513, 3. — Ancien fonds 104.)

305

Le même ouvrage, extraits du volume V et conclusion.

Ce volume appartient au même exemplaire que le ms. 295.

Bon neskhi persan de 980 de l'hégire (1572 de J.-C.), à encadrements en or et en couleurs. 71 feuillets. 33 sur 20 centimètres. Demi-reliure. — (Arsenal. — Supplément 159 B.)

306

Le même ouvrage, volumes V et VI (fol. 161).

Bon neskhi persan copié de 986 à 988 de l'hégire (1578-1580 de J.-C.), frontispices et encadrements en or et en couleurs. 410 feuillets. 36 sur 24 centimètres. Reliure persane en maroquin rouge estampé et doré. — (Supplément 155 A.)

307

Chronique de Mirkhond, volume VI.

Ce volume appartient au même exemplaire que le ms. 295.

Bon neskhi persan à encadrements et à frontispices en or et en couleurs, de 980 de l'hégire (1572 de J.-C.), 302 feuillets. 33 sur 21 centimètres. Reliure orientale en maroquin noir. — (Arsenal. — Supplément 159 C.)

308

Le même ouvrage, volume VI et l'appendice (fol. 357).

Cet exemplaire est orné d'enluminures dont on peut voir la description dans la *Revue des Bibliothèques*, 1898, p. 138.

Assez bon nestalik persan daté de 1013 de l'hégire (1604 de J.-C.) pour la première partie et de 1004 (1595 de J.-C.) pour la seconde. Le premier copiste se nomme Mahmoud ibn Hadji Mohammed; le second Nour ed-Din Ali el-Laidji? el-Nourbakhshi. 409 feuillets. 31 sur 18 centimètres. Encadrements et frontispices en or et en couleurs. Demi-reliure. — (Brueys 2 C. — Supplément 151 B.)

309

Le même ouvrage, volume VI.

Bon talik indien copié en 1040 de l'hégire (1630 de J.-C.), par Ali Khan ibn Haïder Ali el-Hérévi. 370 feuillets. 31 sur 19 centimètres. Reliure indienne en cuir rouge. — (Supplément 155 D.)

310

Le même ouvrage, volume VI.

Bon talik persan du milieu du XVIIe siècle. 140 feuillets. 29 sur 20 centimètres. Reliure en basane pleine. — (Thévenot; Regius 1507. — Ancien fonds 60.)

311

Le même ouvrage, volume VII.

Les feuillets de garde de ce volume sont couverts de vers mystiques; on y trouve, au folio 2 r°, l'ex-libris d'Abou Bekr ibn Roustem ibn Ahmed el-Shirvani, les cachets d'Abou Tourab el-Hoseïni et d'un certain Mohammed ibn Ahmed.

Bon nestalik persan cursif de la fin du xvII° siècle. 449 feuillets, 25 sur 18 centimètres. Reliure en basane au chiffre de Louis-Philippe. — (Ancien fonds 58.)

312

خلاصة الاخبار فى بيان احوال الاخيار . Résumé d'histoire générale, depuis la création jusqu'en l'année 905 de l'hégire, par Ghiyas ed-Din ibn Homam ed-Din, surnommé Khondémir (voir n° 316).

Le Khilaset el-akhbar fut commencé en 904 de l'hégire et dédié à Mir Ali Shir Névaï, qui avait mis sa bibliothèque, alors fort riche, à la disposition de Khondémir; ce résumé historique fut terminé dans l'espace de six mois. Cette chronique ne s'étend en réalité que jusqu'au second avènement de Sultan Hoseïn Mirza en 875 de l'hégire, mais le récit des aventures du fils d'Abou Saïd conduit jusqu'en 905 de l'hégire.

Le Khilaset el-akhbar est divisé en une préface مقدمة contenant le récit de la création, et dix traités مقاله : 1° les prophètes; 2° les sages; 3° les dynasties antéislamiques de Perse et les rois arabes; 4° Mohammed; 5° les khalifes orthodoxes et les douze imams; 6° les Omeyyades; 7° les Abbassides; 8° les dynasties contemporaines des Abbassides et celles qui leur ont succédé; 9° Tchinkkiz Khakan et ses successeurs; 10° Timour et ses successeurs jusqu'en 875 de l'hégire. Un appendice خاتمه contient la description de Hérat et des notices biographiques sur des personnages qui furent les contemporains de Khondémir.

Début : خلاصه كلمات راويان اخبار انبياى عالى مقدار ....

Cet exemplaire porte l'ex-libris d'un certain Abd el-Moumin, qui était kadi de Bagdad en 1014 de l'hégire.

Bon neskhi persan à encadrements et frontispices en or et en couleurs, copié par un certain Abd Allah dans la première moitié du xvi° siècle. 351 feuillets, 31 sur 21 centimètres. Reliure en basane pleine au chiffre de Napoléon Iᵉʳ. — (Renaudot; Saint-Germain 104. — Supplément 175.)

313

Le même ouvrage.

Bon nestalik persan du xvII° siècle avec encadrements en or. 466 feuillets, 30 sur 18 centimètres. — (Schefer 19. — Supplément 1322.)

314

Le même ouvrage.

Exemplaire incomplet s'arrêtant au cours du livre VIII, avec les Atabeks du Louristan et les Mouzafférides. Un possesseur de ce manuscrit a voulu faire croire qu'il était complet et a écrit à la fin تمام شد کتاب گلزار هند.

Bon nestalik indien du commencement du XVIe siècle. 247 feuillets, 25 sur 13 centimètres. Reliure en basane au chiffre de Napoléon Ier. — (Gentil 19. — Supplément 176.)

315

تاریخ صدر جهان. Histoire générale depuis la création jusqu'au IXe siècle de l'hégire, par Feïz Allah ibn Zeïn el-Abidin ibn Hosam Banbani, surnommé Mélik el-Kodat Sadr-i Djihan.

Cette chronique commence brusquement, sans préface, sans aucune indication de titre ni de nom d'auteur; on trouve au folio 155 v° un passage qui permet de déterminer par qui elle fut écrite et à quelle date : میگوید مؤلّف این کتاب فیض الله بن زین العابدین بن حسام بنبان المخاطب بملک القضاة صدر جهان که در سنه سبع وسبعایة (lire تسعمایة) این مؤلّف در دکهن در شهر دار الملک محمّد اباد ... بحکم فرمان پادشاه هفت اقلیم محمود شاه بن محمّد شاه بن احمد شاه بن محمّد شاه بن مظفّر شاه ... برسم رسالت رسید... Il s'ensuit, comme l'on voit, qu'en 907 de l'hégire (le manuscrit porte 707, mais la correction est évidente), Mélik el-Kodat Sadr-i Djihan fut envoyé en ambassade à Mohammed Abad, par son souverain, Mahmoud Shah ibn Mohammed Shah ibn Ahmed Shah ibn Mohammed Shah ibn Mouzaffer Shah, c'est-à-dire par le sultan Mahmoud Shah Bigara du Goudjarate, qui régna de 863 à 917 de l'hégire. Au folio 1 v°, l'auteur dit que ce fut sur le désir exprimé par ce prince qu'il entreprit la rédaction de cette chronique, dont le titre تاریخ صدر جهان a été ajouté par un des possesseurs du volume sur l'un des feuillets de garde. Cet ouvrage contient :

Les prophètes (fol. 1 v°); les rois de Perse des quatre dynasties anté-islamiques (fol. 16 r°); les Tobbas du Yémen (fol. 28 r°); l'histoire de

Mahomet (fol. 31 v°); les khalifes orthodoxes (fol. 59 v°); les Omeyyades (fol. 75 v°); les Abbassides (fol. 89 v°); les dynasties contemporaines des Abbassides (fol. 105 r°); les sultans Ayyoubites d'Égypte et les Mamlouks jusqu'en 719 de l'hégire (fol. 196 r°); l'auteur dit qu'il n'a pas continué cette liste parce que l'histoire des dynasties des Mamlouks à partir de cette époque était complètement inconnue dans l'Inde; les Ismaïliens (fol. 132 r°); les souverains de Dehli jusqu'à Mohammed Shah (fol. 134 r°). Le reste de l'ouvrage est consacré à des notices biographiques de poètes arabes et persans, de compagnons de Mahomet et d'oulémas célèbres.

L'exemplaire de Londres (Add. 7649) porte les titres de جامع التواريخ, تاريخ سير المعانى et de جامع تاريخ للغازى (sic), qui n'ont aucune authenticité.

Début : مقالة اوّل در ذكر انبيا ورسل وپادشاهان كه پيش از اسلام بودند وآن...

Bon neskhi indien du xviii° siècle, écrit dans le corps des pages et dans les marges. 239 feuillets, 35 sur 22 centimètres. Reliure en soie rouge. — (Gentil 81. — Supplément 183.)

316

حبيب السير فى اخبار افراد البشر. Traité d'histoire générale, depuis la création du monde jusqu'en l'année 930 de l'hégire, par Ghiyas ed-Din ibn Homam ed-Din, surnommé Khondémir, ou mieux Khvand-Emir خواند امير.

Khondémir, qui est l'auteur d'un autre traité d'histoire générale s'étendant jusqu'en 905 de l'hégire, خلاصة الاخبار فى بيان احوال الاخيار, était le petit-fils de Mirkhond. Il naquit à Hérat en 879 de l'hégire et fut le protégé de Mir Ali Shir Névaï, qui avait été le patron de Mirkhond, comme de presque tous les hommes de lettres de cette époque. Il cultiva la littérature, d'abord à Hérat, puis à Basht dans le Ghardjistan; en 934, il se rendit à la cour de l'empereur Zahir ed-Din Mohammed Baber Padishah, qui l'accueillit fort bien; l'empereur Houmayoun témoigna la même confiance à l'historien persan, qui mourut dans le Goudjarate en l'année 940 de l'hégire. Le Hébib el-siyer avait été commencé par Khondémir sur les encouragements d'Ali Shir Névaï; à la mort de ce personnage, il renonça complètement à le terminer, jusqu'au moment où le chef de l'administration civile de Hérat, Kérim ed-Din Khvadjèh Hébib Allah de Sâvah, qui aimait les études historiques, poussa Khondémir à mettre la dernière main à ce travail.

Le Hébib el-siyer est divisé en trois volumes :

Le premier volume contient le récit des événements qui se sont passés dans le monde arabe et persan jusqu'à la mort d'Ali; le volume II contient l'histoire des douze Imams, des khalifes omeyyades et abbassides et des dynasties qui furent leurs contemporaines en Perse et dans les pays voisins, les souverains d'Espagne et du Maghreb, les Ayyoubites, les Ghourides, les rois du Seïstan et les Khvarizmshahs; le volume III contient les souverains du Turkestan, Tchinkkiz Khakan et ses successeurs en Perse et dans le Turkestan; les Mamlouks d'Égypte, les Karakhitaïs, les Mouzaffirides, les Atabeks du Louristan; les rois du Mazendéran, les Serbadars et les Kurts; Timour et ses descendants jusqu'en 929 de l'hégire; l'histoire de Shah Ismaïl Séfévi jusqu'en 930; il se termine par une conclusion ختتام géographique, à peu de chose près identique à celle du روضة الصفا de Mirkhond, qui a été en partie écrite par Khondémir.

Le Hébib el-siyer a été imprimé à Téhéran en 1271 de l'hégire et à Bombay en 1273.

Exemplaire contenant les volumes I et II (fol. 195).

Assez bon nestalik, daté de 1011 de l'hégire (1602 de J.-C.). 390 feuillets. 32 sur 18 centimètres. Reliure en maroquin rouge. — (Supplément 987.)

317

Le même ouvrage, volume II.

Assez bon nestalik persan à encadrements et frontispices en or et en couleurs de la fin du XVII° siècle. 327 feuillets. 27 sur 17 centimètres. Reliure en basane pleine aux armes du roi. — (Gentil 69. — Supplément 177 A.)

318

Le même ouvrage, volume II, 4° et dernière partie.

Cette partie du second volume contient l'histoire des dynasties contemporaines des Abbassides.

Nestalik turc passable du commencement du XVIII° siècle. 227 feuillets. 25 sur 17 centimètres. Reliure orientale en maroquin brun gaufré. — (Supplément 178 A.)

319

Héhib el-Siyer, fragment du volume II.

Ce fragment contient l'histoire des khalifes omeyyades et abbassides.

Assez bon nestalik persan à encadrements et à frontispices en or et en couleurs, copié en 1022 et 1023 de l'hégire (1614 de J.-C.). 118 feuillets. 25 sur 15 centimètres. Reliure orientale en basane. — (Arsenal. — Supplément 168.)

320

Le même ouvrage, volume III et conclusion.

Les six premiers feuillets ont été rapportés et contiennent une table des chapitres fort détaillée. Ce volume porte (fol. 8 r°) deux cachets qui montrent qu'il a fait partie de la bibliothèque de l'empereur timouride de l'Indoustan Shihab ed-Din Mohammed Shah Djihan Padishah.

Exemplaire de luxe à encadrement et frontispices en or et en couleurs; assez bon nestalik persan du commencement du xvi° siècle. 411 feuillets. 29 sur 20 centimètres. Reliure en soie bleue. — (Gentil 69. — Supplément 177.)

321

Le même ouvrage, volume III et conclusion.

Bon nestalik persan copié en 956 de l'hégire (1549 de J.-C.). 579 feuillets. 31 sur 18 centimètres. Reliure orientale en maroquin noir estampé. — (Supplément 178.)

322

Le même ouvrage, volume III, 3e partie.

Cet exemplaire contient l'histoire de Timour et de ses descendants jusqu'en 929 de l'hégire.

Assez bon nestalik persan, copié sur du papier de différentes couleurs, par Hidayet ibn Kasim Djan Shirazi, en 997 de l'hégire (1588 de J.-C.). 282 feuillets. 24 sur 16 centimètres. Reliure en maroquin noir. — (Supplément 178 B.)

323

Hébib el-siyer, volume III, 3e partie.

Histoire de Timour et de ses successeurs dans une rédaction qui paraît abrégée.

Bon nestalik persan à encadrement et frontispice en or et en couleurs du commencement du xviiᵉ siècle. 235 feuillets. 33 sur 19 centimètres. Reliure en basane pleine aux armes de Napoléon 1ᵉʳ. — (Leroy. — Supplément 220.)

324

Le même ouvrage, volume III.

Exemplaire incomplet du commencement et de la fin.

Neskhi passable du xviiiᵉ siècle. 255 feuillets. 30 sur 21 centimètres. Reliure en cuir rouge. — (Schefer 14. — Supplément 1317.)

325

Le même ouvrage, volume III, 4e partie.

Histoire de Shah Ismaïl Séfévi et Appendice.

Très beau nestalik persan de la fin du xviᵉ siècle. 283 feuillets. 25 sur 15 centimètres. Encadrements et pages de titre en or et en couleurs. Reliure européenne en veau plein. — (Arsenal. — Supplément 179.)

326

Le même ouvrage, volume III, 3e partie.

Cet exemplaire contient les derniers chapitres, comprenant la fin du règne de Hoseïn Mirza et des Timourides.

Bon neskhi persan à encadrements et frontispices en or et en couleurs, copié à Hérat en 1009 de l'hégire (1600 de J.-C.). 276 feuillets. 25 sur 15 centimètres Reliure européenne en maroquin estampé. — (Cardonne; Arsenal. — Supplément 179 A.)

I.

15

327

لبّ التواريخ . Abrégé d'histoire générale depuis la création jusqu'en l'année 948 de l'hégire, par Emir Yahya ibn Abd el-Latif el-Hoseïni el-Kazwini.

L'auteur appartenait à une famille de Seyyids de Kazwin et il s'appliqua surtout à l'étude de l'histoire, dans laquelle il fut aidé par une mémoire prodigieuse qui lui permettait de savoir par cœur toutes les dates principales de l'histoire musulmane. Il fut emprisonné à Isfahan par ordre du roi séfévi Shah Tahmasp et il mourut en 962 de l'hégire à l'âge de 77 ans. Le Lebb el-tévarikh fut composé sur le désir du prince séfévi Aboul Fath Bahram Mirza († 948 H.), quatrième fils de Shah Ismaïl et frère de Shah Tahmasp ركن السلطنت القاهرة عضد لخلافة الباهرة شجاع السلطنة والرافة والعادلت والنصفة والاقبال ابو الفتح بهرام ميرزا لخسينى الصفوى (ms. 332, fol. 2 r°). Il fut terminé en 948 de l'hégire.

Cet ouvrage n'a d'importance que pour le règne des Séfévis; une médiocre traduction latine en a été imprimée en 1783 dans le *Büsching's Magasin für die Neue Historie*, de Halle (Rieu, *Catalogue of Persian manuscripts*, p. 104). Il comprend :

Section I, Mahomet et les douze imams; section II, les rois de Perse des quatre dynasties antéislamiques; section III, les khalifes orthodoxes, les Omeyyades et les Abbassides; section IV, chapitre I, les souverains de la Perse à l'époque des khalifes abbassides : Tahérides, Saffarides, Samanides, Ghaznévides, Ghourides, Bouïdes, Seldjoukides, souverains du Khvarizm, Atabeks, Ismaïliens, et Karakhitaïs du Kirman; chapitre II, les Mongols depuis Tchinkkiz Khakan jusqu'à Abou Saïd Mirza Béhadour Khan : chapitre III, les dynasties intermédiaires entre les Mongols et les Timourides; chapitre IV, Timour et les Timourides; chapitre V, les Turkomans du Mouton blanc et du Mouton noir; chapitre VI, les Uzbeks de la Transoxiane et du Khorasan; section V, histoire des Séfévis.

Début : حمد وسپاس خدا ايراكه سلاطين جهان بر آستانۀ عظمتش كينه بندگانند وخواقين زمان بدرگاه جلالش مأمور امر وفرمان مملكتش...

Beau nestalik persan de la fin du XVI° siècle (la première et la dernière page rapportées par une main plus moderne). 130 feuillets. 24 sur 16 centimètres. Reliure persane en cuir vert. — (Supplément 1037.)

328

Le même ouvrage.

Bon nestalik daté de 995 de l'hégire (1586 de J.-C.). 85 feuillets. 30 sur 19 centimètres. Reliure en cuir brun. — (Schefer 33. — Supplément 1338.)

329

Le même ouvrage.

Bon nestalik persan daté de 1006 de l'hégire (1597 de J.-C.). 120 feuillets. 20 sur 12 centimètres. Encadrement et frontispices en or et en couleurs. Reliure en basane. — (Renaudot; Saint-Germain 553. — Supplément 186.)

330

Le même ouvrage.

Bon talik persan copié en 1007 de l'hégire (1598 de J.-C.) par Ibn Mohammed Baker Karzari Mouzaffer. 77 feuillets. 28 sur 17 centimètres. Reliure en peau noire. — (Supplément 229.)

331

Le même ouvrage.

Bon nestalik turc copié en 1050 (1640 de J.-C.) sur du papier de couleur. 166 feuillets. 20 sur 10 centimètres. Reliure en maroquin rouge estampé et doré. — (Arsenal. — Supplément 942.)

332

Le même ouvrage.

Neskhi et nestalik de plusieurs mains, copiés à Isfahan en 1070 de l'hégire (1659 de J.-C.) pour un nommé Mohammed Hoseïn ibn Khosrev Kurdji, قلاد باخلاص حضرت شاه ولایت پناه امیر المومنین حیدر علی ابن ابو طالب...... وچاکر خسرو کرد ابن حسین محمد اعلی هایون اشرف نواب. 213 feuillets. 21 sur 15 centimètres. Reliure en basane au chiffre de Napoléon Iᵉʳ. — (Colbert 5287; Regius 1513, 5. — Ancien fonds 93.)

15.

333

Le même ouvrage.

On lit à la fin (fol. 124-125) une interprétation sommaire de quinze signes de divination par le sable, nommée الرمل, et quelques vers de Réshid-i Vatvat.

Mauvais nestalik persan du xviiᵉ siècle. 125 feuillets. 25 sur 18 centimètres. Reliure occidentale en basane. — (Gaulmin; Regius 1499. — Ancien fonds 64.)

334

Le même ouvrage.

Copie exécutée par Daoud d'Ispahan en 1640 sur le manuscrit 333: cet exemplaire porte des notes en latin et des corrections dans les marges: il est incomplet de la fin.

Écriture médiocre de 1640. 354 feuillets. 21 sur 15 centimètres. Reliure en basane. — (Renaudot; Saint-Germain 373. — Supplément 185.)

335

Le même ouvrage.

Exemplaires de plusieurs mains, neskhi, nestalik, talik de la première moitié du xviiᵉ siècle. 183 feuillets. 20 sur 13 centimètres. Reliure en maroquin brun estampé. — (Thévenot: Regius 1512, 3. — Ancien fonds 94.)

336

تاريخ هايون. Abrégé d'histoire générale, depuis les origines du monde jusqu'à l'époque de l'empereur Houma-youn, par Ibrahim ibn Harir (Djérir?).

Cet abrégé, qui est également connu sous le nom de تاريخ ابراهيمى, fut terminé en 957 de l'hégire, comme l'indiquent deux passages (fol. 285 et 286 rᵒ). La rédaction dut en être fort longue, car dans sa préface l'auteur indique l'année 935 comme celle à laquelle il écrit : تا اكنون كه سنه خمس وثلثين وتسعمايه (fol. 3 rᵒ); à moins qu'il n'y ait dans ce passage une faute du copiste. Quelques exemplaires s'arrêtent à l'année 952 (Rieu, *Catalogue of Persian manuscripts*, p. 1013 et 1046).

Cet abrégé est extrêmement sommaire et chacune des dynasties ne comprend que quelques feuillets avec les indications chronologiques indispensables; à la fin de chacune d'elles se trouve l'indication des soufis célèbres qui ont vécu à son époque.

Début : بعد از حمد الهی ونعت حضرت رسالت پناهی نموده میشود که
مستحفظان اخبار.....

Beau nestalik indien copié en 1092 de l'hégire (1681 de J.-C.). 325 feuillets, 26 sur 14 centimètres. Reliure en cuir brun souple. — (Gentil 25. — Supplément 184.)

337

نگارستان. Recueil d'anecdotes historiques composé en 959 de l'hégire, par Ibn Mohammed Ahmed, connu sous le nom de Kadi Ahmed Ghaffari.

L'auteur de cet ouvrage composa un autre traité historique intitulé تاریخ جهان آرا, et il mourut à Daïbal, petit port du Sind, en revenant du pèlerinage de la Mecque. Quelques exemplaires contiennent une dédicace au souverain séfévi Shah Tahmasp; les anecdotes sont rangées par dynasties, chacune d'elles comportant une courte notice chronologique. Parmi ses sources, le kadi Ahmed Ghaffari cite la traduction par Abou Ali Bélaami de la Chronique de Tabari (ms. 340, fol. 5 v°); le Tarikh-i foutouh, d'Ahmed ibn Azem Koufi, traduit par Mohammed ibn Ahmed Mostaufi; les Prairies d'Or, d'el-Masoudi; le Tarikh-i mountazem, d'Abd er-Rahman ibn Djauzi; une chronique intitulée Tarikh-i al-i Abbas; la traduction du Tarikh-i Yémini de Djarbadékani; le كشف اللغة, d'Ali Isa Ardébili; le Djami el-hikâyât, de Nour ed-Din Mohammed Aufi; le Mirat el-djinan, d'Abd Allah Yaféï; la Djami el-tévarikh, de Rashid ed-Din; le Tarikh-i gouzidèh et le Nouzhet el-kouloub, d'Hamd Allah Mostaufi; le Vésaïa, de Nizam el-Moulk; la Tarikh-i Kivam el-Moulki, par le kadi Kivam el-Moulk Eberkouhi; le Tabakat-i Nasiri, de Minhadj ibn Djourdjani; le Tarikh-i Vassaf; l'histoire de Fakhr ed-Din Daoud Bénakéti; le Medjma el-névadir, d'Ahmed Nizami Samarkandi; le Zafer namèh, de Shéref ed-Din Ali Yezdi; le Tarikh-i Djihankoushaï, d'Ata Mélik el-Djouveïni; un recueil intitulé Medjmoua, par un nommé Roumi; le Matla el-saadeïn, par Abd el-Rezzak Samarkandi; le Rauzet el-séfa, de Mirkhond; le Hébib el-siyer, de Khondémir; le Tezkéret el-shoara, de Dauletshah; le Médjalis el-néfaïs, de Mir Ali Shir Névaï. Cette liste, qui n'est d'ailleurs point complète, varie suivant les exemplaires du Nigaristan; on trouvera l'analyse détaillée de cet ouvrage dans le Catalogue de Krafft, p. 87-90; il a été lithographié à Bombay, en 1245 et en 1275 de l'hégire.

Début : ای طرازنده بهارستان وای نگارنده نگارستان

Nestalik persan passable copié en 1008 de l'hégire (1599 de J.-C.), par Ismaïl ibn Aboul Kasem. 212 feuillets. 21 sur 15 centimètres. Reliure en maroquin brun estampé. — (Renaudot; Saint-Germain 375. — Supplément 887.)

338

Le même ouvrage.

Talik indien passable de 1032 de l'hégire (1622 de J.-C.). 401 feuillets. 18 sur 12 centimètres. Reliure en maroquin brun estampé et doré. — (Brueys 91. — Supplément 886.)

339

Le même ouvrage.

Beau nestalik indien du commencement du XVIIe siècle. 345 feuillets. 28 sur 17 centimètres. Demi-reliure. — (Schefer 38. — Supplément 1343.)

340

Le même ouvrage.

Ce manuscrit fut rapporté en France par Lacroix fils.

Assez bon talik persan du commencement du XVIIe siècle. 359 feuillets. 25 sur 13 centimètres. Reliure orientale en maroquin jaune. — (Colbert 5284; Regius 1512, 3. 3. — Ancien fonds 108.)

341

Le même ouvrage, avec des gloses en turc.

On trouve au verso du feuillet 128 le commencement de l'histoire de Shah Ismaïl, père de Sam Mirza, l'auteur du Tohfèh-i Sami, ainsi que des vers turcs sur les premiers et les derniers feuillets.

Nestalik turc copié en 1062 de l'hégire (1651 de J.-C.), par Hosein ibn Moustafa. 130 feuillets. 27 sur 19 centimètres. Cartonnage turc. — (Ducaurroy 29. — Supplément 888.)

342

Le même ouvrage.

Cet exemplaire porte l'ex-libris d'un possesseur nommé Imam (*sic*) Mohammed Baker (fol. 2 v°).

Bon neskhi persan copié en 1074 de l'hégire (1663 de J.-C.), par Mohammed Ibrahim ibn Molla Riza ماصبي. 290 feuillets. 28 sur 17 centimètres. Reliure orientale en maroquin jaune. — (Ancien fonds 65.)

343

Le même ouvrage.

Le nom de l'auteur est donné dans cet exemplaire sous la forme de Molla Ahmed Djouveïni (fol. 1 r°): il porte l'ex-libris d'Aboul Fadl ibn Ghiyas ed-Din Mansour el-Hasani el-Hoseïni el-Andjoubi (?).

Bon nestalik à encadrements en or et en couleurs, copié en 1099 de l'hégire (1687 de J.-C.), par Mohammed Hoseïn, pour un vizir alide nommé Mirza Abou Fadl, le même que celui dont l'ex-libris se trouve au folio 1. 270 feuillets. 26 sur 13 centimètres. Reliure indienne en basane rouge. — (Supplément 885.)

344

مرآت الادوار و مرقاة الاخبار. Traité d'histoire générale depuis les origines du monde jusqu'au règne du sultan osmanli Soleïman, fils de Sélim Khan, par Mohammed Mouslih ed-Din el-Lari el-Ansari.

Mouslih ed-Din, né dans la province du Laristan, étudia les sciences sous la direction de Mir Ghiyas ibn Sadr ed-Din Shirazi (†949 H.) et de Mir Kémal ed-Din Hoseïn, disciple de Djélal ed-Din el-Davani. Il vécut durant quelque temps dans l'Inde, à la cour de l'empereur Houmayoun, puis, après avoir fait le pèlerinage de la Mecque, il se rendit à Constantinople, où il se lia avec le célèbre grand mufti Aboul Sooud; il fut ensuite directeur du collège d'Amid dans le Diar Bekr. Il mourut en 979, laissant de nombreux ouvrages tant astronomiques que théologiques.

Le Mirat el-advar fut entrepris par Mouslih ed-Din en 974 de l'hégire, à la prière de Sultan Sélim, fils de Sultan Soleïman; il n'est qu'une compilation sans aucune originalité dont l'auteur a pris soin d'indiquer les sources dans sa préface (fol. 3 v°). Ce sont : la تاريخ الملوك والامم, de Mohammed ibn Djérir el-Tabari; le كامل فى التواريخ, d'Ibn el-Athir el-Djézéri; la chronique de Taalébi; la chronique d'Ibn Hanifa Dinavéri; le تاريخ العالم, de Abou Abd Allah Déhébi; la chronique d'Abd Allah ibn Saad el-Yaféï; le شاه نامه, de Ferdousi; les chroniques de Mohammed ibn Abd Allah Masoudi et de Fakhr ed-Din Mohammed ibn Abi Soleïman Daoud Bénakéti; le منتظم,

d'Aboul Faradj ibn el-Djauzi; la chronique d'Imad ed-Din ibn Kétir; le تاريخ مقدّسى; les كتاب المغازى, de Mohammed ibn Ishak, de Vahab ibn Mounebbih, de Homam ibn Mounebbih; la chronique de Mohammed ibn Ismaïl Bonkhari; le كبار الامم, de Hamza ibn Hoseïn Isfahani; le كتاب الفتوح, de Mohammed ibn Azem Kouti; le كتاب معارف, d'Abou Mohammed Abd Allah ibn Moslem Kotéïba; la chronique d'Abou Ali Miskaveïh; les ouvrages d'Ibn el-Mokaffa; le طبقات فقها حنيفيّه, de Medjd ed-Din Firouzabadi; le طبقات شافعيه, de Sobki; le كتاب مقامات يمينى, d'Abou Nasr Otbi; la chronique de Beïhaki; le تاريخ خسروى, d'Aboul Hasan Mohammed ibn Soleïman; le جامع تاريخ آل سبكتكين, d'Aboul Fazl Beïhaki; les chroniques d'Ahmed ibn Yésar, d'Abbas ibn Masaab, d'Abou Ishak ibn Mohammed ibn Mousa Bizdz, de Mohammed ibn Okeïl Balkhi, d'Aboul Kasem Ali ibn Mahmoud Kaahi; le جامع لكحكايات, de Djémal ed-Din Mohammed Aufi; le يسار التواريخ, d'Aboul Hasan Mohammed ibn Abd el-Ghaffar el-Kâri; le مآثر, de Sadr ed-Din Mohammed ibn el-Hasan el-Bistami; le طبقاب ناصرى, d'Abd Allah ibn Minhadj Djourdjani; le زبدة التواريخ, d'Aboul Kasem Mohammed ibn Ali el-Kashi; le فخر البلاغة, et فضايل الملوك, par Aboul Fazl Abd Allah ibn Abou Nasr Ahmed ibn Ali Mikaïl; le تاريخ جهانكشاى, d'Ala ed-Din Ata Mélik el-Djouveïni; la chronique d'Ibn Khallikan; le تاريخ كزيده, d'Hamd Allah Mostaufi; le نظام التواريخ, du kadi Nasir ed-Din Beïdavi; la جامع التواريخ, de Fazl Allah Rashid ed-Din; le تاريخ وصّاف; le مواهب الهى, de Moïn ed-Din Ali Yezdi; le اخبار آل مظفّر, de Shéref ed-Din Ali Yezdi; le روضة الاحباب, de Djémal ed-Din Mohaddis; la chronique de Hafiz Abrou; le روضة الصفا, de Mir-khond, et d'autres chroniques turques sur l'histoire du pays de Roum.

Le Mirat el-advar est divisé en une préface et 10 chapitres, comprenant : 1° Les prophètes d'Adam à Noé; 2° les Pishdadiens; 3° les Kéanides; 4° les Sassanides et les souverains des Arabes; 5° Mohammed, les khalifes orthodoxes et les Abbassides; 6° les dynasties contemporaines des Abbassides; 7° Tchinkkiz Khakan et ses descendants en Chine et en Perse; les Karakhitaïs et les Mouzafférides; 8° Timour et les Timourides de Perse; 9° les Ak-kouyounlou et le commencement des Séfévis; 10° les Osmanlis jusqu'au règne de Soleïman, fils de Sélim.

Cette chronique a été traduite en turc par Saad ed-Din ibn Hasan, et le chapitre x, remanié et amplifié, est devenu une chronique séparée, sous le nom de تاج التواريخ.

Début : سپاس نا محدود وستايش نا معدود قادرى سزاوار اسمت جمل
شانه كه تاريخ دانان دانا در صفاى وجود در جانب اغاز …

On trouve au dernier feuillet la liste des manuscrits arabes, persans et turcs qui ont appartenu à l'un des possesseurs de cet exemplaire.

Bon neskhi turc du commencement du xviii° siècle. 262 feuillets. 29 sur 17 centimètres. Reliure en maroquin noir estampé et doré. — (Supplément 169.)

345

تاريخ الفى. Histoire générale du monde musulman depuis la mort de Mahomet jusqu'en 997 de l'hégire.

Cette chronique, commencée sur les ordres d'Akbar, en 993, fut terminée en l'an 1000 de l'hégire, d'où son nom de Tarikh-i elfi ou «Histoire millénaire». Le principal auteur est le Mollah Ahmed ibn Nasr Allah el-Déïlémi el-Tatavi, التتوى, dont le père avait été kadi de Tatah. Ahmed Tatavi quitta sa ville natale à 22 ans et alla étudier la théologie et la médecine à Meshhed, Yezd, Shiraz et Kazwin, où il vécut durant quelque temps à la cour du souverain séfévi Shah Tahmasp. Après la mort de ce souverain, il fit le pèlerinage de la Mecque (984 H.) et après son retour dans l'Inde, il vécut durant quelque temps à Golconde; c'est en 989 de l'hégire qu'il entra au service d'Akbar. Il fut assassiné en 996 de l'hégire, à Lahore, laissant incomplète la Tarikh-i-elfi. Akbar chargea l'un de ses généraux, qui était également connu comme poète, Mirza Kivam ed-Din Djaafer Beg, surnommé Asaf Khan, de la terminer. Cet officier, qui avait reçu le titre de Asaf Khan en 992 de l'hégire, mourut en 1021 de l'hégire, sous le règne de l'empereur Djihangir Padishah. Parmi les autres collaborateurs de la Tarikh-i elfi se trouvent Nakib Khan ibn Abd el-Latif el-Hosaïni qui traduisit en 992, sur l'ordre d'Akbar, le Mahâbhârata avec l'aide des brahmanes Devimisra et Satavadhana (voir n° 218). Nakib Khan écrivit les 35 premières années; Abd el-Kadir Bédaouni a également travaillé à la rédaction de la

Tarikh-i elfi, et il fut chargé de la revision des deux premiers volumes en l'an 1000 de l'hégire; le troisième volume fut revu et corrigé par Asaf Khan.

La Tarikh-i elfi est disposée suivant l'ordre chronologique des années musulmanes, en prenant comme point de départ la mort du prophète Mahomet, la رحلة, soit l'an 11 de l'hégire.

Exemplaire incomplet de la fin, se terminant à l'année 919 de la rihla.

Début: اغاز کتاب در بیان اموری که واقع شده در سال اول رحلت خاتم
... النبیین نقلست که چون حضرت خاتم النبیین رحلت

Écritures indiennes de la fin du xviii° siècle, talik, nestalik et shikestèh-amiz, à encadrements et frontispice en or et en couleurs. 475 feuillets. 43 sur 26 centimètres. Reliure orientale en laque. — (Supplément 188.)

346

Le même ouvrage.

Exemplaire non terminé de la dernière partie de l'ouvrage, comprenant les années 681-985 de l'hégire.

Bon nestalik du xviii° siècle. 340 feuillets. 33 sur 21 centimètres. — (Schefer 23. — Supplément 1326.)

347

Le même ouvrage.

Fragment comprenant les années 553-575 de la rihla.

Beau nestalik persan du xviii° siècle. 43 feuillets. 35 sur 23 centimètres. Reliure en peau rouge souple. — (Tholozan. — Supplément 1296.)

348

تاریخ قپچاقخانی. Histoire générale depuis les origines du monde jusqu'en 1038 de l'hégire, par Kiptchak Khan.

L'auteur (fol. 5 v°) se nomme Kiptchak Khan et il était connu sous la dénomination de Khodjèm Kouli Beg Balkhi, fils de Kiptchak Khan, qui était lui-même surnommé Imam Kouli Koush-beïguï Soubhan Kouli Khan, vali de Touran, قیچاغخان عرن خواجهقلی بیك بلخی بن قیچاغخان.

مرحوم عرن قلی قوش بیكی سبهانقلیخان والی توران... La charge
dont était investi le père de Khodjèm Kouli Beg, celle de Koush-béïgui,
قوش بیگی, était l'une des plus importantes du khanat de Boukhara; le
Koush-béïgui était le premier personnage du khanat après l'émir; il tenait les
sceaux de l'État, percevait les droits de douane, et gardait le palais; au-
dessous de lui se trouvait immédiatement le Toptchibachi, طوپچی باتی,
ou grand maître de l'artillerie.

Le kalmouk Khodjèm Kouli, le Koush-béïgui, fut le général en chef de
l'armée du sultan sheïbanide Abd Allah II, fils d'Iskender, le plus grand
des Aboulkheïrides (940-1006 de l'hégire). On trouvera des détails sur
les expéditions qu'il fit pour le compte d'Abd Allah II, dans l'*Histoire des
Mogols* d'Aboul Ghâzi Béhadour Khan publiée par Desmaisons, p. 260-261,
269-270 du texte.

L'auteur raconte dans sa préface (fol. 5 v°) que, dès sa jeunesse, il se
livra avec passion à l'étude des sciences historiques: en l'année 1007 de
l'hégire (fol. 6 r°), il fut fait prisonnier et, après des aventures de tout
genre qu'il qualifie d'extraordinaires, conduit en captivité dans l'Indoustan. En 1035 de l'hégire, il se trouvait à Lahore, دار السلطنه لاهور, qui
était alors gouvernée par le soubahdar Seïf ed-Daulèh Abd el-Sémad Khan
Béhadour; c'est alors qu'il écrivit cette histoire générale du monde musulman qu'il termina et qu'il revisa en l'année 1037 de l'hégire. D'après la
souscription (fol. 626 r°), le Tarikh-i Kiptchak Khani fut terminé en 1034

de l'hégire et revisé en 1037 de la même ère, انّه قد تم فی التاریخ...

سنه اربع وثلثین الف ومایه و حاسب تاریخه من اسم الشریف نفی مؤلّف
الكلام قیچاق خان والآن جاء فی نظر الثانی وصار تاریخه خاتمه كلام فی سنه
سبع وثلثین الف ومایه (fol. 626 r°). Les événements des années
1037-1038 ont été ajoutés en appendice.

Le Tarikh-i Kiptchak Khani est divisé en une préface, فاتحه, 5 chapitres, باب, et une conclusion, خاتمه (fol. 6 r°):

La préface traite de la création; le 1er chapitre, des prophètes; le
2e chapitre, des souverains antéislamiques de l'Iran, Pishdadiens, Kéanides,
Arsacides, Sassanides; le 3e chapitre, des souverains antéislamiques du
reste du monde, Tobbas du Yémen, Béni Lahm, Amalécites, Chaldéens,
souverains de la Transoxiane descendants de Tour, fils de Féridoun,
des juges فرمانفرمایان d'Israël, des souverains de Rome et de la Grèce, des
souverains des Francs de la descendance de Selm, fils de Féridoun,
des radjas, رایان, de l'Indoustan (Bengale, Malva, Dehli); des souverains

de la Chine; le 4° chapitre traite de la vie de Mahomet, des khalifes orthodoxes, des douze imams, des khalifes حكام omeyyades, des khalifes
abbassides et des quatre imams de la Loi; le 5° chapitre, des souverains
temporels de l'Islamisme, contemporains des Abbassides jusqu'aux Ismaïliens, des Mongols depuis leurs origines légendaires jusqu'à la dislocation
de l'empire de Tchinkkiz, des princes qui régnèrent en Perse depuis la mort
d'Abou Saïd Mirza Béhadour Khan jusqu'à Timour, Ilkhaniens, Tchou-
baniens, Mouzafférides, Kurts, des souverains turcs osmanlis, des radjas
indous et des souverains musulmans de l'Indoustan, Ghourides, Khildjis,
Toghloukis, Afghans, rois du Dekkan, de Timour Kourkan et des Timourides,
des dynasties du Mouton Blanc et du Mouton Noir, des Séfévis et des
Sheïbanides; la conclusion comprend quelques considérations sur les
prophètes.

Début : . . . كنه خردم در خور اثبات تو نيست

Exemplaire de luxe à encadrements et frontispice en or et en couleurs, copié
à Lahore بلدة اللاهور لها نور ڤ (fol. 6a6 v°) vers 1038 de l'hégire. Très beau nestalik indien. 630 feuillets. 26 sur 16 centimètres. Reliure en maroquin rouge
estampé et doré. — (Polier 5. — Supplément 187.)

349

مجالس الملوك. Tableaux des dynasties qui ont régné en
Perse, depuis les origines jusqu'en 1049 de l'hégire, par
Mohammed Moufid Mostaufi.

Cet opuscule a été rédigé sous le règne de Shah Abbas II (1051-1077 H.)
et l'auteur est évidemment le même que celui du جامع مفيدى (voir
n° 351); chacun des tableaux est précédé d'une courte introduction historique en prose.

Début : بجهل التاريخ پادشاهان عجم كه در ملك ايران سلطنت كرده اند
بخاطر...

Nestalik persan tendant au shikesteh du commencement du xviii° siècle. 39 feuillets. 24 sur 14 centimètres. Reliure en maroquin rouge. — (Gentil 30. — Supplément 194.)

350

مرآت العالم. Histoire générale depuis la création jusqu'à
l'année 1078 de l'hégire, par Mohammed Bakhtaver Khan
بختاور خان.

Bakhtaver était un eunuque au service de l'empereur Aboul Mouzaffer
Mohyi ed-Din Mohammed Aurengzeb Alemgir Ghazi, qui, à l'occasion de
son avènement, lui donna le titre de Khan et qui le nomma, dans la
13ᵉ année de son règne, daroga de Khavasan. Bakhtaver Khan mourut
dans la 28ᵉ année du règne de l'empereur Aurengzeb, laissant un assez
grand nombre d'ouvrages qu'il avait composés de 1078 à 1090 : le چهار
آئینه ou histoire de l'avènement d'Aurengzeb, des abrégés de la حديقه
de Hakim Sénaï, du Mesnévi de Djélal ed-Din Roumi, des poèmes de Férid
ed-Din Attar, du روضة الاحباب, de la تاريخ الفى et un traité sur la vie des
saints du soufisme intitulé رياض الاولياء. Il mourut à Ahmednagar en
1096 de l'hégire et l'empereur Aurengzeb vint faire la prière comme imam
sur son cercueil. Le Mirat el-alem fut publié par le fils adoptif de Bakhtaver Khan, Mohammed Saki, quoiqu'il eût été terminé avant cette époque, en
1078 de l'hégire. La date de la composition de cette chronique est donnée
par un chronogramme de la préface : وتاريخ تأليف ابن بجموعه جامعه

بدينوجه از مصقله بينش جلوه نمايش داده

شد نامة دلپذير مرقوم   در عهد شهنشه زمانه

. . . .

تاريخش گفت هاتف غيب   مرآت سكندر زمانه

(fol. 2 v°).

Mohammed Bakhtaver Khan ne paraît pas avoir jamais songé à publier
cette chronique, qu'il avait composée pour son propre usage, qu'il garda
par devers lui pendant 18 ans et à laquelle il ne cessa de faire des additions.
Cet ouvrage est particulièrement important pour l'histoire des premières
années d'Aurengzeb et il complète utilement le عالمگير نامه ; il donne pour
les autres périodes de l'histoire musulmane des renseignements extrêmement précieux.

Le Mirat el-alem est divisé en une préface, مقدمه, contenant l'histoire
de la création; sept livres, ارايش : le 1ᵉʳ traite des prophètes, philosophes, rois des dynasties antéislamiques de l'Iran et de l'Arabie; le 2ᵉ con-

tient la vie de Mahomet, des khalifes orthodoxes, des imams, des traditionnistes, des soufis et des saints; le 3ᵉ, les Omeyyades et les Abbassides,
les dynasties contemporaines des Abbassides, les souverains légendaires
des Turks, Tchinkkiz Khakan et ses successeurs dans toutes les contrées de
l'Orient; le 4ᵉ, Timour et les Timourides de Perse, les Kara-kouyounlou et
les Ak-kouyounlou, les Séfévis jusqu'à l'avènement de Shah Soleïman
(1077 H.); le 5ᵉ commence par un exposé des croyances des Indous et la
conquête de l'Inde par les Musulmans; il comprend les sultans de Dehli,
de Shihab ed-Din Ghouri à Ibrahim Lodi; les sultans du Dekkan, du Goudjarate, du Sind, du Bengale, de Malvah, de Khandès, de Djaounpour et
du Kashmir; le 6ᵉ, l'histoire de Baber, Houmayoun, Akbar, Djihangir,
Shah Djihan; le 7ᵉ contient l'histoire très détaillée d'Aurengzeb. Le Mirat el-
alem se termine par un appendice, افزايش, et une conclusion, خاتمه, contenant des notices biographiques sur des calligraphes, les œuvres de l'auteur et les poètes persans.

Début : برترين گوهرى كه تاج داران كشور فصاحت ، وتخت نشينان
خطۀ بلاغت ، را پيرايۀ افتخار باشد حمد وثنا يگانه يست كه مرآت عالم
جلوه گاه بدائع قدرت اوست......

Nestalik indien cursif du commencement du XVIIIᵉ siècle. 390 feuillets. 26 sur
17 centimètres. Reliure indienne en maroquin rouge estampé. — (Gentil 48. —
Supplément 180.)

351

جامع مفيدى. Histoire de la Perse, depuis Alexandre le
Grand jusqu'à Shah Soleïman el-Séfévi, avec un appen-
dice contenant l'histoire de Yezd, par Mohammed Moufid
Mostaufi ibn Nedjm ed-Din Mahmoud Babaghi Yezdi.

L'auteur était originaire de Yezd; il fut nommé en 1077 de l'hégire,
au commencement du règne du prince séfévi Aboul Mansour Shah Soleïman, mostaufi des fondations pieuses وقف de sa ville natale, et en 1079,
surintendant, ناظر, de ces mêmes institutions (fol. 2 v°). Il ne garda ce
poste que peu de temps et il alla s'établir en 1081 de l'hégire à Isfahan, puis
à Bassora, où il commença en 1082 la rédaction de cette chronique; il
visita ensuite les Indes, se fixa quelques mois à Haïdérabad, séjourna successivement à Bourhanpour, en 1084, à Dehli, en 1086, à Oudjjaïn, en

1088, époque à laquelle le prince Mohammed Akbar lui donna la charge de khânsâmân; c'est en cette qualité que Mohammed Moufid suivit Akbar dans le Moultan où, en 1090 de l'hégire, il termina le Djami-i moufidi, auquel il n'avait pas cessé de travailler durant toutes ses pérégrinations (Rieu, *Catalogue of Persian manuscripts*, t. I, p. 207).

Le présent manuscrit contient le 1ᵉʳ volume du Djami-i moufidi, qui en comprenait trois; وبناء اين مختصر بر سه مجلد قرار يافته موسوم كشت بجامع مغيدى (fol. 5 r°). Ce premier volume est divisé en 7 chapitres, مقالة, dont voici le détail :

1° Alexandre, à qui est attribuée la fondation de Yezd; 2° Sassanides; 3° Omeyyades et Abbassides jusqu'à l'époque des Seldjoukides; 4° règne du sultan Djélal ed-Din Mélik Shah, le vizir Nizam el-Moulk et Hasan-i Sabbah; 5° les atabeks de Yezd; 6° les Mouzafférides; 7° Timour Kourkan et les Timourides.

Le 2ᵉ volume contenait l'histoire de la dynastie séfévie depuis les origines jusqu'à Shah Soleïman (fol. 5 v°). Le contenu du 3ᵉ volume n'est pas indiqué dans cet exemplaire, mais un manuscrit en existe à Londres (Oriental 210 et 211); il contient la description de Yezd et l'histoire locale de cette ville divisée en 5 chapitres, مقاله.

Début : نحمدك يا ذالجود والفضل والاحسان ونشكرك... مواهب الالا والنعا ﭪ كل حين واوان

Bon nestalik persan du xviiiᵉ siècle. 150 feuillets. 25 sur 17 centimètres. Reliure en basane aux armes du roi. — (Gentil 45. — Supplément 193.)

352

منتخب البدايع. Précis d'histoire générale, par Mohammed Alim ibn Hafiz Djan Mohammed.

L'auteur, qui était connu sous le nom d'Imam Khatib de la grande mosquée du collège..... à Dehli, محمد علم ابن حافظ جان محمد المعروف, raconte dans بإمام خطيب بمسجد جامع مدرسه..... دار الملك دهلى sa préface (fol. 2 r°) qu'il composa cet ouvrage historique après avoir lu un grand nombre de chroniques, en l'année 1115 de l'hégire; il est divisé en 7 sections, گذارش, subdivisées en نگارش, elles-mêmes réparties en نمايش.

La 1ʳᵉ section traite de la création; la 2ᵉ, des prophètes : Adam, Abel et Caïn, Idris, Noé, Houd, Salih, Zoul Karneïn, Abraham, Lot, Ismaïl.

Isaac, etc.; la 3ᵉ, de Mahomet, des khalifes orthodoxes et des Imams; la 4ᵉ, des saints اولیـاء et des sheïkhs soufis, en Perse et dans l'Inde; la 5ᵉ, des souverains de l'Indoustan depuis le règne de l'empereur Zahir ed-Din Mohammed Baber Padishah jusqu'à celui du second Sahibkiran صاحبقران ثانی Shah Djihan Padishah; la 6ᵉ est consacrée au règne de l'empereur Aboul Mouzaffer Mohyi ed-Din Mohammed Aurengzeb Béhadour Alemgir Padishah Ghazi; la 7ᵉ contient des notices biographiques de savants et de poètes. Ces dernières notices se réduisent à fort peu de chose.

Début : شکرِ بي‌چالش تعالی راکه کذارش جهان آفرینی وتنا متکاثر وافر حمد

از محالات است......

Nestalik indien tendant au shikestèh daté de 1115 (170? de J.-C.), ce qui porte à croire que ce manuscrit est autographe. 107 feuillets. 29 sur 19 centimètres. Reliure en basane pleine au chiffre de Napoléon Iᵉʳ. — (Supplément 167.)

353

Fragment d'un traité d'histoire générale, dont le titre et le nom de l'auteur ont disparu avec les premiers feuillets.

Il commence avec les rois de Perse de la dynastie des Sassanides; ou trouve ensuite l'histoire des rois antéislamiques du Yémen (fol. 15 v°), des tribus proto-arabes, du célèbre Selman-i Farisi (fol. 33 v°), de Jésus-Christ (fol. 38 r°), des اصحاب الفيل (fol. 39 r°). L'histoire de Mahomet commence au folio 49 v°; elle se continue par l'histoire de ses quatre premiers successeurs, les الخلفاء الراشدين, et par le récit des aventures tragiques de Hasan et d'Hoseïn, fils d'Ali. Cette chronique est rédigée principalement à un point de vue anecdotique; la partie qui traite de l'histoire musulmane occupe la plus grande partie du volume, et la principale source indiquée par son auteur est le سيرة النبی, de Mohammed ibn Ishak. Il semble que son auteur ait également mis à profit la chronique de Mohammed ibn Djérir el-Tabari.

Bon nestalik persan du commencement du xvııᵉ siècle. 297 feuillets. 30 sur 20 centimètres. Reliure en maroquin rouge aux armes du roi. — (Thévenot; Regius 1512, 2. — Ancien fonds 123.)

354

Arbre généalogique des rois de l'Iran, depuis Adam jusqu'à Behmen, fils d'Isfendiar, avec quelques détails légendaires sans importance.

Copie exécutée par un Européen sur deux rouleaux de parchemin au commencement du xviii° siècle. 625 sur 52 centimètres. — (Ancien fonds 85.)

HISTOIRE DES SECTES RELIGIEUSES.

355

Traité sur les soixante-treize sectes de l'Islamisme.

Ce traité, qui est très abrégé, ne porte ni titre ni nom d'auteur; le titre qui se lit au recto du 2° feuillet, در اعتقادات مذاهب, n'a certainement rien d'authentique; la liste des soixante-treize sectes se trouve aux folios 4 r° et v°; les notices qui leur sont consacrées dans le corps de l'ouvrage se réduisent à très peu de chose et n'ont point d'importance.

Début : امّا بعد چون این طایفه بلند همت که در لکن بدن می سوزند

و شعلهٔ انوار انجمن می افروزند خانهٔ از تجرید وجامهٔ از تفرید ......

Beau nestalik persan à encadrements et à frontispices en or et en couleurs, copié en 887 de l'hégire (1482 de J.-C.), à Tébriz, دار السلطنة تبریز, par Hoseïn ibn Shems [ed-Din] el-Hoseïni el-Astérabadi. 52 feuillets. 18 sur 12 centimètres. Reliure en peau souple. — (Supplément 68.)

356

دبستان مذاهب. Traité des sectes religieuses de l'Orient, par Mohammed Mohsin Fani.

Le nom de l'auteur ne se trouve point dans ce traité, qui commence par :

یاد تو ببالغ خردان شمع شبستان   ای نام تو سر دفتر اطفال دبستان

Malgré son nom, Mohammed Mohsin Fani semble avoir appartenu à une secte parsie dont les adhérents portent le nom de Sipasis ou de Abadis; il naquit un peu avant l'année 1028 de l'hégire, à Patna. Il fut instruit par un disciple du célèbre Azar Keïvan, nommé Mobed Houshyar, qui mourut à Akbarabad en 1050 de l'hégire; il paraît s'être fait instruire par la suite dans la connaissance de la religion indoue. Il vécut dans le Kashmir et à Lahore de 1040 à 1052 de l'hégire et il visita Meshhed en 1053, le Goudjarate, Sourate et Haïderabad de 1055 à 1059, et Srikâkoul, sur la côte de Coromandel, de 1061 à 1063; c'est à cette époque qu'il mit la dernière main à la partie de son ouvrage qui traite du système religieux des Indous; la composition du Dabistân lui coûta plus de 8 années, et il est certain qu'il fut terminé avant 1068 de l'hégire. H. Ethé (*Catalogue of ... the India Office*, 1903) donne à l'auteur du Dabistan le nom de Mubâd Shâh.

Le Dabistân se divise en 12 sections :

1° Parsis, 2° Indous, 3° Karâtibatis, 4° Juifs, 5° Chrétiens, 6° Musulmans, 7° Sadikis, 8° Vahidis, 9° Raushanis, 10° Elahis, 11° Philosophes, 12° Soufis.

Ce traité a été imprimé à Calcutta en 1224 de l'hégire, à Téhéran en 1260, à Bombay en 1264 et 1267; il a été traduit intégralement en anglais par Shea et Troyer dans l'Oriental Translation Fund en 1843.

Bon nestalik indien daté de l'année 1230 de l'hégire (1814 de J.-C.). 372 feuillets. 21 sur 15 centimètres. Reliure en peau jaune. — (Supplément 65.)

357

Le même ouvrage.

Assez bon nestalik cursif copié en 1259 de l'hégire (1843 de J.-C.) à Lahore? pour Sir E. Strachey? سمر افكى سربكسو. 227 feuillets. 26 sur 15 centimètres. Demi-reliure. — (Darmesteter. — Supplément 1207.)

358

Le même ouvrage.

Cet exemplaire a été copié à Calcutta en 1832 sur un manuscrit provenant de la bibliothèque du radja d'Aoude; c'est celui qui a servi à Troyer pour sa traduction.

Bon nestalik indien. 393 feuillets. 27 sur 19 centimètres. Cartonnage. — (Troyer. — Supplément 1579.)

359

Traité sur les religions, sans nom d'auteur.

Cet exemplaire ne contient que la première partie d'un ouvrage qui a certainement été composé à une époque très récente et d'après des renseignements puisés dans des livres européens.

Début : بدايع حمد وثنا وجوامع شكر وسپاس درگاه احدیّت

پروردگاری را سزاست که از بین کافّه...

Bon neskhi persan daté de 1294 de l'hégire (1877 de J.-C.). 70 feuillets. 18 sur 11 centimètres. Brochure. — (Schefer 193. — Supplément 1503.)

HISTOIRE DES PROPHÈTES, DES IMAMS
ET DES KHALIFES.

360

كتاب قصص الانبيا. Histoire des prophètes, depuis la création du monde jusques et y compris Mohammed et les Alides, traduite en persan par Ahmed ibn Mohammed ibn Mansour el-Erfadjni.

L'auteur dit dans la courte préface de son ouvrage que plusieurs de ses amis, qui sans doute ignoraient l'arabe, le prièrent de compiler une histoire des prophètes, car jusqu'à son époque il n'existait aucun livre de ce genre; sa source principale fut un traité intitulé Tekmilet el-létaïf wé nouzhet el-zéraïf, écrit évidemment en arabe par un nommé Abou Mohammed Abd el-Aziz ibn Osman el-Djisri, dans lequel se trouvaient d'ailleurs bien d'autres choses que l'histoire des prophètes : قال العبد الضعيف احمد بن

محمّد بن منصور الارنجنی (sic) رحمه الله یاران من کثّرهم الله بر لفظ وعبارت من خوش کردند از من در خواستند تا از قصص انبیا علیهم السّلام مرایشانرا یادگاری نمایم نگاه کردم هیچ کس دربن باب جَمعی نکرده است زیباتر وخوبتر از خواجه امام زاهد ابو محمّد عبد العزیز بن عثمان الجسری

16.

واین کتاب را تکملة اللطائف ونزهة الظرائف نام کرده است ودروی جــز

.... است کـرده جمع دیگر فائدهای بسیار انبیا قصص (fol. ۱ ٮ). Si
les assertions de Ahmed ibn Mohammed ibn Mansour sont exactes, il s'ensuit que cette traduction persane est antérieure à celle de l'histoire des
prophètes de Ishak ibn Ibrahim ibn Mansour ibn Khélef el-Nishapouri
(n°° 361 et suiv.), qui vécut très probablement au v° siècle de l'hégire;
cela se trouverait confirmé, au moins en partie, par l'antiquité du manuscrit. Il semble que le Tekmilet el-létaïf wé nouzhet el-zéraïf était, comme
le Kisas el-enbia de Nishapouri, basé principalement sur les traditions d'Ibn
Abbas; il consiste surtout, comme le Kisas el-enbia, en paraphrases plus
ou moins développées des passages du Koran qui ont trait aux différents
prophètes de l'Islamisme; parmi les autres historiens cités par el-Erfadjni,
on trouve un certain Aboul Kasem Mahmoud el-Djihani (fol. 153 v°), Mohammed ibn Ishak (fol. 174 r°), l'auteur du Siret el-nébi; il se borne souvent à dire . . . کفنته اند, روایت کرده اند که, sans indiquer ses sources
d'une façon plus précise.

Écriture neskhi persane presque entièrement dépourvue de points diacritiques,
non datée, mais très vraisemblablement du milieu du vii° siècle de l'hégire.
276 feuillets, 29 sur 18 centimètres. Reliure orientale en maroquin brun. —
(Vansleb; Regius 1501. — Ancien fonds 53.)

361

قصص الانبیا. Histoire des prophètes, d'Adam à Mahomet,
par Ishak ibn Ibrahim ibn Mansour ibn Khélef el-Nishapouri.

Cette histoire est fondée principalement sur le texte du Koran et sur des
traditions attribuées à Ibn Abbas et rapportées par Mohammed ibn Saïb el-
Kelbi (v° siècle de l'hégire); elle porte dans quelques exemplaires le titre
de قصص الانبیا و قصص الملوک الماضیة والقرون السالفة. Les 3 premiers
feuillets et quelques autres dans l'intérieur du volume sont des restaura-
tions modernes.   .

Bon neskhi persan du commencement du vii° siècle de l'hégire. 105 feuillets.
14 sur 16 centimètres. Cartonnage turc. — (Ancien fonds 86.)

362

Le même ouvrage.

Exemplaire incomplet du commencement.

Bon neskhi persan copié en 669 de l'hégire (1270 de J.-C.) par un nommé Osman ibn el-Hadji Omar ibn el-Hadji Mohammed ibn Sheikh Ayyoub. 238 feuillets. 24 sur 17 centimètres. Reliure en maroquin noir. — (Ancien fonds 87.)

363

Le même ouvrage.

Nestalik de plusieurs mains daté de 736 de l'hégire (1335 de J.-C.). 308 feuillets. 21 sur 16 centimètres. Reliure en basane pleine aux armes de Napoléon Ier. — (Mazarin; Regius 1515. — Ancien fonds 88.)

364

Le même ouvrage.

Ce volume est orné de belles miniatures, sur lesquelles on peut voir la *Revue des Bibliothèques*, 1898, p. 20.

Très beau talik persan avec encadrements et frontispices, copié en 989 de l'hégire (1581 de J.-C.) par Koudji Mir ibn Mohebb Ali Réshidi. 211 feuillets. 36 sur 24 centimètres. Reliure orientale en maroquin doré et gaufré d'une splendide exécution. — (Mazarin; Regius 1500. — Ancien fonds 54.)

365

Le même ouvrage.

Ce volume est orné de miniatures dont on trouvera la description dans la *Revue des Bibliothèques*, 1900, p. 179.

Exemplaire de luxe en beau nestalik avec encadrements et frontispices en or et en couleurs du xvie siècle. 192 feuillets. 29 sur 19 centimètres. Reliure en maroquin vert. — (Schefer 10. — Supplément 1313.)

366

نفائس العرائس و قصص الانبيا . Traduction du Kisas el-enbia d'Aboul Hasan Mohammed ibn Obeïd Allah el-Kisaï الكساى († 189 H.) par Mohammed ibn Hasan Deïdouzémi ديدوزى .

Le texte arabe est très commun (arabe 1909-1917; cf. Hadji Khalifa, *Dict. bibl.*, t. III, p. 174 et t. IV, p. 518, où l'auteur est nommé Ali ibn Hamza el-Kisaï). L'auteur commence par les premières existences qui furent créées par Allah, les tables gardées, اللوح المحفوظ, le trône et le tabernacle, les cieux et les corps stellaires, les génies; ce n'est qu'ensuite qu'il expose longuement, quoique d'une façon moins détaillée que dans le n° 360, l'histoire proprement dite des prophètes de l'Islamisme jusqu'à Jésus-Christ. Les derniers chapitres traitent de la venue du Messie fatimite, de l'invasion de Gog et Magog, qui terminera les destinées du monde, et de l'histoire de saint Georges. Cet exemplaire, qui a été acquis par Galland en 1681, porte les ex-libris de Mohammed ibn Ahmed ibn . . . (fol. 3 r°), du copiste Yousouf ibn Mohammed ibn Haïder ibn Saïd ibn-Ahmed, avec la date de 673 de l'hégire. L'orthographe est archaïque et présente les mêmes caractéristiques que le manuscrit 441 du Djihankushaï d'Ala ed-Din et que le manuscrit 254 de la chronique de Rashid ed-Din, en particulier le ذ à la place du د, le ك final à la place de كك; une table des matières très détaillée occupe les feuillets 2 r°-5 r°.

Début : الحمد لله الذى انبت الخلق نباتًا حسنًا وجعلهم احياء بعد ما كانوا امواتا وجمعًا بعد ما كانوا اشتاتًا متفرّقين نقلهم من طبيق الى طبق

Très beau neskhi persan copié en 673 de l'hégire (1274 de J.-C.) par Yousouf ibn Mohammed ibn Haïder ibn Saïd ibn Ahmed. 256 feuillets, 28 sur 22 centimètres. Cartonnage turc. — (Galland; Regius 1501, 2. — Ancien fonds 51.)

367-368

كتاب فتوح ابن اعثم . Histoire des khalifes orthodoxes et des conquêtes des Musulmans, de Abou Mohammed Ahmed ibn Asem el-Koufi († 314 H.), traduite de l'arabe en persan par Mohammed ibn Ahmed ibn Abou Bekr el-Mostaufi el-Hérévi, ou el-Kâtib el-Razi.

Le «livre des conquêtes» كتاب الفتوح est souvent cité comme source par les historiens persans tels que les auteurs du نگارستان et du روضة الاحباب, quoique son récit soit plutôt romantique qu'historique, et qu'à ce point de vue, il se rapproche d'œuvres bien connues dans la littérature arabe, telles que le كتاب فتوح مصر d'el-Wakidi (arabe 1689), et le كتاب فتوح البهنساء (arabe 1690-1692). Le traducteur dit dans sa préface (ms. 367, folio 2 r°) qu'il passa sa jeunesse et une grande partie de son âge mûr dans les cours et qu'ayant quitté la vie publique pour mener une existence plus calme, il trouva un généreux Mécène dans la personne d'un vizir qu'il nomme, entre autres titres pompeux, «la gloire des grands personnages du Khorasan et du Khvarizm» صدر اجل

كبير عالم عادل مؤيد مظفر منصور مويد الملك قوام الدولة والدين تاج الاسلام والمسلمين اختيار الملوك و السلاطين ضياء الملّة بها الامة كفا الكفاة..... صاحب السيف و القلم صدر الصدور البرّ والبحر خاتم الزمان والسعادة صدر افتخار خراسان وخوارزم et qui paraît s'être nommé Mouvayyad el-Moulk Kivam ed-Din. En l'année 596 de l'hégire (fol. 2 v°), il se trouvait dans le monastère (khanikah) de Tabiyad (?), بابياد, quand le vizir Mouvayyad el-Moulk, ayant entendu lire le Kitab el-foutouh d'Ibn-Asem, pria Mohammed ibn Ahmed ibn Abou Bekr de traduire ce livre en persan.

L'ouvrage complet commence avec l'élection d'Abou Bekr et se termine avec la mort de Hoseïn, fils d'Ali. Ces volumes sont ornés de peintures indiennes, qui ont été ajoutées après coup, et sur lesquelles on pourra voir la *Revue des Bibliothèques*, 1898, p. 21.

Beau nestalik indien à encadrements et frontispices en or et en couleur, daté de 1096 (ms. 1206) de l'hégire. 301 feuillets. 24 sur 13 centimètres. Reliure orientale en maroquin noir gaufré. — (Fouquet; Regius 1504. — Ancien fonds 97, 98.)

369

Le même ouvrage.

Exemplaire s'arrêtant au moment où le khalife omeyyade Moaviyyah désigne Yézid pour son successeur.

Ce volume a fait partie de la bibliothèque de l'empereur timouride de l'Indoustan Shah Djihan.

Assez bon nestalik persan du xvi° siècle. 667 feuillets. 24 sur 13 centimètres. Reliure en basane au chiffre de Napoléon I°r. — (Gentil 4. — Supplément 201.)

370

حصص الاتقيا من قصص الانبيا . Histoire des prophètes de l'Islamisme, par Abou Abd Allah Masoud ibn Ali ibn Omar el-Sarraf.

Hadji Khalifa donne au titre de cette histoire des prophètes la forme erronée de حصص الاتقيا من قصص الانبيا , mais le titre est donné sous la forme حصص الاتقيا . . . au folio 6 v°, à la fin de la préface. Abou Abd Allah Masoud raconte dans sa préface (fol. 5 v°) que l'imam Aboul Hasan Mohammed ibn Yahya el-Béshagiri rapporte qu'à l'époque du Khvadjèh et Imam Abou Mansour Matoridi († 333 H.), un individu de Samarkand composa une histoire des prophètes à laquelle il donna le nom de معاصى الانبيا , qui était entachée de telles hérésies qu'Abou Mansour Matoridi lança un fetva contre l'auteur et fit brûler l'ouvrage. . . . . . خواجه امام

ابو الحسن محمد بن يحيى البشاغرى روايت ميكند كه در وقت خواجه امام ابو منصور ماتريدى يكى از اهل سمرقند كتابى ساخت وآنرا كتاب معاصى الانبيا نام نهاد تا خواجه امام ابو منصور بكفر آن مصنف فتوى داد و فرمود كه آن كتاب را بسوختند . Après ces événements, le sheïkh Aboul Hasan Béshagiri, qui était évidemment un docteur soufi, comme l'indiquent ses titres de شيخ الطريقت وامام الشريعت ويشوى اهل طريقت , composa un traité d'histoire des prophètes qui paraît avoir été fait à un point de vue ésotérique, كتابى در شرح احوال انبيا وكشف مقامات ou كشف الغوامض فى احوال الانبيا . et auquel il donna le nom de ايشان de عصمة الانبيا . Cet ouvrage eut, à l'époque où il parut, une très grande vogue; mais, au vı° siècle de l'hégire, ce traité, qui était écrit en arabe, était difficilement compris à cause de la richesse de son style: ces considérations amenèrent un savant théologien, l'Imam Nour ed-Din Ahmed ibn Mahmoud ibn Abou Bekr el-Sabouni († 580 H.), à supprimer toutes les élégances de rhétorique et à en faire un résumé; les manuscrits de cet ouvrage se répandirent très rapidement dans les pays musulmans, et sa vogue engagea Abou Abd Allah Masoud ibn Ali ibn Omar, qui était l'élève de Nour ed-Din Ahmed, à le traduire en langue persane; un grand nombre de docteurs l'incitèrent à mettre ce projet à exécution, et le حصص الاتقيا vit le jour en l'année 608 de l'hégire. Cette histoire des prophètes comprend deux sections, قسم; la première contient l'exposé des conditions et des preuves de la prophétie et la réfutation des sectes des Bouddhistes, شمنيّة, des Brahmanes de l'Indoustan, et des philosophes grecs. La seconde section (fol. 62) est divisée en 13 chapitres, dans lesquels se trouve narrée l'histoire des grands prophètes de l'Islamisme. Hadji Khalifa ne connaît que deux des ouvrages d'el-Sabouni, le هداية ﻓﻰ الكلام et le كفاية ﻓﻰ الكلام, tous les deux traitant de théologie scolastique et de métaphysique.

Début : بعد از ثناى خداى ﺑﻰ هتاى رهنماى عالم آراى نكارندۀ
انس و جان پديد ارندۀ جسم وجان بخشندۀ خرد.....

On trouve au recto du folio 1 une formule d'exorcisme, et au verso des vers turcs dont le premier est :

كچرسن هركله عاشق كچرسن الدّن اله
ثباتك يوقدر اى بلبل قويرسن دالدّن داله

Ce volume porte les ex-libris d'Ahmed ibn Ali, surnommé Kara Beg Zadèh, kadi de Livadia, لوادى, en Crimée; d'Ahmed, fils du kadi Yahya, kadi de la ville de Yénishehr; d'un nommé Salih Mustafa; d'Ahmed, fils du kadi Ibrahim, kadi de Gueulhisar; et d'un certain Dervish Yakoub.

Assez bon nestalik turc écrit à Constantinople en 994 de l'hégire (1585 de J.-C.), 212 feuillets. 20 sur 13 centimètres. Reliure turque en maroquin brun estampé. — (Ancien fonds 25.)

371

كتاب شرف النبى. Histoire de la vie et de la mission de Mahomet, traduite par Nedjm ed-Din (Abou Bekr) Mahmoud ibn Ali el-Ravendi, امام عالم ربّانى بارع ناسك متـورّع نجـم الدين محمود بن علي الراوندى, d'un traité du même titre qui fut écrit en arabe par le sheïkh Abou Saad Abd el-Mélik ibn Abou Osman el-Vaïz (fol. 2 r° et v°).

Abou Saad, ou, suivant Hadji Khalifa, Abou Saïd Abd el-Mélik ibn Abou Osman Mohammed el-Vaïz el-Nishapouri el-Khargoûshi, الخركوشى, mourut en 407 de l'hégire; il est l'auteur de plusieurs traités de soufisme, parmi lesquels le شعار الصالحين, les لوامع, le تهذيب الاسرار; le présent ouvrage est certainement celui qu'Hadji Khalifa cite (t. IV, p. 44) sous la forme de شرف النبوّة, et dans lequel il voit un traité de traditions, également connu sous le nom de فضائل العشرة, s'il n'a pas confondu avec le فضائل العشرة المبشرة de Bourhan ed-Din Ibrahim el-Fézari. L'usage de la langue arabe s'étant perdu en Perse, cet ouvrage, malgré son importance, n'avait aucune utilité pour les Persans, et c'est cette circonstance qui détermina Ravendi à en entreprendre la traduction. Sur cet auteur, qui a écrit une histoire des Seldjoukides, voir le n° 438.

L'ouvrage est divisé en 61 chapitres, dont le détail se trouve donné immédiatement après la courte introduction où il est parlé de l'auteur arabe et du traducteur persan. Les 24 premiers chapitres traitent de Mahomet et de sa famille, l'histoire de sa mission s'étend jusqu'au chapitre 55, et les 6 derniers chapitres sont consacrés aux pèlerinages à son tombeau, à ceux des shahid qui sont tombés en combattant pour lui, et aux prières qu'on y récite.

Début : سپاس وستایش افریدکاری را جلّ جلاله کی دلها خلائق بنور هدایت روشن کرد جان عارفان بمشاهدات دلالت گلشن کرد.....

Très beau neskhi persan à frontispices en or, daté de 608 de l'hégire. 226 feuillets. 31 sur 23 centimètres. Reliure orientale en maroquin estampé. — (Gaulmin; Regius 1503. — Ancien fonds 82.)

372

سیرة النبی. Traduction par un anonyme de la vie du prophète Mahomet, écrite en arabe par Ibn Ishak.

L'auteur déclare dans sa préface (fol. 2 r° et v°) que la meilleure, comme la plus ancienne des sources de l'histoire de Mahomet est le سیرة پیغمبر de Mohammed ibn Ishak ibn Yésâr el-Motalebbi (cf. Hadji Khalifa, t. III. p. 634), qui a été imité par tous ceux qui ont écrit la vie de Mahomet. Il avait entrepris un voyage en Syrie dans l'intention de se rendre en pèlerinage à Jérusalem et d'y étudier les traditions; à cette époque, deux théologiens commentaient cet ouvrage dans leurs cours; c'étaient le kadi Zéki ed-Din ibn Habbab, dont l'auteur suivit les leçons, سماع, et le kadi Ibn el-Mahalli, tous les deux originaires du Kaire; leur enseignement était tellement populaire en Syrie, que les princes ayyoubites eux-mêmes assistaient à ces leçons; en résumé, l'auteur est d'avis que la lecture des سیر النبی d'Ibn Ishak est aussi importante que celle des commentaires du Koran. En l'année 612 de l'hégire, il quitta la Syrie pour revenir en Perse et il se retira à Eberkouh, où il remplit un office à la cour de l'atabek Mouzaffer ed-Din Saad ibn Zengui; dans la première entrevue qu'il eut avec l'atabek, il lui parla de la valeur de la vie de Mahomet écrite par Ibn Ishak et il lui communiqua les notes qu'il avait recueillies au cours de Zéki ed-Din نسخه سماع; Mouzaffer ed-Din lui ordonna alors de traduire cet ouvrage en persan; bien qu'il ne fût pas encore remis des fatigues du voyage, l'auteur se mit immédiatement à l'œuvre.

Cette traduction remaniée est divisée en 3o chapitres, dont le détail est donné aux feuillets 3 et suivants.

Début : حمد وستايش آفريدكاريرا كه كسوة وجود دربن عالم از آثار
قدرة اوست وشكر وسپاس...

Bon nestalik persan à encadrements, copié par Abd el-Ali el-Tébrizi en 1073 de l'hégire (1662 de J.-C.). 239 feuillets. 31 sur 19 centimètres. Reliure orientale en maroquin rouge. — (Supplément 1123.)

373

كتاب تجارب السلف. Histoire du Khalifat abbasside, depuis Mahomet jusqu'à la chute de Baghdad, par Hindoushah ibn Sindjar ibn Abd Allah el-Sahibi el-Kirani.

Cette histoire est dédiée à l'atabek du Lour-i Bouzourg, Ahmed Nosret ed-Din ibn Yousouf Shah ibn Shems ed-Din Alp Arghoun ibn Nasr ed-Din Hézarasp; ce prince, qui est nommé احمد بن اتابك نصرة الدبن يوسف, شاه ابن اتابك شمس الدبن المازعون بن نصر الدبن هزارسف, mourut en 73o ou 733 de l'hégire et eut pour successeur son fils Rokn ed-Din Yousouf Shah II.

Début : ادامت تهليل وتمجيد واقامت تسبيح وتحميد حضرت
ذو الجلال را سزد كه بحكمت...

Assez bon nestalik daté de 13o4 de l'hégire (1886 de J.-C.). 154 feuillets. 22 sur 16 centimètres. Cartonnage turc. — (Schefer 237. — Supplément 1552.)

374

عدة في ردّ الردّ والردّة. Traité de l'excellence de la mission de Mahomet.

Le titre ne se trouve qu'au folio 19 r°, tout à fait à la fin de la préface. L'auteur, qui ne se nomme pas dans la préface autrement que اين فقير, a dédié son ouvrage au sultan Shah Rokh Béhadour, fils de l'émir Timour Kourkan († 850 H.) [fol. 7 r°]; la préface est écrite, suivant le goût du temps, dans un pathos à peu près inintelligible, qui rappelle les plus mauvaises pages de Vassaf ou de Khondémir, et dont le titre suffit à donner une idée. L'auteur de ce livre était évidemment un ésotériste, comme le montrent plusieurs passages, en particulier : بهمّت متوجّه طريقة

صوفيه شدم ومرا معلوم شد كه طريق ايشان بعلم وعمل وحال تمام ى شود ..... دانستم بيقين كه سالكان راه حقّ صوفيّه اند خاصّه كه .... سيرت ايشان بهترين سيرتهاست (fol. 17 v° et 18 r°; cf. fol. 9 r°, 10 r° et v°, 11 v°); il était également partisan des doctrines philosophiques de l'Imam Ghazali, auquel il donne le titre de قدوة العلماء الاعلام, et dont il cite à plusieurs reprises les opinions. Ce traité, comme l'auteur prend lui-même le soin de l'indiquer dans sa préface (fol. 17 v°), est fondé sur le texte du Koran, sur les traditions, et sur les récits traditionnels, روايات : il a été composé pour réfuter un ouvrage arabe intitulé ردّ خطا على روس الملا. Il est divisé en 3 chapitres :

Le 1ᵉʳ traite de ce que sont le prophète et le saint ولى, la prophétie et la sainteté; le 2ᵉ est plus spécialement consacré à la mission du saint ولايت et aux signes qui lui sont particuliers; le 3ᵉ traite de l'excellence de la mission de Mahomet. La fin manque.

Début : حدّ و سياسى كه از حدّ حدود ومقياس قياس متجاوز وشكر و ثناى كه بناء آن از اساس لا احصى .....

Bon neskhi de la fin du xvᵉ ou du commencement du xvıᵉ siècle. 111 feuillets. 20 sur 12 centimètres. Cartonnage turc. — (Mazarin; Regius 1485. — Ancien fonds 26.)

375

شواهد النبوّة لتقوية يقين اهل الفتوّة. Histoire de la mission religieuse du prophète Mohammed, par Nour ed-Din Abd er-Rahman Djami.

La Shévahid el-nébouvvet fut composée en 885 de l'hégire, postérieurement à la Néfahat el-ouns, qui est citée dans la préface, et comme l'indique le chronogramme suivant qui se trouve à la fin :

در آن وقتم اتمام آن دست داد　　كه تمّته بود تاريخ سال (ms. 377, fol. 302 v°.)

Cet ouvrage, qui, dans quelques exemplaires, porte le titre de شواهد للحمد لله الذى ارسل رسلا, et qui commence par دلايل نبوّته شريف مبشرين و منذرين ليلا يكون للناس على الله حجة بعد الرسل و ...... خص, est divisé en une préface, cinq livres, ركن, et une conclusion, dont le détail se trouve indiqué dans le ms. 377, au folio 5 r°.

La préface traite du sens des mots nébi et resoul; les chapitres 1 à 5, des preuves de la prophétie avant la naissance de Mahomet; jusqu'à sa mission; jusqu'à l'hégire; jusqu'à sa mort; après sa mort. Les chapitres 6 et 7 traitent des preuves qui se sont manifestées dans la personne des imams et dans celles des suivants, des suivants des suivants et des soufis. La conclusion traite des peines infligées à ceux qui ne croient pas aux preuves de la prophétie. Cet ouvrage a été traduit en turc par Lamiï.

Exemplaire incomplet et relié d'une façon défectueuse.

Assez bon talik copié en 976 de l'hégire (1568 de J.-C.). 171 feuillets. 25 sur 15 centimètres. Reliure en basane noire. — (Supplément 988.)

376

Le même ouvrage.

On trouve au recto du second feuillet le titre شواهد النبوّة فى بيان مَن بيان كان فى مراتب السنية, avec une table des chapitres.

Assez bon nestalik persan à encadrements et frontispices en or et en couleur, du milieu du xvii° siècle. 226 feuillets. 20 sur 13 centimètres. Reliure en basane pleine au chiffre du roi. — (Bruix 19. — Supplément 130.)

377

Le même ouvrage.

Bon talik persan à encadrements et à frontispices en or et en couleurs, du xvii° siècle. 302 feuillets. 23 sur 14 centimètres. Reliure orientale en maroquin vert estampé et doré. — (Ancien fonds 96.)

378

روضة الأحباب فى سير النّبى والآل والاصحاب. Histoire de Mahomet, de sa famille et de ses disciples, par l'émir Djémal ed-Din Ata Allah ibn Fazl Allah, surnommé Djémal el-Hoseïni.

L'auteur appartenait à une famille de Seyyids originaire de Shiràz, et son oncle Asil ed-Din Abd Allah el-Hoseïni († 883 H.) fut appelé à Hérat par le sultan Abou Saïd. Ata Allah, qui avait embrassé la vie religieuse, acquit un grand renom de sainteté; il fut professeur à la médresèh Sultaniyyèh et prédicateur de la grande mosquée d'Hérat, sous le règne d'Aboul Ghazi Sultan Hoseïn; il mourut après l'année 930 de l'hégire. Le Rauzet el-ahbâb fut commencé sur les instances de Mir Ali Shir Névaï, et sous la direction d'Asil ed-Din; il fut terminé aux environs de l'année 888 de l'hégire. Il est divisé en 3 tomes, مصنف :

Le 1er contient la généalogie et la vie de Mahomet, avec l'histoire de sa famille, de ses habitudes, de ses miracles; le 2e traite des compagnons, du Prophète; le 3e des suivants, des suivants des suivants, et des Imams.

Cet exemplaire ne contient que le volume I; il porte au recto du dernier feuillet une note indiquant qu'il a été collationné avec un exemplaire écrit par un certain Mir Kélân, et l'ex-libris de Abd Allah ibn el-Sultan Mohammed el-Samarkandi.

Bon talik indien à encadrements en or et en couleurs, copié à Hadjipour, حاجپور, en 1003 de l'hégire (1594 de J.-C.). 315 feuillets. 28 sur 18 centimètres. Reliure en peau noire. — (Gentil 7. — Supplément 140.)

379

Le même ouvrage, volume I.

Cet exemplaire porte au recto du folio 1 et du folio 356 le cachet d'un certain Mohammed Mukim, avec la date 1131 de l'hégire, et celui d'un nommé Mohammed Ali (fol. 1 r°).

Nestalik indien, copié à Laknau en 1088 de l'hégire (1677 de J.-C.), sous le règne de l'empereur Mohyi ed-Din Alemguir, par un nommé Shah Mohammed? 357 feuillets. 29 sur 18 centimètres. Demi-reliure. — (Gentil 7. — Supplément 140 A.)

380

Le même ouvrage, volume I.

Exemplaire incomplet dont les derniers feuillets ont été rapportés. Le corps du volume est en neskhi indien à encadrements et frontispices en or et en couleur du xviiie siècle. 431 feuillets. 27 sur 16 centimètres. Reliure indienne en cuir rouge. — (Supplément 140 B.)

381

Le même ouvrage, volume II.

Bon neskhi indien, copié en 1013 de l'hégire (1604 de J.-C.) par Aziz Allah Ladiz? ﻻﺪﻳﺰ, khatib de la grande mosquée de ﻣﺴﻮﺭﺁﺑﺎﺩ. 228 feuillets. 30 sur 20 centimètres. Reliure en basane au chiffre de Napoléon Iᵉʳ. — (Gentil 7. — Supplément 140 C.)

382

Le même ouvrage, volume II.

Beau talik copié par un certain Ali el-Ghaznévi el-Menkouri en 1027 de l'hé-gire (1617 de J-C.). 188 feuillets. 19 sur 12 centimètres. Reliure en maroquin brun. — (Gentil 7. — Supplément persan 140 D.)

383

معارج النبوّة فى مدارج النبوّة. **Histoire de Mahomet**, par Moïn ibn Hadji Mohammed el-Férahi, الفراهى.

Le père d'el-Férahi, qui s'intitule, dans la préface du معارج النبوّة, le pauvre Moïn, مسكين معين, et qui avait pris le tékhallus de Moïni, se nommait Shéref ed-Din Hadji Mohammed, natif de Férah, فراه; Moïn ed-Din hérita en 900 de l'hégire de la charge de kadi de Hérat, qui avait appartenu à son oncle Nizam ed-Din Mohammed, mais il ne la garda qu'un an. Il mourut en 907 de l'hégire, laissant un grand renom comme prédi-cateur. El-Férahi consacra la plus grande partie de sa vie, trente et quelques années, dit-il (fol. 5 vᵉ et suiv.), à lire les livres de traditions et à faire chaque vendredi dans la grande mosquée de Hérat des cours de théologie; malgré ces occupations, il entreprit la rédaction d'un commentaire du Koran, le روضة الواعظين, et d'un traité d'Arbaïn intitulé تفسير بحر الدرر, divisé en 4 tomes. En 891, un juriste très connu de Hérat le pria d'écrire quelques articles مجلس sur la vie de Mahomet, et ces essais ayant été approuvés, il composa le présent traité. Le معارج النبوّة se divise en une préface, 4 chapitres intitulés ركن, et une conclu-sion, خاتمة.

La préface contient les louanges habituelles d'Allah et de Mahomet, et les préexcellences de ce dernier; le 1ᵉʳ chapitre traite d'abord de la façon dont la lumière de la prophétie descendit sur Mahomet par Adam, Seth, Idris, Noé, Houd, Abraham, Ibn al-Moutalleb; le 2°, de sa vie, de sa naissance à sa 35° année; le 3° débute par la première année de la mission et va jusqu'à l'hégire; le 4° comprend le récit des événements depuis l'hégire jusqu'à la mort du Prophète; la conclusion contient le récit des miracles qui furent accomplis par Mahomet. Moïn ed-Din el-Férabi avait l'intention de continuer le معارج النبوة par l'histoire des khalifes orthodoxes et des douze imams, mais il renonça à ce projet pour reprendre la rédaction de son تفسير بحر الدّرر.

Cet exemplaire s'arrête au commencement du 3° chapitre.

Neskhi passable du xvii° siècle. 344 feuillets, 24 sur 19 centimètres. Reliure en cuir brun. — (Gentil 53. — Supplément 132.)

384

Le même ouvrage.

Exemplaire comprenant la préface et les deux premiers chapitres.

Bonne écriture talik du xvii° siècle. 346 feuillets, 25 sur 17 centimètres. Reliure européenne. — (Arsenal. — Supplément 133.)

385

Le même ouvrage.

Exemplaire comprenant la préface et les deux premiers chapitres.

Bon nestalik indien du xvii° siècle. 410 feuillets. 30 sur 21 centimètres. — (Schefer 20. — Supplément 1323.)

386

روضة الشهدا. Vie de Mahomet, Ali, Fatima, Hasan, Hoseïn, par Hoseïn ibn Ali el-Vaïz el-Kashifi († 910 H.).

Cet ouvrage a été composé en 908 de l'hégire pour le prince timouride Seyyid Mirza Mourshid ed-Daulah wed-Din Abd Allah, petit-fils par sa mère du sultan Baïkara Mirza. Il en existe, sous le titre de روزة (sic) الشهدا, une traduction en turc oriental dans le Supplément turc, n° 958.

Il est divisé en 10 chapitres, dont le détail est donné dans la préface de tous les exemplaires du Rauzet el-shouhéda :

1° Histoire de quelques prophètes; 2° persécution de Mahomet par les koréishites; 3° mort de Mahomet; 4° vie de Fatima; 5° vie d'Ali; 6° vie de Hasan; 7° vie de Hoseïn; 8° assassinat de Mouslim, fils d'Akil et petit-fils d'Ali; 9° bataille de Kerbéla; 10° sort de la famille du Prophète après le désastre de Kerbéla.

Le livre se termine par un appendice qui ne se trouve pas dans tous les exemplaires et qui donne la descendance d'Hasan et d'Hoseïn; il a été édité à Lahore en 1287 de l'hégire.

Début :

اى شربت درد تو دواى دل ما   آشوب بلاى تو عطاى دل ما

Bon nestalik persan copié par Mouayyad ibn Yahya el-Mouayyadi el-Nili (au Kaire) dans la الحلة السيفية, en 962 de l'hégire (1554 de J.-C.). 264 feuillets. 27 sur 17 centimètres. Reliure orientale en maroquin noir estampé et doré. — (Colbert 2875; Regius 1503, 6. 6. — Ancien fonds 80.)

387

Le même ouvrage.

Les premiers et les derniers feuillets sont couverts de notes de tout genre et d'extraits de poésies en turc et en persan; on y lit la date de la composition du Rauzet el-shouhéda, fixée à 877 (*sic*) de l'hégire; la date de la construction par le sultan seldjoukide Ala ed-Din de la grande mosquée de Konia, fixée à 616 de l'hégire; des poésies de Menla Tchélébi el-Karamani, de Fozouli, Sadi; les ex-libris d'un derviche maulévi nommé Hoseïn Tchaouch Kara Ali Zadèh el-Koniévi el-Maulévi, de Mohammed Siradj Zadèh et l'estimation de ce volume à 100 et 110 piastres.

Bon talik persan daté de 969 de l'hégire (1561 de J.-C.). 207 feuillets. 25 sur 18 centimètres. Reliure en basane pleine. — (Ancien fonds 109.)

388

Le même ouvrage.

Exemplaire incomplet du commencement.

Nestalik persan passable, copié en 970 de l'hégire (1562 de J.-C.). 337 feuillets. 21 sur 15 centimètres. Reliure en basane pleine. — (Ancien fonds 110.)

389

Le même ouvrage.

Beau nestalik persan du xvii° siècle. 405 feuillets. 18 sur 13 centimètres. —
(Schefer 206. — Supplément 1516.)

390

Le même ouvrage.

Cet exemplaire ne contient pas la conclusion.

Assez bon nestalik persan de plusieurs mains du xvii° siècle. 209 feuillets.
29 sur 21 centimètres. Reliure en peau noire souple. — (Ancien fonds 79.)

391

Le même ouvrage.

Bon talik du xviii° siècle. 319 feuillets. 26 sur 18 centimètres. Reliure indienne en maroquin noir estampé et doré. — (Brueys 15. — Supplément 134.)

392

Le même ouvrage.

Nestalik indien médiocre du xviii° siècle. 326 feuillets. 24 sur 13 centimètres.
Cartonnage. — (Supplément 135.)

393

Le même ouvrage.

Exemplaire s'arrêtant un peu avant la fin du chapitre 10.

Nestalik persan passable du xviii° siècle. 287 feuillets. 26 sur 17 centimètres.
Reliure en cuir noir. — (Supplément 136.)

394

Abrégé du روضة الشهدا de Kémal ed-Din Hoseïn ibn Ali
el-Vaïz el-Kashifi.

Cet ouvrage est divisé comme l'original en 10 chapitres, dont la nomenclature détaillée se trouve au folio 3. On ne trouve dans la courte préface de ce traité aucun renseignement ni sur l'auteur, ni sur le titre de son abrégé : on lit au recto du folio 1 un titre : كتاب انبيا واوليا, qui n'a vraisemblablement rien d'authentique.

Début : بعد از حمد حضرت آله ودرود خواجه باجاه محمد رسول الله
صلى الله عليه وآله و سلّم نموده ى آيد كه بموجب حديث.....

Manuscrit de deux mains, l'une neskhi et l'autre nestalik indien cursif, ce dernier copié par Seyyid Ismaïl ibn Seyyid el-Hoseïni (?) en 1040 de l'hégire. 118 feuillets. 19 sur 12 centimètres. Reliure en basane au chiffre de Napoléon Ier. — (Thévenot. — Ancien fonds 118.)

395

قصّة يوسف. Histoire du prophète Joseph.

Exemplaire incomplet du commencement, dont le titre, la préface, les 11 premiers chapitres et une partie du 12e ont disparu. L'ouvrage se composait de 57 chapitres et semble avoir été traduit d'un original arabe écrit dans un but d'édification religieuse.

Le 12e chapitre (fol. 6 r°) commence par في قوله تعالى ارسله معنا
غدا نرتع و نلعب وانا له يحافظون قال الشيخ الامام رضى الله عنه.....

Une note écrite en turc au recto du folio 3 montre qu'un des possesseurs de ce manuscrit y a vu un extrait d'un très volumineux commentaire sur le Koran : ..... هذا كتاب حضرت يوسف عليه السلام تفسير شريفى
On trouve aux folios 1-3 un vocabulaire persan-turc sans ordre, et sur les derniers feuillets des notes sans importance.

Bon neskhi persan copié par un nommé Ali Shah ibn Abd el-Mohsin ibn Ali Shah ibn Abd el-Médjid el-Darâni (lire el-Darâzi ?) el-Ansâri en 898 de l'hégire (1492 de J.-C.). 197 feuillets. 27 sur 17 centimètres. Reliure en peau noire. — (Ancien fonds 81.)

396

Fragment d'une histoire des prophètes.

Le premier chapitre complet est intitulé : قصّة يعقوب عم با محادق الملك
et commence par : واين قصّه چنان بودكه چون برادران يوسف عليه

...... واورا بفروختنند السلام باوى غدر كردند (fol. ٢ r°). Ce fragment comprend des récits sur Jacob, Joseph, Job, Adam, Seth et Idris.

Assez bonne écriture neskhi du xɪvᵉ siècle. 76 feuillets. 26 sur 18 centimètres. Demi-reliure. — (Supplément 137.)

397

در مجالس. Recueil de traités sur les mérites des prophètes, des saints du soufisme et des khalifes, par Seïf el-Zafar, سيف الظفر, Naubéhari.

L'auteur est nommé, soit Naubéhari, نوبهارى, soit Béhari بهارى.

Ce recueil est divisé en 34 chapitres, traitant : 1° de la création d'Adam ; ٢° de la générosité légendaire d'Abraham ; 3° de Shoaïb ; 4° de Moïse ; 5° de Salomon ; 6° de Jésus-Christ ; 7° de Mahomet ; etc. Le contenu de cet ouvrage sans valeur se trouve détaillé dans le Catalogue de Munich, p. 58.

Début : چدى كه از عنايت الهى برزبان عارفان رود و ثناى كه از تواتر الهامات خداى كه در سينة ......

Nestalik indien médiocre daté de la première année du règne de Ferroukh Siyer, soit 1124 de l'hégire (1712 de J.-C.). 170 feuillets. 23 sur 13 centimètres. — Cartonnage indien. — (Ancien fonds 89.)

398

Le même ouvrage.

Nestalik indien passable, copié en 1196 de l'hégire (1781 de J.-C.) pour Ouessant, موسى اوسان. 183 feuillets. 28 sur 16 centimètres. Reliure en maroquin rouge. — (Ouessant. — Supplément 141.)

399

Le même ouvrage.

Cet exemplaire a été payé 2 roupies par Gentil.

Nestalik indien médiocre du xvɪɪɪᵉ siècle. 111 feuillets. 21 sur 13 centimètres. Reliure en peau noire. — (Gentil 22. — Supplément 142.)

400

Histoire des khalifes orthodoxes, contenant le règne d'Abou Bekr.

Un possesseur de ce manuscrit lui a donné le titre de : سلسلة خواجقان (sic) كتاب شريف.

Début : ..... زواهر جواهر حمد بيغايت نثار

Cette histoire est suivie d'une pièce de vers intitulée قصيدة ربويّه, commençant par :

هر آن مومين كه ابن منظومه خوانند

زبهر هيچ حاجت در نمانند

puis de prières et de la figuration du sceau de Mahomet et des quatre khalifes orthodoxes.

Manuscrit copié à Pékin vers le milieu du XVIIe siècle; nestalik avec encadrements et frontispices. 60 feuillets de papier de mûrier. 20 sur 11 centimètres. Reliure en cuir noir estampé. — (Schefer 207. — Supplément 1517.)

VIE DES SAINTS ET DES SOUFIS.

401

كشف المحجوب. Traité sur l'histoire des soufis et leurs doctrines, par Aboul Hasan Ali ibn Osman Abou Ali el-Djoullabi el-Houdjviri, الجلّابي الهجويری.

El-Djoullabi fut le disciple des sheïkhs Aboul Fazl Mohammed ibn el-Hoseïn el-Khouttali, de Damas, et Aboul Abbas Ahmed ibn Mohammed el-Shakkani, de Nishapour. L'un des possesseurs de ce manuscrit, le sadr d'Anatolie Abd Allah ibn Osman, connu sous le nom de Mostadjizadèh († 1151 H.), a inscrit une note suivant laquelle Djoullabi est de la silsilèh Ali — Hasan-i Basri — Hébib-i Adjémi — Daoud-i Taï — Maarouf-i Karkhi, autrement dit qu'il appartient à l'ordre des Djouneïdis ou Kadiris. Ce soufi paraît avoir beaucoup voyagé, en Syrie, dans l'Indoustan (fol. 141 v°), dans le Turkestan; il séjourna pendant un certain temps dans une ville située sur les frontières de l'Islam, dont il ne cite pas le nom (fol. 237). Ce livre, qui a été écrit dans la seconde moitié du vᵉ siècle de l'hégire, est l'un des plus importants pour l'étude du soufisme ancien, dont on trouve la doctrine exposée d'une façon très claire; Djoullabi nous apprend (fol. 150 rᵒ) qu'il avait composé, antérieurement au Keshf el-mahdjoub, un traité intitulé كتاب البيان لاهل العيان, sur le sens des deux termes تـفـرقـه et جـمـع. Cet ésotériste vécut à Ghazna, dont il était originaire, et il passa la fin de ses jours à Lahore, où il mourut en 464 de l'hégire. Le Keshf el-mahdjoub fut son dernier ouvrage; il se divise en deux parties :

La 1ʳᵉ partie contient la définition de ce qu'est le تصوف et l'histoire des compagnons, des suivants, des suivants des suivants et des soufis, leurs successeurs; la 2ᵉ partie comprend l'exposé des doctrines du soufisme et de ses règles.

Cet exemplaire porte des annotations de la main de Mostadjizadèh, les ex-libris de Soleïman Moustakimzadèh (1165 H.), Saad ed-Din Soleïman (1131 H.), Ibrahim Taher (1067 H.); il est précédé d'une table des matières.

Bon nestalik persan du xvᵉ siècle. 243 feuillets. 23 sur 14 centimètres. Reliure turque en maroquin brun. — (Supplément 1086.)

402

Le même ouvrage.

Exemplaire incomplet du commencement et de la fin.

Bon nestalik indien du commencement du xviiᵉ siècle. 235 feuillets. 22 sur 15 centimètres. Cartonnage. — (Darmesteter. — Supplément 1214.)

403

تذكرة الاولياء و تبصرة الاصفياء. Biographies de soixante-dix des principaux saints اوليا du soufisme, par Mohammed ibn Ibrahim Férid ed-Din el-Attar العطّار.

Férid ed-Din el-Attar passa la plus grande partie de sa vie dans sa ville natale, Shadiyakh, près de Nishapour, et il fut assassiné par les Mongols en 627 de l'hégire, à l'âge de 114 (?) années lunaires.

Début : الحمد لله لجواد بافضل انواع النعا المنان باشرف اصناف العطا
الحمود فى اعالى ذوى العزة والكبريا المعبود باحسن العبادات......

Cet exemplaire porte l'ex-libris de Mohammed Saïd ibn el-Hadjdj Mahmoud ibn el-Hadjdj Hasan ibn Ahmed, avec la date de 1159 de l'hégire.

Beau neskhi persan à encadrements et à frontispices de la fin du XIIIe ou du
commencement du XIVe siècle. 253 feuillets. 24 sur 17 centimètres. Reliure en
maroquin brun gaufré. — (Supplément 1108.)

404

Le même ouvrage.

Les premières et les dernières pages ont été rapportées à une époque
relativement récente.

Bon neskhi persan de la fin du XIIIe ou du commencement du XIVe siècle.
244 feuillets. 24 sur 17 centimètres. Reliure en cuir brun. — (Schefer 73. —
Supplément 1381.)

405

Le même ouvrage.

Bon neskhi persan à encadrements et frontispices en or et en couleurs, copié
en 888 de l'hégire (1483 de J.-C.). 272 feuillets. 20 sur 13 centimètres.
Reliure en maroquin brun doré. — (Schefer 157. — Supplément 1466.)

406

Le même ouvrage.

Exemplaire incomplet du commencement.

Bon talik persan à encadrements de la seconde moitié du XVIe siècle. 266 feuillets. 23 sur 15 centimètres. Demi-reliure. — (Supplément 1286.)

407

Le même ouvrage.

Neskhi turc passable à filet rouge, daté de 1049 de l'hégire (1639 de J.-C.).
223 feuillets. 21 sur 14 centimètres. Reliure en maroquin brun. — (Galland ;
Regius 1516, 2. — Ancien fonds 113.)

408

Recueils de biographies des saints du soufisme.

Le volume, étant incomplet du commencement, ne porte pas d'indication
de titre ni de nom d'auteur ; il est vraisemblable que c'est un abrégé du

تذكرة الاولياء de Férid ed-Din Attar, dont on a fait disparaître la plus grande partie des élégances de rhétorique.

L'histoire d'Oveïs Karni débute par : اويس القرنى ... قال النبى صعم.
خير التابعين باحسان وعطف وكفت فردا در قيامت حقّ تعالى هفتـاد
هزار فرشته بصورة اويس بيافرينذ تا او بايشان در عرصات بـرايـذ
وببهشت رود تا واقف نكردذ ..... (fol. ٢ v°).

Il est parlé dans ce recueil de : Oveïs Karni (fol. 2), Hasan Basri (fol. 3), Mohammed Wasi (fol. 7), Hébib Adjémi (fol. 8), Abou Hazim Ali (fol. 11), Atba ibn el-Ghoulam (fol. 12), Rabiyya el-Adouviyya (fol. 13), Fadhil Iyadh (fol. 20), Ibrahim Edhem (fol. 26), Bishr Hafi (fol. 35), Zoul Noun Misri (fol. 39), Bayézid Bistami (fol. 49), Abd Allah Moubarek (fol. 71), Séfid Tsauri (fol. 75), Shakik Balkhi (fol. 77), Imam Abou Hanifa (fol. 80), Imam Ahmed ibn Hanbal (fol. 84), Daoud Tayyi (fol. 86), Haris Méhasibi (fol. 89), Abou Soleïman Daraï (fol. 91), Mohammed Semmal (fol. 94), Mohammed Salem (fol. 95), Ahmed Harb (fol. 96), Hatem Asem (fol. 98), Sahal Abd Allah (fol. 102), Maarouf Karkhi (fol. 110), Siri Sakati (fol. 113), Fath Mausili (fol. 117), Ahmed Khvari (fol. 118), Ahmed Khazrouya (fol. 119), Abou Torab Nakhshébi (fol. 122), Yahya Maad Razi (fol. 124), Shah Shodja Kermani (fol. 131), Yousouf ibn el-Hoseïn (fol. 133), Abou Hafs Haddad (fol. 140), Hamdoun Kassar (fol. 140), Mansour Ammar (fol. 142), Ahmed ibn Asem, عاصم. el-Antaki (fol. 144), Abd Allah Hébib (fol. 145), Sheïkh Djonneïd el-Baghdadi (fol. 146), Amrou ibn Osman Mekki (fol. 151), Abou Saïd Kharraz (fol. 153), Aboul Hoseïn Nouri (fol. 156), Abou Mohammed Djéziri (fol. 173), Sheïkh Abou Saïd ibn Aboul Kheïr (fol. 178).

Bon neskhi persan de la fin du xiii° siècle, avec encadrements. 197 feuillets. 17 sur 13 centimètres. Reliure orientale en laque. — (Vansleb; Regius 1516. — Ancien fonds 119.)

409

مناقب العارفين. Vie du grand maître de l'ésotérisme musulman, Djélal ed-Din Roumi, de ses parents et de ses maîtres, par Shems ed-Din Ahmed el-Eflaki, افلاكى.

El-Eflaki fut le disciple du sheïkh Djélal ed-Din el-Arif, العارف, petit-fils de Djélal ed-Din Roumi. Le Ménakib el-arifin fut commencé par el-Eflaki en

718 de l'hégire sur le désir de el-Arif; il contient 10 chapitres, donnant les biographies des sheïkhs koubravis dont les noms suivent :

1° Mohammed ibn Hoseïn Béha ed-Din Véled el-Balkhi, père de Djélal ed-Din († 628 H.); 2° Bourhan ed-Din el-Hosaïni el-Tébrizi, maître de Djélal ed-Din; 3° Djélal ed-Din Roumi († 672 H.); 4° Shems ed-Din Mohammed ibn Ali el-Tébrizi; 5° Salah ed-Din Féridoun Zerkoub-i Kouniavi; 6° Hosam ed-Din ibn Akhi Turk; 7° Béha ed-Din Sultan Véled, fils de Djélal ed-Din Roumi; 8° Djélal ed-Din Tchélébi el-Arif († 719 H.); 9° Shems ed-Din Emir Tchélébi Abid, frère du précédent: 10° descendants de Béha ed-Din Sultan Véled.

Début : لحمد لله الذى نور قلوب اوليايه بانوار المعانى والبيان

Cet exemplaire porte le titre de مناقب مولانا; on trouve au recto du premier feuillet des formules incantatoires.

Bon neskhi turc daté de 964 de l'hégire (1556 de J.-C.). 200 feuillets, 31 sur 21 centimètres. Demi-reliure au chiffre de Louis-Philippe. — (Ancien fonds 84.)

410

Le même ouvrage.

Exemplaire incomplet, se terminant un peu avant la fin du chapitre 3.

Une note inscrite au recto du premier feuillet porte que ce volume « a esté envoyé de Constantinople à Monseigneur Colbert par le sieur de la Croix, secrétaire de Monseigneur Nointel, ambassadeur du Roy auprès du Grand Seigneur, et reçeu au mois de Janvier 1676 ».

Assez bon nestalik turc de la fin du XVIᵉ siècle. 164 feuillets. 21 sur 13 centimètres. — Cartonnage turc. — (Colbert 5956; Régius 1514, 2. — Ancien fonds 100.)

411

Le même ouvrage.

Très beau neskhi turc à encadrements et frontispices en or et en couleurs, copié par un derviche maulévi, Maulana Dervish Hassam, en 1013 de l'hégire (1604 de J.-C.). 298 feuillets. 24 sur 16 centimètres. Reliure orientale en peau brune. — (Ancien fonds 114.)

412

Le même ouvrage.

Exemplaire incomplet du commencement. On trouve à la fin (fol. 203 v°).

de la même main que le reste de l'ouvrage, la généalogie de Djélal ed-Din Roumi.

Bon nestalik turc, copié par Dervish Mohammed el-Maulévi el-Kounévi, au mois de Djoumada second de l'année 1017 de l'hégire (1608 de J.-C.), à Galata, dans la zaviyèh d'Iskender Pacha. 204 feuillets. 20 sur 13 centimètres. Cartonnage turc. — (Colbert 5957; Regius 1504, 3. — Ancien fonds 22.)

413

Le même ouvrage.

Nestalik indien médiocre daté de 1069 de l'hégire (1658 de J.-C.). 245 feuillets. 23 sur 15 centimètres. Reliure en cuir rouge. — (Gentil 14. — Supplément 148.)

414

Le même ouvrage.

Talik persan médiocre du milieu du xviiᵉ siècle. 239 feuillets. 21 sur 15 centimètres. Reliure en maroquin jaune. — (Supplément 149.)

415

Le même ouvrage.

Sur les premiers feuillets, on trouve l'inventaire sommaire de la bibliothèque de l'un des possesseurs de ce manuscrit.

Nestalik turc passable du commencement du xviiiᵉ siècle. 265 feuillets. 21 sur 14 centimètres. Reliure en basane pleine aux armes du roi. — (Ducaurroy 38. — Supplément 147.)

416

كتاب نفحات الانس من حضرات القدس. Vies des sheïkhs soufis les plus célèbres, par Nour ed-Din Abd er-Rahman Djami, avec une introduction traitant de la doctrine ésotérique.

La source principale de Djami fut le طبقات الصوفيّة de Mohammed ibn Hoseïn el-Soulami el-Nishapouri († 412 H.), qui avait été revisé et augmenté par le célèbre sheïkh el-Islam Abou Ismaïl Abd Allah ibn Mohammed el-Ansari el-Hérévi († 481 H.). C'est à la demande de Mir Ali

Shir el-Névaï qu'en 881 de l'hégire, Djami composa la Néfahat el-ouns; cet ouvrage fut terminé en 883 de l'hégire. Une analyse très précise de cet important ouvrage a été publiée par de Sacy dans les *Notices et Extraits* (t. XII, p. 287 et suiv.).

Assez bon nestalik persan, à encadrements et frontispice en or et en couleurs, copié en 907 de l'hégire (1501 de J.-C.), par Ibn Réfi ed-Din Fadl Allah el-Tébrizi el-Tadjir. 288 feuillets. 25 sur 16 centimètres. Reliure en maroquin brun estampé. — (Supplément 319.)

<h1 style="text-align:center">417</h1>

Le même ouvrage.

Cet exemplaire porte les ex-libris de Mourtida ibn Osman, d'un certain Mohammed Shah (1119 H.), de Mohammed ibn el-Hadjdj Ahmed el-Edirnévi el-Témeshvari, طمشوای (1060 H.), et de Shériti Moustafa, gouverneur d'Alexandrie (1241 H.).

Assez bon neskhi persan copié en 934 de l'hégire (1527 de J.-C.), par Abd Allah ibn Abou Saïd ibn Abd Allah. 251 feuillets. 21 sur 15 centimètres. Demi-reliure. — (Supplément 1177.)

<h1 style="text-align:center">418</h1>

Le même ouvrage.

Au commencement se trouve la liste de tous les personnages avec le renvoi à la pagination orientale du manuscrit; au folio 11 r°, on lit le texte de la mort de Mohammed Balkhi (677 H.), d'après le Nouzhet el-koulouh.

Bon nestalik persan du commencement du XVIe siècle. 324 feuillets. 25 sur 17 centimètres. Demi-reliure. — (Darmesteter. — Supplément 1308.)

<h1 style="text-align:center">419</h1>

Le même ouvrage.

On peut consulter sur les lacunes de cet exemplaire l'excellente notice que Silvestre de Sacy a insérée dans le tome XII des *Notices et Extraits*, p. 289. Les premiers feuillets portent des gloses marginales du célèbre Abd el-Ghaffour el-Lari, et les derniers contiennent une table des matières. Il porte l'ex-libris d'un sheïkh maulévi, nommé Mousa, qui vivait à Misr.

Exemplaire de plusieurs écritures neskhi passables, copiées en l'an 1000 de l'hégire (1591 de J.-C.). 185 feuillets. 26 sur 17 centimètres. Reliure en peau noire. — (Ancien fonds 83.)

420

Le même ouvrage.

Les 62 premiers feuillets du manuscrit sont couverts de gloses d'Abd el-Ghaffour el-Lari qui forment le commencement de l'ouvrage décrit sous le n° 421. Cet exemplaire porte les ex-libris de Ibrahim el-Moustafa, d'Abou Bekr, de Mohammed Ibrahim.

Nestalik persan passable du commencement du xviiᵉ siècle, copié sur papier brun. 217 feuillets. 25 sur 18 centimètres. Reliure en basane pleine aux armes de Napoléon Iᵉʳ. — (Mazarin; Regius 1511. — Ancien fonds 112.)

421

حاشیة نَحَات الانس . Gloses sur la Nafahat el-ouns de Nour ed-Din Abd er-Rahman Djami, par Abd el-Ghaffour el-Lari.

Radi ed-Din Abd el-Ghaffour fut le disciple préféré de Djami; il étudia la Néfahat el-ouns sous la direction de son maître et se fit expliquer par lui les endroits d'une interprétation difficile. Ziya ed-Din Yousouf, fils de Djami, qui avait été arrêté par les mêmes difficultés, pria Lari de mettre par écrit les commentaires qu'il avait recueillis de la bouche de son père. Abd el-Ghaffour se conforma à ce désir, et il ajouta à la fin de son ouvrage quelques anecdotes sur la vie des soufis, qui complètent les renseignements donnés par Djami; cet auteur a également écrit une vie de Nour ed-Din Djami (Rieu, *Catalogue*, t. I, p. 351; ms. 420, fol. 1 v°). Il mourut à Hérat en 912 et fut inhumé dans le tombeau de son maître. Les premiers feuillets sont occupés par une table des matières qui renvoie à la pagination orientale du manuscrit.

Début après le bismillah : ترجمهٔ خطبه سپاس و ستایش خدائ را که ائمهٔ دل دوستان خود را جلوهگاه ذات کریم خود کردانید و بحکم ... وبعد نمودهٔ ئی آید که فقیر حقیر قلیل البضاعة عبد الغفور اللاری ...

Ce volume porte au recto du premier feuillet les ex-libris de deux Osmanlis, Hasan ibn Mohammed Menlazadèh et el-Hadjdj Mohammed, scribe du trésor; ce dernier, daté de 1122 de l'hégire.

Assez bon neskhi indien, copié dans la ville de Tata, تته, en 963 de l'hégire (1555 de J.-C.), par un nommé Kémal ed-Din ibn Mohammed. 125 feuillets. 25 sur 15 centimètres. Reliure orientale en maroquin gaufré. — (Ancien fonds 227.)

422

رشحات عين الحيات. Notices sur les sheïkhs de l'ordre des Nakshibendis, et particulièrement sur le Khvadjèh Nasir ed-Din Obeïd Allah, par Fakhr ed-Din Ali ibn el-Hoseïn el-Vaïz el-Kashifi, surnommé el-Séfi, الصفي.

El-Séfi succéda à son père, le célèbre ésotériste el-Vaïz el-Kashifi, comme prédicateur de la ville de Hérat en 910 et il mourut en 939 de l'hégire. Khvadjèh Obeïd Allah, plus connu sous le nom de Khvadjèh Ehrâr, né en 806, mourut à Samarkand en 893; c'est à lui que Djami dédia son تحفة الاحرار. Le présent ouvrage fut écrit en 909 de l'hégire, en grande partie sur des notes que Séfi avait recueillies au cours d'entretiens qu'il avait eus avec Nasir ed-Din Obeïd Allah de 889 à 893 de l'hégire. Cet ouvrage a été traduit en turc osmanli et en arabe, en 1029 de l'hégire, par le derviche nakshibendi Tadj ed-Din ibn Zakarya ibn Sultan (arabe 2044).

Assez bon nestalik de la fin du xviie siècle. 263 feuillets. 30 sur 20 centimètres. Reliure en laque. — (Schefer 30. — Supplément 1335.)

423

مجالس العشّاق. Vie des saints du soufisme et de quelques sultans et émirs, par Kémal ed-Din Aboul Ghazi Sultan Hoseïn ibn Sultan Mansour ibn Baïkara ibn Omar Sheïkh ibn Timour Kourkan.

Sultan Hoseïn, né en 842 de l'hégire, fut le dernier des souverains de la maison de Timour qui régnèrent en Perse (873-911 H.); son règne fut l'époque littéraire la plus brillante du Khorasan; le Médjalis el-oushshâk, composé de 908 à 909 de l'hégire, est écrit en prose et en vers; il comprend 76 vies, مجلس, dans lesquelles l'auteur ne donne que quelques renseignements biographiques. Sultan Hoseïn est également l'auteur d'un

Divan écrit en turc oriental (Suppl. turc 993). Ce volume est orné de
miniatures dont on trouvera la description dans la *Revue des Bibliothèques*,
1898, p. 392.

Très beau talil persan, écrit sur du papier sablé d'or de la fin du xvi⁰ siècle avec
des encadrements et des frontispices en or et en couleurs. 363 feuillets. 27 sur
17 centimètres. Reliure laquée. — (Sainte-Geneviève. — Supplément 776.)

424

Le même ouvrage.

Nestalik persan à encadrement et à frontispice du xvi⁰ siècle. 199 feuillets. 23
sur 15 centimètres. Reliure en maroquin brun. — (Schefer 116. — Supplément 1424.)

425

Le même ouvrage.

Ce volume, qui a été rapporté d'Égypte par Monge, est orné de belles
miniatures dont on trouvera la description dans la *Revue des Bibliothèques*,
1898, p. 391.

Très beau talik à encadrements et à frontispices en or et en couleurs, écrit sur
papier rouge à la fin du xvi⁰ siècle. Exemplaire de grand luxe. 250 feuillets. 28
sur 18 centimètres. Reliure en laque verte ornée de dessins en or et en camaïeu.
— (Napoléon Bonaparte. — Supplément 775.)

426

Le même ouvrage.

Cet exemplaire est orné de 75 miniatures dont on trouvera la description dans la *Revue des Bibliothèques*, 1900, p. 195.

Manuscrit de grand luxe, très beau talik écrit sur du papier sablé d'or avec
encadrements et frontispices en or et en couleurs par Ahmed Hafiz, à la fin du
xvi⁰ siècle, pour la bibliothèque du navab Ashraf Akdas. 296 feuillets. 28 sur 16 centimètres. Reliure en laque. — (Schefer 243. — Supplément 1559.)

427

Le même ouvrage.

Cet exemplaire est orné de belles miniatures sur lesquelles on peut voir
la *Revue des Bibliothèques*, 1899, p. 60.

Exemplaire de luxe, beau nestalik à encadrements et à frontispices en or et en
couleurs daté de 988 de l'hégire (1580 de J.-C.). 259 feuillets. 30 sur 18 centimètres. Reliure en maroquin brun. — (Supplément 1150.)

428

سلسله نامه خواجکان نقشبند . Généalogie mystique des
sheïkhs de l'ordre des Nakshibendis, par Nour ed-Din Mohammed ibn Hoseïn ibn Abd Allah ibn Pir Hoseïn ibn
Shems ed-Din el-Kazvini (fol. ٢٢ v°).

Cet opuscule a été composé en l'année 978 de l'hégire, comme l'indique
le chronogramme :

این نسخه نازنین بی زرق وریبا
تاریخ مه وسال نظامش زصفا
شد نهصد وهفتاد وبر آن هشت افزود

.... (fol. 6 r°)

L'auteur cite parmi ses sources : la نفحات الانس (voir n°⁵ 416 et suiv.),
le رشحات (voir n° 422), et les مقامات de Khvadjèh Béha ed-Din Mohammed Nakshibend (fol. 5 r°). La silsilèh est la suivante : Mahomet — Abou
Bekr—Selman—Kasem ibn Mohammed—Djaafer Sadik, etc. Les trois derniers
sheïkhs cités sont Younis Turk († 963 H.), Kilan Khvadjèh Selma et Maulana
Hoseïn Kazwini, arrière-grand-père de l'auteur, qui se retira à Damas en 973
de l'hégire (fol. ٢١ r°). Mohammed ibn Hoseïn donne quelques renseignements biographiques sur les principaux de ces sheïkhs.

Début : .....اما بعد بر خاطر خطیر ارباب

Bon nestalik persan copié en 993 de l'hégire (1585 de J.-C.), par Hadji Mohammed ibn Mohammed el-Esfézari sur l'autographe. ٢٢ feuillets. ٢٤ sur 16 centimètres. Cartonnage turc. — (Schefer 110. — Supplément 1418.)

429

مجالس المؤمنین . Vie des saints du Shiïsme jusqu'à l'avè-
nement des Séfévis, par le Seyyid Nour Allah ibn Seyyid
Shérif el-Maraashi el-Hoseïni el-Shoushtéri, surnommé
Kazi Nour Allah.

Kazi Nour Allah appartenait à une famille de Seyyids, originaire de
Maraash, qui s'était établie à Shouster; il naquit dans l'Inde; il commença

le Médjalis el-mouminin en 993 de l'hégire et le termina en 1013 de l'hégire: en 996, l'empereur Akbar le nomma kadi de Lahore: il fut mis à
mort sur les ordres de l'empereur Djihanguir: il avait composé d'autres
traités de théologie et de soufisme intitulés : مصائب النواصب، احقاق الحق،
كشف العوار، عشرۀ كامله (Rieu, *Catalogue of Persian manuscripts*, t. I,
p. 337). Ce traité a été composé par son auteur dans le but de montrer que
le Shiisme remonte aux origines mêmes de l'Islamisme et qu'il n'est nullement une innovation religieuse. Il est divisé en 12 chapitres, مجلس, dont
l'un, le 6ᵉ, est consacré à l'histoire des mystiques célèbres.

Bon neskhi indien daté de 1104 de l'hégire (1692 de J.-C.). Frontispices et
encadrements en or et en couleurs, 395 feuillets. 36 sur 20 centimètres. Reliure
en maroquin noir estampé. — (Gentil 16. — Supplément 190.)

430

Le même ouvrage.

Exemplaire incomplet de quelques pages de la fin, avec des gloses dans le
texte; une table des chapitres se trouve au recto du folio 1, avec l'ex-libris
de Mohammed Djaafer. . . el-Hoseïni.

Bon neskhi persan de la fin du xviiᵉ ou du commencement du xviiiᵉ siècle;
347 feuillets, 34 sur 22 centimètres. Demi-reliure. — (Supplément 1081.)

431

اخبار الاخيار فى اسرار الابرار. Vie des saints indiens depuis
Moïn ed-Din Tchishti († 633 H.) jusqu'à la fin du xᵉ siècle
de l'hégire, par Abd el-Hakk ibn Seïf ed-Din el-Turk el-
Dehlévi el-Boukhari.

Abd el-Hakk était le descendant d'un Turc qui vint de Boukhara dans
l'Inde et auquel le sultan Ala ed-Din Khildji donna le titre d'émir; son
grand-père Saad Allah († 928 H.), et son père Seïf ed-Din († 990 H.)
furent tous les deux des religieux. Abd el-Hakk naquit à Dehli, en 958, et
entra de bonne heure dans l'ordre kadiri; il étudia les traditions à la Mecque
sous la direction du célèbre saint indien Abd el-Wahhab el-Mouttaki et
mourut à Dehli en 1052 (Rieu, *Catalogue*, t. I, p. 14). Le Akhbar el-akhiar
fut composé à la Mecque en 996 et revisé à Dehli vers 1048: Abd el-Hakk
est également l'auteur d'une biographie des deux saints indiens Ali el-
Mouttaki et Abd el-Wahhab el-Mouttaki, qui vécurent à la Mecque à la

fin du x° siècle, intitulée زاد المتّقین فی سلوك طریق الیقین (Rieu, Cata-logue, t. I, p. 356).

Une table des matières se trouve aux feuillets 1-4.

Nestalik indien médiocre du xviii° siècle. 332 feuillets. 21 sur 16 centimètres. Cartonnage. — (Supplément 1083.)

432

سفینة الاولیاء. Vie des saints du soufisme, par le prince timouride Mohammed Dara Shikouh دارا شكوه el-Hanéfi el-Kadiri, القادری, frère de l'empereur Aurengzeb (†1069 H.).

Cet ouvrage, qui fut terminé en 1049 de l'hégire, complète sur certains points le تذكرة الاولیاء de Djami et le نفحات الانس من حضرات القدس de Férid ed-Din Attar. Il contient les vies de Mahomet, des khalifes ortho-doxes et des Imams alides, de Selman Farisi, Oveïs Karni, Hasan Basri et des quatre imams de la Loi, des saintes, de Khadidja à Djémal Khatoun († vers 1050 H.). La partie la plus importante est celle où Dara Shikouh expose l'histoire des grandes écoles de l'ésotérisme qui existaient de son temps : des Kadiris appelés anciennement Djouneïdis, de Maarouf Karkhi († 200 H.) à Miyandjiv de Lahore († 1045 H.); des Nakshibendis ou Taïfouris, de Bayézid-i Bistami († 261 H.) à Khadjèh Salih el-Balkhi († 1048 H); des Tchishtis, d'Abd el-Wahid ibn Zeïd († 177 H.) à Djélal Thaniséri († 989 H.); des Koubravis, d'Abou Bekr ibn Abd Allah Nas-sadj à Sultan Véled († 712 H.); des Sohraverdis, de Mamshad Dinavé.i († 299 H.) à Siradj ed-Din Mohammed Shah Alem († 880 H.).

Cet important recueil de vies des saints a été lithographié à Laknau en 1872.

Début : ... اما بعد اكرچه احوال و معجزات سید انام ومناقب اصحاب كرام ... (fol. 124 v°).

Cet exemplaire est en nestalik persan cursif daté de 1049 de l'hégire; le copiste ajoute qu'à cette époque il avait 25 ans; or Dara Shikouh est né en 1022 de l'hégire : on peut se demander dans ces conditions si le pré-sent manuscrit n'est pas autographe ou, tout au moins, s'il n'a pas été copié sous les yeux et sur le brouillon de Mohammed Dara Shikouh.

Le Séfinet el-evlia est suivi du commentaire en persan d'un traité de métaphysique dont le commencement et la fin manquent; de plus, plu-sieurs feuillets ont été intervertis. Ce commentaire est de la même main que le Séfinet el-evlia.

xviii° siècle. 501 feuillets. 22 sur 15 centimètres. Reliure en demi-parchemin. — (Supplément 146.)

I. 18

HISTOIRE DES GHAZNÉVIDES.

433

تاریخ یمینی. Histoire de l'émir Sébouktikin et du sultan Mahmoud le Ghaznévide, traduite de l'original écrit en arabe par Abou Nasr Mohammed ibn Abd el-Djebbar el-Otbi, par Aboul Shérif Nasih ibn Zafer ibn Saad el-Mounshi el-Djorbadékani, الجربادقانی.

Otbi, qui vécut à la cour de Mahmoud, fut envoyé par ce souverain comme ambassadeur au sultan du Ghardjistan pour recevoir sa soumission: à l'époque de la composition du Tarikh-i Yémini, c'est-à-dire postérieurement à la campagne de l'Inde de 410 de l'hégire, il était صاحب البرید, ou grand maître des postes de l'empire dans le Gandj-i Roustak کنج رُستاق. Djorbadékani rapporte dans sa préface (ms. 434, fol. 4 r°: de Sacy, *Notices et Extraits*, t. IV, p. 327: Rieu, *Catalogue of Persian man.*, p. 158) que l'empire seldjoukide ayant été à peu près détruit en 582 de l'hégire, à la mort de l'atabek Mohammed, fils d'Iltoukouz, une anarchie de vingt années s'ensuivit, pendant laquelle les généraux des Seldjoukides cherchèrent tous à se rendre indépendants dans l'Iran, sauf Ouloug Barbek (ou Barik) Ayabah, affranchi de l'atabek Mohammed, qui s'enferma dans la forteresse de Ferzin dont dépendait alors la ville de Djorbadékan, entre Hamadhan et Isfahan. Oulong Barbek Ayabah, aidé d'un autre général, l'émir Padishah Shems ed-Din Aïdogmish, mit sur le trône l'atabek Nosret ed-Din Abou Bekr, fils de Mohammed ibn Iltoukouz (+607 H.); Djorbadékani ayant voulu dédier à Ouloug Barbek Ayabah un travail historique, le vizir de ce prince, Mouhaddib ed-Din Aboul Kasem Ali ibn el-Hoseïn, lui conseilla de traduire en persan l'histoire de Mahmoud le Ghaznévide, écrite par Otbi.

Début : سزاوارترین چیزی که زبان گوینده بدان مشعوف باشد وعنان گوینده بدان معطوف حمد و ثناء باری جلّت قدرته وعلّت کلمته است که آدمی را بمزیّت عقل و فضیلت فضل مخصوص...

Le texte arabe a été publié par le docteur Sprenger en 1847 et le texte persan a été lithographié à Dehli la même année. Sylvestre de Sacy en a donné une importante description dans le tome IV des *Notices et Extraits;*

la version persane a été traduite en turc par un nommé Dervish Hasan (British Museum, or. 1134).

Le présent exemplaire a fait partie de la bibliothèque du Sérail.

Bon neskhi persan des premières années du xiv⁰ siècle. 230 feuillets. 30 sur 18 centimètres. Reliure persane en maroquin gaufré. — (Schefer 248. — Supplément 1564.)

434

Le même ouvrage.

Exemplaire précédé d'une table des chapitres et portant l'ex-libris d'el-Hadjdj Mohammed ibn el-Mimar المعمار el-Hadjdj Moustafa.

Bon nestalik persan à filet rouge du xviⁱ⁰ siècle. 74 feuillets. 35 sur 19 centimètres. Reliure en maroquin brun estampé. — (Galland; Regius 1510. — Ancien fonds 66.)

435

Le même ouvrage.

Exemplaire incomplet, dont le texte est très fautif.

Bon nestalik persan daté de 1264 de l'hégire (1847 de J.-C.). 138 feuillets. 26 sur 16 centimètres. Reliure persane en maroquin rouge estampé et doré. — (Supplément 202.)

436

تاريخ آل سبكتكين. Histoire de la dynastie ghaznévide, par Aboul Fazl Mohammed ibn el-Hoseïn el-Beïhaki (385-470 H.)

Cette histoire, au dire de Mirkhond, ne comprenait pas moins de 30 volumes, et elle s'étendait depuis les origines de la dynastie jusqu'à l'époque de l'auteur; son titre exact était جامع تاريخ آل سبكتكين; la plus grande partie en est perdue depuis longtemps, et on ne possède plus que l'histoire du sultan Masoud, fils de Mahmoud le Ghaznévide, qui s'arrête à l'année 432 de l'hégire. Cette partie de la chronique de Beïhaki est généralement connue sous le nom de تاريخ مسعودى et de تاريخ بيهقى. L'auteur, né à Beïhak, près de Nishapour, fut adjoint au chef du ministère des relations extérieures, ديوان رسالت, Abou Nasr ibn Moushkan († 431 H.). El-Beïhaki conserva cette place jusqu'à la mort du sultan Masoud, et il fut

18.

réintégré dans ses fonctions par le sultan Ibrahim. La plus grande partie de cette chronique fut écrite en 450 de l'hégire. Le texte en a été publié dans la *Bibliotheca Indica*, Calcutta, 1862.

Début : زندگانی خداوند عالم سلطان اعظم ولی النعم دراز باد در
برزگی و دولت وپادشاهی ونصرت رسیدن.....

Bon nestalik copié en 1019 de l'hégire (1610 de J.-C.) par Khan ibn Khidr ibn Shihab ed-Din Kanoudji قنوج. 288 feuillets. 31 sur 18 centimètres. Reliure orientale en maroquin brun estampé. — (Gentil 38. — Supplément 203.)

437

Le même ouvrage.

Assez bon nestalik persan copié en 1274 de l'hégire (1857 de J.-C.). 340 feuillets. 29 sur 19 centimètres. Reliure en maroquin rouge. — (Supplément 1054.)

HISTOIRE DES SELDJOUKIDES.

438

كتاب اعلام الملوك المسمى براحة الصدور ورواية السرور. Histoire des Seldjoukides de l'Iran, par Nedjm ed-Din Abou Bekr Mohammed ibn Ali ibn Soleïman el-Ravendi.

Nedjm ed-Din el-Ravendi était originaire du village de Ravend, qui fait partie du district de Kashan; il suivit dans sa jeunesse pendant dix ans (570-580 H.) les cours d'un de ses compatriotes, Aboul Fazl Ahmed ibn Mohammed el-Ravendi, à qui l'atabek Djémal ed-Din Ayabah avait confié la direction du collège qu'il avait fondé à Hamadhan. Nedjm ed-Din parcourut ensuite les différentes villes de l'Irak et gagna sa vie en copiant des Korans qui étaient des chefs-d'œuvre de calligraphie. En 577, le sultan Rokn ed-Din Thoghrul pria son oncle Zeïn ed-Din Mahmoud Ravendi de lui apprendre l'art de l'écriture et Nedjm ed-Din fut chargé de décorer à l'encre d'or le Koran que copia le sultan. Il fut ensuite précepteur de l'un des fils du Seyyid Mourtiza Kébir Fakhr ed-Din Ala ed-Daulèh Arabshah, l'un des chefs des Alides à Hamadhan. En 580, Thoghrul le chargea de composer un recueil des œuvres des poètes les plus connus, et ce volume fut copié par l'oncle de Nedjm ed-Din, dont l'écriture était la plus belle qu'on ait jamais vue. Ce ne fut qu'en 599 de l'hégire que Ravendi commença la rédaction de ce traité d'histoire; il est rédigé surtout au point de vue anecdotique, et l'on n'y trouve guère que les anecdotes de l'histoire des Seldjoukides d'Imad ed-Din el-Katib el-Isfahani et de celle de son abréviateur Bondari, avec des extraits des poésies composées à la louange de ces princes. Il a été l'une des sources du Rauzet el-séfa et du Tarikh-i gouzidèh. Le récit commence avec l'avènement de Thoghrul Beg et s'arrête à l'arrivée du Khva-rizmshâh dans l'Irak (595 H.). L'ouvrage se termine par l'exposé de la conduite que l'on doit tenir chez les princes, par les principes du jeu des échecs, du tir à l'arc, de la chasse et des préceptes généraux sur la manière de se conduire à la cour; il expose ensuite des principes de calligraphie. M. Schefer a publié un chapitre de cet ouvrage sous le titre de *Tableau du règne de Moüizz ed-Din Sultan Sindjar*, dans les *Nouveaux mélanges orientaux*, Paris, 1886.

Ce manuscrit a fait partie de la bibliothèque du Sérail.

Très beau neskhi offrant des particularités calligraphiques curieuses, copié en 635 de l'hégire (1237 de J.-C.) par el-Hadjdj Elias ibn Abd Allah el-Hafiz el-Ghaznévi. 179 feuillets. 31 sur 24 centimètres. Reliure persane en maroquin brun estampé. — (Schefer 11. — Supplément 1314.)

439

كتاب سلجوق نامه. Abrégé de l'histoire des Seldjoukides du pays de Roum, par Nasir ed-Din Ibn Bibi, ابن بيبى.

Sur Ibn Bibi, voir *Recueil de textes relatifs à l'histoire des Seldjoukides*, publiés par Th. Houtsma, vol. III. La chronique s'étend depuis le moment où le sultan Kilidj Arslan (485-500 H.) choisit comme héritier Ghiyas ed-Din, jusqu'à l'époque du sultan Ghiyas ed-Din Masoud II, l'avant-dernier sultan de la dynastie turque d'Iconium.

Début : بعد از حمد آفريدگار و درود بى شمار بر سيد مختار عليه السلام ...

Bon nestalik persan de la seconde moitié du xivᵉ siècle. 175 feuillets. 22 sur 16 centimètres. Reliure turque. — (Schefer 226. — Supplément 1536.)

440

تاريخ آل سلجوق. Histoire des Seldjoukides du pays de Roum, depuis l'origine de la dynastie jusqu'à la fin du règne de Kaï Kobad II, par un anonyme.

Cette histoire, qui est très succincte, est dédiée au dernier sultan seldjou-kide d'Iconium, Ala ed Din Kaï Kobad II, fils de Soleïman-Shâh, qui régna de 696 à 700 de l'hégire : le dernier feuillet porte la mention de quelques événements arrivés à Konia et en Syrie jusqu'en 741 de l'hégire, notamment la mort du sultan ayyoubite Mélik Naser Daoud et celle du sultan Ala ed-Din ibn Soleïman Shah, fixée à l'année 765 de l'hégire.

Bon neskhi de la seconde moitié du XIVᵉ siècle. 47 feuillets, 23 sur 16 centi-mètres. Cartonnage turc. — (Schefer 238. — Supplément 1553.)

HISTOIRE DES MONGOLS.

441

تاريخ جهانكشاى جوينى. Histoire des Mongols, depuis Tchinkkiz Khakan jusqu'en 681 de l'hégire, avec un excursus sur l'histoire des Khvarizmshahs, par Khvadjèh Ala ed-Din Ata Mélik el-Djouveïni.

La vie d'Ala ed-Din, fils de Béha ed-Din Mohammed el-Djouveïni, qui fut administrateur civil, صاحب ديوان, du Khorasan et du Mazendéran, a été écrite avec beaucoup de détails par E. Quatremère dans les *Mines de l'Orient*, t. I, p. 220. Cette chronique, l'une des sources, après la Djami el-tévarikh de Rashid ed-Din, de l'histoire des Mongols de l'Iran et de la Chine, des Khvarizmshahs et des Ismaïliens, se divise en 4 volumes :

Le 1ᵉʳ contient l'histoire de Tchinkkiz Khakan et de ses conquêtes; l'élection d'Ougétaï, fils de Tchinkkiz; le règne de Kouyouk Khan, petit-fils de Tchinkkiz; l'histoire de l'impératrice Souyourkouïmish; le règne de Batou Khan; la conquête du pays des Boulghars et de la Russie; l'histoire de Tchaghataï Khan. Le 2ᵉ volume comprend l'histoire des sultans du Khva-rizm, depuis les origines de leur dynastie, à l'époque des Seldjoukides, jusqu'à leur chute définitive, avec une histoire spéciale des trois fils de Mo-hammed, Djélal ed-Din Mankouvirti, Ghiyas ed-Din et Rokn ed-Din; la lutte des Khvarizmshahs avec les sultans ghourides; la conquête du Ma-zendéran, du Kirman, de la Transoxiane, de Firouzkouh et de Ghazna par le Khvarizmshah; l'histoire des souverains du Kara-Khitaï; l'histoire du sultan Djélal ed-Din Khvarizmshah, son expédition contre Baghdad, la prise de Khilath, l'histoire de Turkan Khatoun, du sultan Ghiyas ed-Din. L'his-toire des gouverneurs mongols de l'Iran Tchintimour, Nausal, Keurgueuz Arghoun, Shéref ed-Din Khvarizmi. Le 3ᵉ volume reprend l'histoire des

Tchinkkizkhanides, avec Mankkou Kaan, empereur de Chine, et la conquête
de la Perse par son frère Houlagou Khan. Une grande partie de ce volume
est occupée par le récit de la conquête du pays des Ismaïliens par Houlagou,
par l'exposé des doctrines ésotériques de ces sectaires et par l'histoire des
princes de la forteresse d'Alamout, dont le dernier, Rokn ed-Din Khourshah,
mourut en 654 de l'hégire. Le 4ᵉ volume comprend le récit des événements
qui se sont passés dans l'empire mongol de Perse jusqu'en l'année 681
de l'hégire. On y trouve le récit de plusieurs aventures survenues à Djouveïni qui, dans un passage (ms. 444, fol. 40 v°), se nomme مسعود
اين مخلص واوراق.

Début : سپاس وثنا معبودی را که واجب الوجودست مسجودی که
وجود او واهب عقل وجودست آفریدگاری که اثبات.....

Exemplaire contenant les 3 premiers volumes (fol. 2 v°, 64 v°, 134 v°).
Il a appartenu, comme on le voit par une note du folio 1 r°, au prince, plus
tard sultan timouride Hoseïn ibn Baïkara Mirza († 912 H.), من کتب معمر
امر حسن بن سعرا مررا ; on trouve aussi les ex-libris du célèbre collec-
tionneur Abou Bekr ibn Roustem ibn Ahmed el-Shirvani; d'Ismaïl ibn Mohammed, surnommé Koutchek Tchélébizadèh (1136); de سابلمس (Satil-
mish?) ibn-Ashk? ibn Abd Allah el-Maliki (720 H.). Ce volume est orné
de deux enluminures sur lesquelles on pourra consulter la *Revue des Bibliothèques*, 1898, p 139.

Bon neskhi persan, copié en 689 de l'hégire (1290 de J.-C.) par Reshid el-Khvafi?
175 feuillets. 32 sur 24 centimètres. Reliure en basane aux armes du roi. —
(Ducaurroy 36. — Supplément 205.)

442

Le même ouvrage.

Exemplaire contenant les 3 premiers volumes; il est suivi (fol. 218 r°)
d'un appendice contenant le récit de la prise de Baghdad, tiré du manuscrit
de Nasir ed-Din Mohammed ibn Mohammed el-Tousi; d'un autre appendice
historique, dans lequel se trouvent racontés les événements qui suivirent
la prise de Baghdad, mais qui paraît différent du tome IV de la chronique d'Ala ed-Din tel qu'on le trouve dans le ms. 444 (fol. 220 v°), et
d'un abrégé de l'histoire des sultans seldjoukides de l'Iran, depuis les origines de la dynastie jusqu'à la fin du règne de Rokn ed-Din Abou Talib
Togbrul II (fol. 231 r°).

Ce dernier opuscule débute par : سپاس مر خدای را که خداوند

هر دو جهان است وآفریدگار زمین و زمان است

Neskhi passable de la fin du xiii° ou du commencement du xiv° siècle et bon neskhi persan du xvii° siècle. 264 feuillets. 26 sur 19 centimètres. Reliure persane en maroquin rouge. — (Schefer 240. — Supplément 1556.)

443

Le même ouvrage.

Exemplaire contenant les 3 premiers volumes, copié pour la bibliothèque d'un vizir qualifié de جلال الاسلام كمال الحق والدنيا والدين. Il a appartenu à un ambassadeur du khan de Boukhara venu à Constantinople à une date qui n'est point indiquée (1233 H.; voir n° 635).

Beau neskhi persan du commencement du xv° siècle. 234 feuillets. 24 sur 18 centimètres. Reliure orientale en maroquin brun. — (Schefer 68. — Supplément 1375.)

444

Le même ouvrage.

Exemplaire contenant la fin du tome II, commençant au milieu du chapitre intitulé ذكر بقیة احوال سلطان سعید محمد واحتلال كار او, le tome III et le tome IV. Cet exemplaire est dans un grand désordre, et la pagination doit être rétablie ainsi : fol. 42-115 (tome III)-188, 1 (tome IV)-41; il est orné de peintures dont on trouvera la description dans la *Revue des Bibliothèques*, 1898, p. 139.

Bon neskhi à encadrements et à frontispices en or et en couleurs, copié en 841 de l'hégire (1437 de J.-C.) par Abou Ishak ibn Mohammed ibn Ahmed el-Souli el-Samarkandi. 188 feuillets. 26 sur 17 centimètres. Demi-reliure. — (Supplément 206.)

445

Le même ouvrage.

Exemplaire comprenant les 3 premiers volumes. Ce volume porte l'ex-libris d'un certain Sheïkh Mohammed ibn Elias ibn Sheïkh Mohammed et de Abd el-Zahir? Moustafa, surnommé . . . . .zadèh. Au verso du folio 190

se trouve, sous le titre de تجموريه سلسلة, la descendance de Timour, jusqu'à Akbar Shah.

Neskhi passable copié en 938 de l'hégire (1531 de J.-C.) par un nommé Hal-
vayyi, حلوائي, qui prend le titre singulier pour l'époque de الفقير الحفقير الحداي.
190 feuillets. 26 sur 17 centimètres. Reliure en basane pleine au chiffre de Napoléon Ier. — (Thévenot; Regius 1509. — Ancien fonds 69.)

446

Le même ouvrage.

Exemplaire contenant les 2 premiers volumes (fol. 1 v° et 76 v°), et
une partie du tome III (fol. 160 v°), s'arrêtant au chapitre intitulé ذكر
مذاهب باطنیان.

Talik persan copié en 1233 de l'hégire (1817 de J.-C.) 192 feuillets. 26 sur
16 centimètres. Reliure persane en cuir. — (Supplément 207.)

447

Le même ouvrage.

Exemplaire contenant les 3 premiers volumes, le 3e incomplet. Il porte le
titre de تاریخ جوینی در بیان احوال سلاطین مغول.

Bon talik persan à encadrements daté de 1259 de l'hégire (1843 de J.-C.).
199 feuillets. 28 sur 18 centimètres. Reliure en cuir noir. — (Schefer 247. —
Supplément 1563.)

448

توزك غازان خان. Le code de lois édicté par le sultan mongol de Perse Mahmoud Ghazan Khan (694-703 H.).

Ce code comprend 40 chapitres, حکایت, dont le sommaire très
détaillé est donné aux feuillets 1-3; la fin du 39e et le 40e ont disparu;
il forme la troisième partie de l'histoire de Ghazan dans la Djami el-tévarikh
de Rashid ed-Din.

Début : بر عالمیان پوشیذه نماند که بادشاه خلّد ملکه چون در سنّ
طفولیّت بود جدّش اباقا خان......

Beau neskhi persan de la fin du xive siècle. 125 feuillets. 27 sur 18 centimètres.
Reliure en parchemin. — (Schefer 245. — Supplément 1561.)

449

تجزية الامصار و تزجية الاعصار. Histoire de l'empire mongol de l'Iran et de quelques royaumes voisins, depuis l'année 656 jusqu'en 712, avec un appendice s'étendant jusqu'en 728 de l'hégire, par Maulana Shihab ed-Din Abd Allah ibn Fadl Allah el-Shirazi, surnommé Vassaf el-Hazret.

Shihab ed-Din el-Shirazi fut l'un des fonctionnaires de l'administration des finances sous le règne des sultans mongols de Perse, et il fut le protégé du célèbre historien Rashid ed-Din et, après lui, de son fils Ghiyas ed-Din. Il fit présenter son livre au sultan Oldjaïtou à Sultaniyyèh, par l'entremise de Rashid ed-Din, le 24 Moharrem de l'année 712 de l'hégire: mais, malgré les explications du grand-vizir et celles de l'auteur lui-même, le sultan mongol ne put arriver à comprendre plusieurs des passages qui lui furent lus; Shihab ed-Din n'en fut pas moins gratifié d'un vêtement d'honneur et du titre de وصّاف الحضرة «Historiographe de Sa Majesté» sous la forme abrégée duquel, Vassaf, il est beaucoup plus connu que sous son nom véritable.

Le تجزية الامصار, qui forme la continuation du تاريخ جهانكشاى d'Ala ed-Din Ata Mélik el-Djouveïni, est généralement appelé تاريخ وصّاف; il est écrit dans un style tellement recherché que l'ouvrage est à peu près incompréhensible et que le récit des événements est noyé dans un pathos inintelligible, qui, depuis Vassaf, a servi de modèle à presque tous les historiens persans. La préface est dédiée au sultan Mahmoud Ghazan et porte la date de 699 de l'hégire: il se divise en 5 volumes, مجلّد.

Le 1ᵉʳ comprend le récit de la mort de Mankkou Kaan (656 H.), les règnes de Koubilaï Kaan et de Timour Kaan en Chine, la fin du règne d'Houlagou, les règnes d'Abaga, Sultan Ahmed Takoudar et Arghoun Khan; le 2ᵉ contient l'histoire des atabeks salghourides du Fars, de leur origine à la mort de Abish Khatoun (685 H.), la conquête de ce pays par les Mongols, la fin du règne d'Arghoun Khan, le règne des deux atabeks du Lour, Yousouf Shah et Afrasyab; le 3ᵉ contient le règne de Kaï Khatou, de Baïdou et le commencement du règne de Ghazan Khan jusqu'à la campagne de Syrie en 700 de l'hégire, avec l'histoire du Kirman, depuis le sultan Imad ed-Din Kaverd jusqu'à l'année 694 de l'hégire, une description de l'Inde et les rois de Dehli; dans le 4ᵉ se trouvent la fin du règne de Ghazan Khan et le règne d'Oldjaïton, la mort de l'empereur de Chine Timour

Kaan et ses successeurs jusqu'en 711 de l'hégire, le sultan Ala ed-Din de Dehli et les Mamlouks d'Égypte; on y trouve également une dissertation sur des figures de rhétorique et la conclusion; le 5ᵉ volume comprend l'énumération des successeurs d'Ougétaï, de Tchoutchi et de Tchaghataï, la fin du règne d'Oldjaïtou Kharbendèh, le règne d'Abou Saïd Mirza Béhadour Khan et les sultans de Dehli de 715 à 723 de l'hégire.

Le تاريخ وصّاف a été lithographié à Bombay en 1269 de l'hégire: le premier volume a été publié avec une traduction allemande par de Hammer, à Vienne, en 1856. Le présent exemplaire contient l'ouvrage complet; on y trouve une quantité de notes marginales destinées à expliquer les expressions obscures du texte. Une table des matière occupe les premiers feuillets.

Début : حمد و ستایشی که انوار اخلاصش آفاق وانفس را چون فاتحهٔ

صبح صادق متلالئ سازد وشکر وسپاس که در موقع

Bon nestalik persan de la fin du xvᵉ siècle pour les 3 premières parties, de la fin du xviiᵉ pour les 2 autres; frontispices et encadrements en or et en couleurs. 524 feuillets. 27 sur 15 centimètres. Reliure en maroquin brun estampé et doré. — (Supplément 208.)

450

تاريخ پادشاه سعید غیات الدنیا والدین اولجاینو سلطان محمد. Histoire du sultan mongol Ghiyas ed-Din Oldjaïtou Kharbendèh, خربنده (703-716 H.), par Aboul Kasim Abd Allah ibn Ali el-Kashani.

L'auteur affirme dans sa préface qu'il est l'auteur de la célèbre chronique générale connue sous le nom de جامع التواريخ (ms. 254 et suiv), et que cette œuvre monumentale lui fut volée par Rashid ed-Din. «Le vendredi, 10 de Shavval 704, le vizir de l'Iran, Khvadjèh Rashid ed-Din, présenta à l'empereur le livre intitulé Djami el-tévarikh, qui est l'œuvre de l'auteur infortuné de cette chronique, par l'intermédiaire de juifs maudits. . ; il ne me donna pas un dirhem, bien que j'eusse travaillé avec le plus grand zèle et fait les plus grands efforts pendant des années pour réunir ces matériaux» : وآدینه

دهم شوال ۷۰۴ دستور ایران خواجه ٔ بد الدین کتاب جامع التـواریخ که تالیف و تصنیف این بیچاره بود بدست جهـودان مـردود بـر رای پادشاه عرضه کرد .... ویک درهم به مؤلّف ومصنّف آن نداد که سی

(fol. 10); cf. Schefer, بلیغ و جهد انجی نموده بود وسالها جمع کرده

*Notices sur les relations des peuples musulmans avec les Chinois, dans le Cente-
naire de l'École des Langues orientales*, p. 12. Cette affirmation est certainement exagérée; néanmoins, il est assez vraisemblable qu'Aboul Kasem Abd
Allah el-Kashani fut l'un des collaborateurs, peut-être même le plus important, de Rashid ed-Din et qu'il ne tira aucun profit de ses travaux.

Début : لطايف نا محدود حمد وسپاس و وظايف نا معدود
مدح وشكر.....

Cet ouvrage est suivi (fol. 157 r°) d'une longue kasida en persan en
l'honneur du sultan Oldjaïtou et vraisemblablement du même auteur.

Début : حبّذا اى شهر سلطانيه كز لطف وصفا
جنّت الفردوس را مى ماندت اب وهوا

Bon nestalik persan à encadrements et à frontispices en or et en couleurs, copié
par Mohammed Yousouf ibn Hazret Ali el-Tébrizi, au commencement du xiv° siècle.
163 feuillets, 22 sur 14 centimètres. Reliure en maroquin violet. — (Schefer
111. — Supplément 1419.)

451

تاريخ رشيدى. Histoire des souverains du pays de Tchata,
چتـه, et des émirs de Kashgar, de Toughlouk Timour
Khan à l'année 952 de l'hégire, avec les mémoires de
l'auteur, par Mohammed Haïder ibn Mohammed Hoseïn
Kourkan, connu sous le nom de Mirza Haïder Doughlat.

Mirza Haïder, né à Tashkend en 905 de l'hégire, était le fils de Mohammed Hoseïn Kourkan († 914 H.), gouverneur de cette ville au nom
du khan de Kashgar, Mahmoud Khan, fils de Mohammed Haïder Kourkan,
le dernier émir de Kashgar et descendant de l'émir Pouladji, de la tribu
de Doughlat, le premier émir de Kashgar qui se soit converti à l'Islamisme.
Sa mère, Khoub Nigar Khanoum, fille de Younous Khan, était la sœur de
Koutlough Nigar Khanoum, mère de l'empereur Bâber. Mirza Haïder vécut
au service de son cousin Sultan Saïd Khan, qui régna à Kashgar de 920 à
939 de l'hégire, et, après sa mort, il se retira dans le Badakhshan, puis
à Lahore, où il fut accueilli par Kâmrân Mirza, fils de Zahir ed-Din Mohammed Bâber; il passa alors au service des Timourides de l'Indoustan; il
finit par se rendre à peu près indépendant dans le Tibet et dans le Kashmir (952 H.) et fut assassiné en 958 par des officiers rebelles.

Le Tarikh-i Réshidi est divisé en 2 tomes, دفتر :

Le 1ᵉʳ, terminé en 952 de l'hégire, contient l'histoire des Mongols, de Toughlouk Timour à Aboul Mouzaffer Abd er-Réshid ibn Aboul Fath Sultan Saïd, tant dans le pays de Tchata qu'à Kashgar; le 2ᵉ, écrit en 948 de l'hégire, contient des mémoires de l'auteur et rappelle par l'intérêt des faits qui y sont rapportés le تورك بابرى.

Bon nestalik persan copié par un certain Abd el-Rezzak en 1076 de l'hégire (1665 de J.-C.) [fol. 97 r°]. 324 feuillets, 25 sur 15 centimètres. Reliure en maroquin brun estampé et doré. — (Schefer 174. — Supplément 1483.)

452

Le même ouvrage.

Fragment du premier tome se terminant à l'avènement d'Abd Allah Béhadour Sultan.

Bon neskhi turc du milieu du xivᵉ siècle, 108 feuillets, 23 sur 15 centimètres. Reliure en cuir rouge. — (Schefer 76. — Supplément 1385.)

HISTOIRE DES MOUZAFFÉRIDES.

453

مواهب آلهى. Histoire de la dynastie mouzafféride, depuis ses origines jusqu'à l'année 767 de l'hégire, par Maulana Moïn ed-Din Ali Yezdi.

Le titre de cette chronique ne se trouve qu'au folio 13 v° : ...... شيخ لخفيف قدّس الله روحه العزيزيست در شيراز مواهب آلهى نهاده شد.. et elle est également connue sous les noms de : تاريخ مظفّر (fol. 1 r°), تاريخ آل مظفّر (fol. 2 r°) et de التاريخ المظفّرى (Hadji Khalifa, Dictionnaire bibliographique, t. II, p. 114). L'auteur ne se nomme qu'au folio 6 r° après une longue et pompeuse doxologie : امّا بعد يقول الفقير الى الله الغنى معين اليزدى..... Moïn ed-Din Ali Yezdi était originaire de la ville de Yezd; son père Maulana Djélal ed-Din Mohammed fut au service de Djémal ed-Din Sheïkh Abou Ishak, gouverneur de Yezd (fol. 59 r°); il fut l'élève de Adod ed-Din Abd er-Rahman (fol. 58 r°). Mohammed Monfid el-Moustaufi nous apprend dans la جامع مفيدى (Rieu, Catalogue, t. I, p. 168) qu'il fut l'un des oulémas les plus célèbres de son époque et que le sultan mouzafféride Shah Shodja assistait quelquefois à ses cours. Il mourut en 789 de l'hégire et il fut inhumé dans une mosquée qu'il avait élevée à ses frais.

Le Mévahib-i élahi est écrit dans un style extrêmement pompeux, qui veut imiter celui de Vassaf et qui rend très pénible la lecture de cette chronique; en 823 de l'hégire, un historien nommé Koutoubi? كسى, en tira tous les renseignements historiques qu'il contient, et fit disparaître les amplifications de rhétorique qui en forment la majeure partie (Rieu, *Catalogue*, t. I, p. 89). Le Mévahib, qui fut écrit en une année, est dédié au sultan monzafféride Djélal ed-Din Shah Shodja, fils du sultan Moubariz ed-Din Mohammed ibn el-Mouzaffer, à qui Moïn en avait lu un chapitre en 757 devant Isfahan et qui l'avait fortement engagé à le terminer. On trouve au verso du folio 1 des vers d'Ismet et de Khalil Allah.

Début : حمد وثناکه اشعه لمعانش چون بارقة نور از چهرة حور نمایان

باشد وقطرات زلالش.....

Cet exemplaire porte les ex-libris et les cachets d'un certain Abd er-Rahman ibn Ali ibn Mouayyad el-Roumi el-Amasi, qui habitait Shiraz en 888 de l'hégire, de Sheïkh Bébadour, fils de Sheïkh Mahmoud (1194 H.), d'Abd Allah ibn Toursou? طورسو ibn Mourad, de Moustafa ibn Pir Mahmoud. Une note du folio 364 r° indique que l'un des possesseurs de ce livre, Abd er-Rahman ibn Ali ibn Mouayyad el-Roumi el-Amasi, collationna en 889 de l'hégire cet exemplaire avec un autre, et cela près d'Andrinople, dans le camp du sultan ottoman Bayézid Khan.

Assez bon nestalik persan copié en 888 de l'hégire (1483 de J.-C.) par Sultan Ali el-Shirazi. 364 feuillets. 23 sur 13 centimètres. Reliure indienne en maroquin noir estampé et doré. — (Brueys 14. — Supplément 204.)

454

Le même ouvrage.

Bon nestalik du xix° siècle. 92 feuillets. 34 sur 21 centimètres. — (Schefer 13. — Supplément 1316.)

HISTOIRE DES TIMOURIDES.

455

ظفرنامه. Histoire de Timour, par Maulana Shéref ed-Din Ali Yezdi.

Shéref ed-Din Ali occupa des places importantes à la cour des sultans timourides de l'Iran et il fut célèbre à son époque pour la recherche et l'élégance de son style. Il fut durant longtemps le familier de Shah Rokh et de son fils, le remuant Mirza Ibrahim Sultan; en 846 de l'hégire, Mirza Sultan Mohammed, gouverneur de l'Irak, appela Shéref ed-Din Ali Yezdi auprès de lui, à Koum; il est possible que ce fut d'après ses conseils que Mirza Sultan Mohammed se révolta en 850 de l'hégire contre Mirza Shah Rokh: ce qui tendrait à le prouver, c'est qu'après la défaite de Sultan Mohammed, Shéref ed-Din dut le pardon de Shah Rokh à l'intervention de Mirza Abd el-Latif. Mirza Ouloug Beg l'envoya à Samarkand, où il ne resta que quelques années. A la mort de Shah Rokh, il s'en retourna à Yezd, sa ville natale, et en 853, il se retira dans un village voisin de Yezd, Taft, où il mourut en 858 de l'hégire.

Le Zafer namèh a pour sources les rapports officiels des campagnes de Timour qui étaient rédigés jour par jour par les bakhshis (خشى, mongol يـدـشـى, traduit dans le Vocabulaire Ouïgour-Chinois, 師 «professeur») ouïgours qui accompagnaient le conquérant. Deux versions en furent exécutées, l'une en vers turcs, l'autre en prose persane. Le Mirza Ibrahim Sultan fit rechercher tous ces documents, et après une longue revision, il les fit remettre à Shéref ed-Din Ali pour qu'il les coordonnât et qu'il les revêtit des ornements de sa prose; ce sont donc seulement les enjolivements et les traits d'esprit qui sont le fait de l'écrivain persan; le fond représente l'histoire officielle de Timour écrite par ses historiographes, revue et corrigée par lui. Ce long panégyrique du conquérant turc, qui fut terminé en 828 de l'hégire, est écrit dans un style remarquablement fleuri qui rappelle celui de Vassaf et d'Abd er-Rezzak Samarkandi dans le Matla es-saadeïn. Les exemplaires complets comprenaient, en plus de l'histoire de Timour, celle de Shah Rokh et de Mirza Ibrahim Sultan, ainsi qu'une introduction fort importante sur l'histoire et la généalogie des tribus turques et mongoles: Shéref écrivit cette introduction un peu avant le Zafer namèh sous le titre de تاريخ جهانگير, en 822, à la prière du fils de Shah Rokh, Aboul Fath Ibrahim; elle est souvent nommée مقدمه ظفر نامه. Le Tarikh-i Djihangir, qui est loin de se trouver dans tous les exemplaires du Zafer namèh, représente la tradition de la famille timouride, tandis que celle de la famille de Tchinkkiz se trouve consignée dans la Djami el-tévarikh de Fadl Allah Rashid ed-Din. Cette théorie timouride se retrouve dans l'Arbaï Oulous d'Ouloug Beg et dans le Khulasat el-akhbar. La 2ᵉ partie du Zafer namèh, celle qui contenait l'histoire de Shah Rokh et d'Ibrahim, est perdue, mais elle est parfaitement remplacée par le 2ᵉ volume du Matla es-saadeïn, de telle sorte que ces deux ouvrages également fragmentaires se complètent l'un par l'autre, et présentent l'histoire officielle des Timourides, de la naissance de l'émir Timour à l'année 875 de l'hégire.

Exemplaire dépourvu des prolégomènes portant les titres de فتح نامه (fol. 1 v°) et de فتح نامۀ هايون (fol. 437 v°).

Assez bon nestalik persan copié en Ramadan 849 de l'hégire (1445 de J.-C.) à Eberkouh; frontispices et encadrements en or et en couleurs. 437 feuillets. 25 sur 17 centimètres. Reliure orientale en maroquin brun. — (Gaulmin; Regius 1508. — Ancien fonds 71.)

456

Le même ouvrage.

Exemplaire dépourvu des prolégomènes, portant les titres de کتاب تاريخ تاريخ (fol. 1 v°), de تيمور نامه شرف (fol. 306 v°), de صاحب قران امير تيمور (fol. 1 r°). Il porte l'ex-libris تاريخ شرف الدين يزدى , تاريخ امير تيمور , تيمور d'Abou Bekr ibn Roustem ibn Ahmed ibn Mahmoud el S⋯vani.

Bon neskhi persan à encadrements et frontispice en or et en couleurs copié en 901 de l'hégire (1495 de J.-C.) par Sidi Ali ibn Kémal Kerbélaï. 307 feuillets. 25 sur 18 centimètres. Reliure orientale en maroquin brun estampé. — (Ancien fonds 70.)

457

Le même ouvrage.

Exemplaire dépourvu des prolégomènes.

Assez bon nestalik persan du milieu du xvie siècle. 399 feuillets. 25 sur 17 centimètres. Reliure en maroquin brun. — (Jean-Baptiste Jolif. — Supplément 213.)

458

Le même ouvrage.

Sans les prolégomènes. Cet exemplaire porte les ex-libris de Tchélébi-Zadèh Ismaïl Asem, عاصم (1167 H.), Soleïman ibn Roustem (1277 H.) et du derviche Ahmed Djavid.

Bon nestalik persan du milieu du xvie siècle. 350 feuillets. 26 sur 17 centimètres. Reliure en maroquin brun. — (Schefer 60. — Supplément 1367.)

459

Le même ouvrage.

Exemplaire sans les prolégomènes. Ce manuscrit a appartenu à l'empereur timouride de l'Indoustan, Mohammed Ferroukh Siyer, comme l'indiquent un cachet à demi effacé et une note de la main de l'empereur qui déclare l'avoir acquis dans la ville de Shahdjihan Abad au cours de la 3ᵉ année de son règne.

Bon nestalik persan à encadrements et frontispices en or et en couleurs, copié en l'année 981 de l'hégire (1573 de J.-C.), 567 feuillets. 24 sur 17 centimètres. Reliure indienne en maroquin rouge estampé. — (Gentil 54. — Supplément 212.)

460

Le même ouvrage.

Exemplaire dépourvu des prolégomènes.

Exemplaire de plusieurs mains persanes de la seconde moitié du xviᵉ siècle. 270 feuillets, 29 sur 21 centimètres. Cartonnage européen. — (Ravius ; Gaulmin ; Regius 1509. — Ancien fonds 72.)

461

Le même ouvrage.

Exemplaire sans les prolégomènes, incomplet du commencement et de la fin ; il manque environ 7 feuillets au commencement.

Assez bon nestalik persan de la première moitié du xviiᵉ siècle. 385 feuillets. 26 sur 18 centimètres. Demi-reliure en parchemin. — (Supplément 215.)

462

Le même ouvrage.

Exemplaire précédé des prolégomènes. A la fin (fol. 299-307), se trouve un extrait du مطلع السعدين ومجمع البحرين d'Abd er-Razzak el-Samarkandi qui contient le récit de l'ambassade que le sultan Shah Rokh Béhadour envoya à l'empereur de Chine Daï Ming Khan.

Beau talik persan à encadrements et frontispices en or et en couleurs copié en 1036 de l'hégire (1626 de J.-C.) par un certain Mohammed Arab..... 308 feuillets. 39 sur 25 centimètres. Demi-reliure. — (Desgranges. — Supplément 214.)

463

Le même ouvrage.

Exemplaire dépourvu des prolégomènes.

Bon nestalik à frontispice et à encadrements daté de 1100 de l'hégire (1688 de J.-C.). 447 feuillets. 29 sur 18 centimètres. Reliure indienne en maroquin rouge estampé et doré. — (Brueys 4. — Supplément 216.)

464

ملفوظات صاحب قران. — Mémoires de l'émir Timour Kour-kan, rédigés par Mohammed Afdal Boukhari.

D'après la préface du Malfouzàt-i Sahib-kirân, Timour Kourkan aurait commencé dès l'âge de 7 ans à écrire ses mémoires en turc oriental, ترکی, et il continua jusqu'à l'année de sa mort à les rédiger ou à les dicter à des bakhshis. Le manuscrit original passa après sa mort dans les mains de ses descendants, mais Mohammed Afdal n'a pas pris soin de dire lesquels: puis il arriva dans la bibliothèque des empereurs du pays de Roum (les sultans de Turquie) d'où plusieurs émirs en obtinrent des copies. بعد از

رحلت آنحضرت ... این کتاب مستطاب از کتابخانة اولاد واحفاد اجاد آنحضرت ممـالك روم افتاده زینـت افزای کتبخانه قیاصره (fol. ٢ v°). وبعضی از امرآ آن مملکت کردیـد Cette affirmation est conforme à la réalité historique : on sait, en effet, que Bédi ez-Zéman Mirza fut le dernier Timouride qui régna dans le Khorasan. Ce prince aventureux, fils du sultan Kémal ed-Din Sultan Hoseïn, succéda à son père dans la souveraineté du Khorasan, en 911 de l'hégire, mais il fut battu par le souverain Uzbek Shahibeg et se réfugia en Perse où le roi séfévi Shah Ismaïl lui assigna comme résidence la ville de Tauris. Cette ville ayant été prise par le sultan osmanli Sélim en 920 de l'hégire, Bédi ez-Zéman suivit le vainqueur à Constantinople, où il mourut en 923 de l'hégire (1517 de J.-C.). Un voyageur persan, nommé Mir Abou Taleb, ou Abou Taleb el-Hoseïni, de la ville de Turbat, تربت, dans le Khorasan, qui avait parcouru le pays de Roum et l'Arabie, arriva dans le Yémen, où il se lia avec le gouverneur turc Djafer Pacha, qui possédait dans sa bibliothèque un exemplaire des mémoires de Timour; il en fit une traduction persane qu'il apporta dans l'Inde : میر ابو طالب نامی که از موضع تربت خراسان بود

بولایت روم وعربستان افتاد وبشهر یمن دارد کشتنه بعصبت جعفرپاشا حاکم یمن رسید ..... روزی در ... کتابخانه جعفر پاشا این کتاب شریف بنظر امیر ابو طالب تربتی در آمد .... (fol. ٢ v°). Il paraît que cette traduction faite à la hâte était assez peu exacte; de plus, on y trouvait un grand nombre de faits qui ne se lisent pas dans le Zafer nâmèh et Abou Taleb avait considérablement raccourci la narration, car lorsqu'elle fut lue devant l'empereur Shah Djihan, ce souverain ordonna à

Mohammed Afdal Boukhari (en 1047 H.) de la collationner avec le Zafer-nâmèh, de supprimer les passages ajoutés par Abou Taleb et de rétablir les faits qui avaient été passés sous silence; en même temps, Mohammed Afdal Boukhari traduisit en persan les passages turcs et arabes qui se trouvaient dans cette version. Cet exemplaire est incomplet de la fin et présente une lacune de quelques pages après les événements de l'année 904.

Début : حمد افزون از شمار نثار بارگاه پادشاه على الاطلاق سزد که سر رشته امور عالم وعالميان......

Bon nestalik indien à encadrements en couleurs du xviii° siècle. 511 feuillets. 22 sur 20 centimètres. Reliure indienne en cuir noir. — (Polier 12. — Supplément 217.)

465

Mémoires de l'émir Timour.

Exemplaire d'une rédaction moins développée que la précédente; l'auteur, Abou Taleb el-Hoseïni, se borne à dire dans quelques lignes de préface que les mémoires de Timour sont traduits du turc sur un exemplaire qui appartenait à Djafer Pasha; il n'y est parlé ni de Shah Djihan, ni d'Abou Torab Badakhshi. Il est vraisemblable que cet exemplaire représente les mémoires de Timour traduits du turc oriental, tels qu'ils étaient avant que l'empereur timouride Shah Djihan ne fît reviser par Abou Torab Badakhshi la version présumée inexacte d'Abou Taleb el-Hoseïni.

Début : بسمله فرزند سعادت ليغ وامرای دولت ليغ ووزرای كفايت (fol. 2 r°). ليغا معلوم بولسون (بوالوسون .ms) كم تنگری تعالی مرا.....

Exemplaire de grand luxe, beau nestalik avec encadrements et frontispices en or et en couleurs, copié en 1259 de l'hégire (1843 de J.-C.). 173 feuillets. 19 sur 14 centimètres. Reliure en laque jaune et verte exécutée à Bagdad en 1267 de l'hégire (1850 de J.-C.) par un nommé Niyâzi. — (Schefer 183. — Supplément 1493.)

466

تورك تيموری. Mémoires de Timour.

Ces mémoires, qui sont sans préface et sans nom d'auteur, sont un abrégé du ملفوظات صاحب قران. Le Tuzuk-i Timouri a été traduit en français par Langlès en 1787.

Assez bon talik indien à encadrements et frontispices en or et en couleurs, daté de 1220 de l'hégire (1805 de J.-C.). 70 feuillets. 21 sur 13 centimètres. Reliure en cuir brun. — (Langlès. — Supplément 218.)

19.

467

معزّ الانساب. Tableaux généalogiques des deux empires mongols de Tchinkkiz Khakan et de Timour Kourkan.

Ces tableaux ont été rédigés en 830 de l'hégire, par un anonyme, sous le règne de Shah Rokh Béhadour, et ils contiennent des renseignements très précis sur les épouses et les officiers des princes mongols, depuis les ancêtres légendaires de Tchinkkiz jusqu'aux premiers Timourides. Cet ouvrage, dont le titre complet est معزّ الانساب في شجرة الانساب, a été continué bien après la mort de Shah Rokh, car il y est fait mention de Sultan Hoseïn Baïkara et du célèbre Bédi ez-Zéman Mirza comme princes régnants (ce dernier, mort à Constantinople en 923 H., voir n° 464). Il n'y a pas à douter cependant, comme on le voit par la préface (fol. 2 r°), que l'ouvrage primitif n'ait été composé pour répondre à un désir de Shah Rokh, en 830 de l'hégire.

Le Moezz el-ansab, qui commence par ... اما بعد بر راى ارباب الباب روشن ومبرهن است كه عم تاريخ وانساب در هـه اديان ممدوح بـوده وهست ..., ne consiste qu'en tableaux dressés avec beaucoup de soin e pour lesquels l'auteur a utilisé la Djami el-tévarikh de Rashid ed-Din, le Djihankoushaï de Djouveïni, le Zafer nâmèh d'Ali Yezdi, en se ralliant à la généalogie des Timourides qui est exposée dans cette dernière chronique (voir n° 455). Cet ouvrage, dans lequel on trouve des détails historiques curieux, contient :

Les ancêtres de Tchinkkiz depuis Alankava (fol. 4 v°); Tchinkkiz, avec l'énumération des généraux de la droite et de la gauche (fol. 12 v°); Tchoutchi et ses fils (fol. 17 v° et suiv.); Batou et Bérékèh (fol. 18 v°); Borak (fol. 26 r°); Tchaghataï et ses fils (fol. 28 v° et suiv.); Ougétaï (fol. 38 v°); Kouyouk (fol. 40 v°); Kaïdou (fol. 44 v°); Toulouï et ses fils (fol. 45 v°): Mankkou (fol. 48 v°); Koubilaï (fol. 51 v°); Timour Kaan (fol. 55 v°); Erik-boké (fol. 57 v°); Houlagou (fol. 59 v°); Abaga (fol. 65 v°); Kaï-Khatou (fol. 68 v°); Arghoun (fol. 70 v°); Ghazan (fol. 73 v°); Oldjaïtou (fol. 75 v°); Abou Saïd Mirza Béhadour Khan (fol. 77 v°); Emir Karadjar et ses enfants jusqu'à Timour Kourkan (fol. 81 v°); Timour Kourkan (fol. 97 r°); Omar Sheïkh (fol. 100 v°); Pir Mohammed (fol. 102 v°); Mirza Roustem (fol. 104 v°); Mirza Iskender (fol. 107 v°); Mirza Baïkara (fol. 110 v°); Mirza Djihanguir (fol. 112 v°); Mohammed Sultan Mirza (fol. 114 v°); Mohammed Djihanguir (fol. 116 v°); Mirza Saad Vakkas (fol. 117 v°); Mirza Pir Mohammed (fol. 119 v°); Mirza Kaïdou (fol. 120 v°);

Mirza Miran Shah Kourkan (fol. 121 v°); Mirza Abou Bekr (fol. 123 v°); Mirza Hengir (fol. 124 v°); Mirza Omar Béhadour (fol. 125 v°); Mirza Khalil Sultan (fol. 126 v°); Mirza Abdjil (fol. 130 r°); Shah Rokh Béhadour (fol. 132 v°); Mirza Oulough Beg Kourkan (fol. 137 v°); Mirza Abd el-Latif Béhadour (fol. 140 v°); Mirza Ibrahim Sultan Béhadour (fol. 141 v°); Sultan Abd Allah (fol. 143 r°); Mirza Baïsonghar Béhadour (fol. 143 v°); Mirza Ala ed-Daulèh Béhadour (fol. 144 v°); Mirza Ibrahim (fol. 144 v°); Mirza Aboul Kasem Baber Béhadour (fol. 145 v°); Mirza Shah Mahmoud, Sultan Mohammed Béhadour (fol. 146 v°); Mirza Yadigar Mohammed (fol. 147 r°); Mirza Souyourghouïmish (fol. 148 r°); Mirza Sultan Masoud (fol. 149 v°); Mirza Tchouki Béhadour (fol. 150 v°); Mirza Sultan Abou Saïd Béhadour Kourkan (fol. 151 v°); Mirza Sultan Ahmed Béhadour (fol. 154 r°); Mirza Sultan Mahmoud Béhadour (fol. 154 v°); Mirza Omar Sheïkh Béhadour (fol. 155 r°); Sultan Hoseïn Béhadour Khan (fol. 156 v°); Bédi ez-Zeman Mirza (fol. 161 v°).

Le Moezz el-ansab a été utilisé par d'Ohsson dans son Histoire des Mongols; le présent exemplaire présente des lacunes; de plus, le copiste avait tracé des cercles, dans lesquels un miniaturiste devait peindre des portraits plus ou moins traditionnels des personnages dont il est parlé dans cette chronique; l'exemplaire du British Museum contient tous ces portraits, dont pas un seul n'existe dans le présent manuscrit. Cet exemplaire porte dans le plat de la reliure l'ex-libris ainsi rédigé d'un derviche : استملكه اخف

عباد الله الراضى على الفقير النسابة الرياضى ارضاة الله يوم الـتـراضى طسوك بقسطنطينيه ما_ة et un autre d'un nommé Ismaïl el-Baghdadi daté de 1007 de l'hégire. On trouve, au recto du folio 1, l'ex-libris du célèbre bibliophile Abou Bekr ibn Roustem ibn Ahmed el-Shirwani.

Très bon neskhi persan du milieu du XVII° siècle. 161 feuillets. 33 sur 25 centimètres. Reliure orientale en maroquin brun estampé et doré. — (Ancien fonds 67.)

468

مطلع السعدين وبجع البحرين . Histoire de la dynastie timouride, de 704 à 875 de l'hégire, par Kémal ed-Din Abd er-Rezzak ibn Ishak el-Samarkandi.

Volume II.

L'auteur de cette chronique, né à Hérat en 816 de l'hégire, était le fils de Djélal ed-Din Ishak el-Samarkandi, qui fut kadi du camp de Shah Rokh Béhadour, fils de Timour. Abd er-Rezzak fut envoyé, en 845 de l'hégire, en ambassade par Shah Rokh au radja de Bidjnagar; le récit de cette ambassade se trouve consigné avec les plus grands détails dans le Matla el-saadeïn. En 850 de l'hégire, Abd er-Rezzak se rendit avec une mission diplomatique à la cour du souverain du Guilan; après la mort de son souverain, il passa au service du sultan Mirza Abou Saïd, puis il devint, en 867, sheïkh ou supérieur du monastère de Shah Rokh, à Hérat, où il mourut en 887 de l'hégire (voir Quatremère, *Notices et Extraits*, vol. XIV, p. 3-7). Le Matla el-saadeïn, qui fut terminé en 880 de l'hégire, et dont le style extrêmement pompeux rappelle celui de Khondémir et quelquefois la rhétorique de Vassaf, est divisé en 2 volumes, dont le 1ᵉʳ, qui est très rare, commence avec la naissance du sultan mongol Abou Saïd Mirza Béhadour Khan et se termine avec l'avènement de Khalil Sultan à Samarkand; le 2ᵉ comprend le récit des événements qui se sont passés en Perse, depuis l'avènement de Shah Rokh à Hérat (807 H.), jusqu'à l'avènement de Aboul Ghazi Sultan Hoseïn, en 875 de l'hégire; c'est le seul qui soit conservé. Ce 2ᵉ volume, joint au premier volume du ظفر نامه (n° 455 et suiv.), forme une histoire très complète des Timourides. Une partie du règne de Shah Rokh a été traduite dans le tome XIV des *Notices et Extraits*, par Quatremère; Galland avait traduit tout l'ouvrage sur le présent manuscrit qui lui a appartenu; il existe deux exemplaires de cette traduction dans le fonds français (6084-6085 et 6086-6087).

Début : فاتحهٔ کلام حمد و ثنای ملك علّای كه ثنای ستایش از ضمیر
منیر چون خورشید جهانگیر تا مدارج سپهر...

Le manuscrit se termine, au folio 365, par une liste des ouvrages que Ahmed el-Mostaufi utilisa pour la rédaction du Tarikh-i gouzidèh, et par des fragments de poésie sans intérêt.

Bon nestalik persan de deux mains daté de 900 et 911 de l'hégire (1494 et 1505 de J.-C.). 367 feuillets. 25 sur 17 centimètres. Reliure en maroquin rouge aux armes du roi. — (Galland 52; Regius 1513, 4. — Ancien fonds 106.)

469

Le même ouvrage.

Volume II.

Ce manuscrit porte l'ex-libris d'un sheïkh soufi, nommé Ibn Mohammed Ali Mohammed Djaafer el-Mazendérani.

Beau talik persan à encadrements en or et en couleurs, copié par Mohammed Rizaï Laïdji(?) en 1051 de l'hégire (1641 de J.-C.). 253 feuillets. 32 sur 19 centimètres. Reliure en demi-parchemin. — (Cardonne; Arsenal. — Supplément 24.)

470

Le même ouvrage.

Volume II.
Cet exemplaire porte le titre de رخ شاه ميرزا تواريخ (fol. 282 r°).

Nestalik indien passable à encadrements et frontispices en or et en couleurs
du milieu du xvii° siècle. 282 feuillets. 3o sur 16 centimètres. Reliure en basane.
— (Supplément 269.)

471

Table des matières du البحرين ومجمع السعدين مطلع.

Cette table a été composée pour Ch. d'Ochoa, فرانسيس دوچوا شارلس,
par Mirza Mohammed Hoseïn Shirazi, à Bombay.

Bon nestalik persan de la fin du xviii° siècle. 26 feuillets. 22 sur 14 centimètres.
Demi-reliure. — (Ochoa. — Supplément 1219.)

HISTOIRE DES SHEÏBANIDES ET DJANIDES.

472

تاريخ تركستان. Histoire des Sheïbanides et des Djanides
et particulièrement de Soubhan Kouli Mohammed Béhadour Khan († 1091 H.), jusqu'en 1109 de l'hégire, par
Mohammed Emin ibn Mirza Zéman Boukhari.

Le nom de l'auteur ne se lit pas dans le corps de l'ouvrage, mais seulement dans une note écrite sur le recto du premier feuillet et d'après laquelle
cet ouvrage est une chronique des sultans, des émirs, des vizirs et des
oulémas qui ont vécu dans le Turkestan et particulièrement à Boukhara
depuis Timour jusqu'à l'époque de son auteur : elle a été composée sur
l'ordre d'un grand personnage de la cour de Boukhara, Ibrahim Koushbégui
(fol. 1 r° et 175 v°).

Cet ouvrage commence sans préface par un abrégé de l'histoire des Ti-
mourides emprunté au Rauzet el-séfa de Mirkhond : Timour (fol. 1); Shah
Rokh (fol. 15 v°); Ouloug Beg et Abd el-Latif (fol. 21 r°); Mirza Aboul
Kasem Bâber (fol. 24 r°); Sultan Hoseïn Mirza, ثاني قران صاحب (fol. 32 v°);
Moïn ed-Din Aboul Kheïr (fol. 47 v°); les Sheïbanides (fol. 49 v°); les Dja-

nides (fol. 96 v°). A la fin des règnes de chacun de ces princes on trouve des notices biographiques sur les hommes d'État, les religieux et les poètes qui les ont illustrés; c'est parmi ces notices que l'on lit le panégyrique du koushbégui Ibrahim (sur cette charge de grand maître de la fauconnerie, voir le n° 348) [fol. 175 r° et suiv.].

Début : در ذكر فرمان فرماى كشورستان قطب الحق والدين امير تيمور كوركان نيكبختان....

Bon nestalik copié en 1278 de l'hégire (1861 de J.-C.), par Abd el-Azim Boukhari. 186 feuillets. 21 sur 14 centimètres. Reliure en maroquin brun. — (Schefer 235. — Supplément 1548.)

HISTOIRE DES AK-KOUYOUNLOU.

473

تاريخ عالم آراى امينى . Histoire des princes de la dynastie du Mouton Blanc, اق قوينلو, ou Bayendériens, بايندريّة, par Fadl Allah ibn Rouzbéhan ibn Fadl Allah el-Khoundji, الخنجى, el-Isfahani, surnommé el-Emin et souvent nommé Khodja Mollah.

Cette chronique, commencée par Emin, sous le règne de Yakoub ibn Hasan Beg († 896 H.), fut terminée sous le règne de Baïsonkor, qui mourut en 897 de l'hégire. Emin donne à ce prince (fol. 29 v°) les titres de : نوشيروان عدالت پادشاه جوان بخت تخت فلك السلطان بن السلطان عضد السلطنت والخلافت والفتح بايسنغر خان . L'auteur avait également écrit un autre ouvrage intitulé بديع الزمان, dans lequel il déclare avoir cherché à rivaliser d'élégance avec le Tarikh-i djihankoushaï d'Ata Mélik el-Djouveïni (Hadji Khalifa, t. IV, p. 178); le Bédi el-zéman, terminé en 892 de l'hégire, est dédié à Yakoub Khan (fol. 27 r°). Le Tarikh-i alem araï proprement dit ne commence qu'au folio 40 v°, mais on trouve dans la préface des renseignements sur l'origine des Turkomans du Mouton Blanc. La partie vraiment historique débute avec l'avènement de Khalil Sultan, après la mort de Timour (807 H.), et elle s'étend jusqu'à la mort d'Ali Khakani, en 896 de l'hégire. L'ouvrage est écrit dans une prose fort élégante, mêlée de vers arabes et persans.

Écriture turque osmanlie cursive et difficile à lire, datée de 952 de l'hégire (1545 de J.-C.), 207 feuillets. 22 sur 16 centimètres. Cartonnage turc. — (Gaulmin; Regius 1513, 2. — Ancien fonds 101.)

HISTOIRE DES SÉFÉVIS.

474-475

احسن التواريخ. Histoire des Timourides et des Séfévis, par Hasan Beg, petit-fils d'Émir Sultan Roumlou, حسن نبیرۀ امیرسلطان روملو.

Cette chronique, qui n'est pas complète, s'étend de l'année 807, avènement de Shah Rokh, à l'année 985 de l'hégire; elle comprend non seulement l'histoire des princes timourides et séfévis de Perse, mais aussi celle des sultans Osmanlis, des princes du Tchaghataï, des Uzbeks et des dynasties leurs contemporaines, ainsi que des notices biographiques sur les principaux personnages marquants de cette époque بر احوال سلاطین رومیه وخواقین چغتای وخاقان اوزبکیه و مشاهیر علما وصدور... (ms. 475, fol. 2 r°). Cette histoire semble avoir fait partie d'une vaste compilation, comme l'indique ce passage du manuscrit 474 (fol. 1 r°): شروع ...راقم این اوراق; elle نمود بر جلد یازدهم احسن التواریخ که مشتمل است بر احوال... fut composée, comme on le voit par un autre passage du manuscrit n° 475 (fol. 2 r°), sous le règne de Shah Tahmasp Béhadour Khan (†984 H.), et elle est dédiée au prince séfévi Ismaïl Mirza, qui devint roi de Perse sous le nom de Shah Ismaïl II (984-985 H.).

Le volume I contient le récit des années 807-905, le volume II celui des années 900-985; la copie du second volume n'est pas terminée.

Début du volume I : حمد وسپاس وشکر بیقیاس بحاکی که ساحت عرضه ملکوت خلوتشرای

Début du volume II : حمد وسپاس وشکر بیحد وقیاس سلطانی را سزاست که سوادقات عزّ وجلالش از هت

Bon nestalik persan copié, le premier volume, en 1089 de l'hégire (1678 de J.-C.), par Mohyi ed-Din Mohammed ibn Ali Afdal; 230 feuillets. 28 sur 18 centimètres; le second volume dans la première moitié du XVIIᵉ siècle; 334 feuillets; 24 sur 13 centimètres. Reliure en maroquin brun. — (Schefer 45. — Supplément 1350; Supplément 228.)

476

تاریخ عالم آرای عباسی. Histoire de la vie de Shah Abbas Ier, avec une introduction traitant de l'histoire de ses prédécesseurs, par Iskender Beg Mounshi.

Iskender Beg, né en 968 de l'hégire, étudia d'abord les mathématiques et exerça le métier de comptable; il se livra ensuite à l'étude de الإنشا ou correspondance diplomatique, et devint mounshi, ou secrétaire royal. Le Tarikh-i alem araï Abbassi fut terminé en 1025 de l'hégire; il comprend une préface, مقدمه, et deux livres, صحیفه; l'auteur fit paraître, en 1038 de l'hégire, un supplément qu'il intitula خاتمه مقصد.

La préface comprend la généalogie de Shah Abbas, la vie de Sheïkh Séfi ed-Din d'Ardébil et celles de ses successeurs, un résumé de la vie de Shah Ismaïl et de Shah Tahmasp; le livre Ier contient le récit des événements qui se sont passés en Perse depuis la naissance de Shah Abbas (978 H.), jusqu'à son avènement; le livre II, l'histoire de Shah Abbas, depuis son avènement jusqu'en 1025 de l'hégire; l'appendice, intitulé خاتمه مقصد, contient la fin du règne de Shah Abbas, de 1026 à 1038 de l'hégire, et la proclamation de son successeur, Shah Séfi, à Isfahan; le règne de Shah Séfi fut ajouté à la demande du gouverneur de Gandja, Mourtida Kouli Khan, par Mohammed Maasoum ibn Khvadjagi Isfahani.

Exemplaire incomplet du commencement et de la fin, comprenant la préface et le premier volume, suivi d'un court appendice en 12 makalas. On trouve sur les feuillets de garde des vers d'Aubadi, de l'émir Yémin ed-Din, de Rouhani Samarkandi, de Kémal ed-Din, de Khosrev Dehlévi, de Sadi, de Talib Djadjermi, de Katib Mir Imad, du sheïkh Béhali, et des vers en dialecte mazendérani (fol. 2 r°). Cet exemplaire a été offert à M. Schefer par Sani ed-Dauléh en 1874 (fol. 7 v°.)

Bon nestalik persan du xviie siècle. 293 feuillets. 27 sur 16 centimètres. Reliure en maroquin rouge. — (Schefer 43. — Supplément 1348).

477

Le même ouvrage.

Exemplaire comprenant la préface et le volume I.

Bon nestalik indien du xviiie siècle. 356 feuillets. 26 sur 17 centimètres. Demi-reliure. — (Ochoa 38. — Supplément 970.)

478

Le même ouvrage.

Exemplaire contenant la préface et le volume I.

Bon talik persan copié en 1090 de l'hégire (1679 de J.-C.) à Aurengabad, par Mohammed Kouli Koushkhaneki(?) pour Mirza Mohammed Shéfi. 294 feuillets. 26 sur 18 centimètres. Reliure en maroquin rouge. — (Brueys 11. — Supplément 222.)

479

Le même ouvrage.

Exemplaire comprenant le volume II incomplet et débutant avec l'année 1007 de l'hégire.

Assez bon talik indien copié en 1119 de l'hégire (1707 de J.-C.), par Ali ibn Abou Taleb Abd el-Vahid. 193 feuillets. 31 sur 20 centimètres. Reliure indienne en maroquin gaufré. — (Gentil 67. — Supplément 225.)

480

Le même ouvrage.

Exemplaire comprenant le volume II et l'appendice.

Bon nestalik persan daté de 1089 de l'hégire (1678 de J.-C.). 263 feuillets. 32 sur 28 centimètres. Reliure en maroquin rouge. — (Schefer 16. — Supplément 319.)

481

Le même ouvrage.

Exemplaire comprenant le volume II, incomplet de la fin ; les premières pages ont été rapportées à une époque très récente.

Nestalik persan passable du xviie siècle. 318 feuillets. 33 sur 18 centimètres. Reliure en cuir brun. — (Schefer 44. — Supplément 1349.)

482

Le même ouvrage.

Exemplaire comprenant le volume II et l'appendice.

Manuscrit de luxe, beau talik persan à encadrements et frontispice en or et en couleurs du xviie siècle. 546 feuillets. 32 sur 19 centimètres. Reliure persane en maroquin rouge gaufré. — (Cardonne; Arsenal. — Supplément 223.)

483

Le même ouvrage.

Fragment d'un exemplaire du tome second, incomplet du commencement et de la fin. Le premier chapitre entier est intitulé : ذكر فتح قلعه ; il se termine avec le chapitre ذكر لشكر قبرير وبدست آمدن آن ولايت فرستادن بر سر بقيه السيف..., c'est-à-dire presque à la fin du Maksad-i sani.

Nestalik indien médiocre de la première moitié du xviiᵉ siècle. 305 feuillets. 25 sur 17 centimètres. Demi-reliure au chiffre de Louis-Philippe. — (Supplément 224.)

484

فتوحات هايون. Histoire de la conquête du Khorasan, par Shah Abbas le Grand, écrite par Siyâki Nizam, en 1007 de l'hégire.

Ce traité est divisé en une préface, كرامت, et 12 chapitres, فتح (fol. 18 v°). Le titre de Foutouhat-i houmayoun indique la date de la conquête (fol. 20 r°). Le présent volume, qui est orné de miniatures dont on trouvera la description dans la *Revue des Bibliothèques*, 1898, p. 140, ne comprend qu'une partie de la préface et le chapitre 12, intitulé (fol. 24 v°) : در ذكر توجّه رايات نصرت ايات بصوب خراسان بميامن امداد امام الانس ولجان عليه صلوات الله الملك المنان مبني بر دوازده واقعه... ; les événements qui y sont racontés commencent avec le milieu du mois de Shaaban 1006 de l'hégire; la fin manque.

Exemplaire de luxe; beau talik persan à encadrements et frontispices en or et en couleurs, de la première moitié du xviiᵉ siècle. 140 feuillets. 25 sur 14 centimètres. Reliure indienne en maroquin rouge estampé et doré. — (Brueys 12. — Supplément 226.)

485

قصص الخاقاني. Histoire de Shah Abbas II, avec un résumé de l'histoire des shahs séfévis, ses prédécesseurs, par Vali Kouli Shamlou ولقلى شملو ibn Daoud Kouli.

L'auteur, né en 1035 de l'hégire, était originaire de Hérat; il fut durant un certain temps mostaufi chez le prince du Sédjestan, Mélik Nousret Khan;

de là, il se rendit à Kandahar, où il devint grand maître du palais du gouverneur, Zoulfékar Khan; c'est dans cette ville qu'il eut l'idée d'écrire cet ouvrage historique. Vali Kouli ne put mettre ce projet à exécution qu'après la mort de son protecteur, alors que ses ennemis avaient obtenu sa révocation du nouveau gouverneur, Mansour Khan (1073 H.), frère de Zoulfékar. C'est pour rappeler qu'il commença la rédaction de cette chronique en 1073 qu'il lui donna le titre de Kisas el-Khakani; elle est divisée en 5 parties : une préface contenant la généalogie de Shah Abbas II; 3 chapitres : 1° les ancêtres des Séfévis depuis Sultan Firouz Shah jusqu'à l'avènement de Shah Ismaïl; 2° les règnes de Shah Ismaïl Ier, Shah Tahmasp, Shah Ismaïl II, Khodabendéh, Shah Abbas Ier, Shah Séfi; 3° le règne de Shah Abbas II (1052-1077 H.), et une conclusion écrite en 1076 de l'hégire, qui comprend les biographies des savants et des poètes contemporains de Shah Abbas II.

Début : ربنا افتح بیننا وبین قومنا ...... بهترین کلامی که ذو الغفار

زبان قلم و ثمشیر نفس اتشین .....

Bon neskhi persan copié en 1198 de l'hégire (1714 de J.-C.), par Mohammed Baker ibn Loutf 'Alla, pour le prince Mirza Mohammed Réfi. 325 feuillets. 32 sur 22 centimètres. Reliure en basane. — (Jaubert. — Supplément 227.)

HISTOIRE DE NADIR SHAH.

486

تاریخ نادری. Histoire de Nadir Shah (†1160 H.), par Mohammed Mehdi Astérabadi ibn Mohammed Nasir.

Mohammed Mehdi était l'un des fonctionnaires de la cour de Tahmasp Kouli Khan qui, en 1160, l'envoya, accompagné de Moustafa Khan Shamlu, en ambassade au sultan des Osmanlis, Mahmoud Khan Ier († 1668 H.). Cet ouvrage, qui souvent ne porte pas de titre, est appelé quelquefois تاریخ جهانکشای نادری; quelques exemplaires contiennent un appendice qui a été rédigé en 1171 de l'hégire, à la louange de Mohammed Hasan Khan, chef de la dynastie kadjare. Il a été traduit en français par Sir William Jones, en 1770, sous le titre de *Histoire de Nadir Shah*.

Talik tendant aushikestèh, copié en 1198 de l'hégire (1783 de J.-C.). 165 feuillets. 32 sur 20 centimètres. Reliure en peau noire souple. — (Supplément 230.)

487

Le même ouvrage.

Cet exemplaire est suivi (fol. 243 v°) d'un appendice en turc sur les événements qui suivirent la mort de Nadir Shah et qui débute par نادرشاه فى
الاصل خاندان ملوك وسلطنتدن اولیوب اهالی ایران کندوسلیمه کرم
......الغت. Il a été donné à la Bibliothèque impériale en 1808, par As-kéri Khan Efshar, ministre de Perse à Paris (fol. 247 v°).

Bon neskhi persan à encadrements et à frontispice, daté de 1214 de l'hégire (1799 de J.-C.), 248 feuillets, 25 sur 15 centimètres. Reliure en maroquin doré. — (Supplément 232.)

488

درّۀ نادری. Histoire du règne de Nadir Shah, par Mohammed Mehdi Astérabadi ibn Mohammed Nasir.

Cette chronique est complètement différente du تاریخ جهانکشای نادری et, bien qu'elle contienne la même substance historique, elle est écrite dans un style très ampoulé qui cherche à imiter celui de Vassaf. Le texte du présent manuscrit est accompagné de gloses interlinéaires écrites à l'encre rouge.

Bon talik persan copié sur papier bleu en 1220 de l'hégire (1805 de J.-C.), 179 feuillets, 34 sur 21 centimètres. Reliure en maroquin noir. — (Jaubert. — Supplément 231.)

489

Le même ouvrage.

Bon nestalik persan daté de 1257 de l'hégire (1841 de J.-C.), 132 feuillets, 31 sur 20 centimètres. Reliure en maroquin noir. — (Supplément 1583.)

490

Histoire de Nadir Shah, anonyme et sans titre, s'étendant jusqu'en 1153 de l'hégire.

Début :
خداوندی که این نادر فسانه
بود از حکمت خاصش نشانه
چو تقدیرش کند در باده افیون

Cette histoire est peut-être l'œuvre de Tahir Beg, compatriote de Tah-masp Kouli Khan, dont Gentil a utilisé une chronique (ms. français 24219, p. 380). La copie n'est pas terminée.

Talik indien passable du XVIIIe siècle. 170 feuillets. 27 sur 15 centimètres. Reliure en maroquin brun. — (Gentil 62. — Supplément 933.)

HISTOIRE DE LA DYNASTIE ZENDE.

491

كتاب گیتی کشای. Histoire de la dynastie zende, de l'avè-nement de Kérim Khan (1164 H.) à la mort de Loutf Allah Khan († 1209 H.), par Mirza Mohammed Sadik el-Mousévi, surnommé Nami, نامی, et Abd el-Kérim ibn Ali Riza el-Shérif.

Nami appartenait à une famille de Seyyids mousévis qui avait été fort longtemps au service des Séfévis, et il cultiva la poésie. Le Tarikh-i giti-kou-shaï fut commencé sur l'ordre d'Aboul Mouzaffer Mohammed Djaafer Khan Zend (1199-1203 H.), à l'aide de renseignements fournis par le vizir Mirza Mohammed Hoseïn Farahani, فراهانی. Nami mourut en 1204 de l'hégire. Abd el-Kérim était le pupille de Nami, et le vizir Mirza Farahani le chargea de compléter le Giti-koushaï; après la mort du dernier souverain zend, Loutf Allah (1209 H.), il passa au service du Kadjar Aga Mohammed. Il est l'au-teur d'une histoire du shah Feth Ali Shah Kadjar (Rieu, Catalogue, p. 196). Cette chronique débute par deux chapitres sur les origines de la tribu zende et sur les événements qui suivirent la mort de Tahmasp Kouli Khan.

Assez bon nestalik persan daté de 1252 de l'hégire (1836 de J.-C.). 97 feuil-lets. 26 sur 16 centimètres. Reliure en peau de vache. — (Schefer 67. — Sup-plément 1374.)

HISTOIRE DE LA DYNASTIE KADJARE.

492

احسن التواریخ. Histoire des débuts de la dynastie kadjare et du règne de l'eunuque Aga Mohammed († 1211 H.), par Ibn Mohammed Taki el-Saroui, الساروئی, Mohammed.

Cette chronique est plus connue sous le nom de تاريخ محمدى : elle fut commandée à Ibn Mohammed Taki par le prince Feth Ali Kadjar, qui régna après Aga Mohammed, de 1211 à 1250 de l'hégire; elle fut terminée en 1211 de l'hégire.

Bon talik persan du commencement du xix° siècle 211 feuillets. 30 sur 20 centimètres. Reliure en peau de vache verte. — (Jaubert. — Supplément 234.)

493

تاريخ جهان آرا. Histoire des dix premières années du règne de Feth Ali Shah Kadjar, par Mohammed Sadik Mervézi Khorasani.

Écrite par ordre de Feth Ali Shah, cette chronique commence par l'origine des peuples turcs, la généalogie des princes kadjars et les débuts de leur dynastie. Ce manuscrit s'arrête à la prise d'Érivan par les Russes.

Bon talik persan copié au commencement du xix° siècle. 153 feuillets. 30 sur 21 centimètres. Demi-reliure. — (Jaubert. — Supplément 235.)

494

Le même ouvrage.

Cet exemplaire porte le titre de تاريخ جهان كشاى.

Bon nestalik persan daté de 1269 de l'hégire (1852 de J.-C.). 169 feuillets. 33 sur 21 centimètres. — Reliure en peau rouge. — (Schefer 8. — Supplément 1311.)

HISTOIRES LOCALES DE L'IRAN.

KURDISTAN.

495

شرف نامه. Histoire des Kurdes, par Shéref Khan ibn Shems ed-Din el-Bitlisi.

Shéref, fils de l'émir Shems ed-Din, prince de Bitlis, naquit en 949 à Karahroud, près de Koum, où son père s'était retiré après avoir été dépossédé de ses États. Le shah séfévi, Shah Tahmasp, le fit élever dans son palais et lui conféra à douze ans le titre d'émir de la tribu de Rouzaki, en récompense de sa conduite durant la guerre du Gilan (975 H.), il fut nommé successivement gouverneur du Shirvan, puis chef suprême de toutes les tribus kurdes. Dépouillé de ces fonctions par Shah Ismaïl II, il passa au service des Osmanlis, dont le sultan, Mourad Khan III, lui rendit son fief de Bitlis (986 H.). C'est dans cette ville qu'il écrivit, en 1005, le Shéref namèh, qui se divise en une préface, 4 livres, صحیفه, et une conclusion.

La préface contient l'origine des tribus kurdes; le livre I, l'histoire des chefs des tribus du Djazira et du Diar Bekr, de Dinaver et de Shehrzour, du Lour-i Bouzourg et du Lour-i Koutchek, des Ayyoubites de Syrie et d'Égypte; le livre II, l'histoire des chefs des Ardélan (cf. n° 498), des Hakkari, des Imadiyya du Djazira et de la forteresse de Hisn-Kaïfa; le livre III, l'histoire des chefs des autres tribus kurdes; le livre IV, l'histoire des princes de Bitlis et la vie de Shéref ibn Shems ed-Din; l'appendice est consacré aux sultans osmanlis et à leurs contemporains d'Iran et de Touran, de 989 à 1005 de l'hégire.

Tous les exemplaires du Shéref namèh présentent la même lacune des chapitres 7, 8 et 9 du 2° cahier du livre III; cette même lacune se retrouve dans les deux exemplaires de la traduction turque de Mohammed Beg ibn Ahmed Beg Mirza (British Museum, Or. 1127 et Add. 7860); il est probable que l'auteur n'a jamais rédigé ces chapitres. Le Shéref namèh a été publié à Saint-Pétersbourg par Charmoy (1868-1875).

Bon neskhi turc daté de 1083 de l'hégire (1672 de J.-C.). 243 feuillets. 30 sur 18 centimètres. Reliure en maroquin rouge. — (Ducaurroy 34. — Supplément 238.)

496

Le même ouvrage.

Nestalik cursif du xix° siècle. 247 feuillets. 32 sur 19 centimètres. Cartonnage turc. — (Schefer 17. — Supplément 1320.)

497

Le même ouvrage.

Bon nestalik turc du xix° siècle. 288 feuillets. 29 sur 20 centimètres. Cartonnage turc. — (Schefer 31. — Supplément 1336).

498

Histoire de la tribu kurde des Béni Ardélan, par Khosrev ibn Mohammed ibn Minoutchehr.

I. 20

De toute antiquité, les Béni Ardélan et les Latt habitent, dit l'auteur dans sa préface, dans la province de Mossoul, dans le Diar Bekr et les Kurdistans

طوایف بنی اردلان ولاتّ وحکّام ذی شان ایشان از ایّام قـدیـم الی الآن در ولایات موصل ودیار بکر وسایر کردستانات وبابان متمکّن مسند......

(fol. ٢ ١°): ils sont parents des Lour, لـر, des Kermadj, کـرمـاج, et des Gouran, کوران, et aucun souverain n'a jamais pu les soumettre à sa domination.

L'auteur déclare avoir utilisé le شرف نامه (voir les n°ˢ 495-497), ainsi que des renseignements qui lui furent donnés par plusieurs savants (fol. 3 r°). Khosrev commence par une courte description du Kurdistan et une mention très brève des Yézidis, adorateurs du diable, وشیطانرا ملک کبّار خویش پندااشتنه (fol. 3 v°), et sectateurs de Sheïkh Adi, شیخ عدی. Baba Ardélan, بابا اردلانی, l'ancêtre de la dynastie, serait un descendant du premier Sassanide, Ardéshir Babégan, et les commencements de la puissance de cette tribu kurde se placent à l'époque des victoires du khakan Tchinkkiz; la date de la mort d'Ardélan n'est point indiquée, pas plus que celle de ses descendants immédiats, Kaloul, Khidr, Elias; le dernier de ces chefs kurdes est Riza Kouli Khan, fils de Khosrev Khan, qui parvint à la souveraineté en 1250 de l'hégire.

Khosrev ibn Mohammed est peut-être le même que Mirza Khosrev Beg, qui termina en 1246 une anthologie poétique intitulée کلشن خسروی (Rieu, *Catalogue*, p. 850).

Début : بهترین چمدی که آغاز کلام را شاید شکر خالقی است که از : مرحت شامله ....

Bon nestalik persan de la première moitié du xıx° siècle. 107 feuillets. 18 sur 11 centimètres. Reliure en peau verte. — (Supplément 1048.)

GHILAN.

499

تاریخ خان. Histoire du Ghilan, de 880 à 920 de l'hégire, par le sultan Ahmed Khan.

Bien que le sultan Ahmed Khan soit indiqué dans la préface comme étant l'auteur de cette chronique (fol. 2 v° et 4 r°), il est vraisemblable que la Tarikh-i khani n'est point son œuvre, mais bien celle d'Ali ibn Shems ed-

Bin ibn Hadji Hoseïn, qui se borne à dire qu'il a copié et mis au net, تحریر وتسوید, le brouillon d'Ahmed Khan (fol. 4 r°). La Tarikh-i khani, commencée en Moharrem 920 et terminée en 921 de l'hégire (fol 4 v° et 252 v°), est divisée en 3 chapitres :

1° Les derniers temps du règne du sultan Mohammed Khan, sa mort et l'avènement de Mirza Ali; 2° règne du sultan Hasan; mort de Mirza Ali et assassinat du sultan Hoseïn; 3° règne du sultan Ahmed Khan.

Le texte en a été publié à Saint-Pétersbourg par M. Dorn, qui a pris soin d'indiquer les lacunes de ce manuscrit, qui a fait partie de la bibliothèque des Grands Mongols de l'Indoustan, comme le montre le cachet de l'empereur Mohammed Khan (fol. 1 r°).

Très beau talik persan daté de 978 de l'hégire (1570 de J.-C.). 252 feuillets. 25 sur 17 centimètres. Reliure en basane pleine au chiffre de Napoléon Iᵉʳ. — (Gentil 41. — Supplément 239.)

TABARISTAN.

500

تاریخ طبرستان. Histoire du Tabaristan, des origines à l'année 613, par Mohammed ibn el-Hasan ibn Isfendiar.

Peu de temps après l'assassinat de Shems el-Moulouk Roustem ibn Ar-déshir (606 H.), Mohammed ibn el-Hasan était de passage à Reï où il trouva, dans la bibliothèque du collège de Roustem ibn Shéhriyar, quelques cahiers d'un manuscrit arabe contenant l'histoire d'un roi ancien du Taba-ristan, nommé Gaobarah; cette histoire était l'œuvre d'Aboul Hasan Ali ibn Mohammed el-Yezdadi, qui avait vécu à la cour de Kabous ibn Vashmégir († 403 H.). Mohammed ibn el-Hasan mit quelques jours à les traduire en persan. En l'année 611, il trouva à Khvarizm un livre contenant quelques traductions arabes, par Daoud Yezdi († 197 H.), d'ouvrages écrits en sans-crit, هندوی, et une lettre, traduite du pehlvi en arabe par Ibn el-Mokaffa. Il traduisit en persan cette lettre, adressée par Tansar, تنسر, grand mobed à l'époque d'Ardéshir Iᵉʳ, à Djousnaf Shah, جسنفشاه, prince du Tabaris-tan, pour lui expliquer le sens des réformes entreprises par le premier Sassanide. Cette chronique est divisée en 4 chapitres :

1° Origines du Tabaristan et construction des villes de cette province; 2° les Ziyarides, آل وشمگیر, et les Bouïides; 3° les Ghaznévides, محمودیان, et les Seldjoukides; 4° les Bavandshahs (fol. 5 r° et v°).

Bon nestalik turc, de la même main que le n° 509, daté de 1295 de l'hégire (1878 de J.-C.). 179 feuillets. 21 sur 17 centimètres. Reliure en peau verte estampée et dorée. — (Schefer 128. — Supplément 1436.)

SHOUSTER.

501

تذکرۀ شوشتریه. Chronique de Shouster, depuis les origines jusqu'en 1169 de l'hégire, par Seyyid Abd Allah
ibn Nour ed-Din ibn Nimet Allah el-Hoseïni el-Shoustéri,
surnommé Fakir, فقير.

Seyyid Abd Allah, qui appartenait à une famille de Seyyids Nouris,
mourut à Shouster en 1173, après avoir rempli dans sa ville natale de
hautes fonctions juridiques. Cette chronique, divisée en 47 chapitres, dont
le détail est donné dans le Catalogue du Musée Britannique (p. 215), a été
composée en 1164; on y trouve des notices sur les hommes célèbres de
Shouster, et en particulier sur les Nouris, et sur l'auteur lui-même.

Nestalik persan médiocre du xviii° siècle. 106 feuillets, 20 sur 15 centimètres.
Reliure en cuir brun. — (Supplément 1053.)

ISFAHAN.

502

ترجمۀ محاسن اصفهان. Description et histoire de la ville
d'Isfahan.

La description d'Isfahan fut primitivement écrite en arabe sous le titre
de رسالة محاسن اصفهان, par Moufaddal ibn Saad ibn el-Hoseïn el-Méfar-
rouki, en 421 de l'hégire; elle fut traduite en persan avec des remaniements,
par Hoseïn ibn Mohammed ibn Aboul Rida el-Hoseïni el-Alavi, qui la dédia,
aux environs de l'année 730 de l'hégire, à l'émir Mohammed, fils de Fadl
Allah Rashid ed-Din, l'auteur de la Djami el-tévarikh. Hoseïn ibn Mohammed
s'était rendu à Isfahan dans l'intention de s'y créer une position, et sa
pauvreté l'avait réduit à chercher un gîte dans un des nombreux collèges
de cette ville. C'est en explorant les boutiques des libraires d'Isfahan qu'il
trouva un exemplaire de la Risalat méhasin Isfahan, qu'il traduisit en persan,
en y introduisant des poésies de Sadi, de Khakani et des vers de sa façon.
La traduction persane est divisée en une préface, huit chapitres, کک,
et une conclusion. Cet ouvrage contient fort peu de renseignements histo-

riques et il ne consiste guère qu'en extraits de poésies; il a été longuement étudié par M. Browne dans le *Journal of the Royal Asiatic Society*, 1901. Ce manuscrit a été copié pour M. Schefer sur un exemplaire qui faisait partie de la bibliothèque du fils aîné de Nasir ed-Din Shah Kadjar, Mélik Masoud Mirza Zill el-Sultan, gouverneur d'Isfahan, par l'entremise du docteur Mirza Hoseïn Khan Hakim Bashi.

Bon neskhi persan daté de 1315 de l'hégire (1897 de J.-C.). 133 feuillets. 21 sur 14 centimètres. Reliure en peau rouge. — (Schefer. — Supplément 1573.)

FARSISTAN.

503

Histoire de la province de Fars, par un anonyme.

Cet ouvrage est dédié au sultan seldjoukide Ghiyas ed-Din Mohyi ed-Daulèh Abou Shodja Mohammed ibn Mélik Shâh (498-511 H.) [fol. 2 r°]; il fut composé (fol. 3 r°) sur l'ordre exprès de ce prince, qui désirait savoir ce qu'était le Fars et quels étaient les rois qui y avaient exercé la souveraineté, par un auteur qui, bien qu'il fût natif de Balkh, connaissait à fond l'histoire de cette province. Quand le sultan Rokn ed-Daulèh (Aboul Mouzaffer Barkiyarouk 487-498 H.) envoya Khoumartikin, خارتكين, dans le Fars, l'auteur fut nommé gouverneur et mostaufi de cette contrée, de telle sorte que, suivant son expression, aucun des faits qui concernaient l'armée ou l'administration civile ne lui demeura étranger. C'est alors qu'il rédigea cet ouvrage, dont l'une des sources est la chronique de Hamza Isfahani.

On y trouve une description abrégée du Fars (fol. 3 v°); l'histoire des rois de Perse des quatre dynasties antéislamiques (fol. 6 r°); la géographie du Farsistan (fol. 61 v°) les distances qui séparent les différentes villes du Fars (fol. 79 v°); l'histoire des Shébankarès et des Kurdes du Farsistan (fol. 81 r°), et le budget du Fars à l'époque du khalife el-Moktadir billah (fol. 84 v°).

Début: سپاس وآفرین مر خدایرا که بدایع صنع اورا غایت نیست وهستی اورا بدایت ونهایت نیست......

Bon nestalik persan copié en 1273 de l'hégire (1856 de J.-C.). 85 feuillets. 27 sur 16 centimètres. Reliure en peau rouge souple. — (Supplément 1052.

504

شيراز نامه. Histoire de Shiraz, des origines à l'année 744 de l'hégire, par Aboul Abbas Ahmed ibn Aboul Khaïr, petit-fils de Sheïkh Zerkoub el-Shirazi et surnommé Moïn, معين.

L'auteur, qui est nommé au commencement de l'exemplaire du British Museum, Fakhr ed-Din Ahmed Zerkoub el-Shirazi, composa cet ouvrage en 744 de l'hégire, au retour d'un pèlerinage à la Mecque. Il avait composé, probablement l'année précédente, une histoire du prince Emir Sheïkh Abou Ishak.

Le Shiraz namèh se divise en une préface contenant l'histoire du Fars et celle de la fondation de Shiraz et de Rokn Abad; 2 chapitres, le 1er contenant l'histoire des souverains qui ont régné à Shiraz : Bouïïdes, Seldjoukides, Mongols; Mahmoud Shah et ses fils, Masoud Shah et Emir Sheïkh Abou Ishak, qui monta sur le trône en 743 de l'hégire; le 2° comprenant des notices biographiques sur des sheïkhs soufis célèbres originaires de Shiraz. La conclusion contient quelques détails sur les descendants de Mahomet et les saints qui sont enterrés à Shiraz. Le manuscrit est incomplet du commencement.

Nestalik persan passable du XVIIIe siècle. 142 feuillets. 17 sur 11 centimètres. Reliure en cuir brun. — (Supplément 1051.)

KIRMAN.

505

كتاب عقد العلى للموقف الاعلى. Histoire de la conquête du Kirman par le général ghouzze Mélik Dinar (581-583, † 591 H.), par Afdal ed-Din Abou Hamid Ahmed ibn Hamid Kermani.

L'auteur avait composé, sous le titre de بدائع الازمان فى وقائع كرمان ou تاريخ افضل, une grande histoire des Seldjoukides du Kirman, et cette histoire de la conquête du Kirman fut écrite dans un style très fleuri en 584 pour être offerte à Mélik Dinar. Afdal fut secrétaire, دبير, de Mohammed, fils de Bazkoush, atabek du Kirman sous les derniers Seldjoukides, et par conséquent, témoin oculaire des événements qu'il raconte. Ses œuvres sont la source du سمط العلا, qui est l'histoire de la dynastie kara-khitayenne du Kirman (voir Houtsma, *Recueil de textes relatifs à l'histoire des Seldjoukides*, t. I, p. xi, et Rieu, *Supplément*, n° 90).

Cette histoire est divisée en 5 sections :

1° Décadence de la dynastie des Seldjoukides du Kirman, depuis la mort de Toghril Shah (+ 565 H.); 2° conquête du Kirman; 3° histoire ancienne et description géographique du Kirman; 4° apologie du vizir Kivam ed-Din Masoud ibn Nizam ed-Din Kai Khosrau; 5° vie d'Afdal ed-Din Ahmed ibn Hamid Kermani.

Bons neskhi et nestalik persans copiés en 1313 de l'hégire (1895 de J.-C. 107 feuillets, 13 sur 21 centimètres. Reliure en maroquin rouge. — (Schefer. — Supplément 1574.)

KHORASAN.

506

روضة الجنات فى اوصاف مدينة الهرات. Description et histoire de la ville d'Hérat et du Khorasan, depuis les origines jusqu'en 875 de l'hégire, par Moïn ed-Din Mohammed el-Zemdji, الزمجى, el-Esfizari.

Moïn ed-Din Esfizari, qui passait pour l'un des plus savants lettrés de son temps, fut employé dans la chancellerie du sultan timouride Aboul Ghazi Sultan Hoseïn, à qui le Rauzet el-djinât est dédié; les principales sources de cet auteur sont les histoires de Abou Ishak Ahmed ibn Yasin, Tsikat ed-Din Abd er-Rahman Fami, Rabiï Foushandji et Saïfi Hérévi (Rieu, *Catalogue of Persian manuscripts*, t. I, p. 206). Le Rauzet el-djinât est divisé en 26 livres, dont on trouvera le détail dans le Catalogue de Rieu et dans une notice que M. Barbier de Meynard fit paraître dans le tome XVI de la V° série du *Journal asiatique*. Le présent exemplaire est incomplet de la fin et il a tellement souffert de l'humidité qu'une grande partie en est devenue illisible.

Début : سپاس وستايش مالك الملكى را سزاست که شهربند بدن السائرا که تخنكاه پادشاه عرفانست

Nestalik persan cursif du xvii° siècle, 231 feuillets, 20 sur 15 centimètres. Reliure veau. — (Thévenot; Regius 1513, 6. — Ancien fonds 105.)

507

Le même ouvrage.

Le Rauzet el-djinât est suivi (fol. 228 r°) d'un وصیت نامه ou recueil de conseils adressés par Maulana Eldjaï à son fils Maulana Ziya ed-Din Yousouf, d'une très mauvaise écriture.

Bon neskhi persan daté de 1044 de l'hégire (1634 de J.-C.). 230 feuillets, 24 sur 18 centimètres. Reliure indienne en peau rouge. — (Gentil 32. — Supplément 237.)

508

Le même ouvrage.

Assez bon nestalik indien de la fin du XVIIᵉ siècle. 206 feuillets. 26 sur 18 centimètres. Reliure en peau rouge. — (Gentil 10. — Supplément 236.)

509

Le même ouvrage.

Assez bon nestalik, copié en 1295 de l'hégire (1878 de J.-C.), par Mahmoud el-Tabatabaï الطباطباى, el-Isfahani. 205 feuillets. 21 sur 16 centimètres. Reliure turque en chagrin vert estampé et doré. — (Schefer 136. — Supplément 1444.)

AFGHANISTAN.

510

تاریخ خانجهانی مخزن افغانی. Histoire des Afghans, par Nimet Allah ibn Hébib Allah el-Hérévi.

Hébib Allah fut fonctionnaire sous le règne d'Akbar et son fils, Nimet Allah, occupa à l'époque de Djihangir la charge d'historiographe, واقعه نویس, jusqu'en 1017, époque à laquelle il entra au service de Pir Mohammed Khandjihan, fils de Daulet Khan Lodi (+ 1040 H.), qu'il accompagna en 1018 dans sa campagne contre le Dekkan.

Nimet Allah dit dans sa préface (ms. 513, fol. 3 r°) que l'histoire des Afghans n'avait tenté que très peu de chroniqueurs, parmi lesquels il cite Mahmoud ibn Ibrahim Kanouni, کانونی, l'auteur du تاریخ ابراهیم شاهی, Mostafi Dehlévi, Nizam ed-Din Ahmed Bakhshi, qui écrivit le تاریخ نظامی, Abbas Shirvani, auteur du تاریخ شیرشاهی, et que, de plus, aucun d'eux n'avait étudié la question de la généalogie des tribus afghanes. C'est un officier de Khandjihan, Miyan Heïbet Khan ibn Sélim Khan Kakar, qui l'engagea à écrire la présente histoire pour combler cette lacune; commencée en 1020 de l'hégire à Malkapour, dans le Bérar, elle fut terminée en Zilhidjdja 1021 de l'hégire et dédiée à Khandjihan (ms. 513, fol. 3 et 4). Le Makhzen-i Afghani est divisé ainsi qu'il suit :

Une introduction contenant l'histoire du patriarche Jacob, l'ancêtre des tribus afghanes; 7 chapitres, contenant : 1° l'histoire des Juifs jusqu'à Bokht Nasar et leur exode dans les montagnes de l'Afghanistan; 2° celle de Khaled ibn Valid; 3°. celle de la dynastie des Lodis de Dehli, Sultan Behlul Lodi († 894 H.); Iskender ibn Behlul († 923 H.); Ibrahim ibn Iskender (923-930 H.); 4° celle de la dynastie souride des Afghans de Dehli, de Shir Shah Sour (946-952 H.) à Adli, عدلى, Iskender Shah III († 962 H.): 5° l'histoire de Khandjihan Lodi; 6° la généalogie des Afghans, Serbanis, Batnis, Ghourghoushtis; 7° l'histoire du règne du Grand Mongol Djihangir. La conclusion contient la vie des saints soufis de l'Afghanistan.

Cet ouvrage a été traduit par Dorn (Londres, 1829-1836) sur un exemplaire d'une rédaction abrégée (Rieu, *Catalogue*, p. 212).

Nestalik indien passable daté de 1093 de l'hégire (1685 de J.-C.), 303 feuillets, 21 sur 14 centimètres. Reliure en cuir rouge. — (Supplément 1049.)

511

Le même ouvrage.

Nestalik indien passable daté de 1148 de l'hégire (1735 de J.-C.), 256 feuillets, 21 sur 13 centimètres. Reliure en maroquin brun estampé. — (Gentil 18. — Supplément 260.)

512

Le même ouvrage.

Exemplaire incomplet du commencement, et ne contenant pas les chapitres 5, 6 et 7.

Assez bon nestalik du Nord de l'Inde de la première moitié du xviii° siècle, 235 feuillets, 25 sur 16 centimètres. Reliure en basane pleine. — (Supplément 1116.)

513

Le même ouvrage.

Cet exemplaire ne contient ni l'histoire de Khandjihan, ni celle de Djihangir.

Beau talik persan daté de 1272 de l'hégire (1855 de J.-C.), 130 feuillets, 34 sur 21 centimètres. Reliure en cuir rouge. — (Supplément 1050.)

514

حسين شاهى. Histoire des deux premiers émirs afghans de la dynastie dourranie, Ahmed Shah Dourdourani, دردرانى, et Timour Shah (1160-1207 H.), par Imam ed-Din el-Hoseïni.

L'auteur rapporte dans sa préface (fol. 1 v° et suiv.) qu'au milieu de l'année 1211 de l'hégire, il se rendit dans l'Ouest de l'Indoustan et qu'il se rencontra à Lahore, دار السلطنه لاهور, avec le souverain afghan Ahmed Shah Dourdourani. Après être demeuré quelques jours dans cette ville, il partit avec l'armée afghane et arriva à Peshaver, پشاور; durant ce voyage, il mit par écrit les faits et gestes de Dourdourani. À la fin de l'année 1212, il s'en revint à Laknau et se lia avec le seyyid alide Khvadjèh Abou Mohsin Hoseïn Hoseïni el-Hoseïni (sic) el-Mervroudi el-Khari, الكهارى (?), qui était très versé dans les études historiques; il étudia pendant quelque temps sous la direction de ce sheïkh, qui approuva ce qu'il avait écrit durant la campagne de 1211 et qui l'engagea à composer une histoire des deux premiers souverains de la dynastie dourranie. Cette chronique fut terminée en 1213 de l'hégire et il lui donna le nom d'Hoseïn Shahi, pour rappeler celui de son maître.

Début : حمد بيحد وثناى بيعد سزاوار پادشاهى است كه امن الملك اليوم...

Assez bon nestalik indien du commencement du XIXᵉ siècle. 151 feuillets. 20 sur 11 centimètres. Reliure en maroquin brun. — (Supplément 316.)

515

Tableaux généalogiques des Afghans.

La généalogie des Afghans est rattachée, comme dans le Makhzen-i Afghani, à Saül, طالوت. Le 1ᵉʳ de ces tableaux est relatif aux Serbanis, le 2ᵉ aux Batnis, le 3ᵉ aux Ghourghoushtis. Parmi les sources de cet ouvrage, qui est très moderne, l'auteur cite le روضة الانساب et le جمع الانساب : l'année 1263 de l'hégire est citée à la fin du premier tableau.

Nestalik indien passable du milieu du XIXᵉ siècle. 6 feuillets. 41 sur 29 centimètres. Brochure. — (Supplément 1591.)

516

Histoire de la révolte des Afghans à Kaboul, du massacre de l'armée anglaise et de la chute de l'émir Shodja el-Moulk.

Cette chronique, à laquelle une note marginale (fol. 1 r°) donne le titre de تواريخ دوست محمد خان وانگيزيدن در كابل, ne porte point de nom d'auteur; la personne qui l'a écrite était évidemment au service de Shodja el-Moulk. L'exemplaire de Londres porte le titre de خلاصه از حال جنگ كابل (Rieu, *Catalogue*, p. 214).

Début : . . . بر ضماير ارباب نظاير خفى

Shikestèh-amiz indien médiocre de la seconde moitié du xixᵉ siècle. 65 feuillets, 19 sur 13 centimètres. Cartonnage. — (Darmesteter. — Supplément 1213.)

TRANSOXIANE.

517

تاريخ بخارا. Histoire de la ville de Boukhara et de la Transoxiane.

L'original de cette chronique connue sous le nom de تاريخ نرشخى fut primitivement écrit en arabe par le traditionniste Abou Bekr Mohammed ibn Djafer ibn Zakaria el-Nershakhi, né à Nershakh, petit village de la banlieue de Boukhara, en 286 de l'hégire, et mort à Boukhara en 348; il avait donné dans cet ouvrage une description et l'histoire de toute la province qui entoure Boukhara et il l'avait fait suivre d'une histoire des émirs de la dynastie Samanide. Terminée en 332 de l'hégire, cette chronique fut dédiée au prince Samanide Emir Hamid Abou Mohammed Nouh, fils de l'émir Nasr (331-343 H.). L'usage de la langue arabe s'étant rapidement perdu dans la Transoxiane, Abou Nasr Ahmed ibn Mohammed ibn Nasr el-Koubavi, originaire du village de Kouba, dans le Ferghana, traduisit en persan, à la requête de ses amis, l'histoire de Nershakhi, tout en l'abrégeant (522 H.). En 574 de l'hégire, un nommé Mohammed ibn Zafer, زفر, ibn Omar abrégea encore la traduction d'Ahmed el-Koubavi et la dédia à un grand personnage de Boukhara, le grand juge, مجلس عالى صدر الصدور,

l'imam Bourhan ed-Din Tadj el-Méali Abd el-Aziz, fils de l'imam Hosam ed-Din Omar ibn Bourhan ed-Din Abd el-Aziz (fol. 1 v°-3 r°). Cet abrégé a été continué par un auteur anonyme et on y trouve la mention de la prise de Boukhara en 617 par les Mongols (fol. 24 r°).

Le premier chapitre traite des kadis de Boukhara jusqu'aux premières années du IV° siècle de l'hégire; viennent ensuite la description de la ville et de ses environs, empruntée à un traité écrit en arabe par Aboul Hasan Abd er-Rahman ibn Mohammed el-Nishapouri, intitulé خزاين العلوم (fol. 10 v°); la conquête de Boukhara par les armées du khalife, l'assassinat de Toghshadèh, fils de Bendoun Boukhar Khoudat, le règne de Soukhan Boukhar Khoudat et de Baniat, fils de Toghshadèh (fol. 35 v°), l'histoire des émirs Samanides (fol. 55 v°) jusqu'à la fin du règne de l'émir Abou Salih Mansour († 365 H.).

Le texte de cette chronique a été publié par M. Schefer dans la *Bibliothèque de l'École des langues orientales* (cf. *Chrestomatie persane*, t. I, p. 9). Ce manuscrit porte les cachets des khodjas du Djouïbar de Boukhara.

Très beau nestalik persan à encadrements et à frontispice en or et en couleurs, copié sur du papier sablé d'or au milieu du XV° siècle. 94 feuillets. 20 sur 10 centimètres. Reliure en maroquin brun estampé. — (Schefer 203. — Supplément 1513.)

518

Le même ouvrage.

Bon neskhi persan de la seconde moitié du XIX° siècle. 53 feuillets. 21 sur 14 centimètres. Reliure en peau bleue. — (Schefer. — Supplément 1522.)

BALKH.

519

فضائل بلخ. Histoire de la ville et de la province de Balkh.

Cet ouvrage fut primitivement rédigé en langue arabe; le traducteur anonyme déclare que son auteur était le sheïkh el-Islam Abou Bekr ibn Abd Allah Omar ibn Daoud el-Vaïz Safi ed-Din el-Balkhi (fol. 1 v°, 3 v°). Parmi les sources de l'histoire de Balkh, on trouve cités (fol. 4 r°) les Tabakat d'Abd Allah ibn Mohammed ibn Djaafer el-Djouïbari (?), الجولبارى el-Varrak; le كتاب علماى بلخ du sheïkh el-Islam Abou Ishak el-Moustemli, qui se composait de 14 cahiers, et qui était rangé d'après l'ordre alphabétique; le sheïkh el-Islam Younis ibn Taher el-Basri, Nasir ed-Din Aboul Kasem Shéhid el-Samarkandi, qui avait composé un ouvrage biographique

en 5 cahiers. L'Histoire de Balkh fut terminée en l'année 610 de l'hégire
et la copie sur laquelle travailla plus tard le traducteur persan fut exécutée à Balkh dans le quartier des cordonniers, en 676 de l'hégire : ودر غرّهٔ

شهر رمضان سنه عشر وستمايه املا وتحرير افتاد در شهر بلخ ... ودر غرّه
ذو القعده سنه ست و سبعين وستمايه كتاب كرده شد در قصبه
كفشكران بلخ ... (fol. 5 v°). Ce manuscrit tomba entre les mains du kadi,

مجلس عالی صدر كبير, Fakhr ed-Din Abou Bekr Abd Allah ibn Aboul Férid
el-Balkhi (fol. 2 r°), qui, ne sachant pas l'arabe, pria une personne
de ses relations de le traduire en persan, pour que tout le monde pût
profiter de sa lecture (fol. 2 v°). Il est à remarquer que les noms de l'auteur
arabe et du personnage qui en a fait exécuter la traduction ont été grattés
et récrits après coup, de sorte que, selon toutes les vraisemblances, ils
ne sont pas authentiques. Le Fézaïl-i Balkh est divisé en 3 sections :

La 1°, destinée à établir la supériorité de Balkh, n'est qu'un recueil de
traditions; la 2° est une description de la ville; la 3°, de beaucoup la plus
importante, contient la biographie de 70 sheïkhs des plus célèbres de Balkh
et des environs. Les 6 dernières sections manquent dans le présent exemplaire, qui est incomplet de la fin. M. Schefer a publié les deux premières
sections dans sa *Chrestomathie persane.*

Bon nestalik persan de la fin du XV° siècle, 207 feuillets, 25 sur 17 centimètres. Reliure en basane aux armes de Napoléon I°′. — (Mazarin; Regius 1512.
— Ancien fonds 115.)

HISTOIRE DES VILLES SAINTES.

520

رسالة در بیان فضائل مکّه. Traité des mérites de la Mecque.

Cet ouvrage a été traduit par un anonyme d'un traité écrit en arabe par
le sheïkh soufi Hasan Basri († 110 H.), qui avait reçu des additions dues
à d'autres auteurs; il commence par une kasida à la louange de la Mecque,
puis viennent les passages du Koran et les traditions concernant cette
ville; ce volume a appartenu à Galland, qui en a rédigé une notice datée
de 1710; il porte au recto du folio 1 le titre de تعریف مکّه مکرّمه.

Début :

بسم الله الرحمن الرحيم   هست ندای در بیت کریم

باب کرم چون بکشاید خدای   ....

Bon nestalik persan à encadrements et frontispices du xvii° siècle. 38 feuillets. 15 sur 10 centimètres. Cartonnage turc. — (Galland 54; Regius 1516, 2. — Ancien fonds 190.)

HISTOIRE DE L'EMPIRE CHINOIS.

521

خطای نامه. Description de l'empire chinois, par Seyyid Ali Ekber Khitaï.

Ali Ekber était un marchand musulman, probablement originaire du Turkestan, qui, vers le commencement du xvi° siècle, se rendit en Chine avec quelques-uns de ses coreligionnaires et obtint du gouvernement chinois la permission de résider à Pékin. Au bout de quelques années, il quitta la Chine et vint se fixer à Constantinople, où il rédigea, en 922 de l'hégire, sous le titre de Khitaï namèh, une description de la Chine du Nord, d'après ses souvenirs personnels. Il avait composé ce livre dans l'espérance de le dédier à Sultan Sélim Ier et de l'engager ainsi à entreprendre la conquête du Céleste Empire et la conversion des Chinois à l'Islamisme; le sultan étant mort avant qu'il eût pu le lui présenter, Seyyid Ali Ekber Khitaï le dédia à son fils Sultan Soleïman Khan. Le Khitaï namèh est divisé en 20 chapitres, dont la liste est donnée dans la préface (fol. 5 et suiv.). Le style de cet ouvrage est assez incorrect et se ressent de l'influence de la syntaxe du turc oriental, qui était la langue de l'auteur. Il a été traduit en turc osmanli sous le règne de Sultan Mourad Khan III, par Hézarfenn Hoseïn Efendi, qui intitula sa traduction قانوننامهٔ چین ou ختای نامه وخطا (Supplément turc 1130); cette version, fort peu exacte, fut imprimée en 1270 à l'imprimerie de Topkhanèh. Hadji Khalifa en a tiré une partie des renseignements que l'on trouve sur la Chine dans son جهان نما. Le présent exemplaire porte au recto du folio 1 le titre de رسالة چین وماچین لسیّد اکبر خطای. L'exemplaire autographe du

Khitaï namèh est conservé à Constantinople dans la bibliothèque d'Ashir Efendi, et c'est sur cet exemplaire que M. Schefer a fait exécuter la présente copie. On trouvera dans les *Mélanges orientaux*, publiés en 1883, le texte et la traduction de 3 chapitres de cet ouvrage (p. 30 et suiv.).

Beau nestalik turc à encadrements et frontispice en or et en couleurs, copié par Hosein Tébrizi dans la seconde moitié du xvi° siècle. 75 feuillets, 27 sur 17 centimètres. Reliure en soie verte. — (Schefer. — Supplément 1354.)

HISTOIRE DE TURQUIE.

522

هشت بهشت. Histoire des huit premiers souverains de la dynastie d'Osman, par Maulana Hakim ed-Din Idris ibn Maulana Hosam ed-Din Ali el-Bitlisi.

Cet ouvrage porte également le titre de الصفات الثمانيه فى اخبار القياصرة العثانيه. L'auteur fut d'abord secrétaire du prince turkoman de la dynastie du Mouton Blanc (Ak-Kouyounlou), Yakoub Beg († 895 H.), et en 890, il écrivit au nom de ce souverain une lettre à Bayézid II, dont le sultan osmanli admira le style et la rédaction. Il passa bientôt au service du sultan, de peur de tomber au pouvoir du roi de Perse Shah Ismaïl Séfévi (907 H.) et il jouit à sa cour d'une grande considération, qui lui fut également témoignée par Sultan Sélim I°; il accompagna ce souverain dans ses deux campagnes de Perse et d'Égypte et mourut à Constantinople en 926. Il a cherché dans le Hesht béhisht à rivaliser avec les grands historiens de la littérature persane, Ala ed-Din Ata Mélik el-Djouveïni, Abd Allah Vassaf, Moïn ed-Din Ali Yezdi et Shéref ed-Din Ali Yezdi.

Le Hesht béhisht, qui ne coûta à Hakim ed-Din Idris que deux ans et six mois de travail, conitent l'histoire des sultans de la dynastie d'Osman, de 710 à 908 de l'hégire. Il est divisé en 8 livres, كتيبه, contenant :

Le 1°, les origines de la famille des Osmanlis et le règne d'Osman Beg ; les sept autres, l'histoire du règne d'Our Khan, Mourad I°, Bayézid Yildirim, Mohammed I°, Mourad II, Mahomet II et Bayézid II.

Bien qu'écrit en persan, cet ouvrage est la source la plus importante de l'histoire des huit premiers sultans de la maison d'Osman.

Exemplaire contenant les six premiers livres.

Début : ... تبارك الذى بيده الملك وهو على كل شىّ قدير

Bon neskhi turc du commencement du xvii° siècle. 260 feuillets. 28 sur 18 centimètres. Cartonnage turc. — (Schefer. — Supplément 1558.)

523

Le même ouvrage, livres III et IV.

On trouve au recto du folio 1 des vers arabes du mufti de Roumélie, مغتى الروم, Abou Soond, dont le premier est :

سفرٌ جليل مثل بحر زاخر   ابوابه اصداف درّ فاخر

la kasida arabe d'Abou Ali ibn Sina, commençant par :

توّق اذا استطعت ادخال مطعم   على مطعم من قبل فعل الهواضم

et des vers persans d'Abd Allah Djilani dans lesquels il est parlé de la mort de l'atabek de l'Azerbeïdjan Pehlévan Mohammed, fils d'Iltoukouz (+ 581 H.).

Bon nestalik turc, copié en 952 de l'hégire (1545 de J.-C.) par Shéref ibn Maulana Djan Ahmed Nahvi Shirvani (fol. 60 v°). 103 feuillets. 30 sur 21 centimètres. — (Mazarin; Regius 1507. — Ancien fonds 59.)

524

Le même ouvrage, livres VII et VIII.

Début :

هست بسم الله الرحمن الرحيم   منبر حمد خداوند كريم
كرسيش را نه فلك شد بايها   عرش وكرسى در برش پيمرايها

Une note écrite au recto du folio 288 : تاريخ عليحضرت سكندر منزلت
خلافت پناه سلطنت دستگاهى سلطان بايزيد خان ابن سلطان محمد
خان خلّد الله ملكه ... , pourrait faire croire que ce volume est contemporain de Bayézid II (+ 918 H.).

Bon neskhi turc de la première moitié du xvi° siècle. 535 feuillets. 35 sur 27 cer nètres. Reliure orientale en maroquin noir estampé et doré. — (Ancien fonds 76.)

525

Le même ouvrage, livre VIII.

On a relié à la fin (fol. 247) un fragment historique relatif au règne du sultan Bayézid Khan II (+ 918 H.).

Bons neskhi et nestalik turcs, copiés en 1106 de l'hégire (1694 de J.-C.) à Constantinople. 248 feuillets. 29 sur 21 centimètres. Reliure orientale en maroquin brun. — (Ancien fonds 77.)

526

Le même ouvrage, livre VIII.

Début :

صبح بسم الله الرحمن الرحيم   مطلع انوار من وجه كريم
شد ز بسم الله عيان سرّعنم   جلوة كردان نور قران حاتم

Exemplaire incomplet du feuillet de la fin.

Bon neskhi turc du XVII° siècle. 171 feuillets. 30 sur 21 centimètres. Reliure occidentale. — (Ancien fonds 78.)

527

سليم نامه. Histoire du sultan Sélim Ier, en prose et en vers, par Hakim ed-Din Idris ibn Hosam ed-Din Ali el-Bitlisi.

Hakim ed-Din composa cet ouvrage, tout en accompagnant Sélim Ier dans ses campagnes, pour servir d'appendice (fol. 21 v°) à son Hesht béhisht (voir n°° 522 et s.), qui s'arrête avec le règne du sultan Bayézid II. Plusieurs chroniqueurs avaient également conçu le projet d'écrire l'histoire du règne de Sélim Ier; parmi eux, Hakim ed-Din cite Abd er-Rahim Abbassi, qui en composa une en vers et en prose arabe; le kadi Abd el-Kébir Latifi, qui écrivit en prose persane, et Mevlana Mohammed Adai, ادائ, Shirazi, qui composa à la louange de Sélim un poème dans le mètre du Shah namèh de Firdousi (fol. 22 r°), contenant 7517 vers (Hadji Khalifa, t. III, p. 615).

D'après la préface écrite par le fils de l'auteur, Aboul Fadl Mohammed ibn Idris el-Defléri, le Sélim namèh fut dispersé après la mort de son auteur et en partie perdu. Shah Sultan Soleïman Khan lui ordonna d'en rechercher les fragments et de les coordonner; ce ne fut que sous le règne de Sélim II que ce travail fut terminé. Le Sélim namèh se compose de deux parties distinctes, l'une en prose et l'autre en vers, qui peuvent se lire indépendamment l'une de l'autre, la partie en vers étant le résumé de celle qui est écrite en prose; il est dédié à Sultan Sélim Khan II. Aboul Fadl, qui prenait en poésie le tékhallus de Fadli, fut kadi de la province de Yénishehr, puis, en 924, administrateur des finances du district de Tripoli de Syrie, Homs et Hamah; il fut ensuite nommé defterdar du divan du grand vizir; il mourut à Constantinople en l'année 987 de l'hégire (Rieu, *Catalogue*, p. 219).

Début : الحمد لله الذى صدقنا وعده واورثنا الارض نتبوا من الجنة حيث نشآء فنعم اجر العاملين والصلوة على من ارسله الله

Manuscrit de grand luxe copié pour le grand vizir ottoman Mohammed Pashà (†1579) هذا مما رقم برسم مطالعة الوزير الاعظم المشير المعظم آصف الزمان ركن الدولة العلية العثمانية محمد پاشا يعطيه ى الدارين ما شاء (fol. 1 ر).

Nestalik et neskhi à encadrements et à frontispices en or et en couleurs. 182 feuillets. 33 sur 19 centimètres. Reliure orientale en maroquin brun estampé et doré. — (Ancien fonds 235.)

528

Abrégé de l'histoire des Ottomans, par Mohammed ibn Hadji Khalil el-Kounévi.

Cet abrégé, qui fut composé pour le sultan Mohammed Khan II (†886 H.), commence par un abrégé de l'histoire des Seldjoukides du pays de Roum. On trouve à la fin deux vers de Khavéri, خاورى, et le cachet de l'auteur.

Début : الحمد لله الذى جعل رايات الاسلام منصورة باجتهاد الملوك

Ce manuscrit a fait partie de la bibliothèque du Sérail.

Bon neskhi turc de la fin du xve siècle. 87 feuillets. 17 sur 13 centimètres. Reliure en maroquin brun. — (Schefer 86. — Supplément 1394.)

529

Généalogie des sultans de la famille d'Osman.

Cette généalogie remonte jusqu'à Adam et elle contient les dynasties qui ont précédé les Osmanlis. Les Osmanlis sont donnés comme les descendants, au même titre que les Tchinkkizkhanides, d'Oughouz Khan, qui est indiqué comme étant à peu près le contemporain du sultan Mahmoud de Ghazna. Elle s'étend jusqu'au sultan Moustafa Khan IV (+1223 H.); les noms des principaux personnages sont accompagnés de courtes notices en langue persane.

D'après une note de Langlès, ce rouleau fut donné à la Bibliothèque par l'ambassadeur de Perse, Askéri Khan, en février 1809, puis repris par lui en mai.

Neskhi turc du commencement du xixᵉ siècle. 925 sur 26 centimètres. — (Askéri Khan. — Supplément 982.)

HISTOIRE DE L'INDE.

HISTOIRE GÉNÉRALE.

530

طبقات اكبرشاهى. Histoire générale de l'Inde, de la conquête musulmane à l'année 1002 de l'hégire, par Nizam ed-Din Ahmed ibn Mohammed Moukim el-Hérévi.

L'auteur prétendait descendre du célèbre sheïkh soufi Abd Allah el-Ansari; son père, Mohammed Moukim, fut ministre (divan) de la maison de l'empereur Zahir ed-Din Mohammed Baber Padishah, puis vizir du gouverneur du Goudjarate, Mirza Askéri. Nizam ed-Din mourut en 1003 de l'hégire, après avoir rempli de hautes fonctions militaires sous le règne de Djélal ed-Din Mohammed Akbar Padishah. Il déclare dans sa préface qu'il composa cette chronique, qui est souvent citée sous le titre de طبقات اكبرى et de تاريخ نظامى, parce qu'avant lui il n'existait pas une seule histoire générale de l'Inde (fol. 2 rᵒ); ses sources sont indiquées de la façon suivante dans la préface (fol. 2 vᵒ-3 rᵒ): تاريخ يمينى وتاريخ زين الاخبار

21.

وروضة الصفا وتاج المآثر وطبقات ناصرى وخزاين المفتوح وتغلق نامه
وتاريخ فيروزشاهى از ضيا الدين برى فتوحات فيروزشاهى تاريخ مبارك
شاهى تاريخ فتوح السلاطين تاريخ محمودشاهى مندوى تاريخ محمودشاهى خورد
مندوى طبقات محمودشاهى كجراتى مآثر محمودشاه كجراتى تاريخ محمدى تاريخ
بهادرشاهى تاريخ بهمنى تاريخ ناصرى تاريخ مظفرشاهى تاريخ ميرزا حيدر
تاريخ كشمير تاريخ سند تاريخ بابرى واقعات بابرى تاريخ ابراهيم شاهى
واقعات مشتاقى وقعات همايون پادشاه. La Tabakat-i Akbarshahi est divisée
en (fol. 3 r°) : une préface, 9 livres et une conclusion.

La préface comprend l'histoire des Ghaznévides; le livre (tabaka) I,
l'histoire des sultans de Dehli, de Moïzz ed-Din Ghouri à Akbar, soit de
574 à 1002; le livre II, celle des sultans du Dekkan, Behménis, Nizam
el-Moulkis, Adilkhanis, Kotb el-Moulkis, de 748 à 1002; le livre III, les
souverains du Goudjarate, de 793 à 980; le livre IV, les souverains de
Malva, de 809 à 977; le livre V, les souverains du Bengale, de 741 à
984; le livre VI, les souverains de Djaounpour, de 784 à 881; le livre VII,
les souverains du Kashmir, de 747 à 995; le livre VIII, l'histoire du Sind,
de 86 à 1002; le livre IX, l'histoire du Moultan, de 847 à 932 (fol. 3 r°).
La conclusion devait contenir la description géographique et topogra-
phique de l'Indoustan.

Le présent exemplaire ne contient ni le livre IX ni la conclusion.

Bon talik indien du milieu du xviiᵉ siècle. 577 feuillets. 33 sur 18 centimètres.
Reliure en maroquin rouge estampé et doré. — (Brueys 2. — Supplément 283.)

531

Le même ouvrage.

Exemplaire comprenant l'introduction et le livre I; on trouve au folio 1 v°
le cachet du colonel Gentil.

Nestalik indien passable daté de la 20ᵉ année du règne d'Aurengzeb, soit
1089 de l'hégire (1678 de J.-C.), 313 feuillets. 27 sur 18 centimètres. Demi-
reliure. — (Gentil. — Supplément 284.)

532

Le même ouvrage.

Exemplaire comprenant l'introduction et le livre I.

Nestalik indien de la fin du xviiᵉ siècle. 417 feuillets. 26 sur 15 centimètres.
Demi-reliure au chiffre de Napoléon Iᵉʳ. — (Gentil 35. — Supplément 285.)

533

Le même ouvrage.

Exemplaire comprenant les livres II, III, V, IV, VII.

Nestalik indien des xvii⁰ et xviii⁰ siècles. 255 feuillets. 29 sur 16 centimètres. Demi-reliure. — (Gentil 46. — Supplément 286).

534

منتخب التواريخ. Histoire générale de l'Indoustan, de la conquête musulmane à l'année 1004 de l'hégire, par Abd el-Kader ibn Moulouk Shah Bédaouni, بداؤني.

L'auteur, qui avait pris le tékhallus de Kadéri, naquit à Bédaoun, en 948 de l'hégire, et il eut pour maître, après la mort de son père (969 H.), le sheïkh Moubarek Nagouri. En 981, il entra au service de l'empereur Akbar, qui lui fit traduire le Ramayana et le Mahâbhârata (n⁰ˢ 218 et suiv.) et qui le fit collaborer à la Tarikh-i elfi (n⁰ˢ 345 et suiv.). Il déclare que ce fut en l'année 999 (fol. 5 r⁰), alors qu'il venait, sur l'ordre de l'empereur Akbar, de terminer la traduction persane de l'histoire du Kashmir, qu'il entreprit la rédaction d'une histoire générale de l'Inde musulmane. D'après d'autres autorités (Rieu, *Catalogue*, p. 222), il aurait commencé sa chronique peu de temps après la mort de Nizam ed-Din Ahmed (1003 H.), l'auteur de la Tabakat-i Akbarshahi (n⁰ˢ 530 et suiv.); il la termina en Djoumada second de l'année 1004 de l'hégire. Ses principales sources sont la Tabakat-i Akbarshahi, la Tarikh-i Moubarekshahi et le Nizam el-tévarikh (fol. 5 v⁰). Le Mountekhab el-tévarikh a été publié en 1868-1869 dans la *Bibliotheca Indica*. Les premiers feuillets du manuscrit sont occupés par une table des matières, avec renvoi à sa pagination orientale.

Beau nestalik indien copié en l'année 1132 de l'hégire (1719 de J.-C.), correspondant à la deuxième année du règne de l'empereur Mohammed Shah. 513 feuillets. 31 sur 21 centimètres. Reliure en cuir brun. — (Gentil 12. — Supplément 247.)

535

زبدة التواريخ. Histoire générale de l'Inde, depuis le sultan ghouride Moïzz ed-Din Mohammed ibn Sam († 602 H.)

jusqu'à l'avènement de Djihangir (1014 H.), par Nour
el-Hakk el-Mashréki el-Dehlévi el-Boukhari.

La Zoubdet el-tévarikh est l'amplification d'une chronique générale de
l'Inde écrite en 1005 de l'hégire, sous le titre de تاريخ حقّى, par le père
de l'auteur, le sheïkh soufi Abd el-Hakk Hakki ibn Seïf ed-Din Dehlévi
(† 1052 H.) (British Museum, Add. 26210; Rieu, *Catalogue*, p. 223;
ms. 535, fol. 3 v°): ce remaniement fut exécuté (fol. 3 r°) à la demande
du sheïkh Férid ibn Seyyid Ahmed el-Boukhari († 1025 H.). Après une
introduction sur le sens du mot padishah, Nour el-Hakk expose sans divisions spéciales l'histoire des Grands Mongols, celle des rois de Malva, du
Goudjarate, du Sind, du Dekkan, du Kashmir, du Bengale, de Djaounpour
et du Moultan.

Début : خطبۀ كبريا وجلال بنام شاهنشاهى سزد كه عالم وهرچه
در عالم است...

Bon nestalik indien copié en 1068 de l'hégire. 237 feuillets, 28 sur 19 centimètres. — (Jolif. — Supplément 250.)

536

تاريخ فرشته au گلشن ابراهيمى. Histoire générale de l'Inde,
des origines à l'année 1015 de l'hégire, par Mohammed
Kasim Hindoushah ibn Ghoulam Ali Hindoushah Astérabadi, surnommé Firishta.

Né à Astérabad en 960, Mohammed Kasim fut amené de bonne heure
dans l'Inde par son père, qui devint précepteur de Miran Hoseïn, fils du
Nizamshah d'Ahmednagar, Mourtida († 996 H.). En 998, il quitta Ahmednagar pour se rendre à Bidjapour et il fut quelque temps après invité à
écrire cette histoire par le sultan de Bidjapour, Ibrahim II Adil Shah (988-
1037 H.). Le Goulshen-i Ibrahimi fut terminé en 1015 et dédié au sultan
Ibrahim, comme l'indique son titre; cette même année, le souverain Adil Shah
l'envoya en ambassade à Lahore auprès du Grand Mongol Nour ed-Din
Mohammed Djihangir Padishah; il mourut postérieurement à 1033, date
de la dernière addition qu'il fit au Goulshen-i Ibrahimi. Cette chronique a
été lithographiée à Bombay en 1832, à Laknau, en 1281 de l'hégire; elle
a été traduite en anglais par Briggs, en 1829. Elle comprend :
Une introduction traitant des croyances des Indous et de leur ancienne
histoire jusqu'à la conquête; 12 chapitres contenant : 1° Ghaznévides;

2° sultans de Dehli; 3° du Dekkan (Adil Shahis de Bidjapour, Nizam Shahis d'Ahmednagar, Kotb Shahis de Golconde, Imad Shahis de Bérar, Baridis de Bedar); 4° du Goudjarate; 5° de Malva et de Mandou; 6° les Faroukis de Bourhanpour; 7° les sultans du Bengale et de Djaounpour; 8° les souverains du Sind et du Moultan; 9° les Zémindars du Sind et les sultans du Moultan; 10° les rois du Kashmir; 11° la description du Malabar; 12° les soufis de l'Inde. La conclusion contient une description géographique de l'Inde.

On trouve au commencement du volume une table des noms propres avec le renvoi à la pagination orientale du manuscrit.

Beau nestalik indien de la fin du xvii° siècle. 817 feuillets, 28 sur 17 centimètres. Reliure en maroquin rouge aux armes de Louis-Philippe. — (Anquetil 96. — Supplément 243.)

537-539

Le même ouvrage, présentant une lacune dans le courant du livre III.

Assez bon nestalik indien daté de 1164 de l'hégire (1750 de J.-C.). 485, 506, 425 feuillets, 28 sur 17 centimètres. Reliure en maroquin rouge. — (Supplément 244, 244 A, 244 B.)

540

Le même ouvrage.

Fragments comprenant l'histoire des Khildjis de Dehli, de Djélal ed-Din Firouz Khildji à Moubarek Shah Khildji, et (fol. 97) l'histoire de la dynastie souride de Dehli, de Shir Shah Sour à Iskender Shah Sour.

Assez bon nestalik indien de la fin du xviii° siècle. 137 feuillets, 23 sur 13 centimètres. Reliure en peau noire. — (Gentil 5. — Supplément 248.)

541-542

جمع التواريخ. Traité d'histoire générale, et spécialement des Timourides et de l'Indoustan, par Haïder ibn Ali Hoseïni Razi, terminée en 1028 de l'hégire.

Le tome I⁰⁰ contient : les Mongols de l'Iran depuis Houlagou, les Kurdes (fol. 104 r°), les souverains du Lour-i Bouzourg (fol. 106 v°), du Lâr (fol. 108 r°), les Atabeks de l'Azerbeïdjan (fol. 109 v°), les souverains du Kirman (fol. 114 r°), les Serbadars (fol. 153 v°), les Kurts (fol. 159 v°), les Timourides (fol. 164 r°), les Kara-Kouyounlou (fol. 224 v°), les Ak-Kouyounlou (fol. 228 r°), les Sefévis jusqu'à Shah Tahmasp Ier (fol. 223 v°); le tome II contient : les souverains de la Chine, les Turks (fol. 9 v°), Oughouz (fol. 14 r°), les ancêtres de Tchinkkiz Khakan et de Timour Kourkan (fol. 15 v°), Tchinkkiz Khakan (fol. 18 v°), les descendants de Tchinkkiz Khakan dans le Turkestan (fol. 49 v°), Ougétaï et les Yuen (fol. 75 v°), les Samanides (fol. 114 v°), la dynastie des آل آفراسیاب (fol. 132 v°), les Kara Khitaïs (fol. 136 r°), Timour Kourkan et les Timourides (fol. 136 v°), les souverains des Juifs, des Francs et les empereurs romains (fol. 229 r°), les Seldjoukides du pays de Roum (fol. 240 v°), les princes de Karaman (fol. 249 v°), les Turcs Osmanlis jusqu'à Sultan Sélim, fils de Sultan Soleïman (fol. 250 r°), les souverains de l'Indoustan (fol. 260 r°), le Bouddha (fol. 262 r°), les souverains musulmans de l'Indoustan (fol. 265 r°), les dynasties qui ont succédé aux Abbassides (fol. 338 r°), les Timourides de l'Indoustan (fol. 358 r°).

Bon neskhi copié en 1279 de l'hégire, par Molla Aga Baba Shahmirzadèh, شهمیرزاده, 262 et 408 feuillets. 30 sur 19 centimètres. Reliure en cuir vert. — (Schefer 27. — Supplément 1330, 1331.)

543

لب التواریخ هند. Histoire générale de l'Inde, du règne du sultan Shihab ed-Din Mohammed Ghouri († 602 H.) à l'année 1101 de l'hégire, par Raï Bendrabendas Béhadourshahi, fils de Raï Bharamal, رای بندرابن داس بهادرشاه ولد رای بهارامل.

L'auteur fut nommé divan par l'empereur Aurengzeb, et en 1149 il était divan de Béhadour Shah Alem Ier; son père avait été divan de Dara-Shikouh, sous le règne de Shah Djihan Padishah. Raï Bendraben rapporte dans sa préface qu'après les grandes conquêtes d'Aurengzeb (1101), il conçut le projet d'écrire une histoire générale de l'Inde musulmane (fol. 2 r°) et que dans ce but, pour les périodes antérieures, il abrégea la chronique de Firishta, tout en la complétant par des renseignements empruntés à d'autres sources (fol. 2 v°).

Le Lebb el-tévarikh est divisé en 10 chapitres dont le sommaire est donné au folio 3 r° : le 1er chapitre, qui est le plus important et qui forme la continuation de la chronique de Firishta, comprend les règnes de Djihangir, Shah Djihan et Aurengzeb; les 9 autres contiennent l'histoire du Dekkan, du Goudjarate, de Malvah, des Faroukis, du Bengale, de Djaounpour, du Sindh, du Moultan et du Kashmir.

Shikestèh-amiz indien écrit en travers des pages, de la fin du XVIIIe siècle. 248 feuillets, 22 sur 11 centimètres. Demi-reliure. — (Gentil 44. — Supplément 246.)

544

خلاصة النواريخ. **Histoire générale de l'Inde depuis les origines jusqu'à l'avènement d'Aurengzeb, par Sandjan Mounshi Raï, surnommé Hézari,** منشى سنجان راى المناسى بهزارى (n° 547).

Cet auteur, dont le nom a été lu Soudjan et Subhan, vivait à Patiala بتاله (n° 547, fol. 1 r°) et il paraît avoir étudié à la fois les sciences indiennes, et persanes, در علوم هندوى وفارسى وسنسكرت دستگاه داشت ; on ne sait rien de précis sur lui.

Le Khilaset el-tévarikh a été composé de 1105 à 1107 de l'hégire. Ses sources sont indiquées ainsi qu'il suit dans la préface (fol. 6 r° et suiv.) : les traductions du Mahâbhârata et du Ramayana et en général les traductions d'ouvrages sanscrits faites par ordre d'Akbar; l'histoire de Mahmoud le Ghaznévide, par Onsori (sic); l'histoire de Shihab ed-Din Ghouri; du sultan Ala ed-Din Khildji; le Tarikh-i Firouzshahi, d'Aazz ed-Din Khalidkhani; l'histoire des Afghans, d'Hoseïn Afghan; le Zafer namèh de Shéref ed-Din Ali Yezdi; le Timour namèh de Hatéfi; le Tévarikh-i Babéri traduit du turc oriental par Abd er-Rahim; l'Akbar namèh, d'Aboul Fazl; le Tarikh-i Akbarshahi, par Ata Beg Kazwini; l'Akbar namèh, par Habdad Mounshi Mourtida Khani; le Tabakat-i Akbéri, par Nizam ed-Din Ahmed Bakhshi Akbarshahi; le Tévarikh-i Djihangiri, par Motamed Khan; le Djihangir namèh, par l'empereur Djihangir; le Tévarikh-i Shahdjihani, par Varis Khan; le Tévarikh-i Alemgiri, par Mohammed Kazem; le Tévarikh-i Kashmir, traduit du kashmiri (sic) par Shah Mohammed Shahabadi; l'histoire du Goudjarate connue sous le nom de Tévarikh-i Béhadourshahi, et d'autres chroniques locales. Cette chronique, qui a été traduite en hindoustani par Mir Shir Ali Afsous sous le titre de راایش محفل, contient :

Un résumé des croyances des Indous, la description des provinces, صوبه, de l'Indoustan; les radjahs, de Youdishthira à la conquête; les sultans musulmans, de Sébouktikin à Behloul Lodi; les Timourides, de

Bâber à Dara Shikouh, avec l'histoire des dynasties indiennes contemporaines. Elle peut servir de continuation à la chronique de Firishta.

Beau nestalik indien à encadrements et à frontispice copié le jour Srosh du mois de Khordad de l'année 1036 de Yezdegerd, l'année indienne, سنوت, 1767, correspondant à l'année 1180 de l'hégire, à Sourate par le destour Shapour, fils du destour Babek. 507 feuillets. 29 sur 24 centimètres. Reliure en maroquin violet. (Supplément 1223.)

545

Le même ouvrage.

Assez bon talik indien copié par Mohammed Fadil en l'année 1182 de l'hégire. 456 feuillets. 24 sur 17 centimètres. Demi-reliure. — (Gentil 51. — Supplément 240.)

546

Le même ouvrage.

Cet exemplaire contient une autre préface dans laquelle on trouve le titre de تذكرة السلاطين; la fin manque et le texte s'arrête au chapitre de l'expédition de Mohammed Dara Shikouh contre le Pendjab.

Nestalik indien passable tendant au shikestèh du xviii° siècle, 436 feuillets. 23 sur 13 centimètres. Reliure en maroquin rouge. — (Gentil 61. — Supplément 241.)

547

Le même ouvrage.

Bon nestalik indien de la fin du xviii° siècle. 342 feuillets. 30 sur 17 centimètres. Reliure en maroquin rouge. (Supplément 1259.)

548

Le même ouvrage.

La copie de la Khilaset el-tévarikh est suivie de la liste des souverains de l'Indoustan, depuis l'origine, des Pandavas پاندوان, jusqu'au règne d'Aurengzeb, avec la durée de leurs règnes (fol. 483 v°); on trouve ensuite (fol. 498 v°) la généalogie, نسب نامه, d'Aurengzeb depuis Adam : la liste des souverains des quatre dynasties antéislamiques de l'Iran (fol. 503 v°), et (fol. 505 r°) la généalogie de Mahomet.

Nestalik indien passable de la fin du xviii° siècle. 506 feuillets. 35 sur 19 centimètres. Reliure en maroquin rouge. — (Supplément 1138.)

549

منتخب اللباب. Histoire générale de l'Inde, depuis la conquête jusqu'au règne du sultan Mohammed Shah (1144 H.), par Mohammed Hashim, qui fut successivement Hashim Ali Khan et Khâfi Khan Nizam el-Moulki.

Après avoir rempli quelques fonctions politiques sous le règne d'Aureng-zeb, il fut nommé divan par Nizam el-Moulk, sous le règne de Ferroukh Siyer, et Khâfi Khan par Mohammed Shah. Cette chronique porte également les titres de تاريخ خافى خان et de لب لباب. Elle est divisée en trois volumes, جلد.

Le volume I comprend l'histoire de l'Inde, depuis la conquête musulmane jusqu'à la fin de la dynastie Lodie; le volume II, les Grands Mongols, de Baber à Mohammed Shah (1144); le volume III, les dynasties du Dekkan, d'après la chronique de Firishta.

Cet exemplaire contient le volume II dans son entier.

Bon talik indien du xviiiᵉ siècle, 677 feuillets, 28 sur 16 centimètres. Reliure en basane pleine. — (Gentil 58. — Supplément 270.)

550

فرحة الناظرين. Manuel d'histoire générale de l'Indoustan, de la création à l'année 1184 de l'hégire, par Mohammed Aslam ibn Mohammed Hafiz el-Fransévi? مولد الفرسروري el-Ansari el-Kadiri (fol. 8 rᵒ).

L'auteur raconte dans la préface qu'il se livrait à Lakhnau, sa ville natale, à des études historiques (fol. 8 rᵒ) quand, en 1182 de l'hégire, il se rendit à Feïz Abad, où il entra au service du colonel Gentil (fol. 9 rᵒ).

در سنى اثنا وثمانين ومايه و الف هجرى در بلده فيض آباد رسيده بخدمت رفعت وعوالى مرتبت ناظم جنك مدبّر الملك رفيع الدولة موسى جنتيل...

qui l'engagea à entreprendre cet ouvrage historique.

Terminé en 1184, le Ferhat el-nazirin fut dédié au nabab Safder Djeng Shodja ed-Dauléh Béhadour (fol. 5 vᵒ, 7ᵒ rᵒ et 10 rᵒ); ce n'est qu'une compilation faite d'après les sources suivantes (fol. 9 vᵒ) : les histoires de Nizam ed-Din Ahmed Bakhshi et de Firishta, les مرات العالم, تاريخ يمينى, روضة حبيب السير, تاريخ الفى, تاريخ فيروزشاهى, تاريخ بهمنى, تاج المآثر

جهانكير نامه , آكبر نامه , واقعات هايوني , واقعات بابرى , تيمور نامه , الصفا

عالم گير نامه , شاه جهان نامه تاريخ بهادرشاهى et d'autres chroniques.

Il est divisé (fol. 10 r°) en : une préface traitant de la création, 3 livres, مقاله , traitant : 1° des prophètes, des khalifes et des imams; 2° des souverains de l'Indoustan depuis les temps légendaires jusqu'à la fin du règne de la dynastie Lodie; 3° des Grands Mongols. La conclusion contient la géographie de l'Inde et la biographie de la famille du vizir Shodja ed-Dauléh et des notices sur des savants et des sheïkhs soufis.

Bon nestalik indien de la fin du xvııı° siècle. 513 feuillets. 22 sur 14 centimètres. Reliure en cuir brun. — (Gentil 47. — Supplément 245.)

551

Résumé de l'histoire de l'Inde, des origines, depuis le radja Youdishtira, جدشتر jusqu'au règne de l'empereur timouride Shihab ed-Din Mohammed Shah Djihan Padishah.

Chaque dynastie est précédée d'une courte introduction et de la mention de la durée du règne de chacun des souverains qui la composent.

Début : بشنو ز ولى وفاى دنيا اى شاه...

Nestalik indien du xvııı° siècle. 45 feuillets. 23 sur 15 centimètres. Reliure en peau rouge souple. — (Schefer 174 bis. — Supplément 1484.)

552

Recueil d'ouvrages historiques sur l'Inde.

1° Résumé de l'histoire de l'Inde, depuis Youdishtira jusqu'à Aboul Fath Nasir ed-Din Mohammed Shah Ghazi (1131 H.).

Ce résumé s'arrête avec l'année 1157 de l'hégire sous le règne de l'empereur Mohammed Shah.

Début : بشنو ز ولى وفاى دنيا اى شاه...

2° Le même ouvrage que le n° 551, portant le titre de رساله راجاولى et s'étendant jusqu'en 1186 de l'hégire. Ces deux opuscules sont deux recensions un peu différentes du même résumé chronologique.

Nestalik et shikestèh indien de la fin du xvııı° siècle. 29 feuillets. 23 sur 14 centimètres. Reliure en peau rouge. — (Gentil 71. — Supplément 242.)

553

Tableau chronologique des empereurs musulmans de
Dehli, depuis le sultan Moïzz ed-Din Ghouri († 602 H.)
jusqu'à Ahmed Shah (1166 H.).

Ce tableau, qui a sans doute été rédigé pour le colonel Gentil, ne contient que quelques données chronologiques. On y trouve plusieurs notes
de sa main, notamment la description du trône de Shah Djihan.

Shikestéh indien de la fin du xviii° siècle. 70 feuillets, 22 sur 18 centimètres.
Reliure en maroquin rouge. — (Gentil 92. — Supplément 263.)

HISTOIRE DES SOUVERAINS DE DEHLI.

554

جاج المآثر. Histoire des souverains de Dehli de 587 à
614 de l'hégire, par Hasan Nizami.

Cette chronique, écrite dans un style très diffus en prose et en vers, comprend le récit des événements qui se sont passés depuis la conquête d'Adjmir
par le sultan Moïzz ed-Din Aïbek (587 H.), le règne de Kotb ed-Din Aïbek
et le commencement de celui de Shems ed-Din Iltatmish. Elle a été commencée en 602 sous le règne de ce sultan, qui fut assassiné à Ghazna, en
Shaaban de cette même année. L'auteur, qui était originaire de Nishapour,
se rendit à Ghazna pour y chercher fortune, et après avoir été dangereu-
sement malade, il gagna Dehli où il commença le Tadj el-méasir, sur le
conseil du Sadr Medjd ed-Din, avec lequel il s'était lié en passant dans
cette ville; Mirkhond donne à ce personnage le nom de Sadr ed-Din Mohammed ibn Hasan el-Nizami (Rieu, *Catalogue*, p. 239.)

Début : حمد و سپاس بی قیاس که قدم شهسوار عقل دواسبه

بسرحة...

Assez bon nestalik persan à filet d'or, avec frontispice en or et en couleurs,
copié dans la ville de Kirman par un nommé Féredj ibn Kérim الخطاط, en 781
de l'hégire (1379 de J.-C.). 343 feuillets, 23 sur 14 centimètres. Reliure en maroquin rouge. — (Ancien fonds 276.)

555

Le même ouvrage.

Ce manuscrit, qui est incomplet de la fin, provient de la bibliothèque du Sérail.

Neskhi persan du commencement du xve siècle, à frontispices et encadrements en or et en couleurs. 308 feuillets, 29 sur 21 centimètres. Reliure en maroquin brun. — (Schefer 28. — Supplément 1332.)

556

Le même ouvrage.

Bon nestalik indien daté de 870 de l'hégire (1465 de J.-C.), 234 feuillets, 27 sur 14 centimètres. Reliure en maroquin brun estampé et doré. — (Supplément 1137).

557

تاريخ فيروزشاهي. Histoire de la fin de la dynastie des rois esclaves et du commencement de la dynastie Khildjie, de Ghiyas ed-Din Balaban (644 H.) à la sixième année du règne de Firouz Shah Khildji (758 H.), par Ziya ed-Din Barani.

Ziya ed-Din Barani, né en 684 de l'hégire, termina cette chronique en 758, alors qu'il avait perdu la faveur du sultan Firouz Shah et qu'il était réduit à la pauvreté; le Tarikh-i Firouzshahi est la continuation du Tabakat-i Nasiri, et il est, pour cette époque, la source du Tabakat-i Akbarshahi et du Goulshen-i Ibrahimi, ainsi que de toutes les chroniques postérieures. Ziya ed-Din consigna dans cette histoire les faits que lui racontèrent son père Mouayyad el-Moulk qui avait vécu à la cour (fol. 69 r°), le père de sa mère, Hosam ed-Din (fol. 64 v°), ainsi que ceux dont il fut le témoin oculaire. Cette chronique a été publiée dans la *Bibliotheca Indica* et traduite en grande partie dans l'*History of India* d'Elliott. L'auteur donne au commencement de chaque règne un tableau indiquant les fils du souverain et les hommes célèbres qui ont vécu de son temps.

Il existe une autre chronique portant le même titre et écrite par Shems-i Siradj Afif, عفيف, en 801 de l'hégire; elle traite de l'histoire du sultan Firouz Shah Khildji (Rieu, *Catalogue*, p. 242).

Il manque quelques feuillets au commencement et à la fin de cet exemplaire.

Bon nestalik indien du milieu du xve siècle. 364 feuillets, 27 sur 15 centimètres. Reliure en maroquin noir. — (Gentil 63. — Supplément 251.)

558

تاريخ داؤدى. Histoire des dynasties afghanes des Lodis (855-930 H.) et des Souris (946-988 H).

D'après Elliot (*History of India*, t. IV, 434), elle a été composée par un certain Abd Allah, sous le règne de l'empereur Djihangir; ses principales sources sont le Tabakat-i Akbarshahi et le Makhzen-i Afghani.

Début : ثنای هرگونه بحضرت جهان آفرین سزد که کرم عام بجمیع ذریت آدم...

Shikestèh indien daté du mois d'avril 1870, 162 feuillets, 22 sur 14 centimètres, Cartonnage. — (Darmesteter. — Supplément 1197.)

HISTOIRE DES GRANDS MONGOLS.

ZAHIR ED-DIN MOHAMMED BABER PADISHAH.

559

واقعات بابرى. Autobiographie de l'empereur Baber, traduite sur l'original écrit en turk oriental, ترکی, par le Khankhanan Mirza Abd er-Rahim ibn Baïram Khan.

Le texte turk de l'autobiographie porte le titre de توزك بابرى; elle n'a jamais été complètement terminée; elle se divise en 4 parties qui comprennent le récit des années 899-908, 910-914, 925-926, 932-936. Elle a été traduite par ordre de l'empereur Akbar et cette œuvre fut terminée en 998 de l'hégire (ms. 560, fol. 1 r°). Mirza Abd er-Rahim, l'un des meilleurs officiers d'Akbar, naquit en 964 et mourut en 1036 de l'hégire. Le texte turk oriental a été édité par Ilminski, à Kazan, en 1857 et traduit en français par Pavet de Courteille, en 1871. La version persane est indispensable pour rectifier les fautes nombreuses qui existent dans le texte édité à Kazan. Baber est l'auteur de deux autres ouvrages en vers; l'un est écrit en mesnévis et porte le titre de مبین : le second est un divan dont l'exemplaire unique existe dans le Supplément turc sous le n° 1230. La personne qui a écrit l'appendice à l'autobiographie de Baber parle avec beaucoup d'éloge de ces vers (éd. Ilminski, p. 505).

Cet exemplaire présente plusieurs lacunes qui ont été indiquées par de Sacy. (Cf. *Journal des Savants*, 1829, p. 299.)

Beau talik de la deuxième moitié du XVI° siècle. 385 feuillets. 27 sur 14 centimètres. Demi-reliure. — (Ducaurroy 35. — Supplément 265.)

560

Le même ouvrage.

Bon nestalik de la première moitié du XVII° siècle. 251 feuillets. 27 sur 17 centimètres. Reliure en basane pleine aux armes de Napoléon I°°. — (Leroy 14. — Supplément 264.)

561

Le même ouvrage.

Nestalik et shikestéh-amiz indiens datés de 1215 de l'hégire (1800 de J.-C.). 245 feuillets. 35 sur 19 centimètres. Demi-reliure. — (Darmesteter. — Supplément 1209.)

562

Le même ouvrage.

Shikestèh indien de la même main que le n° 558, soit de 1870. 252 feuillets. 22 sur 14 centimètres. Reliure en basane. — (Darmesteter. — Supplément 1182.)

NASIR ED-DIN MOHAMMED HOUMAYOUN PADISHAH.

563

هایون شاه. Mémoires du règne de l'empereur Houmayoun.

Ces mémoires ont pour auteur un grand officier de la couronne, Mehter Djauher Aftabdji, qui, comme l'indique suffisamment son titre آفتابجی, était porte-aiguière de l'empereur; il passa la plus grande partie de sa vie dans cette charge, puis il fut successivement receveur des impôts à Heïbet-

pour (96a H.), à Tatarkhan, et trésorier, خرجي, du Pendjab et du
Moultan. C'est en 995 de l'hégire, trente-deux ans après la mort de son
maître, qu'il composa cet ouvrage. Djauher Aftabdji avait écrit ces mémoires
un peu au courant de la plume; aussi, quand il voulut les présenter à
Akbar, il pria Ilahdad, الهداد, Faïzi Serhendi, سرهندى, fils de Asad el-
Oulama Ali Shir, de les revoir et d'y ajouter une préface dédiée à Akbar
(fol. 134 r°). Ilahdad était l'un des sous-ordres du bakhshi el-moulk, Sheïkh
Férid Boukhari, et il a composé une histoire d'Akbar, de son avènement à
l'année 1010 de l'hégire.

Le Houmayoun Shahi se divise en 5 chapitres, dont le dernier contient
le récit de l'avènement d'Akbar. Une table des matières très détaillée occupe
les feuillets 1–3.

Un exemplaire de la rédaction originale des mémoires de Djauher Aftabdji existe au British Museum avec le titre de تذكرة الواقعات. Le Houmayoun Shahi porte également le titre de تاريخ هايون (fol. 134 v°).

Assez bon nestalik indien copié en 1187 de l'hégire (1773 de J.-C.) par Seyyid
Heider Ali Hoseïni el-Wasiti. 134 feuillets. 23 sur 13 centimètres. Reliure en basane
rouge. — (Gentil 23. — Supplément 267.)

DJÉLAL ED-DIN MOHAMMED AKBAR PADISHAH.

564

اكبر نامه. Histoire du règne d'Akbar avec un résumé de
l'histoire des Turks, des Timourides et de ses deux prédécesseurs, par Sheïkh Aboul Fazl ibn Sheïkh Moubarek
Nagori, surnommé Allami, علّمى.

Aboul Fazl, né à Agra en 958 de l'hégire, fut introduit à la cour d'Akbar en 981, par son frère, le célèbre poète Feïzi et, après une vie passée
tout entière au service de l'empereur, dont il fut le plus fidèle collaborateur,
il fut assassiné en 1011 de l'hégire, à l'instigation du prince Sélim, qui fut
plus tard l'empereur Djihanguir, par Barsing Deo.

L'Akbar namèh, écrit sur l'ordre d'Akbar (ms. 566, fol. 5 v°), fut
rédigé tant d'après les renseignements qu'Aboul Fazl obtint des gens qui
vivaient à la cour que d'après ce qu'il vit lui-même et les documents officiels; l'empereur le revisa lui-même. Terminé en 1004 de l'hégire, l'Akbar
namèh fut continué jusqu'en 1010. Aboul Fazl fut également l'auteur, ou
tout au moins l'inspirateur, de la plupart des traductions persanes d'ouvrages sanskrits qui virent le jour sous le règne d'Akbar.

I.   22

L'Akbar namèh est divisé en 3 volumes; le volume I contient l'horoscope d'Akbar, la généalogie des Turks et des Timourides, l'histoire de Baber et de Houmayoun ainsi que l'histoire des dix-sept premières années d'Akbar.

Le volume II contient l'histoire des années 18-46 d'Akbar; le volume III porte le titre spécial d'آئين اكبری; il contient l'exposé de l'administration de l'empire des Grands Mongols et des institutions des Indiens. Les deux premiers volumes ont été lithographiés à Lakhnau en 1284, et le troisième a été publié en 1873 dans *a Bibliotheca Indica.*

Cet exemplaire contient les deux premiers volumes et porte au recto du folio 1 l'estimation de 12 roupies.

Assez bon talik indien du commencement du xviii° siècle. 701 feuillets. 34 sur 23 centimètres. Reliure en cuir rouge. — (Gentil 74. — Supplément 273.)

<h1 style="text-align:center">565</h1>

Le même ouvrage.

Seconde partie du tome I commençant à l'avènement d'Akbar et tome II.

Un possesseur de ce manuscrit a voulu le faire passer pour le Ikbal namèh-i Djihangiri, qui est beaucoup plus rare; il commence ainsi كتاب اقبال

نامه جهانگیری در سوانح زمان دولت خاقان گیتی ستان

Nestalik et talik indiens de plusieurs mains, la plus ancienne du milieu du xvii° siècle; les autres de 1210 de l'hégire (1795 de J. C.). 440 feuillets. 26 sur 16 centimètres. Demi-reliure. — (Darmesteter. — Supplément 1206.)

<h1 style="text-align:center">566</h1>

Le même ouvrage, tome I.

Bon nestalik indien à frontispices et encadrements en or et couleurs, daté de 1021 de l'hégire (1612 de J.-C.). 356 feuillets. 30 sur 19 centimètres. Reliure en maroquin estampé. — (Schefer 29. — Supplément 1333.)

<h1 style="text-align:center">567</h1>

Le même ouvrage, tome I.

Beau nestalik indien de la fin du xvii° siècle. 496 feuillets. 28 sur 18 centimètres. Cartonnage indien. — (Ducaurroy 33. — Supplément 275.)

568

Le même ouvrage, tome I.

Exemplaire de luxe en beau nestalik à encadrements et à frontispices en or et en couleurs de la fin du xvii° siècle. 35a feuillets. 36 sur 20 centimètres. Reliure orientale en maroquin noir estampé. — (Arsenal. — Supplément 274.)

569

Le même ouvrage, tome I.

Exemplaire de luxe en nestalik à encadrements et à frontispices du commence-ment du xviii° siècle. 293 feuillets. 28 sur 17 centimètres. Demi-reliure. — (Supplément 281.)

570

Le même ouvrage, tome I.

Le texte se termine en marge des feuillets 375 v°-484 v°; cet exemplaire est incomplet de la fin.

Talik indien médiocre de la fin du xviii° siècle. 618 feuillets. 33 sur 17 centi-mètres. Demi-reliure. — (Gentil 72. — Supplément 279.)

571

Le même ouvrage, tome I.

Nestalik et shikestèh indiens de la fin du xviii° siècle. 240 feuillets. 34 sur 19 centimètres. Reliure en basane pleine aux armes de Napoléon I°°. — (Leroy 3. — Supplément 276.)

572

Le même ouvrage.

Seconde partie du tome I, commençant avec l'avènement d'Akbar.

Bon nestalik persan à encadrements et à frontispices en or et couleurs, copié à Surate pour Brueys, par Mirza Kanbar Ali Goudjarati, fils de Aga Djafer Ali Ker-bélaï ibn Salih Mohammed Khan Shirazi, en 1205 de l'hégire (1790 de J.-C.). 293 feuillets. 30 sur 19 centimètres. Reliure en maroquin rouge estampé et doré. — (Brueys 3. — Supplément 278.)

22.

573

Le même ouvrage.

Seconde partie du tome I; cet exemplaire, qui est incomplet du commencement et de la fin, commence avec les événements de la fin de la première année du règne d'Akbar.

Bon nestalik indien à encadrement de la fin du xviii° siècle. 953 feuillets. 31 sur 20 centimètres. Reliure en maroquin rouge. — (Gentil 73. — Supplément 280 *bis*.)

574

Le même ouvrage.

Tome II, précédé des derniers chapitres du tome I et d'une préface qui était évidemment destinée à faire passer ce volume pour un ouvrage complet.

Exemplaire de luxe, bon nestalik indien copié en 1101 de l'hégire (1689 de J.-C.) par Abd er-Rahman ibn Djémal ed-Din. 414 feuillets. 30 sur 18 centimètres. Reliure en maroquin rouge estampé et doré. — (Brueys 3². — Supplément 278 A.)

575

Le même ouvrage.

Tome II, s'arrêtant à la fin de la 20° année d'Akbar. Cet exemplaire porte le titre inexact de اكبر نامه تصنيف فيضى.

Nestalik indien du xviii° siècle écrit dans le corps des pages et dans les marges. 90 feuillets. 21 sur 13 centimètres. Reliure en peau rouge. — (Anquetil 93. — Supplément 282.)

576

Le même ouvrage.

Tome II incomplet du commencement; les premiers événements qui y sont racontés sont ceux de la 18° année d'Akbar.

Bon talik indien à encadrements daté de 1082 de l'hégire (1671 de J.-C.). 313 feuillets. 37 sur 22 centimètres. Reliure en maroquin rouge estampé. — (Gentil 75. — Supplément 280.)

577

Le même ouvrage.

Tome III, ou ائین اکبری.

Cet exemplaire a été copié pour un Anglais nommé مستر لادکنس, Master Ladkens (?).

Très beau talik indien copié par Mounir ed-Din Mohammed, habitant la forteresse de Mendiran qui dépend du parganah de Djihanabad, en 1187 de l'hégire (1773 de J.-C.). 532 feuillets, 28 sur 21 centimètres. Reliure en maroquin vert. — (Supplément 277.)

578

Le même ouvrage, tome III.

Talik indien médiocre de la fin du xviii° siècle. 553 feuillets, 33 sur 18 centimètres. Reliure en maroquin rouge estampé signée par un artiste nommé Béha ed-Din Péshavéri. — (Darmesteter. — Supplément 1202.)

NOUR ED-DIN MOHAMMED DJIHANGIR PADISHAH.

579

توزك جهانگیری. Mémoires de l'empereur Djihangir.

Ces mémoires furent continués pour la 18° et 19° année de Djihangir par Motamed Khan, puis par Mohammed Hadi, jusqu'à la fin du règne. Ce dernier auteur ajouta à ces mémoires une introduction historique. Ils portent également le titre de جهانگیر نامه. Cet exemplaire s'arrête avec l'année 1127 de l'hégire.

Débuts : از عنایات بیغایات الهی یک ساعت نجومی از روز پنجشنبه

هشتم جمادی الثانی هزار وچهارده گذشته در دار...

Assez bon nestalik indien copié en 1196 de l'hégire (1781 de J.-C.), soit la 22° année du règne de Shah Alem, par un nommé Abd er-Rezzak. 247 feuillets, 23 sur 20 centimètres. Reliure en basane pleine. — (Supplément 291.)

580

جهانگیر نامه. Les faux mémoires de l'empereur Dji-hangir.

Cet ouvrage, qui a été traduit en anglais par le major D. Price, n'a au-cune authenticité. M. Rieu (Catal., p. 254) suppose qu'il a été composé au commencement du règne de Shah Djihan pour remplacer les mémoires authentiques dans lesquels se trouvaient des appréciations peu flatteuses pour le nouvel empereur. Le Djihangir namèh est suivi d'un livre de pré-ceptes moraux attribué à Djihangir, avec le titre de پندنامهٔ جهانگیر پادشاه (fol. 180 v°), et d'une courte introduction due à Itimad-el-Dauléh, grand vizir de l'empereur. Ces faux mémoires portent également le titre de توزك جهانگیری, de تاریخ سلیمشاهی et de تاریخ جهانگیر نامه سلیمی, comme le précédent.

Début :

ای نام توسر دفتر ارباب وجود   نقش قلمت بر در ودیوار وجود

Bon talik indien à encadrements et frontispices de la seconde moitié du XVIII° siècle, 198 feuillets, 27 sur 16 centimètres. Reliure en veau fauve estampé.
(Van Alstein. — Supplément 290.)

581

اقبالنامهٔ جهانگیری. Histoire du règne des quatre premiers empereurs timourides de l'Indoustan, Baber, Houma-youn, Akbar et principalement Djihangir, par Ibn Dost Mohammed Shérif, surnommé Motamed Khan, معتمد خان.

Mohammed Shérif était un officier persan au service de l'empereur Dji-hangir qui reçut de ce souverain, en la 3° année de son règne (1017 H.), le titre de Motamed Khan. Il fut ensuite attaché comme bakhshi pendant la campagne du Dekkan à Shah Djihan, qui lui donna, en 1039, la charge de Mirbakhshi. Il mourut en 1049; il avait été chargé par Djihangir de revoir les mémoires qu'il avait composés (voir n° F 79).

Le Ikbal namèh comprend 3 volumes dont le premier (fol. 2 r°) contient l'histoire des ancêtres de Djihangir, Timour et les Timourides, Baber et Houmayoun, le volume II contient le règne d'Akbar; ces deux premiers volumes sont extrêmement rares; le volume III, qui contient l'histoire du règne de Djihangir, se rencontre couramment (Rieu, *Catalogue*, t. I, p. 255).

Le règne d'Akbar est traité avec beaucoup plus de détails que celui de Djihangir. Ses sources sont l'Akbar namèh d'Aboul Fazl, le Tabakat-i Akbari de Nizam ed-Din Ahmed Bakhshi, la chronique restée inachevée d'Ata Beg Kazwini (fol. 1 v°, 2 r°) et des récits que Motamed Khan contrôla grâce à ces sources (fol. 2 r°).

L'Ikbal namèh fut présenté à l'empereur dans la 15° année de son règne, soit en l'année 1029 de l'hégire. بتاريخ هزار وبيست وله هجرى كه پانزده

سال شمسى از عهد دولت جهانگيرى منقضى شده بود در نزهت سراى

خطّهٔ دلپذير كشمير مسودات را به بياض بردم وحق نعمت رشيد كى

آوردم ..... بجاى (fol. 2 r°). Motamed Khan continua ensuite sa chronique jusqu'à la fin du règne de Djihangir.

Début : منتهاى تا منتها. خدايرا ی هتا كه مارا خلعت وجود كرامت

فرمود در عهد پادشاه عادل كامل حلم كريم...

Le manuscrit, qui contient les trois tomes, est incomplet du dernier chapitre; il porte l'arz-didèh de Mohammed Shèhriyar daté de Lakhnau (1177 H.) et l'ex-libris de Moezz ed-Daulèh Shir Djeng Béhadour, avec la date de 1172 de l'hégire.

Bon nestalik indien du milieu du xvii° siècle. 393 feuillets. 34 sur 20 centimètres. Reliure en basane au chiffre du roi. — (Gentil 24. — Supplément 288.)

582

Le même ouvrage.

Tome I portant les titres de جهانگير نامه (fol. 104 r°) et de هايون نامهٔ.

Exemplaire de luxe en bon talik indien copié dans la seconde moitié du xvii° siècle par un nommé Abd el-Hamid Dehlévi. 104 feuillets. 30 sur 19 centimètres. Reliure en maroquin rouge estampé et doré. — (Brueys 5. — Supplément 287.)

583

Le même ouvrage.

Tome II, portant le titre inexact de اكبر نامه (fol. 3o6 r°).

Exemplaire de luxe en beau talik indien copié en 1o49 de l'hégire (1639 de J.-C.) par Seyyid Rouh Allah Dehlévi. 3o6 feuillets. 3o sur 19 centimètres. Reliure en maroquin rouge estampé et doré. — (Brueys 5². — Supplément 287 A.)

584

Le même ouvrage.

Tome III, avec l'appendice qui manque dans le n° 581 et qui traite des hommes remarquables de l'époque de Djihangir. Il porte le titre de جهانگير نامه.

Exemplaire de luxe en bon nestalik indien copié pour Brueys à Sourate par Mirza Kanbar Ali Goudjerati, fils de Mirza Djafer Ali Kerbélai ibn Salih Mohammed Khan, en 1204 de l'hégire (1789 de J.-C.). 121 feuillets. 3o sur 19 centimètres. Reliure en maroquin rouge estampé et doré. — (Brueys 5³. — Supplément 287 B.)

585

Le même ouvrage.

Tome III, avec le même appendice.

Nestalik et shikestèh indiens médiocres, datés de 1160 de l'hégire (1747 de J.-C.). 163 feuillets. 22 sur 12 centimètres. Reliure en maroquin rouge. — (Anquetil 94. — Supplément 289.)

SHIHAB ED-DIN MOHAMMED SHAH DJIHAN PADISHAH.

586-587

پادشاه نامه. Histoire officielle du règne de l'empereur Shah Djihan, de son avènement en 1037 de l'hégire jusqu'à la 30ᵉ année de son règne, soit 1067, par Abd el-Hamid Lahori لهوری (fol. 7 v°).

Le titre de l'ouvrage n'est donné qu'au folio 9 r°. Shah Djihan chargea Abd el-Hamid d'écrire le Padishah namèh pour posséder une histoire de son règne comparable pour l'importance et pour l'élégance du style à l'Akbar namèh d'Aboul Fazl ibn Moubarek (fol. 7 v°-9 r°). Abd el-Hamid, qui avait été le disciple du vizir d'Akbar, mourut en 1065 de l'hégire, laissant incomplet le Padishah namèh; il avait alors écrit les deux premiers livres, contenant l'histoire des années 1037-1057, et cette partie fut revisée par le vizir de Shah Djihan, le molla Saad Allah Khan el-Lahori el-Allami علّامی, qui devait continuer l'ouvrage et écrire le troisième livre. Saad Allah, qui occupa le vizirat de 1054 à 1067, ne put suffire à cette tâche; aussi il chargea son pupille Mohammed Varis, وارث, (✝ 1091 H.) de s'en acquitter. À la mort du vizir (1067 H.), Shah Djihan ordonna à Mohammed Varis de soumettre son travail au Persan Ala el-Moulk Touni, تونی, surnommé Fadil Khan, pour que cet officier, qui était khansaman, خانسامان, de son palais, lui fît subir une dernière revision (fol. 9 r° et ms. 588, fol. 7 r°-8 r°). Fadil Khan fut vizir d'Aurengzeb en 1073, et il mourut très peu de temps après avoir été investi de ces fonctions.

Le Padishah namèh se divise en 3 volumes contenant chacun l'histoire de dix années du règne de l'empereur Shah Djihan; à la fin de chacun d'eux se trouvent des notices biographiques sur les hommes illustres de l'époque dont ils contiennent l'histoire. Le volume I de cette chronique commence par l'horoscope de Shah Djihan et une courte mention de ses quatre prédécesseurs; les deux premiers volumes ont été publiés en 1867 dans la *Bibliotheca Indica*. Cet ouvrage ne doit pas être confondu avec un Padishah namèh de Mohammed Emin ibn Aboul Hoseïn Kazwini, qui contient l'histoire de Shah Djihan de sa naissance à la 10ᵉ année de son règne, avec un résumé de l'histoire de ses prédécesseurs (Rieu, *Catalogue*, p. 258). Le Padishah namèh d'Abd el-Hamid est souvent nommé شاهجهان نامه.

Cet exemplaire contient les volumes I et II.

Exemplaire de grand luxe écrit aux Indes sur papier sablé d'or; très beau talik à frontispices et encadrements en or et en couleurs de la seconde moitié du xviiᵉ siècle. 497 et 424 feuillets. 38 sur 21 centimètres, 31 sur 20 centimètres. Reliure en maroquin. — (Polier 13. — Supplément 292 et 292 A.)

588

Le même ouvrage.

Volume III, précédé d'une table des matières avec le renvoi à la pagination orientale du manuscrit.

Bon nestalik indien à frontispices et encadrements en or et en couleurs daté de 1109 de l'hégire (1697 de J.-C.) et copié pour la bibliothèque du navâb Aziz Khan, dont il porte l'arz-dîdèh au recto du folio 1. 370 feuillets. 29 sur 18 centimètres. Reliure en maroquin noir. — (Polier 13. — Supplément 292 B.)

589

Le même ouvrage.

Volume I.

Nestalik passable copié en 1208 de l'hégire (1793 de J.-C.) par Mirza Kanbar Ali Goudjarati, fils de Mirza Djafer Ali Kerbélaï, fils de Salih Mohammed Khan Shirazi, pour Brueys; frontispice et encadrement en or et en couleurs. 321 feuillets. 29 sur 19 centimètres. Reliure indienne en maroquin rouge estampé et doré. — (Brueys 6. — Supplément 293.)

590

Le même ouvrage.

Volume I; rédaction complètement différente de celle du n° 586, au point qu'on serait presque tenté d'y voir le Padishah namèh de Mohammed Emin ibn Aboul Hoseïn Kazwini (Rieu, *Catalogue*, p. 258).

Assez bon nestalik et shikestèh médiocre du milieu du XVIII° siècle. 291 feuillets. 27 sur 16 centimètres. Reliure en maroquin rouge. — (Gentil 76. — Supplément 294.)

591

Le même ouvrage.

Volume II, exemplaire incomplet d'un feuillet au commencement.

Nestalik indien médiocre de la fin du XVIII° siècle. 294 feuillets. 32 sur 22 centimètres. Reliure en basane rouge. — (Gentil 77. — Supplément 294 A.)

592

Le même ouvrage.

Volumes II et III.

Nestalik indien médiocre de la fin du XVIII° siècle. 451 feuillets. 22 sur 10 centimètres. Reliure en maroquin noir. — (Supplément 1260.)

593

لطائف الاخبار. Histoire du siège de Kandahar, par le prince timouride Mohammed Dara Shikouh, fils de l'empereur Shah Djihan, en 1063 de l'hégire.

Le nom de l'auteur ne se trouve pas dans la préface et le titre n'est donné qu'au folio 3 v°; il se nommait Mohammed Bédi ez-Zéman Mahabatkhani, et était divan de Mahabatkhan; il fut nommé divan-i khalisa sous le règne d'Aurengzeb en 1093 de l'hégire, et il mourut en 1105 de l'hégire (Rieu, *Catalogue*, p. 264); il accompagna Dara Shikouh au siège de Kandahar. Cet ouvrage est également nommé تاريخ تندهار, وقايع تندهار; on lit sur l'un des feuillets de garde du manuscrit 593 le titre inexact de نوارہ همايون.

Début : حمد بیحدّی که ابواب فتح را بر روی پادشاهان تواند کشاد مر خدایرا...

Nestalik indien passable du xix⁰ siècle. 139 feuillets. 30 sur 16 centimètres. Cartonnage indien. — (Darmesteter — Supplément 1189.)

594

Le même ouvrage.

Exemplaire incomplet de la fin.

Shikestèh-amiz indien de la fin du xviii⁰ siècle. 182 feuillets. 21 sur 12 centimètres. Reliure en peau rouge. — (Gentil 43. — Supplément 296.)

MOHYI ED-DIN MOHAMMED AURENGZEB
ALEMGIR PADISHAH.

595

عالمگیر نامه. Histoire des 10 premières années du règne d'Aurengzeb (1068-78 H.), par le mounshi Mohammed Kazim, کاظم, ibn Mohammed Emin Mounshi.

Le titre de l'ouvrage n'est donné qu'au folio 14 v° et le nom de l'auteur qu'au folio 12 v°. Mohammed Kazim est le fils de Mohammed Emin qui écrivit, sous le titre de Padishah namèh, une histoire du règne de l'empereur Shah Djihan (Rieu, *Catalogue*, p. 258). Mohammed Kazim fut nommé mounshi royal au cours de la 1ʳᵉ année du règne d'Aurengzeb, et il fut chargé par l'empereur d'écrire l'histoire de son règne; quand Mohammed Kazim lui présenta l'Alemgir namèh, Aurengzeb lui défendit de le continuer et il étendit cette prohibition à tous les genres de chroniques (Catalogue de Morley, p. 125). Cette chronique, qui porte également le titre de وقايع دولت شاه, a été imprimée dans la *Bibliotheca Indica*, 1865–1868.

Ce volume a été payé 12 roupies par le colonel Gentil.

Nestalik et shikestèh-amiz indiens du xviii° siècle. 473 feuillets. 28 sur 16 centimètres. Reliure en peau rouge. — (Gentil 2. — Supplément 299.)

596

Le même ouvrage.

Nestalik indien passable copié en 1114 de l'hégire (1702 de J.-C.). 368 feuillets. 23 sur 12 centimètres. Reliure en peau noire. — (Polier 6. — Supplément 300.)

597

Le même ouvrage.

Exemplaire incomplet du commencement et de la fin.

Nestalik et shikestèh-amiz indiens de la seconde moitié du xviii° siècle. 300 feuillets. 30 sur 18 centimètres. Reliure en cuir brun. — (Gentil 78. — Supplément 301.)

598

فتحیة عبرتیه. Histoire de la campagne entreprise par le Khankhanan Mir Mohammed Saïd Ardestani, surnommé Mir Djoumlèh, dans le pays d'Assam et le Koutch Béhar (1072–1073 H.), par Shihab ed-Din Ahmed Talish ibn Mohammed Vali (fol. 2 v°).

Cet ouvrage est divisé en une préface traitant des causes de l'expédition, deux discours, مقاله, traitant de la défaite de Bim Naraïn et de la conquête d'Assam; il se termine avec la mort du Khankhanan survenue à son retour de Khizrpour, en Ramadan 1073. Il est souvent désigné par le titre de فتح آشام; il a été traduit en hindoustani par Mir Béhadour Ali Hoseïni (Calcutta, 1805), et en français, sur cette version, par Pavie (Paris, 1845). Ce manuscrit, copié en 1073 de l'hégire, est probablement autographe.

Nestalik indien cursif. 128 feuillets. 26 sur 16 centimètres. Reliure en maroquin rouge. — (Supplément 321.)

599

وقایع نعمت خان علی. Journal du siège d'Haïdérabad par Aurengzeb (1097 H.).

Cet ouvrage, écrit en prose mêlée de vers, dans un style satirique, porte également le titre de وقایع حیدرآباد; il a pour auteur Mirza Nour ed-Din Mohammed, connu sous le titre de Nimet Khan, qui lui fut conféré en 1104 par Aurengzeb; l'empereur Béhadour Shah lui donna celui de Danishmend Khan; il mourut en 1121 de l'hégire. Le journal du siège d'Haïdérabad a été édité dans l'Inde en 1248 et en 1259 de l'hégire.

Nestalik indien tendant au shikestèh, du xviiie siècle, 56 feuillets, 22 sur 16 centimètres. Reliure en peau rouge. — (Schefer 113. — Supplément 1431.)

600

مآثر عالمگیری. Histoire du règne d'Aurengzeb (1068-1118 H.), par Mohammed Saki Moustaïdd, مستعد, Khan.

Mohammed Saki, pupille de Bakhtaver Khan et son collaborateur dans la rédaction du Mirat el-alem (voir n° 350), publia, par ordre d'Aurengzeb, cette chronique générale après la mort de son auteur; il remplit successivement les fonctions de mansab, vakaï-nivis, moushrif-i khavasan et mounshi-i nazarat, qui lui donnaient accès aux archives de l'empire. Il entreprit la rédaction du Méasir-i Alemgiri à la prière du secrétaire d'Aurengzeb, Inayet Allah Khan ibn Mirza Shokr Allah. Cet ouvrage, qui, pour les 10 premières années du règne d'Aurengzeb, n'est que le résumé de l'Alemgir namèh (n°° 595-597), fut terminé en 1022 de l'hégire, sous le règne de l'empereur Shah Alem, comme l'indique la valeur numérale du titre مآثر عالمگیری (Rieu, Catalogue, p. 270). Il a été publié dans la Bibliotheca Indica (1870-1871).

Shikestèh indien daté de la 16e année de Mohammed Shah, soit 1147 de l'hégire (1734 de J.-C.). 220 feuillets. 24 sur 15 centimètres. Demi-reliure au chiffre de Louis-Philippe. — (Jolif 4. — Supplément 298.)

601

Le même ouvrage.

Nestalik indien passable daté de la 17ᵉ année de Mohammed Shah, soit 1148 de l'hégire (1735 de J.-C.). 254 feuillets. 32 sur 16 centimètres. Reliure en maroquin brun. — (Gentil 3. — Supplément 297.)

602

دلكشا. **Mémoires des opérations militaires dans le Dek-kan, depuis l'époque de l'empereur Aurengzeb jusqu'à l'avènement de Shah Alem Béhadour (1119 H.), par Bhi-masen, fils de Raghunandandâs,** بهم سين ولد ركهونندنداس.

Bhimasen Kayath, né à Bourhanpour (fol. 2 et suiv.), en 1059 de l'hé-gire, servit sous les ordres du chef du Boundelkhand, Rao Dalpat, qui lui confia le commandement de la forteresse de Naldroug, et avec lequel il prit une part active aux opérations militaires qui se déroulèrent dans le Dek-kan. Le Dilkusha fut terminé en 1120 de l'hégire (fol. 213 r°) et le der-nier événement qui s'y trouve mentionné est la mort de Kambakhsh, sur-venue cette même année. L'auteur donne la correspondance des années de l'empereur Aurengzeb avec les années de l'ère du radja Vikramaditya.

Le chef Boundela Rao Dalpat, fils de Rao Soubhakarn, était le petit-fils de Radja Barsing Deo (fol. 2 et suiv.) que l'empereur Djihanguir récompensa de l'assassinat d'Aboul Fazl (voir n° 564) en le nommant zémindar du Boundelkhand. Il fut tué aux côtés de Mohammed Azem Shah, à la bataille d'Agra en 1119 H. (Rieu, *Catalogue*, p. 271). Le Dilkusha a été abrégé en anglais dans l'*History of the Dekkan* de Jonathan Scott.

Début : ستایش ونیایش معبودی را سزد که قالب انسان را از کتم
عدم بوجود آورده...

Nestalik indien passable de la fin du xviiiᵉ siècle. 213 feuillets. 22 sur 13 centi-mètres. Reliure en basane rouge. — (Polie. 14. — Supplément 259.)

603

Biographie d'Aurengzeb.

Parmi les sources de cet opuscule qui ne porte point de titre, l'auteur, qui n'indique point son nom, cite l'Alemgir namèh, le Tarikh-i khafi et le Mirat el-alem; il fut par conséquent composé bien après la mort d'Aurengzeb, car le Tarikh-i khafi ne vit le jour qu'en 1145 de l'hégire.

Début : سپاس بیقیاس جاعلی وحید لا بد له(؟) در عین غیب هویت
ارادۀ ازلی تعلّق...

Nestalik et shikestèh-amiz indiens médiocres de la fin du xviii° siècle. 24 feuillets. 19 sur 13 centimètres. Reliure en peau brune souple. — (Gentil 26. — Supplément 302.)

SUCCESSEURS D'AURENGZEB.

604

شاه نامه ومنور کلام. Récits historiques par Asas Sivadâs Lakhnavi, اساس سیوداس لکهنوی.

Cet ouvrage, qui n'est pas écrit sous la forme rigoureuse d'une chronique, comprend le règne de Ferroukhsiyer, la proclamation de Rafi el-déréjat et de Nikousiyer, ainsi que les quatre premières années du règne de Mohammed Shah. L'auteur reçut de bonne heure l'instruction diplomatique à l'office des affaires étrangères de la cour des Grands Mongols, auquel il fut ensuite attaché, در مجلس والا منشان عالی فطرت
تربیت یافته وعری در خدمت با فیض وبرکت بزرگان در کتب انشاء
.... واخبار کارها (fol. 1 v°); il a intercalé dans cette compilation historique de nombreuses pièces officielles et des firmans. Le détail de cet ouvrage, qui a été écrit au cours de la quatrième année du règne de Mohammed Shah, soit en 1135 de l'hégire (fol. 68 v°), a été donné par Rieu dans son *Catalogue of Persian manuscripts*, p. 274.

Assez bon nestalik indien de la fin du xviii° siècle. 68 feuillets. 23 sur 15 centimètres. Reliure orientale en maroquin rouge estampé et doré. — (Gentil 29. — Supplément 308.)

605-606

تذکرۃ السلاطین چغتا. Histoire des sultans timourides de l'Indoustan jusqu'en 1137 de l'hégire, par Mohammed Hadi, surnommé Kamver Khan کامور خان.

L'auteur, qui reçut le titre de Kamver Khan dans la deuxième année du règne du sultan Béhadour Shah, est probablement le même que le continua-

teur du جهانگیرنامه, et il a écrit, en 1132 de l'hégire, une histoire générale de l'Indoustan, sous le titre de هفت گلشن محمّد شاهی (British
Museum, Or. 1795). Kamver Khan était d'origine indoue et se nommait
primitivement Tchandidás; il fut employé dans l'administration à l'époque
de l'empereur Aurengzeb, et, grâce à l'appui du vizir Inayet Allah, il quitta
la cour pour se livrer à des études historiques. Le Tezkéret el-sélatin Tcha-
ghata se divise en deux tomes : le premier, qui commence par جون صفحه

كاغذ بیاراستم وخامه دو زبان بر داشتم وخواستم که فقره چند در چند

وسپاس حضرت افریدگار مقدّس ومنزّه تعالی..., contient les règnes de
Baber, d'Houmayoun, d'Akbar et de Djihangir, précédés d'une introduction
dans laquelle il est traité des Turks, de l'histoire de Tchinkkiz Khakan, de
Timour et des Timourides jusqu'à la mort de Kémal ed-Din Sultan Hoseïn;
le second volume commence avec le règne de Shihab ed-Din Mohammed
Shah Djihan Padishah. La partie qui traite des Timourides de l'Iran et de
l'origine des tribus turques est empruntée au Rauzet el-séfa de Mirkhond
et au Hébib el-siyer de Khondémir; ces auteurs ont eux-mêmes tiré leurs
renseignements de la Djami el-tévarikh de Rashid ed-Din, du Tarikh-i
Djihankushaï d'Ata Mélik el-Djouveïni, du Tarikh-i Vassaf et du Zafer
namèh. Cet ouvrage n'a d'importance que pour les successeurs d'Aurengzeb.

Bon nestalik indien du xviii° siècle. 299 et 304 feuillets. 32 sur 21 centimètres. Reliure en maroquin rouge aux armes du roi. — (Ancien fonds 74 et
74².)

607

Le même ouvrage.

Exemplaire comprenant la fin du tome Iᵉʳ, depuis l'avènement d'Akbar,
et le commencement du tome II, jusqu'aux premiers mois de la 29° année
d'Aurengzeb; ce volume a été payé 12 roupies par Gentil.

Semi-shikestèh indien de la fin du xviii° siècle, écrit sur papier de diverses
couleurs à filets rouges et bleus. 398 feuillets. 26 sur 14 centimètres. Reliure
en maroquin brun. — (Gentil 60. — Supplément 272.)

608

Le meme ouvrage.

Tome II, incomplet de la fin du règne d'Aurengzeb et de presque tout
le règne de Mohammed Shah.

Nestalik et shikestèh indiens du xviii° siècle. 492 feuillets. 26 sur 14 centimètres. Reliure en maroquin rouge. — (Gentil 39. — Supplément 304.)

609

Le même ouvrage.

Fragment du tome II contenant l'histoire de la dynastie timouride, depuis l'avènement de l'empereur Kotb ed-Din Mohammed Shah Alem Béhadour Shah (1119 H.) jusqu'au commencement du règne de Ferroukhsiyer. Ce volume a été payé 12,8 roupies par Gentil.

Bon nestalik indien de la fin du xviiiᵉ siècle. 203 feuillets. 21 sur 12 centimètres. Reliure en peau rouge. — (Gentil 37. — Supplément 307.)

610

Le même ouvrage.

Fragment du tome II contenant l'histoire de la dynastie timouride, depuis la mort d'Aurengzeb jusqu'à la 6ᵉ année de l'empereur Mohammed Shah. Ce volume a été payé 9 roupies par Gentil.

Assez bon nestalik indien de la seconde moitié du xviiiᵉ siècle. 153 feuillets. 23 sur 16 centimètres. Reliure en peau brune. — (Gentil 11. — Supplément 306.)

611

Le même ouvrage.

Fragment du tome II comprenant l'histoire de la dynastie timouride, depuis la mort d'Aurengzeb jusqu'à la 5ᵉ année du règne de l'empereur Mohammed Shah. Le premier feuillet appartient à un autre ouvrage historique analogue. Gentil a inscrit sur le recto de l'un des feuillets de garde le titre inexact de «Tarik Bahadourchai». Ce volume a été payé 7 roupies par Gentil.

Assez bon nestalik indien de la fin du xviiiᵉ siècle. 211 feuillets. 25 sur 16 centimètres. Reliure en basane rouge. — (Gentil 33. — Supplément 305.)

612

Abrégé de l'histoire des vingt-deux premières années de l'empereur Mohammed Shah.

La plus grande partie de cet opuscule est consacrée à la campagne de Nadir Shah dans l'Indoustan, et à Nizam el-Moulk Asaf Djah; d'après la

IMPRIMERIE NATIONALE.

souscription (fol. 51 r°), il fut composé dans la 22ᵉ année du règne de Mohammed Shah, soit en l'année 1153 de l'hégire.

Début : در بیان طلب نظام الملك ؟..... چون در مهمات سلطنت
خدیو قدر قدرت سلیمان شوکت سکندر...

Shikestèh indien de la seconde moitié du xviiiᵉ siècle. 51 feuillets. 21 sur 12 centimètres. Reliure indienne en peau rouge. — (Otter. — Supplément 310.)

613

اخبارات دربار معلی. Fragments de la gazette officielle de Dehli, durant la 25ᵉ année du règne de l'empereur Mohammed Shah.

Mauvais shikestèh indien de la première moitié du xviiiᵉ siècle. 19 feuillets. 10 sur 22 centimètres. Reliure en basane pleine. — (Anquetil 55. — Supplément 313.)

614

Histoire de la prise de Kandahâr et de la conquête de l'Inde par Nadir Shah.

Cette histoire ne porte ni titre, ni nom d'auteur; suivant les termes de la souscription : اینسخه بگفته خانصاحب وقبله مهان ناصر قلیخان حومد
ظله برای موسی کرحان صاحب بهادر نوشته شد تحریر فی التاریخ
چهاردهم شهر ذو الحجه سنه ۱۱۶۴ (fol. 38 v°); elle fut rédigée d'après des renseignements fournis par un personnage nommé Nasir Kouli Khan, en l'année 1164, pour un Anglais nommé Graham. La souscription donne au copiste le nom de Hidayet Allah; il est possible que ce personnage soit l'auteur de ce récit de la campagne de Nadir Shah.

Début : کیفیت راهی شدن سلطنت پناه شهنشاه نادر شاه بسمت
مملکت هندوستان در سنی یکهزار...

Assez bon nestalik indien de 1164 de l'hégire (1750 de J.-C.). 38 feuillets. Reliure en cuir rouge estampé. — (Supplément 311.)

615

نامه عالم شاه. Histoire du premier règne de l'empereur Djélal ed-Din Mohammed Shah Alem (1173-1202 H.), par Ghoulam Ali Khan ibn Roushen ed-Daulèh Bhakhari Khan (بهكهرخان) Béhadour Roustem Djeng ibn Roushen ed-Daulèh Zafer Khan.

Bhakhari Khan fut le ministre de Moïn el-Moulk Roustem-i Hind, fils du vizir Itimad ed-Daulèh Kamar ed-Din et soubahdar du Moultan; il fut assassiné par les ordres de la veuve de Moïn el-Moulk, qui s'empara du pouvoir après la mort de son mari. Ghoulam Ali fut mounshi du prince Mirza Djouvanbakht Djihandar Shah, qui mourut en 1203, puis résident à Lakhnau, en 1798 (Rieu, *Catalogue*, p. 278). Après avoir rédigé cette chronique qui porte également le titre de آئين عالم شاه, Ghoulam Ali écrivit sous le titre de مقدمه شاه عالم نامه une introduction comprenant l'histoire des successeurs d'Aurengzeb, depuis la mort de cet empereur jusqu'à l'avènement d'Alemgir II.

Le Shah Alem namèh, qui est écrit dans un style très recherché, est divisé en quatre livres dont le détail se trouve donné dans Sachau et Ethé, Catalogue d'Oxford, col. 141.

Début : ...حقيقت فردى ادراك ميزان كه رسد احديرا بيعد جمد

Bon nestalik indien de la fin du xviiie siècle copié à Lakhnau. 381 feuillets 24 sur 15 centimètres. Cartonnage. — (Polier 1. — Supplément 943.)

616

ذكر السير. Histoire des événements qui se sont passés dans l'empire timouride, depuis l'année 1151 de l'hégire jusqu'à la fin du second règne de Djélal ed-Din Mohammed Shah Alem Padishah (1221 H.), par Ghoulam Hoseïn Khan, fils de Mohammed Himmet Khan (fol. 3 v°).

Le Zikr el-siyer fut terminé en l'année 1221, comme l'indiquent l'addition des lettres du titre et deux passages de la conclusion : السير بذكر مسمّى . كردمش هعين نام تاريخ شد والسلام (fol. 539 r° et v°).

23.

Les ancêtres de Ghoulam Hoseïn Khan étaient fixés dans la ville de Shah Djihan Abad, au service des empereurs timourides (fol. 3 v° et 4 r°). L'auteur était Indien d'origine (fol. 539 r°); son père, Mohammed Himmet Khan, qui mourut en 1168 de l'hégire, resta au service de la cour impériale depuis le règne de Ferroukh Siyer jusqu'à celui d'Izz ed-Din Mohammed Alemgir II Padishah (fol. 4 r°).

Le premier chapitre, intitulé : اظهار صادرات آن ايّام فتنه خيز واذكار, چگونگی واقعات به نيرنگی فلك شعبده انگيز, commence par le récit de la prise de Dehli par le roi de Perse Nadir Shah. L'ouvrage est écrit dans une prose assez recherchée et mêlée de nombreux vers.

Assez bon nestalik indien de la première moitié du xix° siècle. 539 feuillets, 27 sur 17 centimètres. Reliure en maroquin noir. — (Supplément 271.)

HISTOIRES LOCALES DE L'INDOUSTAN.

BENGALE.

617

بهارستان. Histoire du Bengale à l'époque de Djihangir, par Shitab Khan شتابخان Ala ed-Din Isfahani, également nommé Ghaïbi غيبی.

La courte préface du Béharistan ne contient ni le titre de l'ouvrage, ni le nom de l'auteur, qui se trouvent donnés à la fin des parties dont se compose la chronique (fol. 141 v°, 206 v°) et dans la préface de la quatrième partie (fol. 297 r°). Au folio 206 v°, Shitab Khan est nommé میرزائهی, et au folio 297 v°, بهی. Une note de l'un des possesseurs de cet exemplaire (fol. 1 r°) lui donne le nom de Shitab Khan, fils de Mélik Ali.

Le Béharistan-i Ghaïbi est dédié à l'empereur timouride Djihangir (fol. 206 v° et 297 r°); il contient l'histoire du Bengale sous la domination de cet empereur, et il est divisé en quatre livres; cet ouvrage, qui est écrit dans une prose élégante mêlée de beaucoup de vers, est composé d'une série d'histoires, داستان, indépendantes les unes des autres.

Cet exemplaire porte les ex-libris et les cachets de Mohammed Aga Baker ibn Ali Rizaï (1051 H.); il provient de la bibliothèque de Shitab Khan, comme l'indique une note écrite au recto du folio 1; il fut acheté à Ahmed Abad par un certain Ibn Dost Mohammed, en 1068 de l'hégire.

Bon talik indien à encadrement de la moitié du XVIII⁰ siècle. 328 feuillets. 39 sur 27 centimètres. Reliure en maroquin rouge. — (Gentil 42. — Supplément 252.)

618

تهوّرنامه. Histoire du Bengale sous le gouvernement de Mir Mohammed Djafer Téhevvour.

L'auteur de cette histoire ne se nomme pas et le titre n'est donné qu'aux folios 6 v°, 7 r°: Téhevvour fut gouverneur du Bengale sous le règne du sultan Mohammed Shah, vers 1144.

La copie de cet exemplaire a coûté 2 roupies à Gentil.

Nestalik indien médiocre de 1187 de l'hégire (1773 de J.-C.). 43 feuillets. 23 sur 14 centimètres. Cartonnage. — (Gentil 27. — Supplément 314.)

BIDJAPOUR.

619

تذكرة الملوك. Histoire des sultans Adil Shahis de Bidjapour, de l'origine à l'année 1020 de l'hégire, et des dynasties leurs contemporaines dans l'Inde et en Perse, par Rafi ed-Din Ibrahim ibn Nour ed-Din Taufik el-Shirazi.

Le Tezkiret el-moulouk fut écrit en 1017 et 1018 de l'hégire, à Bidjapour ou Hédiapour, در تاريخ يك هزار وهفده سال هجرى در شهر رمضان المبارك در دار السلطنه بيجابور كه لحال به هديابور اشتهار يافته, sous le règne du sultan Ibrahim Adil Shah II, après que l'auteur eut terminé un résumé, اختصار, de six volumes du Rauzet el-séfa et du septième volume du Hébib el-siyer (sic, fol. 7 v°), c'est-à-dire de l'appendice géographique qui est commun à ces deux traités d'histoire générale. A cette époque, Rafi ed-Din avait plus de 70 ans, ce qui place sa naissance à une époque un peu antérieure à l'année 947 de l'hégire; il était venu de bonne heure dans l'Inde pour y faire du commerce: il visita Dehli en 967 et Sagar en 968 de l'hégire. Il avait environ vingt ans quand il entra au service du sultan Ali Adil Shah, qui l'employa comme grand échanson, خوان سالار, et comme secrétaire: après la mort de ce prince, il resta à la cour de son neveu, le sultan Ibrahim Adil Shah, qui lui témoigna d'abord beaucoup de faveur, mais qui, vers la fin de son règne, le fit emprisonner en même temps qu'Afdal Khan. Rendu à la liberté, Rafi ed-Din fut envoyé, en 1005 de l'hégire, en qualité d'ambassadeur à Ahmednagar; il était, à cette époque, gouverneur de la ville de Bidjapour.

Le Tezkiret el-moulouk comprend une préface écrite dans un style assez recherché, et 9 livres dont voici le détail :

1° Histoire des sultans Behménis jusqu'en 968 de l'hégire: 2° histoire de Yousouf Adil Shah; 3° d'Ismaïl Adil Shah; 4° d'Ibrahim Adil Shah, avec l'histoire des radjas de Bidjanagar; 5° de Ali Adil Shah jusqu'à l'expédition de 966 de l'hégire contre Ahmednagar: 6° histoire des sultans du Goudjarate depuis la conquête d'Akbar, des Nizam Shahs d'Ahmednagar, des Kotb Shahs de Golconde, et du règne du sultan Ali Adil Shah jusqu'en 982; 7° histoire d'Afdal Khan et fin du règne d'Ali Adil Shah; 8° histoire d'Ibrahim Adil Shah II et d'Ibrahim ibn Bourhan Nizam Shah; 9° histoire des Timourides jusqu'à Akbar; des Séfévis jusqu'en 1018.

L'appendice comprend, entre autres documents, une description de l'île de Pégu, le récit d'un voyage de derviches turcs à la recherche de la montagne d'or, et des notices sur l'histoire naturelle de l'Indoustan.

Assez bon neskhi indien du milieu du xviii° siècle. 22 sur 19 centimètres. Cartonnage. — (Polier 4. — Supplément 189.)

DEKKAN.

620

وقايع دكهن. Histoire des événements qui se sont passés dans le Dekkan, sous le règne de Shah Djihan.

Cette histoire est suivie d'extraits de l'Alemgir namèh et du Méasir-i Alemgiri sur l'histoire de cette contrée, à l'époque d'Alemgir.

Shikestèh-amiz indien du xviii° siècle. 78 feuillets. 20 sur 11 centimètres. Reliure en basane brune. — (Polier 9. — Supplément 262.)

GOLCONDE.

621

تاريخ سلطان محمد قطب شاه. Histoire des sultans de Golconde de la dynastie des Kotb Shahs, depuis leur origine
jusqu'à l'année 1025 de l'hégire.

L'auteur anonyme de cette chronique rapporte dans sa préface que le
sultan Mohammed Kotb Shah le pria de faire pour son usage un abrégé
d'une histoire de ses prédécesseurs qui avait été écrite par un auteur qui
n'est point nommé (fol. 2 r°). M. Rieu a conjecturé (*Catalogue of Persian
manuscripts*, t. I, p. 321) que cet ouvrage n'est autre que la chronique écrite
par Shah Khourshah el-Iraki, plus connu sous le nom de l'«Ambassadeur
du Nizam Shah» نظام شاه ايلچى. A la fin de sa chronique intitulée
تاريخ ايلچى نظام شاه, Shah Khourshah el-Iraki indique, en effet, qu'il
avait l'intention d'écrire une histoire des dynasties qui régnèrent dans le
Dekkan. C'est vraisemblablement cette chronique que Firishta ne put se
procurer.

Le تاريخ سلطان محمد قطب شاه est divisé en une introduction, مقدمه,
contenant l'histoire du célèbre émir turkoman Kara Yousouf, avec la
liste de ses ancêtres; 4 livres, مقاله, contenant : 1° l'histoire du règne de
Sultan Kouli Kotb el-Moulk, fondateur de la dynastie des Kotb Shahs,
mort en 950 de l'hégire; 2° l'histoire de Djemshid Kotb Shah († 957 H.);
3° l'histoire d'Aboul Mansour Ibrahim Kotb Shah († 998 H.); 4° l'histoire d'Aboul Mouzaffer Sultan Mohammed Kouli Kotb Shah († 1020 H.).
La conclusion contient le règne de Sultan Mohammed Kotb Shah, de 1020
à 1025 de l'hégire, avec des extraits de ses œuvres poétiques.

Début : ... تحميدى كه شاهباز بلند پرواز انديشه. Début :

Le premier et le dernier feuillet ont été rapportés, et on a voulu faire
passer ce manuscrit pour un exemplaire du Tarikh-i gouzidèh.

Bon nestalik indien à filet rouge, du commencement du xviii° siècle. 168 feuillets.
30 sur 16 centimètres. Reliure orientale en cuir rouge. — (Supplément 174.)

GOUDJARATE.

622

مرات سكندرى. Histoire des sultans du Goudjarate, de
Mouzaffer Shah Ier à la mort de Mouzaffer Shah III

(1000 H.), par Sikender ibn Mohammed, surnommé Mandjhou Akbar منجهو اكبر.

Le nom réel de l'auteur, tel qu'il se trouve donné dans la souscription de
l'exemplaire de Londres, est Maulana Sikender ibn Mandjhou; il fut l'ami
intime de l'empereur Djihangir et servit sous les ordres de Mirza Aziz
Koukèh Khan Azem, gouverneur du Goudjarate dans la campagne qui se
termina par la défaite de Mouzaffer Shah III et la prise de Djounagarh.

Le Mirat-i Sikendéri fut terminé en 1020 de l'hégire; l'auteur cite parmi
ses sources: le Tarikh-i Mouzaffer Shahi, le Tarikh-i Ahmed Shahi, de
Houlvi Shirazi, le Tarikh-i Mahmoud Shahi, un second Tarikh-i Mouzaffer
Shahi, qui fut composé sous le règne du sultan Mouzaffer Shah II, et le
Tarikh-i Béhadour Shahi (fol. 2 r°). Cet ouvrage est également connu sous
le nom de تاريخ سكندرى.

Début : الحمد لله الذى جعل فردًا من افراد البشر سلطان الامن.

Bon nestalik indien, copié en 1238 de l'hégire (1822 de J.-C.), à Sourate,
par Mir Maksoud Ali, sur les ordres du colonel chevalier Simonet de Maisonneuve كولونيل شيوالى سمونت دميزونيو. 201 feuillets. 30 sur 19 centimètres.
Reliure indienne en maroquin rouge. — (Maisonneuve. — Supplément 256.)

<h1 style="text-align:center">623</h1>

Le même ouvrage.

Talik et nestalik indiens passables, à encadrement et à frontispice en or et en
couleurs, de la fin du XVIII° siècle. 227 feuillets. 23 sur 14 centimètres. Reliure
en maroquin noir estampé et doré. — (Brueys 13. — Supplément 258.)

<h1 style="text-align:center">624</h1>

Le même ouvrage.

Le texte du Mirat-i Sikendéri est précédé (fol. 1 v°-16 v°) d'un précis
de soufisme, sans titre ni nom d'auteur, commençant par الحمد لله رب
العالمين والعاقبت للمتّقين والصلوة على رسوله... Cet opuscule est rédigé
sous forme de demandes et de réponses; il est basé sur des traditions musulmanes et sur des passages du Koran. A la fin du volume (fol. 245 v°)
se trouvent quelques anecdotes extraites d'un recueil intitulé لطائف
الطوايف, qui a pour auteur Ali ibn Hoseïn el-Vaïz el-Kashifi (Rieu.
Catalogue, p. 756). Ces deux fragments sont d'une écriture très négligée.

Nestalik et shikestèh indiens passables, copiés en 1022 de l'hégire (1613 de
J.-C.) à Lahore. 264 feuillets. 22 sur 14 centimètres. Reliure en basane pleine,
au chiffre de Napoléon Ier. — (Gentil 52. — Supplément 257.)

KASHMIR.

625

تاريخ كشمير. Histoire du Kashmir, des origines à la conquête de l'empereur Akbar, par Haïder Mélik, fils de Hasan Mélik ibn Mélik Mohammed Nadji Tcharvara, ناجی چارورة.

Haïder Mélik appartenait à une famille noble du Kashmir, qui possédait en apanage le village de Tcharvara ou Tchadvara, près de Srinagar; il raconte, dans le récit de sa vie qu'il a placé à la fin de son histoire du Kashmir, qu'il resta durant vingt-quatre ans au service de Yousouf Khan Tchak, le dernier souverain du pays, et qu'il l'accompagna quand il fut chassé de ses États. Protégé par Mihr el-Nésa Bégoum, qui devint la célèbre sultane Nour-i Djihan, il obtint de l'empereur Djihangir les titres de Tchagataï et de Reïs el-moulk, avec le gouvernement du Kashmir.

Le Tarikh-i Kashmir fut commencé en 1027 de l'hégire, dans la douzième année du règne de Djihangir, mais il ne fut terminé qu'en 1030; il n'est qu'un abrégé de la chronique indienne intitulée Radjatarangini, qui fut écrite en sanskrit par Kalhana, avec des additions de Djona Radja, Srivara et Pradjnya Bhatta. C'est sans doute sur la traduction de la Radjatarangini, qui fut effectuée sur les ordres d'Akbar en 998 de l'hégire, que Haïder Mélik a travaillé: cette traduction est due à Molla Shah Mohammed Shahabadi et elle fut revisée, au point de vue du style, par Abd el-Kader Bédaouni (Rieu, *Catalogue*, p. 297).

Début : ... ای آنکه جهان بوحدت تست کواه.

Cet exemplaire porte des annotations marginales de la main de Saint-Martin; la copie en a coûté 4 roupies à Gentil.

Bon nestalik indien de la fin du XVIII⁰ siècle. 72 feuillets. 24 sur 16 centimètres. — (Gentil 64. — Supplément 253.)

626

Le même ouvrage.

Rédaction abrégée, sans préface ni nom d'auteur, s'étendant jusqu'en l'année 999 de l'hégire.

Bon talik indien du commencement du XVIII⁰ siècle. 235 pages. 22 sur 13 centimètres. Reliure en maroquin rouge. — (Renaudot; Saint-Germain 551. — Supplément 254.)

627

تاریخ کشمیر. Histoire du Kashmir, des temps les plus reculés à 1127 de l'hégire, par le pandit Narayan Koul, surnommé Adjiz, پندت نراین کول المتخلص بعاجز.

L'auteur, qui était d'origine kashmirienne, rapporte dans sa préface (fol. 3 v°-4 r°) qu'il entreprit la rédaction de cette chronique en 1122 de l'hégire, soit la quatrième année du règne de Shah Alem, à la demande de Arif Khan, naïb et divan du gouvernement du Kashmir, son pays natal. Ce fonctionnaire avait recueilli plusieurs chroniques sanskrites traitant de l'histoire du Kashmir, mais son ignorance du sanskrit ne lui permettait pas d'en prendre connaissance. Le pandit Narayan Koul se procura l'histoire du Kashmir de Haïder Mélik (n°ˢ 625-626), et la compara avec les documents rassemblés par Arif Khan; il en fit disparaître les éléments qui n'avaient pas de valeur historique et il la résuma dans le présent ouvrage (cf. Rieu, Catalogue, p. 298). A la fin du présent exemplaire se trouve un chapitre (fol. 192 v°) intitulé عجائبات غرائبات کشمیر.

Bon nestalik indien de la fin du xviii° siècle, avec encadrements et frontispices en or et en couleurs. 197 feuillets. 23 sur 15 centimètres. Reliure en maroquin noir estampé. — (Leitner. — Supplément 1612.)

628

Le même ouvrage.

Cet exemplaire contient une continuation jusqu'en l'année 1903 du radja Vikramaditya, soit 1847 de l'ère chrétienne, dans laquelle se trouve exposée l'histoire du Kashmir et du Nord de l'Inde.

Bon talik indien avec encadrements en couleurs, copié en l'année 1912 de Vikramaditya (سنوت), soit 1856 de l'ère chrétienne. 197 feuillets. 20 sur 14 centimètres. Demi-reliure. — (Leitner. — Supplément 1613.)

629

واقعات کشمیر. Histoire du Kashmir, des origines à l'année 1160 de l'hégire, par Mohammed Azem Didahmari, fils de Kheïr el-Zéman Khan.

Mohammed Azem naquit dans le Kashmir, où il fut le disciple du célèbre sheïkh Mohammed Mourad Nakshibendi († 1134 H).

Le Vakiat-i Kashmir a été composé, comme nous l'apprend l'auteur dans sa préface (fol. 2 v°), pour compléter la Radjatarangini, رازهٔ ترنك, qui avait été traduite en langue persane par Molla Hoseïn Kari et par Haïder Mélik Tchadvara (voir n° 625-626); Mohammed Didahmari ajouta à cette version des notices biographiques sur les mystiques célèbres du Kashmir, ainsi que sur les poètes et les écrivains qui vécurent dans cette contrée; ces notices sont de beaucoup la partie la plus importante de cette chronique, qui fut commencée en 1148, et terminée seulement en 1160 de l'hégire, comme l'indique le chronogramme final :

آكر بوسند تاريخبخش جنان يافت   بكو ترتيب ابو الجنان يافت
بسال اختتامش باز فرمود   كه زيب و زينت كشمير افزود

(fol. 166 v°).

Il dut une grande partie de ses renseignements sur les soufis célèbres du Kashmir à un certain Mir Mohammed Yousouf, connu sous le nom de Khvadjèh Padishah Nakshibendi Koubravi, qui visita le Kashmir dans le courant de l'année 1146 de l'hégire (fol. 161 r°): parmi ses autres sources, il cite (fol. 161 v°) le Tarikh-i Seyyid Ali, le Tarikh-i Réshidi de Mirza Haïder, le Mountékhab el-tévarikh de Hasan Beg; le Tarikh-i Haïder Mélik Tchadvara, le Rishi namèh de Baba Nasib; le Dérédjat el-sadat de Khvadjèh Ishak Navatchou; l'Esrar el-ébrar de Baba Daoud Meshkoubi; le Tohfet el-foukara, etc.

Le Vakiat-i Kashmir se divise en une introduction, qui comprend la description du Kashmir; 3 livres contenant : 1° l'histoire des radjas indous; 2° l'histoire du Kashmir sous les souverains musulmans; 3° à partir de la conquête par Akbar, jusqu'au règne de Mohammed Shah. La conclusion, خاتمة, contient une description des curiosités qui se trouvent dans le Kashmir.

Nestalik indien passable, copié en l'année 1205 de l'hégire (1790 de J.-C.), par Mirza Kanber Ali Goudjarati, fils d'Aga Djafer Ali Kerbelai, fils de Salih Mohammed Khan Shirazi, pour le compte de Brueys, à Sourate. 166 feuillets. 30 sur 19 centimètres. Reliure indienne en maroquin rouge, estampé en or. — (Brueys 8. — Supplément 255.)

SIND.

630

جنك نامه. Histoire de Tchatch ibn Silaïdj سيلاج, radja de Alor, et récit de la conquête du Sind, par Mohammed

ibn Kasim Safaki, ڧڧى, écrite en persan par Mohammed
ibn Ali ibn Hamid ibn Abou Bekr el-Koufi.

Cette chronique fut primitivement écrite en arabe par un auteur inconnu;
Mohammed ibn Ali, que l'auteur du Tarikh-i Sind (ms. 63a) nomme
Ali ibn Hamid, découvrit le manuscrit de cette chronique en 613 de l'hégire à Alor ou Bakhtar, où il se trouvait en la possession d'un des descendants des conquérants arabes (fol. 5 r°). La traduction persane, exécutée
sous le règne du sultan Moïzz ed-Din Mohammed ibn Sâm et de son vassal Nasir ed-Din Kabatcha el-salatin (fol. 6 v°), fut dédiée au vizir Aïn el-
Moulk Fakhr ed-Din Hoseïn ibn Abi Bekr et-Ashaari (fol. 6 v°). La préface donne à cette traduction persane les titres de تاريخ هند et de نامه فتح,
mais elle est plus connue sous le nom de Tchatch namèh (fol. 2 r°, 5 r°,
6 v°); l'original arabe avait pour titre منهاج المسالك (cf. Rieu, Catalogue,
p. 290). Le Tchatch namèh est en grande partie légendaire, comme les
livres arabes qui traitent de la conquête du monde par les Arabes, tels que
le roman d'el-Wakidi ou le كتاب فتوح بهنسا.

Début : حمد وستايش مر آن خدايرا كه ذكر كرام او خلاصهٔ ايمان
است.

Nestalik indien cursif, copié dans la première moitié du xix° siècle par un certain Mohammed Masoud. 229 feuillets. 32 sur 20 centimètres. Reliure en maroquin rouge. — (Supplément 1104.)

631

بيكلار نامه. Histoire de Shah Kasim Khan ibn Seyyid
Kasim ibn Tchudjuk Shah Béglar, précédée d'une introduction contenant un résumé de l'histoire du Sind.

Shah Kasim Khan, qui devint par la suite Khanzaman, était officier de
l'armée des princes Tarkhans à l'époque de l'empereur Akbar; il était né
vers le milieu du x° siècle de l'hégire, et l'auteur anonyme du Béglar namèh était vraisemblablement à son service, ou tout au moins à celui des
princes ses maîtres. Les ancêtres de Shah Kasim Khan, qui est nommé
امير كبير پادشاه بهادر (fol. 21 v°), étaient originaires de la ville de Samarkand (ibid.); les Béglar, بيك لار, d'après l'auteur du Béglar namèh
(ibid.), étaient les descendants d'Ali, fils d'Abou Taleb, et l'on comptait
parmi eux un grand nombre de Seyyids célèbres. En réalité, بيك لار
Bék-lar est le pluriel djaghataï بكلهمىن de بك bek, qui est traduit 官

kouan «officier, mandarin» dans le Vocabulaire ouïgour-chinois de la Bibliothèque nationale. L'ancêtre des Béglar est Seyyid Ala ed-Din Ali Khadjèh ibn Seyyid Nizam ed-Din Mélik ibn Seyyid Béha ed-Din Omar ibn Seyyid Ali ibn Seyyid Ahmed ibn Seyyid Abd Allah ibn Seyyid Djaafer ibn Seyyid Abd Allah ibn Seyyid Nizam ed-Din Ali ibn Seyyid Aboul Kasem ibn Seyyid Zeïn el-Abidin ibn Seyyid Shems ed-Din Mohammed ibn Shéref ed-Din Hoseïn ibn Djaafer el-Houdjdjet, رئيس اولاد الرسول جعفر الحجّة, ibn Abd Allah el-Aradj سلطان السادات فى زمانه, fils de Seyyid Hoseïn el-Asfar, fils de l'imam alide Zeïn el-Abidin. Le Seyyid Nizam ed-Din Ali, qui était originaire de Termid, fut le premier de ces Alides qui vint s'établir à Samarkand. Seyyid Ala ed-Din Khadjèh se rendit, à une époque qui n'est point fixée, à la cour du souverain mongol du Turkestan et de la Chine (fol. 21 v° et 22 r°), et ses descendants se mêlèrent aux Turks de ce pays, de telle sorte qu'à l'époque à laquelle écrivait l'auteur du Béglar namèh, les Béglar étaient complètement mélangés aux Arghounides, ارغونيان. Il est curieux de constater que les sultans timourides prétendaient également descendre d'Ali, fils d'Abou Taleb (*Les inscriptions de Samarkande*, dans *Revue archéologique* de l'année 1897, p. 74 et 208). Parmi les sources du Béglar namèh qui fut composé en 1017, il convient de citer un كتاب تذكرة..., les chroniques de Mouslih ed-Din Lari, de Ghiyas ed-Din Hérévi.

Les émirs turks de la tribu d'Arghoun, de même que leurs rivaux, les émirs de Tarkhan, jouèrent un rôle considérable à l'époque de la dynastie timouride, comme on le voit par le Matla el-saadeïn. L'un de ces émirs est l'auteur d'une dynastie indienne qui régna sur le Sind.

Les Arghounides sont les descendants de l'émir Mir Zoul Noun Arghoun, fils de Mir Misar, qui fut l'un des favoris du célèbre sultan timouride du Khorasan, Abou Saïd Mirza. Zoul Noun Arghoun sut également s'attirer les faveurs du sultan Abou Saïd Mirza, puis il passa au service de Mirza Yadigar, et ensuite à celui d'Ahmed Mirza, à Samarkand, où il resta deux ou trois ans. Au bout de ce temps, une violente querelle éclata entre les émirs Tarkhans et ceux de la tribu d'Arghoun; cette circonstance détermina Mir Zoul Noun Arghoun à s'en retourner dans le Khorasan. Quand il arriva à Hérat, le sultan, qui était alors Hoseïn Mirza, lui donna le gouvernement du pays de Ghour et de la terre de Davar, ترتيب آن امير صافى ضمير شده ايالت ولايت غور وزمين داور را بوى تفويض نمود; en l'année 884, Zoul Noun partit avec une petite armée pour soumettre les tribus de Hézarèh et les Nikoudariens نكودرى, et il parvint à les soumettre en trois ou quatre ans. L'émir Zoul Noun fut récompensé de cette victoire par le gouvernement de Kandahar et du pays qui en dépendait; il ne tarda pas à attirer dans son parti les Hézarèhs, les Nikoudariens, les Kiptchaks et les Mongols de Kandahar, et il dut même se rendre à la cour pour assurer le sultan que ses intentions étaient pures. L'émir mourut en 913 de l'hégire, après avoir eu une carrière extrêmement remplie dont on trouvera le détail dans le Hébib el-siyer et dans le Tarikh-i Sind, laissant deux fils, Shah Beg et Mohammed Moukim. En 890 de l'hégire, Shah Beg Arghoun vint de Kandahar dans l'Inde avec une armée, assiégea la forteresse de Souli, سوى, qui était alors au pouvoir de l'un des émirs de Djam, nommé Nizam ed-Din Béhadour Khan, et s'en empara; il donna cette forteresse à son frère Sultan Mohammed et s'en revint à Kandahar. Tels furent les commencements de cette dynastie indienne. L'histoire de la dynastie arghounide se trouve exposée dans le troisième livre du Tarikh-i Sind (ms. 632, fol. 50 et suiv.), dans le neuvième livre du Goulshen-i Ibrahimi de Firishta (ms. 536, fol. 741 et suiv.). On trouvera des renseignements nombreux sur l'émir Zoul Noun Arghoun dans le Hébib el-Siyer de Khondémir (ms. 320, fol. 256 v° et suiv.). Il existe au British Museum (Rieu, *Catalogue*, p. 950), sous le titre de ترخان نامه, une histoire des princes tarkhanides et arghounides du Sind, écrite par le Seyyid Djémal ibn Mir Djélaï ed-Din el-Hoseïni el-Shirazi, en 1065 de l'hégire.

Début : ... حمد وسپاس بیحدّ وقیاس ملك الناس راكه بسطوت.

Exemplaire de luxe; beau talik indien à encadrements et à frontispices, copié par un certain Abd el-Kérim en 1078 de l'hégire (1667 de J.-C.). 204 feuillets. 22 sur 13 centimètres. — (Gentil 17. — Supplément 261.)

632

تاریخ سند. Histoire du Sind, de la conquête musulmane à la conquête de cette province par l'empereur Akbar, écrite par Mohammed Maasoum ibn Seyyid Safaï el-Hoseïni el-Termidi el-Bhakari, البهكرى, surnommé Nâmi (fol. 3 v°).

Mohammed Maasoum appartenait à une famille de Seyyids originaires de la ville de Termid; il se rattachait ainsi au Seyyid Shir Kalender ibn Baba Hoseïn Abdal el-Naberdari, النبردارى (fol. 3 v°); sa famille s'était dans la suite établie à Kandahar, et son père était venu habiter à Bhakar, dans le Sind, où il était mort en 991 de l'hégire, après y avoir rempli les fonctions de sheïkh el-Islam. Mir Maasoum entra au service de l'empereur

Akbar en 1004 de l'hégire et fut chargé par lui, en 1012, d'une mission diplomatique auprès du roi de Perse Shah Abbas. Djihangir lui donna le titre d'Emin el-Moulk, il mourut en 1015 à Bhakar; il avait, en plus de cette chronique, composé un divan, une imitation de la Khamsèh de Nizami, et deux traités de médecine, le طبّ ناى et le مفردات معصومى. Parmi les sources du Tarikh-i Sind, également intitulé تاريخ معصومى, qui fut composé en 1008 de l'hégire (Rieu, *Catalogue*, p. 292), se trouve la chronique intitulée چ نامه (fol. 4 v°; voir n° 630); l'auteur a également fait beaucoup d'emprunts au Hébib el-siyer de Khondémir. Le Tarikh-i Sind est divisé en quatre livres, comprenant : 1° la conquête du Sind sous le règne d'Abd el-Vélid ibn Abd el-Mélik, et son état sous les Abbassides; 2° son histoire sous la domination des souverains musulmans; 3° l'histoire de la dynastie arghounide; 4° l'histoire de la conquête du pays par Akbar.

Le texte de ce manuscrit est fort incorrect et souvent à peine compréhensible.

Début : بر ضمائر صافيه كار اكهان عالم ى اساس وخواطر زاكيه
هوشمندان ......

Assez bon nestalik indien, copié sur papier bleu par le sheïkh Amdâd Ali Hindoustani, surnommé Mounshi, en 1260 de l'hégire (1844 de J.-C.). 161 feuillets. 21 sur 14 centimètres. Reliure en maroquin violet. — (Ochoa 17. — Supplément 960.)

OUVRAGES BIOGRAPHIQUES.

633

كتاب تواريخ آل برمك. Histoire de la famille de Barmek, de son origine à la mort de Djafer, par Abd el-Djélil ibn Nizam ed-Din Yahya ibn Abd el-Djélil ibn Mohammed ibn Abd el-Baki el-Yezdi.

Le nom de l'auteur n'est donné qu'au folio 4 v°; Nizam ed-Din Yahya avait entrepris, sur le conseil d'un de ses amis, de réunir des notes pour écrire une histoire des Barmékides, mais la mort ne lui laissa pas le temps de les mettre en œuvre; son fils, Abd el-Djélil, se chargea de ce soin et commença ce travail au mois de Moharrem de l'année 762 de l'hégire;

quand il l'eut terminé, il le dédia au sultan mouzafféride Djélal ed-Din Aboul Févaris Shah Shodja († 786 H.), troisième souverain de cette dynastie.

Le Tévarikh-i Al-i Barmek, qui porte également le titre de كنز المعارف, est divisé en 6 chapitres, précédés d'une préface; chacun de ces chapitres est divisé en un certain nombre de récits, حكايت; la liste en est donnée aux folios 8 et suivants.

M. Schefer a donné, dans sa *Chrestomathie persane* (t. II, p. 5 et suiv.), la liste des ouvrages historiques qui ont été consacrés à la famille de Barmek. Le plus important est celui qui a été composé par Ziya ed-Din Barani, le disciple du célèbre sheïkh soufi Nizam ed-Din Evliya, qui mourut un peu après l'année 757 de l'hégire; il porte le titre de اخبار برمكيان (Rieu, *Catalogue*, p. 333). Des extraits du texte de l'histoire d'Abd el-Djélil ont été publiés par M. Schefer dans le second volume de sa *Chrestomathie persane*. On trouve au commencement du volume des vers extraits du غزان نامه, du Kotb el-evliya Nour ed-Din.

Début : جمد و سپاس آن بادشاهی کی ملكش را زوال نه وستایش بی قیاس
آن ملكی......

Bon neskhi persan de la fin du xv⁰ siècle, 173 feuillets, 26 sur 18 centimètres. Reliure en maroquin noir. — (Schefer 37. — Supplément 1342.)

634

Le même ouvrage.

La copie de cet exemplaire, qui a fait partie de la bibliothèque du Sérail, a été commencée pour le sultan Sélim et terminée pour le sultan Soleïman, dont il porte le cachet.

Bon nestalik turc, daté de 926 de l'hégire (1519 de J.-C.), 209 feuillets, 25 sur 17 centimètres — (Schefer 45. — Supplément 1351.)

635

Biographie des souverains afghans et des princes Uzbeks, par Mir Abd el-Kérim ibn Mir Ismaïl el-Boukhari.

Mir Abd el-Kérim fut premier secrétaire de l'ambassadeur que l'émir de Boukhara envoya en 1233 de l'hégire au sultan de Constantinople : سر

كاتب ايلچى بخارا فى سنه ١٢٣٣ دار الاسلام اسلامبول فى شهر ربيع الثانى
(fol. 2 v°).

Début : در سنه هزار و دو صد و بست و دو اتفاق ميرزا محمد يوسف
ابن صوفى رجب باى .....

Nestalik turc à encadrements et frontispices, daté de 1264 de l'hégire (1847 de J.-C.), 89 feuillets, 24 sur 12 centimètres. Reliure en maroquin rouge doré. — (Schefer 83. — Supplément 1391.)

636

الارشاد فى اختلال الصاحب الكافى اسماعيل ابن عباد . Histoire du vizir (sahib) Ismaïl ibn Abbad, par Aboul Kasem Ahmed ibn Mohammed el-Hoseïni el-Hasani el-Karbayi القربانى el-Isfahani.

Cette biographie est divisée en 14 chapitres, dont la liste est donnée au folio 2 v°; elle fut terminée en 1259 de l'hégire; les principales sources d'Aboul Kasem Ahmed sont le Vafiyat el-ayan d'Ibn Khallikan, la chronique de Mohammed Rébi ibn Shérefdjihan el-Hasani el-Lou[ri]stani (?), اللوراستانى (fol. 3 r°), le Tékalib el-founoun (fol. 11 r°), etc.

Le Vafiyat el-ayan d'Ibn Khallikan a été traduit en persan sous le titre de منظر الانسان فى ترجمة وفيات الاعيان, par Yousouf ibn Ahmed ibn Mohammed ibn Osman, sous le règne de Mahmouh Ier Bigara, souverain du Goudjarate en 889-895; une autre traduction du dictionnaire biographique d'Ibn Khallikan est due à Kébir ibn Oveïs ibn Mohammed el-Latifi, qui l'écrivit de 918 à 926 de l'hégire en Turquie, sous le règne du sultan osmanli Sélim Khan (Rieu, *Catalogue*, p. 334).

Aboul Kasem Ismaïl ibn Aboul Hasan Abbad ibn el-Abbas ibn Abbad ibn Ahmed ibn Idris el-Talékani naquit à Istakhar ou à Talékan, près de Kazwin, en 326 de l'hégire; il fut le premier vizir qui porta le titre de Sahib. Il fut le vizir du prince bouyyide Mouvayyad ed-Dauléh ibn Rokn ed-Dauléh ibn Bouyyah, puis de son frère Fakhr ed-Dauléh Aboul Hasan Ali, qui monta sur le trône en 373 de l'hégire. Son père, Aboul Hasan Abbad († 334 H.), avait été le vizir de Rokn ed-Dauléh, père de Fakhr ed-Dauléh et d'Adod ed-Dauléh Féna Khosrou. Ibn Abbad composa plusieurs ouvrages parmi lesquels Ibn Khallikan cite un dictionnaire en sept volumes, un traité de l'art épistolaire (el-kâfi), un traité sur l'excellence du jour de la nouvelle année (Kitab el-aiyad), un traité sur l'Imamat, et un autre dans lequel il relève les fautes que Moténabbi a commises dans ses poésies. Il mourut en 385 à Reï, d'où son corps fut transporté à Isfahan (Ibn Khalli-kan, *Biographical Dictionary*, t. I, p. 212 et suiv.).

Shikestèh copié en 1300 de l'hégire (1882 de J.-C.) par Mohammed Mehdi Isfahani. 43 feuillets. 21 sur 13 centimètres. Reliure en peau rouge souple. — (Schefer 197. — Supplément 1507.)

637

شرح احوال ناصری خسرو. Notices biographiques et litté-raires sur Nasir-i Khosrau.

Ces notices ont été rédigées pour M. Schefer par le ministre de l'in-struction publique de Perse et par Djafar Kouli Khan, fils de Riza Kouli Khan.

Neskhi et nestalik persans de la fin du xix⁰ siècle. 25 feuillets. 22 sur 15 centi-mètres. Cartonnage. — (Schefer. — Supplément 1578.)

638

تاریخ القاضی برهان الدین. Biographie de Borhan ed-Din el-Sivasi, souverain de Kaïsariyyèh et de Sivas, par Aziz ibn Ardéshir el-Astérabadi el-Baghdadi.

Cette chronique, dont on ignore le véritable titre, est écrite dans un style précieux et ampoulé, plus recherché encore que celui d'Otbi (Hadji Kha-lifa, t. II, p. 139). L'historien raconte longuement, et dans un style diffus, qu'il vit de près la campagne de 787 de l'hégire, au cours de laquelle Tokhtamish Khan, تختامیش خان, souverain de l'oulous d'Ourda, envahit l'Azerbeïdjan par le chemin de Bab el-Abvab et s'empara de Tébriz : il raconte dans sa préface (fol. 8 r° et suiv.) les événements qui suivirent ce désastre; comment, un peu plus tard, quand Timour Kourkan se fut emparé de Té-briz, le sultan Ahmed s'enfuit à Bagdad où il s'adonna à la vie religieuse pendant sept années. C'est à cette époque qu'il entra au service du kadi Borhan ed-Din Aboul Fath Sultan Borhan ed-Din Ahmed ibn Mohammed (fol. 5 r° et 6 r°), ou, comme l'appelle Hadji Khalifa (t. II, p. 446), Borhan ed-Din Ahmed ibn Abd Allah Sivasi, السیواسی, qui est qualifié par son panégyriste de السلطان الاعظم والقهرمان الاعدل الاکرم بعتی معامد العدل والانصان ..... قامع الکفرة قاهر الخجرة (fol. 6 r°). Borhan ed-Din descendait par les femmes des sultans seldjoukides du pays de Roum, et il régnait, à l'époque de Timour Kourkan, sur une principauté située en Arménie, qui comprenait Kaisariyyèh et Sivas, sous la suzeraineté du sultan djélaïride Ahmed ibn Sultan Oveïs (fol. 7 v°). S'étant rendu à la cour de ce prince, Borhan ed-Din Ahmed voulut engager Aziz ibn Ardéshir el-Astérabadi à son service, mais le sultan Ahmed ibn Oveïs refusa de le laisser partir et le fit surveiller de près pour éviter qu'il ne s'échappât. Aziz ibn Ardéshir, qui ne désirait rien tant que de quitter Baghdad, écouta les avances de Borhan ed-Din et parvint, grâce à une ruse que raconte Hadji Khalifa (t. II, p. 139), à tromper la surveillance de ses gardiens. Borhan ed-Din Ahmed fut assassiné le 28 Shavval de l'année 800 de l'hégire (Hadji Khalifa, t. II, p. 446, et fol. 2 r°), et Aziz ibn Ardéshir, qui n'en avait reçu que des bienfaits, se retira au Kaire, où il se tua accidentellement en tombant du haut de sa maison. Borhan ed-Din Ahmed est l'auteur de deux ouvrages qui sont cités par Aziz ibn Ardéshir (fol. 276 r° et 296 r°) : le premier, intitulé اكسير السعادات فى اسرار العبادات, est, non pas, comme le prétend Hadji Khalifa (t. I, p. 391), un traité de grammaire, mais, comme l'indique suffisamment son titre, un traité de soufisme; le second, le توضيح ترجيح, écrit en arabe, était un recueil de gloses sur un traité d'ousoul ed-din bien connu, et qui fut souvent commenté, le تنقيح الاصول, du kadi Sadr el-Shériat Obeïd Allah ibn Masoud Mahboubi Boukhari Hanéfi († 747).

Aziz ibn Ardéshir naquit à Astérabad et passa une grande partie de sa vie à Baghdad (fol. 7 v°): Hadji Khalifa lui donne à tort le nom de Abd el-Aziz el-Baghdadi (t. II, p. 139): il était, au dire d'Ibn Arabshah, aussi habile à écrire en prose qu'en vers; on trouve en effet dans sa chronique un grand nombre de poésies de sa composition en arabe et en persan: il fut le familier du sultan ilkhanien de Baghdad, des deux Iraks et de l'Azerbeïdjan, Moughis ed-Dounia wed-Din Ahmed ibn Sultan Oveïs el-Djélaïri (fol. 7 v°).

Ce manuscrit porte comme titre au recto du premier feuillet : كتاب فى

واردات الاحوال وواقعات الافعال الصادرة عن عالى حضرة السلطان الاعظم
والغهرمان الاكرم... ابى الفتح برهان الحقّ والدولة والدين احمد بن محمد...

Au folio 1 r° on lit une note tirée du مطلع السعدين (lire قران) d'Abd er-Rezzak sur l'émir Timourtash (728 H.).

Début : عزت وعظمت آفريدگارى را تعالى شانه وبهر برهانه سزاوارست
كه بنى آدم را بجذبات آفتاب عنايت...

Assez bon nestalik turc du commencement du xviii° siècle. 303 feuillets. 21 sur 14 centimètres. Reliure en maroquin vert. — (Coislin; Saint-Germain 371. — Supplément 211.)

24.

639-640

مآثر الأمرآ. Dictionnaire biographique des généraux et
des grands officiers de l'empire des Timourides de l'In-
doustan, depuis le commencement du règne de Djélal ed-
Din Mohammed Akbar jusqu'en 1170 de l'hégire, par
Mir Abd el-Rezzak Samsam el-Dauléh Shahnavaz Khan
Khwafi Aurengabadi.

Samsam ed-Dauléh appartenait à une famille de Seyyids qui quittèrent
la ville de Khvâf, dans le Khorasan, pour venir dans l'Inde, à l'époque
d'Akbar; son grand-père, Mohammed Kazem Khan, était divan de Moultan
et c'est dans cette ville que Samsam ed-Dauléh vint au monde en 1111 de
l'hégire; il se rendit à Aurengabad où il avait des amis et fut nommé en
1145, par Nizam el-Moulk Asaf Djah, divan du soubah de Béhar. Il embrassa la cause du prétendant Nizam ed-Dauléh Nasir Djeng et combattit à
ses côtés (1154 H.); après la défaite de Nasir Djeng, Samsam ed-Dauléh
fut relevé de ses fonctions et vécut six ans dans la retraite (1155-1160 H.):
c'est pendant ces loisirs forcés qu'il entreprit la rédaction du Méasir el-
ouméra. Au bout de ce temps, il rentra dans les fonctions publiques, fut
nommé chef du divan par Nizam ed-Dauléh Nasir Djeng, et il garda cette
place sous le règne de son successeur Émir el-Mémalik Salabat Djeng, jusqu'en 1170; il se montra toujours l'adversaire acharné des Français. Il fut
tué à Aurengabad, le 3 du mois de Ramadan 1171, par le général français Bussy. Le Méasir el-ouméra, auquel Samsam n'avait pas mis la dernière main, faillit périr dans le pillage de sa maison; le manuscrit fut
retrouvé par un de ses amis, Mir Ghoulam Ali Azad, qui l'édita en y faisant
quelques additions pour remplacer les parties disparues, notamment les
vies de Asaf Djah et de Nasir Djeng. Plus tard, le fils de Samsam, Mir Abd
el-Hayyi, retrouva d'autres parties du manuscrit original et, après douze
ans de travail, il fit paraître une édition complète (1194 H.) dans laquelle
il fit entrer des notices rédigées à l'aide des ouvrages suivants : le اكبر
نامه d'Aboul Fazl; le طبقات أكبرى de Nizam ed-Din Ahmed; le منتخب
التواريخ d'Abd el-Kadir Bédaouni; le تاریخ فرشته ou گلشن ابراهیمی de
Mohammed Kasim Firishta: le عالم آرای عبّاسی de Sikender Mounshi: le
هفت اقلیم d'Émin Ahmed Razi; le زبدة التواریخ de Nour el-Hakk; le
اقبالنامه de Mohammed Khan Bakhshi; le جهانگیر نامه de l'empereur
Djihangir; le ذخیرة الخواقین de Férid Bhakari; le مجمع الافغانی; le پادشاه

نامه d'Abd el-Hamid Lahori; le حل صالح de Mohammed Salih Kanbou; le وقايع قندهار عالمكبير de Mohammed Kazem Mounshi; le مرآت العالم de Bakhtaver Khan; le مآثر عالم كيرى; le تاريخ دلكشا; le خلاصة التواريخ; le لب de Mostéadd Khan Mohammed Saki; le شاه نامه de Nimet Khan Ali; le لباب de Khafi Khan; le تاريخ محمد شاهى de Yousouf Mohammed Khan; le مرآت واردات de Siradj ed-Din Ali Khan Arzou; le تذكرة بجمع النفايس de Mohammed Shéfi Varid; le تاريخ نادر شاه; le مرآت الصفا de Mir Mohammed Ali Bourhanpouri; le تاريخ بنكاله (préface, ms. 639, fol. 8 r° et suiv; Rieu, *Catalogue*, p. 340). Le Méasir el-ouméra, dans sa rédaction actuelle, est l'une des sources les plus précieuses de l'histoire de l'empire timouride de l'Indoustan jusqu'à la fin du xviii° siècle. Mir Abd el-Hayyi, né en 1142 à Aurengabad, Khan en 1162, divan de Béhar, porta les titres de Shems ed-Dauléh Dilaver Djeng, Samsam ed-Dauléh et Samsam el-Moulk; il mourut en 1196 devant la forteresse de Kaulas.

Cet exemplaire est divisé en deux tomes: le premier contient la préface de Mir Abd el-Hayyi, celle de Mir Ghoulam Ali Azad, la vie de Samsam ed-Dauléh, par Mir Ghoulam, la liste des biographies, et ces biographies depuis ا jusqu'à ز. Les sept premiers feuillets contiennent la liste des personnages dont il est parlé dans le Méasir, les feuillets 8-12 portent en marge un résumé en anglais du texte persan par Hamilton; le second tome comprend les biographies de س à ى.

Bon nestalik indien de l'extrême fin du xviii° siècle. 235 et 253 feuillets. 32 sur 21 centimètres. Reliure indienne en maroquin rouge. — (Hamilton. — Supplément 219 et 219 A.)

641

Le même ouvrage.

Exemplaire complet en un volume, précédé d'un index des noms propres renvoyant à la pagination orientale.

Bon talik indien de l'extrême fin du xviii° siècle. 473 feuillets. 31 sur 17 centimètres. Reliure en basane. — (Supplément 1105.)

642

هفت اقلیم. Recueil de notices biographiques de sultans, d'hommes politiques et de gens de letires, rédigées par Emin Ahmed Razi.

Emin Ahmed naquit à Reï, où son père Khvadjèh Mirza Ahmed avait
rempli les fonctions de kalanter sous le règne du prince séfévi Shah Tahmasp; il visita l'Inde et vécut durant un certain temps à la cour de l'empereur Djélal ed-Din Mohammed Akbar, où il avait été introduit par son
cousin Khvadjèh Ghiyas ed-Din, qui occupait une haute position auprès d'Akbar; ce Ghiyas ed-Din était le fils de Khvadjèh Mohammed Shérif († 984 H.),
qui fut vizir du Khorasan, de Yezd et d'Isfahan. Ghiyas ed-Din devint par
la suite Itimad ed-Dauleh, vizir de l'empereur Djihangir, et sa fille, la
célèbre Nour-i Djihan, épousa l'empereur. Emin Ahmed rapporte dans sa
préface qu'il passa la plus grande partie de sa vie à ramasser des documents biographiques sur les hommes célèbres du monde musulman et que
ce fut sur les instances de l'un de ses amis qu'il se décida à les rédiger et
à en faire une sorte de tezkéréh: la rédaction du Heft-iklim lui coûta six
années de travail ininterrompu du jour et de la nuit : وبعضى از دوستان

خاطر بدان قرار گرفت که تذکره جمع سازد از نظم ونثر تا زمان حال
را کارى وايام مستقبل را يادکارى باشد وبعد از شش سال که ليل ونهار
بدان مواظبت نموده شد کنابى بحصول هلو از اشعار واخبار
وحکايات وآثار (ms. 643, fol. 2 r°). La date de la composition du Heft-iklim
est indiquée par le chronogramme (fol. 2 v°) :

گر از توکسى سوال تاريخ کند   تصنيف امين احمد رازى گو

ce qui donne la date de 1002 de l'hégire.

Le Heft-iklim, qui est aussi important au point de vue géographique
qu'au point de vue historique et littéraire, se divise en 7 livres nommés
«climats», iklim, dont chacun correspond à l'un des climats des cosmo-
graphes musulmans; l'auteur commence par donner une description des
principales localités de chacun des climats et un résumé des événements
historiques qui s'y sont passés, et il termine en indiquant les personnages
remarquables qui en sont originaires.

Exemplaire de luxe, beaux talik et nestalik persans à encadrement et frontispice
en or et en couleurs, copiés à Téhéran en 1068 de l'hégire (1657 de J.-C.),
643 feuillets. 30 sur 17 centimètres. Reliure en maroquin rouge. — (Supplément 357.)

643

Le même ouvrage.

Au commencement du volume se trouve un index de la main de Langlès.

Bon nestalik indien, copié en 1094 de l'hégire (1682 de J.-C.), par Mohammed
Fadil el-Ansari. 592 feuillets. 31 sur 18 centimètres. Reliure indienne en maroquin rouge estampé et doré. — (Brueys 17. — Supplément 356.)

MÉMOIRES ET VOYAGES.

644

سفر نامه ناصر خسرو. Récit d'un voyage de Merv à la Mecque, par Abou Moïn ed-Din Nasir ibn Khosrau el-Kobadiyani el-Mervézi, de 437 à 444 de l'hégire.

Les descriptions des localités traversées par Nasir-i Khosrau sont faites avec beaucoup d'exactitude et présentent un intérêt d'autant plus grand que le Séfer namèh de Nasir-i Khosrau est plus ancien que les traités de géographie écrits en langue persane. La langue du Séfer namèh est peu correcte et sa syntaxe se ressent de l'influence du turk oriental qui était parlé dans le pays natal de Nasir (voir Rieu, *Catalogue*, t. I, p. 379). Le texte de ce récit de voyage a été publié, traduit et annoté par M. Ch. Schefer dans la *Bibliothèque de l'École des langues orientales*.

Nestalik indien passable, copié à Calcutta en 1874 sur un exemplaire daté de 1793. 282 feuillets. 21 sur 15 centimètres. Cartonnage. — (Schefer 232 *bis*. — Supplément 1545.)

645

Le même ouvrage.

Bon talik persan copié en 1296 de l'hégire (1878 de J.-C.). 99 feuillets. 21 sur 14 centimètres. Cartonnage. — (Schefer 232. — Supplément 1544.)

646

تحفة العالم. Description et histoire de Shouster, par Abd el-Latif ibn Abou Taleb ibn Nour ed-Din ibn Nimet Allah el-Hoséïni el-Shoustéri el-Mousévi, accompagné d'un récit détaillé des voyages de l'auteur.

Abd el-Latif naquit à Shouster en 1172 de l'hégire; il appartenait à la famille des Seyyids Nouris qui étaient établis dans cette ville, et il était le neveu de Seyyid Abd Allah ibn Nour ed-Din, qui a écrit, sous le titre de تذکرۀ شوشتریه, une histoire de Shouster (voir n° 501), et le cousin de

Seyyid Abd el-Hoseïn ibn Aziz Allah el-Mousévi, qui a composé un livre analogue sous le titre de بضاعة مزجاة (Brit. Mus., Add. 23535).

Le Tohfet el-alem fut écrit dans l'Inde en 1215-1216 et dédié à Mir Alem, premier ministre du nizam de Haïdérabad: il est suivi d'un appendice intitulé ذيل التحفة, qui fut composé en 1219 à la demande d'Aga Ahmed ibn Aga Mohammed Ali Behbéhani. Le Tohfet el-alem a été imprimé à Bombay en 1847. Le présent exemplaire est dans un grand désordre et commence par le ذيل.

Bon nestalik indien du XIXᵉ siècle. 330 feuillets, 29 sur 15 centimètres. Reliure en maroquin rouge plein. — (Schefer. — Supplément 1379.)

647

مسير طالبى فى بلاد افرنجى. Récit d'un voyage en Angleterre, en France et dans l'Empire ottoman, exécuté au cours des années 1213 à 1218 de l'hégire, par Mirza Abou Talib Khan ibn Mohammed Beg Khan Tébrizi Isfahani, connu sous le nom d'Abou Talib Londoni.

Son père, Hadji Mohammed Beg Khan, était un Turk de l'Azerbeïdjan qui naquit à Isfahan; il vint d'assez bonne heure dans l'Inde et mourut à Mourshidabad en 1183. Mirza Abou Talib naquit à Lakhnau en 1166: il fut élevé par Shodja ed-Daulèh et passa sa jeunesse à Mourshidabad, à la cour du gouverneur du Bengale, Mouzaffer Djeng (1186 H.); il fut par la suite, après l'arrivée au pouvoir de Asaf Khan (1189 H.), pourvu d'un commandement militaire qu'il perdit peu de temps après: il mourut à Lakhnau en 1221, laissant une histoire de la poésie persane intitulée Khilaset el-efkar (Rieu, *Catalogue*, p. 379, et ms. 647, fol. 339 vᵒ) et un traité d'histoire générale écrit en 1208 sous le titre de لبّ السيار وجهان آرا (Rieu, *Catalogue*, p. 895).

Le Mésir-i talibi, composé en 1219 de l'hégire (fol. 340 rᵒ), fut imprimé à Calcutta par le fils de l'auteur, Mirza Hoseïn Ali, en 1812, et traduit en anglais par Ch. Stewart, en 1810. Il fut également édité dans une rédaction abrégée, par le docteur Macferlane, à Calcutta, en 1827.

Nestalik indien passable daté de 1228 de l'hégire (1813 de J.-C.). 340 feuillets, 20 sur 13 centimètres. Demi-reliure européenne. — (John Harriot. — Supplément 359.)

648

مسير بخارا. Recueil d'itinéraires en Asie Centrale, par Mir Izzet Allah.

Ces itinéraires comprennent la description des routes d'Atak à Kashmir, de Kashmir au Tibet, du Tibet à Yarkend, de Yarkend à Kashghar, de Kashghar à Pitchin, بيڢين, qui est la capitale de l'empereur de la Chine, de Kashgar à Khokand, قوقان, dans le Ferghana, de Khokand à Samarkand, de Samarkand à Boukhara, de Boukhara à Balkh et à Khoullem, de Khoullem à Kaboul par la route de Bamiyan, بت باميان, de Kaboul à Péshaver et Atak; l'auteur accomplit ce voyage en l'année 1227 de l'hégire (fol. 1 v°); son point de départ fut la ville indienne de Shah Djihan Abad. La rédaction du Mésir-i Boukhara doit se placer à une date très peu postérieure à l'année 1227 de l'hégire. Cet ouvrage est important pour l'étude de la situation actuelle du Turkestan. Mir Izzet Allah, qui fut secrétaire et interprète de M. Wm. Moorcroft, est mort à Kaboul en 1824.

La transcription بيڢين du nom 北京 de la capitale de l'empire chinois correspond très exactement à la prononciation *Bei-dsing*.

Début: احوال سفر بخارا و تفصيل منازل از اتك تا كشمير من كشمير الى تبت

Nestalik persan cursif du commencement du xix° siècle. 102 feuillets. 21 sur 17 centimètres. Demi-reliure. — (Schefer 41. — Supplément 1346.)

649

روزنامۀ سفر شيراز. Relation d'un voyage en Perse, de Téhéran à Shiraz et de Shiraz à Isfahan, par une dame française, en 1251 de l'hégire.

Le Rouznaméh-i séfer-i Shiraz fut évidemment rédigé par un mirza persan sur les notes ou d'après les souvenirs de la voyageuse, qui paraît avoir été institutrice et avoir vécu au service du roi de Perse Mohammed Shah Kadjar, چون اين كينه نمك خواره دولتخواه شاهنشاه كيتى پناه مدام معلّم كه زن فرنكسيسم (fol. 1 v°). Dans une notice écrite en tête du volume, Boré dit que cette dame s'était rendue en Perse pour faire le commerce des bijoux, ce qui semble contredit par le titre de مُعَلِّم qui lui est donné dans le texte.

Le texte de l'ouvrage porte de nombreuses corrections; à la fin du volume, on trouve la liste des étapes qui séparent Téhéran de Shiraz et d'Isfahan, avec l'indication des distances.

Assez bon nestalik persan de la première moitié du XIX⁰ siècle. 58 feuillets, 22 sur 13 centimètres. Reliure en cuir. — (Boré. — Supplément 358.)

650

سفارت نامه خوارزم. **Récit de l'ambassade au Khvarizm, par Riza Kouli Khan.**

L'ambassade dont le récit se trouve exposé dans ce volume fut envoyée, en 1267 de l'hégire, par le roi de Perse Nasir ed-Din Shah Kadjar au khan de Khiva, Mohammed Emin Khan. Mohammed Emin Khan s'était abstenu d'envoyer ses félicitations à Nasir ed-Din Shah, quand ce prince avait succédé à son père, et cette attitude avait déterminé la rupture des relations diplomatiques entre les deux gouvernements; le khan de Khiva jugea prudent de ne pas persister dans cette conduite, et, après la mort de Hasan Khan Salar, il envoya au Shah une lettre et des présents par l'entremise de l'un de ses officiers, Ata Niyaz Mehrem. La lettre fut considérée comme rédigée en termes offensants par les ministres du roi de Perse, et il fut décidé dans le conseil royal que Nasir ed-Din enverrait à son vassal Mohammed Emin Khan une ambassade pour le rappeler au sentiment des convenances. Riza Kouli Khan, qui fut choisi comme chef de cette mission, fut l'un des écrivains les plus distingués du XIIIᵉ siècle; il descendait du célèbre poète Kémal ed-Din Khodjendi († 792 H.) et il naquit à Téhéran en 1215 de l'hégire; il entra dans l'administration royale sous le règne de Feth Ali Shah Kadjar et il remplit plusieurs missions de confiance; c'est sous le règne de ce prince qu'il reçut le titre de poète lauréat, امير الشعرا; en 1254 de l'hégire, Mohammed Shah Kadjar lui confia l'éducation de son fils, Abbas Mirza Naïb es-Saltanèh. A son retour de l'ambassade à Khiva, il fut nommé adjoint au ministre de l'instruction publique et directeur du collège royal de Téhéran; en 1269, il fut chargé de l'éducation du prince Mouzaffer ed-Din, gouverneur de l'Azerbeïdjan, qui règne aujourd'hui sous le nom de Mouzaffer ed-Din Shah Kadjar. Riza Kouli Khan mourut en 1288 de l'hégire, laissant un grand nombre d'ouvrages dont les principaux sont les chroniques intitulées روضة الصفا ناصری et فهرس التواريخ; on trouvera la liste de ses autres ouvrages dans la préface de la traduction du Séfaret namèh-i Kharezm qui a été publiée par M. Schefer, ainsi que le texte persan, dans la collection de l'École des langues orientales vivantes.

Bon nestalik persan, copié en 1273 de l'hégire (1856 de J.-C.). 114 feuillets. 20 sur 14 centimètres. Reliure en cuir brun. — (Schefer 153. — Supplément 1462).

651

Journal du voyage de Mohammed (ibn) Abd Allah.

L'auteur rapporte dans sa préface qu'au mois de Moharrem d'une année qui n'est pas indiquée, il se joignit à la caravane qui allait en Russie et qu'il partit de Boukhara (fol. 1 v°); il passa entre autres localités par Orenbourg اورمبر, qui, à cette époque, était la frontière russe et où se trouvait la douane du tsar, par Kazan, قزان, Koulma كلمه, Moskou, capitale de l'empereur de Russie. مسكاو ك پای تخت پادشاه اورس است (fol. 4 r°), Pétersbourg, فتی پرك (lire فتربرك), également capitale de la Russie, qui se trouve à 15 marches de Moskou, dans les environs de laquelle il alla visiter les jardins de Péterhof, فتی غور (lire فترغوف, russe Петергоф) (fol. 4 v°); il s'en revint ensuite à Moskou et se joignit à la caravane de Kashgar; de Kashgar, il gagna Samarkand, Khodjend, Khokand, Endidjan, Khanbalik, خان بلق (fol. 10 v°), Pékin, پیکن (fol. 11 v°). Après avoir vu l'empereur de Chine, Mohammed ibn Abd Allah s'en revint par le pays de Khoten, par Yarkend, یارکن, par Li, qui est la capitale du Tibet, لی ك ك پای تخت تبت است: il traversa ensuite le Kashmir, arriva à Shah Djihan Abad (fol. 13 r°), se rendit dans le Bengale, et s'en revint par Hérat jusqu'à Meshhed.

On ne trouve aucune date dans cet itinéraire, qui est rédigé sous une forme très brève, et dans lequel Mohammed ibn Abd Allah énumère les localités dans lesquelles il fit halte sans rien ajouter sur elles. Mohammed ibn Abd Allah était originaire de l'Indoustan et il exécuta ce voyage avant l'année 1185 de l'hégire (Rieu, *Catalogue*, p. 381).

Bon neskhi persan de la seconde moitié du xix° siècle. 15 feuillets. 23 sur 15 centimètres. Reliure en cuir rouge. — (Schefer 133. — Supplément 1441.)

652

Recueils d'itinéraires.

Ce volume comprend : l'inscription du Khan près d'Ispahan, les étapes des caravanes de Hérat à Kandahar, de Kandahar à Kaboul et de Meshhed à Khiva, et les indications des garnisons du Khorasan. Les itinéraires ont été dressés par Chodzko, sur les indications d'un conducteur de caravanes, en 1841.

Nestalik persan du milieu du xix⁰ siècle. 4 feuillets, 35 sur 25 centimètres. Cartonnage. — (Chodzko. — Supplément 1133.)

653

سفر عراق. Relation du voyage que le roi de Perse Nasir ed-Din Shah Kadjar exécuta dans l'Irak-i Adjémi en l'année 1892.

On trouve à la fin du volume une carte avec l'indication de l'itinéraire royal.

Début : در سال خمسته مآل هزار و سیصد و نه هجری مطابق لوی ییل ترکی موکب فیروزی کوکب

Exemplaire autographié sur papier bleu à Téhéran, en 1311 de l'hégire (1893 de J.-C.). Bon talik persan, de la main de Zeïn el-Abidin ibn Mohammed Shérif el-Kazwini. 98 feuillets. 32 sur 20 centimètres. Reliure en velours rouge. — (Tholozan. — Supplément 1892.)

GÉOGRAPHIE.

654

Traduction du مسالك الممالك d'Abou Ishak Ibrahim ibn Mohammed el-Farisi, surnommé el-Istakhri.

Le traducteur persan ne se nomme point dans la préface de ce traité et ne fait pas mention du nom de l'auteur arabe; il se borne à avertir le lecteur que ce livre n'est pas divisé par climats et il renvoie celui qui voudrait étudier la géographie suivant la méthode traditionnelle des Arabes à d'autres traités que le sien. On voit, par plusieurs passages de cette traduction, que l'auteur du livre original avait beaucoup voyagé dans les pays musulmans et en particulier dans le Soghd et dans la Transoxiane (ms. 655, fol. 115 r°); il raconte qu'on lui montra sur l'une des portes de la ville de

Samarkand des inscriptions en caractères himyarites : مصنّف کتاب گويد

که من دروازهٔ ديدم بسمرقند روی در بآهن پوشيده وبريك پاره از آن
آهن چيزی نبشته ..... گفتند اين دروازه تبّع نهادست وبزبان حميری
بريـن آهن نبشته است (ms. 655, fol. 125 r°). Ce passage se retrouve
dans le traité de géographie d'Aboul Kasem Mohammed ibn Haukal. Ibn
Haukal, qui voyagea également dans les contrées orientales du monde musulman, rencontra el-Istakhri sur les bords de l'Indus; les deux voyageurs
se communiquèrent leurs notes de façon à se corriger mutuellement. Les
inscriptions dont il est parlé étaient probablement rédigées en langue
turque et écrites avec un caractère analogue à celui des inscriptions que
l'on a retrouvées sur les bords du fleuve Orkhon (voir *Revue de l'histoire des religions*, année 1899, 2, p. 22, note). L'époque à laquelle vivait
le traducteur est indéterminée.

La traduction de ce traité de géographie est divisée comme il suit :
description de la terre (fol. 2 v°); des mers, avec les distances qui séparent
les villes situées à proximité de leurs rivages (fol. 4 v°); de l'Irak (fol. 38 v°);
du Khouzistan (fol. 43 r°); du Fars (fol. 47 r°); du pays de Sind (fol. 71 r°);
de l'Arménie, de l'Arran et de l'Azerbeïdjan (fol. 75 v°); du Djibal
(fol. 79 r°); du Tabaristan (fol. 82 v°); de la mer des Khazars (fol. 86 v°): du
Seïstan (fol. 95 v°); du Khorasan (fol. 101 v°); de la Transoxiane (fol. 113 r°).
On trouve dans le présent exemplaire des cartes en couleurs complètement
schématiques, et qui ont été copiées sur des cartes de facture analogue à
celles du traité de géographie d'Idrisi (ms. ar. 2221).

Le traité de géographie d'Istakhri est une édition remaniée et considérablement augmentée du اشکال البلاد ou صور الاقاليم d'Abou Zeïd Ahmed
ibn Sahl el-Balkhi; il fut terminé dans les environs de l'année 320 de
l'hégire (de Goeje, *Z.D.M.G.*, XXV, p. 42 et suiv.). Il en existe à Londres
(Add. 23542) une traduction également anonyme dédiée à Ala ed-Din
Aboul Méfakhir Ali Khvadjèh ibn Mohammed, qui fut nommé par le prince
mongol Tchoutchi Khan, en 616 de l'hégire, gouverneur de la ville de
Djend, جند, dans la Transoxiane (Rieu, *Catalogue*, p. 415).

Un traité arabe analogue, qui est sans doute une recension syrienne du
Mésalik el-mémalik d'Istakhri, se trouve dans le fonds arabe sous le
n° 2214; d'après l'incipit, il paraît différent du Souver el-akalim, tel qu'il
est décrit par Hadji Khalifa. Ce traité est dédié au prince de la Syrie et de
la Mésopotamie, Seïf ed-Daulèh Aboul Hasan Ali ibn Hamdan, qui monta
sur le trône en 333 H., c'est-à-dire à une époque assez voisine de celle
à laquelle Istakhri termina la version persane du Mésalik.

Début : اما .... الحمد لله مبتدی النعم و ولیّ الحمد و صلی
بعد حنين گويد خداوند سخن (ms. 655 et 656).

Cet exemplaire est incomplet du commencement et de la fin et présente de nombreuses lacunes: un grand nombre de feuillets sont devenus illisibles par suite de taches d'humidité.

Bon neskhi persan du commencement du xvi° siècle, avec frontispices en or et en couleurs, 165 feuillets, 28 sur 20 centimètres. Reliure en peau noire. — (Leitner. — Supplément 1614.)

655

Le même ouvrage.

Les cartes de cet exemplaire sont très grossièrement exécutées et n'ont pas été terminées.

Bon nestalik persan du xviii° siècle, 138 feuillets, 32 sur 21 centimètres. Reliure en maroquin vert estampé. — (Schefer 253. — Supplément 1570.)

656

Le même ouvrage.

Exemplaire avec des cartes en couleurs, contenant, à la fin (fol. 139), l'histoire du roi sassanide Khosroès Perviz.

Assez bon talik persan du xviii° siècle de J.-C. 142 feuillets, 31 sur 21 centimètres. Reliure en peau verte. — (Supplément 355.)

657

كتاب نزهة القلوب. Traité de cosmographie et de géographie, par Hamd Allah ibn Abou Bekr ibn Hamd ibn Nasr el-Moustaufi el-Kazwini.

Cet auteur a également écrit, sous le titre de Tarikh-i gouzidèh, une histoire générale qui s'étend jusqu'en l'année 730 de l'hégire (n° 264 et suiv.). Ses principales sources, en dehors des renseignements personnels qu'il eut l'occasion de recueillir au cours de ses voyages, sont le صور الاقاليم d'Abou Zeïd el-Balkhi, dont une recension persane a été décrite sous les numéros précédents; le كتاب البلدان d'Ahmed el-Barki; le مسالك و الممالك d'Aboul Kasem Obeïd Allah el-Khorasani; le طبقات هذانى; le جهان نامه d'Abou Abd Allah Mohammed ibn Saad; le عجائب الخلوقات de Kazwini;

le فارس نامه d'Ibn el-Balkhi; le ذكر ولايت كرمان de Nasir ed-Din Kirmani; le النفهم البحر d'Ali ibn Isa el-Harrani; le آثار الباقية et le عجائب
والتنجيم d'el-Birouni; le تاريخ اصفهان d'Abd er-Rahman el-Isfahani: la
الرسالة السنجوية فى الكائنات العنصرية d'Omar ibn Sahlan el-Savédji: le
معجم البلدان de Yakout el-Hanavi; le اخلاق ناصرى de Nasir ed-Din
Tousi. Une partie de ces ouvrages sont indiqués dans une note inscrite au
folio 1 v° et r° par un possesseur de ce manuscrit, peut-être d'Herbelot,
qui, comme l'on sait, a fait un grand usage de ce traité pour la rédaction
de sa Bibliothèque orientale.

Le Nouzhet el-kouloub, qui fut écrit en 740 de l'hégire, comprend une
introduction sur la création et la description du monde habité, et trois
grandes subdivisions traitant des règnes de la nature, de l'homme étudié
aussi bien au point de vue psychologique que physiologique, et des lieux
habités, cette dernière de beaucoup la plus importante. La conclusion renferme la description des choses merveilleuses, عجائب, qui se trouvent dans
le monde. Une table alphabétique de la partie géographique du Nouzhet
el-kouloub se trouve dans le ms. n° 663.

Début : چون واهب مواهب بى علت علت كلمته كه مبدع مخترعات
و مخترع مبدعات است در جامع قوانين فرايد فوايد مبانى معانى ...

Cet exemplaire porte les ex-libris de Mohammed Névaï, qui l'acheta en
1028 de l'hégire, après la dislocation de la bibliothèque d'Alep,.... انتقل
من كتاب حزينة حلب المحروسه مقاطعه بشق اول وروز نامة الواقع,
de Hoseïn Efendi et de Ilmi Efendi.

Beau neskhi persan, copié en 853 de l'hégire (1449 de J.-C.), par Mohammed
ibn Yousouf ibn Fadl Allah el-Hadji el Arghandi الارغندى. 385 feuillets. 25 sur
17 centimètres. Reliure aux armes de Napoléon Ier. — (Gaulmin; Regius 1520.
— Ancien fonds 189.)

658

Le même ouvrage.

Exemplaire incomplet du commencement et contenant quelques enluminures grossières; de nombreux feuillets ont été réparés et des parties
refaites à la fin du xviii° siècle.

Bons neskhi, talik et nestalik persans du milieu du xvi° siècle. 278 feuillets.
28 sur 19 centimètres. Reliure en cuir. — (Supplément 361.)

659

Le même ouvrage.

Exemplaire contenant seulement le troisième discours مقاله, intitulé در صفت بلدان و ولایات وبقاع: le copiste du manuscrit avertit le lecteur qu'il a omis les deux premiers discours parce que le troisième est de beaucoup le plus important : وچون این مخلص به مطالعه این کتاب رسیدم مقاله سیوم خوش آمده ازین کتاب انتخاب نموده بیرون نوشت (fol. 6 v°). Une table détaillée des 4 chapitres contenus dans ce troisième discours se trouve aux folios 6 v°-7 v°. Cet extrait du Nouzhet el-kouloub est suivi au folio 110 v° d'un تعبیر نامه, traité d'interprétation des songes, en turc, par un anonyme. On ne trouve dans sa préface, qui commence par : امّا بعد بلکل کم بو تعبیر کتابی حقدر وهرکسی بو کتابه محتاجدر پیغمبر علیه السلام حضرتلرینه وی کلمدین ..., aucun renseignement sur l'auteur, ni sur l'époque à laquelle ce traité fut composé; il est divisé en 35 chapitres dont le détail se trouve aux folios 112 v° et suivants.

Ce manuscrit a été acheté en 1626 (sic. fol. 138 v°) à Isfahan.

Exemplaire de luxe; bon nestalik persan à encadrements et frontispices en or et en couleurs, daté de 1037 de l'hégire (1627 de J.-C.); le Taalir nameh est d'une assez bonne écriture turque du xviie siècle. 138 feuillets. 29 sur 17 centimètres. Reliure orientale en maroquin brun. — (Thévenot. — Ancien fonds 198.)

660

Le même ouvrage.

Exemplaire complet : le nom de l'auteur est donné sous la forme Hamd Allah ibn Atabek (lire Abou Bekr).

Assez gros nestalik turc du xviie siècle. 504 feuillets. 25 sur 14 centimètres. Reliure orientale en maroquin rouge. — (Thévenot; Regius 1523, 2. — Ancien fonds 127.)

661

Le même ouvrage.

Cet exemplaire est orné de peintures dont on trouvera la description dans la Revue des Bibliothèques (année 1898, p. 247).

Bon neskhi persan à frontispices et encadrements en or et en couleurs, copié en 1072 de l'hégire (1661 de J.-C.), pour le navab Imani Bigâ. 327 feuillets. 29 sur 16 centimètres. Reliure en maroquin noir estampé et doré. — (Supplément 360).

662

Le même ouvrage.

Cet exemplaire ne contient pas la conclusion.

Talik persan cursif, copié en 1257 de l'hégire (1841 de J.-C.) par Mohammed Mehdi Téhérani. 252 feuillets. 21 sur 13 centimètres. Demi-reliure. — (Schefer 132. — Supplément 1440.)

663

فهرست كتاب نزهة القلوب. Table des noms de lieux décrits dans le Nouzhet el-kouloub.

Cette table, qui est d'une main occidentale, renvoie à la pagination orientale du ms. 660.

Bonne écriture neskhi de la fin du xviii° siècle. 18 feuillets. 23 sur 18 centimètres. Cartonnage. — (Supplément arabe 2340. — Supplément 1033.)

664

كتاب صور الاقاليم. Résumé de géographie, par un anonyme.

D'après plusieurs passages de ce traité (Rieu, Catalogue of Persian manuscripts, t. I, p. 422), l'auteur, qui était probablement originaire du Kirman, a écrit cet ouvrage en 748 de l'hégire. Il est dédié à Moubariz ed-Din Mohammed (fol. 2 r°), fils de l'émir Mouzaffer et fondateur de la célèbre dynastie du Kirman, connue sous le nom de Mouzafférides, آل مظفر: ce prince fut détrôné par son fils Shah Shodja en 760 de l'hégire; l'auteur lui donne les titres de حضرت آسمان رفعت خداونذكار امير اعظم مالك رقاب الامم شاه زاده شهريار غازى الخصوص بعنايت رّب العالمين. Dans son grand traité de géographie, Hafiz Abrou cite parmi ses sources un Souver el-akalim qui fut écrit par un certain Mohammed ibn Yahya (Rieu, Catalogue, p. 423). Il serait tentant de voir dans ce Mohammed ibn Yahya l'auteur du présent traité de géographie, si Hafiz Abrou n'ajoutait pas qu'il fut écrit dans l'Inde. L'auteur raconte (fol. 1 v°) que, lorsque Alexandre le Grand fut arrivé à l'âge de 16 ans, et qu'il se fut résolu à entreprendre la conquête du monde, il écrivit à Platon (sic)

pour lui demander une description de la partie habitée de la terre, ربع
مسكون, avec des cartes et une description démographique. Aristote, qui
était le meilleur disciple de Platon, transmit cette étude à Alexandre en
l'année 770 avant l'hégire; ce fut à l'aide de ce document qu'Alexandre
le Grand parvint à bout de son entreprise. L'auteur du Souver el-akalim
prétend avoir trouvé dans la bibliothèque du prince mouzafféride un
exemplaire de ce traité et l'avoir commenté.

Le Souver el-akalim, qui n'a rien de commun avec l'ouvrage du même
titre d'Abou Zeïd el-Balkhi (voir ms. 654), est divisé en deux grandes
sections comprenant, la première, la description de la sphère terrestre
(fol. 2 v°) et celle de l'hémisphère sud, افاق جنوبى وخطّ استوا وما يتعلق
وى (fol. 9 v°); la seconde, la description détaillée de chacun des sept
climats de la terre (fol. 30 r°).

Début après l'invoc. : امّا بعد در تواريخ مذكور است كه چون اسكندر
روى فيلقوس بسنّ شانزده سالكى رسيد ...

Assez bon talik persan, copié en 1071 de l'hégire (1660 de J.-C.), par Zeïn
el-Abidin Damégani. 87 feuillets. 21 sur 13 centimètres. Reliure en peau rouge
souple. — (Ancien fonds 116.)

665

Le même ouvrage.

Exemplaire de luxe en beau talik persan à encadrements et à frontispices en or
et en couleurs, du milieu du xvi° siècle. 126 feuillets. Reliure en cuir rouge. —
(Supplément 1139.)

666

Le même ouvrage.

Bon nestalik persan, copié en 1005 de l'hégire (1596 de J.-C.). 100 feuillets.
18 sur 12 centimètres. Cartonnage turc. — (Renaudot; Saint-Germain 334, 2.
— Supplément 364.)

667

Traité de géographie, par Aboul Hasan Saïd صاعد ibn Ali el-Djourdjani.

L'auteur, qui donne à la science dont il traite dans son livre le nom de
علم اجرام سفلى, par opposition à l'astronomie qui est qualifiée de علم
اجرام علوى (fol. 3 v°), déclare qu'il s'est borné à traduire, évidemment de

l'arabe, les œuvres des savants anciens, en les abrégeant et en y faisant quelques additions : وبعض حكما سلف را بر سبيل اختصار شرح و ترجمه كنم واز زوايد آنچه ممكن شود جهت اتمام سخن تضمين كنم (fol. 4 r°).

Le titre de ce traité de géographie n'est point indiqué dans la préface, ni l'époque à laquelle il fut composé; l'exemplaire du Musée Britannique porte au dos le titre de كتاب مسالك ممالك, et on lit sur la tranche du présent exemplaire celui de عجايب البلدان, qui n'a pas plus d'authenticité.

Saïd el-Djourdjani écrivit après la mort du sultan Shah Rokh Béhadour (850 H.), et mourut en 881 de l'hégire (Rieu, *Catalogue*, p. 494); cet ouvrage est divisé en sections qui ne sont pas numérotées; elles contiennent la description des sept climats avec des tables et la description détaillée des choses merveilleuses qui se trouvent dans le monde ainsi que les légendes qui les concernent.

Début : سپاس و ستايش خدا ابرا عزّ وجلّ كه مارا بخرد مخصوص كردانيد...

Bon nestalik persan de la seconde moitié du XVIe siècle. 271 feuillets. 19 sur 12 centimètres. Reliure en cuir rouge estampé. — (Schefer 217. — Supplément 1527.)

668

عجايب البلدان. Traduction de la géographie de Kazwini intitulée آثار البلاد واخبار العباد.

Le titre n'est donné que dans la souscription et le nom de l'auteur n'est pas indiqué; il est vraisemblable que cette version est la même que celle dont on trouve des extraits dans le ms. Or. 1987 du British Museum, et qui est intitulée dans cet exemplaire سمير البلاد. Le traducteur, Mohammed Mourad ibn Abd er-Rahman, exécuta ce travail sous le règne de Shah Djihan pour l'émir Mir Ali Asghar, surnommé Mouscvi Khan, qui fut nommé Sadr-i Koull par l'empereur Djihangir en 1031 de l'hégire et destitué par Shah Djihan en 1052 (Rieu, *Catalogue*, p. 991). Cet ouvrage est différent du Adjaïb el-bouldan de la Bodléienne, qui a pour sources le Souver el-akalim (ms. 654 et suiv.) et le Tohfet el-gharaïb et qui fut dédié en 909 de l'hégire au vizir Ghiyas ed-Din Khvadjèh Hébib Allah (Ethé, *Catalogue*, col. 404).

Le premier climat manque dans le présent exemplaire.

Bon talik indien de la seconde moitié du XVIIe siècle. 488 feuillets. 36 sur 21 centimètres. Reliure en basane pleine. — (Schefer 1 bis. — Supplément 1304.)

669

Traduction du traité de géographie écrit en arabe par le prince ayyoubite de Hamah, el-Mélik el-Mouayyad Aboul Féda Imad ed-Din Ismaïl ibn el-Mélik el-Afdal Ali († 732 H.) sous le titre de تقويم البلدان.

La préface manque dans le présent manuscrit et l'on ne trouve la mention du titre du Takvim el-bouldan que dans la souscription, qui est ainsi conçue : ... بتمام ترجمه كتاب تقويم البلدان است كه بسبب عجالة الوقت از آن انتخاب شده ... وقد تمت هذه الترجمة فى شهر محرّم الحرام سنه سبع اربعين والف من الهجرة حسب الفرموده خدام حاق ولى النعم شيخ عبد المعال مرقوم قلم كنزرين خلق الله كجعلى (ou كجعلى) فراهانى شد (fol. 100 v°). On voit que cette traduction a été exécutée pour un certain Sheïkh Abd el-Moual, en l'année 1047 de l'hégire, par Gendj-i Ali Férahani; le nom du traducteur, qui ne porte pas de points diacritiques, est douteux et il se pourrait que son dernier élément soit le mot turk kouli قلى; le nom de Gendj-i Ali serait à peu près formé comme celui du sheïkh soufi Gendj-i Shakar. Cette traduction, comme l'indiquent les termes de la souscription, est abrégée, et de plus le manuscrit dont s'est servi Gendj-i Férahani présentait de nombreuses fautes qui sont passées dans la version persane (fol. 100 v°). L'ordre des matières contenues dans l'original arabe a été changé par le traducteur, qui a introduit dans son travail les résultats de calculs postérieurs à l'époque d'Aboul Féda. Un possesseur turc de ce manuscrit, qui est vraisemblablement autographe, a écrit sur le feuillet de garde le titre رساله مساحت ارض تاليف ملا عبد العلى بن حيدر, qui n'a rien d'authentique.

Le Takvim el-bouldan a été mis sous forme alphabétique par le Molla Mohammed ibn Ali Sipahizadèh († 997 H.), avec le titre de اوضح المسالك الى معرفت البلدان والممالك, et traduit en turc par ce même auteur.

Début : امّا بعد اين كتنصريست در معرفت مساحت ارض و تقسيم آن باقاليم

Assez bon nestalik persan du milieu du XVIIe siècle. 100 feuillets. 17 sur 10 centimètres. Cartonnage turc. — (Renaudot; Saint-Germain 646. — Supplément 365.)

670-672

حديقة الاقاليم. Traité de géographie, par Mourtida
Hoseïn, surnommé Allah Yâr يار الله Osmani Belgrami
بلكراى.

Mourtida Hoseïn naquit à Belgram ou Srinagar en 1132 de l'hégire; il
descendait d'une famille de magistrats de Srinagar, qui prétendait avoir pour
auteur Abd er-Rahman Osmani de Médine. Son père Allah Yâr, bakhshi
de Moubariz el-Moulk Serboulend Khan, soubahdar du Goudjarate,
fut tué en 1149 dans un combat que son maître livra au chef radjpoute
Abhaï Singh. Moubariz el-Moulk donna à Mourtida Hoseïn le rang que
son père avait occupé auprès de lui, et le fit élever à Agra, puis il lui
confia le commandement de 2500 hommes. Il servit successivement sous
les ordres de Moubariz el-Moulk, de Seyyid Saadet Khan, de Safder Djeng,
soubahdars de la province d'Oudhe, de Mohammed Kasem Khan, nazim du
Bengale, de Ali Kouli Khan Daghistani et de Ahmed Khan Bengesh, gouverneurs de Ferroukh Abad (ms. 670, fol. 2 r° et Rieu, *Catalogue*, p. 993).
En 1190, Mourtida devint mounshi du capitaine Jonathan Scott, جوناتهان
اسكات, à qui il avait été présenté par Rédjeb Ali Nati, et ce fut sur les conseils de cet officier que le Hadikat el-akalim fut composé de 1192 à 1196;
l'ouvrage fut revisé par J. Scott, le colonel Polier (voir ms. 713), et
Maulévi Dervish Ali (*ibid.*, fol. 2 r°).

Le Hadikat el-akalim est conçu sur le même plan que le Heft-iklim, mais
les notices historiques et biographiques sont plus détaillées que dans ce
dernier ouvrage; de plus, l'auteur a ajouté à la fin de la description du
septième climat la traduction d'un précis de géographie rédigé suivant les
théories européennes par le capitaine Scott, et un supplément contenant
les notices de localités qui ne se trouvent pas comprises dans les sept climats des géographes musulmans. Ce traité de géographie a été lithographié
à Lakhnau en 1881; c'est l'une des sources les plus importantes de l'histoire de l'Inde musulmane.

Exemplaire complet en trois volumes : le premier contient les climats 1
et 2, le second, le troisième climat, et le troisième, le reste de l'ouvrage.

Bons nestalik et talik indiens de l'extrême fin du XVIII° siècle. 267, 353 et
271 feuillets. 22 sur 14 centimètres. Cartonnage. — (Polier 8. — Supplément 362, 362 A, 362 B.)

673

حدايق السياحة. Dictionnaire géographique comprenant de nombreuses notices historiques et littéraires, par Ibn Iskender Zeïn el–Abidin Shirvani Nimet Allahi.

L'auteur rapporte dans une préface écrite dans un style diffus qu'il fut amené très jeune de sa ville natale à Kerbéla, où il étudia pendant douze ans sous la direction de son père et d'autres savants; à l'âge de dix-sept ans, il se mit à voyager et recueillit beaucoup de renseignements dans la fréquentation des érudits des différents pays qu'il parcourut; c'est à son retour qu'il eut l'idée d'écrire des ouvrages à la fois géographiques et historiques (fol. 2 v°-3 r°); il paraît avoir passé plus de vingt-cinq ans à parcourir le monde, car il composa le Boustan el-siyahet (Rieu, *Supplément*, p. 100) à l'âge de 54 ans, en 1248, ce qui reporte la date de sa naissance aux environs de l'année 1194 de l'hégire, et il écrivit le premier volume de l'ouvrage intitulé Riyaz el-siyahet en 1237. Ibn Iskender était affilié à l'ordre Nimet Allahi du soufisme et il reçut l'investiture de Mohammed Djafer Karaguzli, surnommé Medjzoub Ali Shah. Ibn Iskender raconte dans le Boustan el-siyahet (Rieu, *ibid.*, p. 101) qu'en 1241, il perdit une partie de ses notes par suite de la mauvaise volonté de Mohammed Kasim Khan Kadjar, gouverneur de Koumshah, qui lui confisqua tous ses bagages alors qu'il se rendait de Shiraz à Kerbéla.

Le Hadaïk el-siyahet est dédié à un prince dont le nom est resté en blanc dans le manuscrit, mais qui est qualifié de الملك المسعود علا الدولة حسام الملة سعيد الملك ... (fol. 3 r°), et qui est le Shahzadèh Mohammed Riza Mirza, fils du roi Feth Ali Shah Kadjar, né en 1211 de l'hégire. Le Hadaïk, qui est rangé d'après l'ordre alphabétique (fol. 3 r°), est divisé en : un boustan servant d'introduction, dans lequel Ibn Iskender traitait d'après les idées des anciens de différentes questions d'ordre scientifique; 28 hadiket dont chacune comprend une lettre de l'alphabet et un goulistan qui ne consiste qu'en une page de louanges à la divinité. Cet ouvrage fut terminé à Shiraz en 1242 de l'hégire. Le Boustan el-siyahet qui existe au Musée Britannique (Or. 3677) est une édition revisée et augmentée du Hadaïk : il fut terminé en 1247 de l'hégire. Ibn Iskender avait composé à une date antérieure, de 1237 à 1242, un ouvrage analogue, auquel il avait donné le titre de Riyaz el-siyahet et qui se trouve au British Museum (Or. 4617; Rieu, *Supplément*, p. 99).

Début : حدایق حمد وثنا وریاض سیاس بی مثلها مختص واجب
الوجودی

Nestalik persan cursif daté de 1274 de l'hégire (1857 de J.-C.). 289 feuillets.
35 sur 23 centimètres. Reliure persane en cuir vert. — (Schefer 2. — Supplément 1305.)

<h1 style="text-align:center">674</h1>

Description du Turkestan chinois, par Ahmed Shah Nakshibendi, fils de Khaya Shah Niyaz Kashmiri.

Shah Niyaz Kashmiri avait pour ancêtre un soufi célèbre du Kashmir, et son père comptait dans ce pays un nombre considérable de disciples et de partisans.

Cet exemplaire comprend la description de la route qui mène du Kashmir à Ladakh, لداخ (fol. 1 v°); la route de Ladakh et la description de cette ville (fol. 10 r°); la frappe de la monnaie à Ladakh (fol. 12 r°); la route de Ladakh à Yarkend (fol. 12 v°); des détails sur le gouvernement de l'empire chinois (fol. 20 r°); sur la frappe de la monnaie dans ce pays (fol. 24 r°); sur la monnaie usitée à Khokand, توقان. Ce manuscrit fut donné à Lord Elphinstone dans le Kashmir en juillet 1846.

Bon talik du commencement du xixe siècle. 25 feuillets. 19 sur 11 centimètres. Reliure en peau noire. — (Elphinstone; Schefer 231. — Supplément 1543.)

<h1 style="text-align:center">675</h1>

Enquête sur les Kafirs.

Cet opuscule est précédé d'une introduction dans laquelle il est dit qu'un officier français, le général chevalier (de Maisonneuve?), dont le nom est défiguré dans la transcription, موسیر شوالیر جذرل کورت بهادر, ayant voulu avoir quelques renseignements précis sur les Kafirs, کافر, manda auprès de lui un nommé Hadji Ilahdad, الهداد, qui habitait dans la ville de Péshaver, et qu'il l'interrogea sur le genre de vie et les mœurs des Kafirs. Il l'envoya ensuite avec un questionnaire manuscrit pour compléter ses renseignements auprès d'un chef nommé غزن خان, Ghazan Khan, dont l'autorité était reconnue dans le pays de Deïr, دیر, limitrophe de celui qui est habité par les Kafirs. Pour satisfaire la curiosité du chevalier, Ghazan Khan fit venir dans la maison où logeait Hadji Ilahdad deux Kafirs

de la tribu des Kamouzis, كاموزى, l'un nommé Tak, fils de Halou, تاك
شاملار پسر شيوك, l'autre Shamlar, fils de Shéïonk ; ce dernier
était l'un des chefs des Kafirs, et Tak, fils de Halou, appartenait à l'une
des principales familles de ce peuple. Ni l'un ni l'autre ne parlant le persan,
Ghazan Khan fournit à Ilahdad un interprète, nommé Mohammed Ali,
qui était aussi d'origine kafire, mais qui s'était converti à l'Islamisme; il
savait également bien le persan, l'afghan et le dialecte parlé par les habi-
tants du Kafiristan. Hadji Ilahdad consigna par écrit les réponses que firent
les deux Kafirs au questionnaire qui lui avait été remis. Ce sont ces réponses
qui forment le présent opuscule. Le texte du questionnaire est écrit à
l'encre noire et les réponses à l'encre rouge; à la fin se trouvent les noms
des tribus kafires et des villages qu'elles habitent.

Bon talik du commencement du xixᵉ siècle. 20 feuillets. 21 sur 14 centimètres.
Reliure en cuir rouge estampé. — (Maisonneuve? — Supplément 1040.)

676

Le même ouvrage.

Cet exemplaire contient en plus un vocabulaire kafir-persan; dans ce
vocabulaire جدا est traduit par آسمان par دلور, سونت par بهار, كداى par
ستاره par ترا, آزى par زمستان, etc.

Bon talik du commencement du xixᵉ siècle. 23 feuillets. 21 sur 14 centimètres. Reliure en cuir rouge estampé. — (Maisonneuve? — Supplément 1041.)

677

Notes sur la géographie de l'Indoustan et des contrées voisines.

Ces fragments, qui paraissent être des brouillons, contiennent la liste,
avec quelques détails cadastraux, des villes des royaumes de سورت, باجور,
درياى سند بهنير, برسورت (fol. 1-4); la description de la mer du Sind,
و جلم, et des pays qui la bordent; l'auteur place sur les bords de cette mer
un royaume nommé Takshasilath ou Tout Shashilou; au milieu de ce pays,
existe un stoupa, توپ, nommé Takshasilath, تكشاسيلاث, d'où il tire son
nom; ce royaume est voisin d'un autre grand pays nommé Sim Apoura,
سيماپوره ou سم آپورا; il est situé au sommet d'une haute montagne et
on y trouve une grande ville et un grand stoupa qui furent construits par

le roi Asoka, اصوكا پادشاه (fol. 14-15). On trouve encore la description de
la forteresse de اتك (fol. 17 v°) et de حيدرو [sic] (fol. 17 v°), du palais
de Hasan Abdal, حسن ابدال, qui fut construit par Akbar (fol. 19 r°); de
la ville de Feth Djeng, فتح جنك (fol. 20 v°); de Osman Khatar, عثمان
كهاتر (fol. 21 r°): de Khanpour, خان پور (fol. 22 r°), etc.: du royaume
de Poutouhar, پوتوهار (fol. 28 v°); du pays de Ramkend, رام كنذ
(fol. 30 r°), etc.; la description de Hérat (fol. 31 r°), de Kandahar
(fol. 9C v°).

L'auteur de cette compilation géographique était probablement un Indou
non musulman; il emploie quelquefois des mots sanskrits, tels que نكرى
«ville»; il écrivait en l'année 1894 du radja Bikramadjit, soit en 1838 de
l'ère chrétienne (fol. 20 r°), trois cent et quelques années après l'époque
d'Akbar (fol. 17 r°), sept cents ans après la conquête de Mahmoud le
Ghaznévide et 4940 ans après l'époque légendaire du radja Youdishtira.
Il cite parmi ses sources le Mahâbhârata (fol. 29 r°) et le نزهة القلوب
d'Hamd Allah Kazwini.

Shikestèh indien médiocre de la première moitié du XIVᵉ siècle. 100 feuillets.
27 sur 15 centimètres. Reliure en peau noire. — (Supplément 1042.)

678

Carte du Nord de l'Indoustan.

La partie de la péninsule comprise dans cette carte s'étend entre les villes
de Shah Djihan Abad, Lakhnau, Allah Abad, Azim Abad, Bourhanpour et
Aureng Abad.

Shikestèh indien de la fin du XVIIIᵉ siècle; une feuille de 66 sur 52 centimètres. — (Supplément 1606.)

679

Description et devis du mausolée nommé Tadj-i Mahall.

Le Tadj-i Mahall, تاج محلّ, fut construit à Agra par l'empereur Shah
Djihan, pour y déposer les restes de son épouse favorite Ardjoumand Banou
Bégoum, ارجمند بانو بيكم; il fut terminé en 1057 de l'hégire.

Tadj-i Mahall est une forme altérée pour ممتاز محلّ «la favorite du
harem», qui provient de ce que les Indous ne peuvent prononcer le ز
persan. Ardjoumand Banou, fille de Mirza Aboul Hasan Asaf Khan, et

nièce de la sultane Nour Djihan, épousa Shah Djihan alors qu'il était prince héritier en 1021, à l'âge de vingt ans; elle mourut en couches à Bourhanpour, après avoir mis au monde quatorze enfants, en 1040. Shah Djihan est également inhumé dans le Tadj. Un manuscrit analogue existe au British Museum (Rieu, *Catalogue*, p. 430).

Shikestèh indien de 1180 de l'hégire (1766 de J.-C.). 48 feuillets. 23 sur 14 centimètres. Cartonnage. — (Gentil 28. — Supplément 295.)

680

Copie des inscriptions de la mosquée du Sipèhsalar, construite à Téhéran, par ordre du roi Nasir ed-Din Shah Kadjar.

Bon neskhi persan de la fin du xix⁰ siècle. 8 feuillets. 21 sur 14 centimètres. Cartonnage. — (Tholozan. — Supplément 1391.)

LETTRES ET DOCUMENTS OFFICIELS.

—

PERSE.

681

Recueil de lettres, sans titre ni nom d'auteur.

L'époque à laquelle écrivait l'auteur n'est point indiquée; il est probable qu'il appartenait au soufisme et qu'il vivait dans l'empire timouride sous le règne de Sultan Hoseïn Mirza; les destinataires de ces lettres sont des derviches (fol. 3 r°), comme Khvadjèh Medjd ed-Din Mohammed (fol. 25 r°); l'un de ces billets, رقعة, est adressé à Sultan Hasan Beg, soit Moezz-i Din Hasan ibn Ali ibn Osman (fol. 28 v°); un autre à Nizam ed-Din Ali Shir (fol. 34 r°). A la fin du volume se trouvent quelques missives adressées au sultan de Constantinople, سلطان روم. L'authenticité de toutes ces pièces est loin d'être prouvée.

Assez bon talik persan copié au Caire en 932 de l'hégire (1525 de J.-C.) par Mohammed Ali Shirazi. 92 feuillets. 18 sur 12 centimètres. Reliure en maroquin rouge estampé et doré. — (Schefer 155. — Supplément 1464.)

682

Recueil de lettres mystiques, sans titre ni nom d'auteur.

Cet exemplaire est incomplet du commencement et de la fin et présente des lacunes dans le texte; les lettres sont numérotées de la 17ᵉ à la 28ᵉ; leur style semble les reporter vers l'époque de Djami.

Nestalik passable de la fin du xvιᵉ siècle. 61 feuillets. 17 sur 11 centimètres. Cartonnage. — (Supplément 487.)

683

Recueil de pièces officielles.

La plupart de ces pièces sont des lettres de service et des titres d'investiture rédigés par le poète Shihab ed-din Abd Allah Mervarid, fils de Shems ed-Din Mohammed Kirmani († 922 H.).

Khadjèh Shihab ed-Din Abd Allah Béyani, surnommé el-Mervaridi, fut vizir du sultan timouride Kémal ed-Din Sultan Hoseïn Mirza, qu'il accompagna dans toutes ses campagnes et qui, à la mort de Mir Ali Shir Névaï, lui confia le sceau de l'empire. À la mort de Sultan Hoseïn Mirza, Shihab ed-Din embrassa la vie religieuse et il n'en sortit que pour quelques mois sous le règne du roi séfévi Shah Ismaïl. Sa fidélité à la cause du dernier souverain timouride du Khorasan ne l'empêcha pas de se rallier aux nouveaux maîtres de la Perse, et il entreprit d'écrire l'histoire de Shah Ismaïl: il venait de terminer cet ouvrage quand il mourut, en 922, de la variole. En plus de ses lettres, qui étaient très estimées des soufis, le prince séfévi Sam Mirza, qui fut le disciple de Mervaridi, cite parmi ses œuvres un recueil de poésies intitulé مونس الاحباب. Son histoire de Shah Ismaïl portait le titre de تاريخ شاهي (Sam Mirza, Tohfèh-i Sami, ms. de Galland, fol. 58 rᵒ; cf. de Sacy, *Notices et extraits*, IV, p. 282; Daulet Shah, Tezkéret el-shoara, édition Browne, p. 515 et 516). Le volume ne porte pas d'autre titre que celui de كتاب انشاء فارسي; chacune des pièces qui composent ce recueil porte un titre à l'encre rouge.

Assez bon nestalik persan du commencement du xvιιᵉ siècle. 158 feuillets. 19 sur 13 centimètres. Reliure orientale en maroquin rouge. — (Thévenot. — Ancien fonds 221.)

684

منشات مرزا طاهر وحید. Lettres officielles rédigées par Mirza Mohammed Taher Vahid.

Mirza Mohammed Taher, fils de Mirza Hoseïn Khan Kazwini, naquit à Kazwin vers l'année 1030 de l'hégire et fut mounshi de deux grands vizirs, Mirza Taki ed-Din Mohammed et Khalifa Sultan; en l'année 1055 de l'hégire, le roi de Perse Shah Abbas II le nomma historiographe de la cour (medjlis-nivis); il devint ensuite grand vizir (1101 H.), puis il abandonna le pouvoir (1119 H.) et vécut dans la retraite; il mourut vers 1120 de l'hégire, âgé de 90 ans; cet homme d'État jouit d'une grande réputation comme écrivain. Ses lettres sont adressées au nom de Shah Abbas II aux sultans osmanlis, aux sultans timourides de l'Indoustan, aux sultans Kotb Shah de Bidjapour, aux émirs de Balkh et d'Ourgendj et au tsar.

Début : مكتوبيكه معصوب كلب على سلطان بخوندكار روم نوشته
انامل تقديم

Ce recueil a été publié à Lakhnau, en 1844, et à Calcutta, en 1826. Mirza Mohammed Taher est également l'auteur d'une histoire de Shah Abbas II (Rieu, *Catalogue*, p. 189) et d'un Divan.

Nestalik indien du commencement du xviii° siècle. 75 feuillets. 22 sur 15 centimètres. Reliure en basane. — (Supplément 484.)

685

Anthologie épistolaire, par le prince Imam Kouli Mirza, fils du roi Feth Ali Shah Kadjar.

Ce recueil de lettres est précédé d'une préface écrite dans un style très recherché par Mohammed Mehdi Khan, avec le titre de من منشات نواب
مستطاب خانى مقرب لخاقانى عاليجاه محمّد مهدى خان ديباجه كه بر
بياض شاهزاده امامقلى ميرزا نوشته اند. Parmi les pièces dont se compose ce recueil se trouvent : le contrat de mariage du prince kadjar Riza Kouli Mirza (fol. 4 r°); un acte de vakf (fol. 10 v°); une lettre adressée à Mirza Yousouf, vizir du Mazendéran (fol. 18 r°), etc.

Ce volume a été donné à A. Chodzko en 1833, à Nishapour, par le prince Imam Kouli Mirza.

Nestalik et semi-shikestèh persans, datés de 1262 (*lire* 1242) de l'hégire (1826 de J.-C.). 81 feuillets, 21 sur 17 centimètres. Demi-reliure. — (Chodzko. — Supplément 1131.)

686

Firmans et lettres diplomatiques et autres adressés à M. Alexandre Chodzko.

Quelques-uns des rescrits royaux sont datés de Shaaban 1130, Rébi second 1101, Moharrem 1208; on trouve au commencement du volume une collection d'empreintes de cachets accompagnées de leur transcription et de quelques notices sur leurs possesseurs.

Talik et shikestèh persans du milieu du xixe siècle. 238 feuillets. 36 sur 25 centimètres. Demi-reliure. — (Chodzko. — Supplément 1135.)

687

Recueil de 75 lettres adressées par différents personnages à M. A. Chodzko, alors qu'il était consul de Russie à Téhéran.

Shikestèh persan du milieu du xixe siècle. 37 sur 24 centimètres. Demi-reliure. — (Chodzko. — Supplément 995.)

688

Adresse de la Convention nationale au peuple français datée du 18 Vendémiaire an iii, traduite en persan par Ruffin.

Ce document a été traduit à Versailles le 28 Brumaire de la même année. Ruffin, né à Salonique en 1742, était alors secrétaire interprète du Gouvernement pour les langues orientales (depuis 1774) et professeur au Collège de France (1787); il avait, en 1788, négocié les conditions de la paix avec les ambassadeurs de Tipou Sahib; il fut ensuite secrétaire à Constantinople (1794), où il resta durant tout le règne de Napoléon Ier; il mourut en 1824 à Constantinople.

Début : .... از طرف بجمع الملة المعروف بنام قونوانسيوون ناسيونال
در مجلس روز هشدهم ماه واندميبر...

Mauvais neskhi de la main d'Ahmed Khan Hindi, écrit en 1799. 6 feuillets. 38 sur 24 centimètres. Cartonnage. — (Supplément 1004.)

INDE.

689

رياض الانشا . Recueil de lettres diplomatiques et de documents officiels, réunis par Imad ed-Din Mahmoud ibn Sheïkh Mohammed el-Guilani, كيلاني.

L'auteur, dont le nom ne se trouve qu'au folio 6 v°, est généralement connu sous le nom de Mahmoud Gavan, كاوان; il était originaire du Guilan, où ses ancêtres avaient occupé le poste de vizir; après avoir voyagé jusqu'à l'âge de 43 ans, il entra au service du sultan du Dekkan, Ala ed-Din Ahmed Shah II Behméni († 862 H.), qui l'envoya en 860 à Tilinga à la tête d'une armée. Houmayoun Shah le nomma vakil en 862; Nizam Shah (865-867) et Mohammed Shah Behméni lui confièrent le vizirat; ce dernier prince lui conféra le titre de Khvadjèh-i djihan, puis il le fit mettre à mort en 886 de l'hégire.

Le Riyaz el-insha, auquel Firishta donne le nom de Rauzet el-insha, est également connu sous le nom de منشات خواجه جهان; mais son vrai titre est donné dans la préface sous la forme indiquée en tête, در سلك (fol. 8 v°); cet ouvrage تاليف انتظام داد وانرا كتاب رياض الانشا نام نهاد est précédé d'une introduction écrite dans un style très recherché; on y trouve, entre autres pièces, des lettres adressées à des sheïkhs soufis, par ex. : الشيخ الامام العالم العارف بالله نور الملة والشريعة والتقوى والدين للخواجه etc. (fol. 10 v° et suiv., 86 r°, 114 v°, etc.), particulièrement à Djami ((fol. 16 v°, 100 v°, 110 r°), au sultan timouride Abou Saïd Kourkan (fol. 19 r°), au sultan osmanli Mohammed, fils de Mourad (fol. 22 v°), au sultan Ala ed-Din el-Guilani (fol. 25 r°, 29 v°, 68 v°, 104 r°); des formules de lettres à employer en écrivant à des vizirs (fol. 32 v°, 79 r°, 83 v°); une réponse du sultan Mohammed Shah Behméni au sultan Mahmoud Shah Goudjarati (fol. 46 v°, 65 r°, 78 v°, 90 r°); des lettres adressées au sultan Mohammed el-Guilani (fol. 48 r°), au sultan Mahmoud Khildji (fol. 66 r°); des lettres de Mahmoud Gavan à son frère (fol. 34 v°, 37 v°, 59 v°, 61 v°, etc.), à son neveu Homeïd el-Moulk Hoseïn (fol. 59 r°, 68 r°), à ses fils (fol. 81 r°, 89 r°, 94 r°), au grand vizir de l'empire ottoman Mahmoud Pacha (fol. 86 v°).

On trouvera le détail de tout ce qui se trouve dans ce traité dans Kraft, *Die arabischen Handschriften der k.-k. orientalische Akademie zu Wien*, p. 26; cf. Hadji Khalifa, *Dict. bibl.*, sous مناظر الانشا; ce dernier ouvrage, qui est un traité dogmatique du style diplomatique, est décrit dans Rieu, *Catalogue*, p. 528.

Début : يا من توحّد ببدايع الابداع والانشا وتفرد باجزاء قلم الاختراع على وفق علمه كيف يشاء وبا من وضع فى اجوان اصدان الكلم فرايد المعانى وفوايد للحكم كما برقع على لمعات جماله و سطوات جلاله ...

Cet exemplaire porte les ex-libris d'Abou Bekr ibn Roustem ibn Ahmed ibn Mahmoud el-Shirvani, d'un certain Dervish Mohammed et d'Abd Allah ibn Emir Djan.

Bon nestalik turc copié en 911 de l'hégire (1505 de J.-C.) à Constantinople. 256 feuillets. 25 sur 17 centimètres. Reliure en maroquin noir estampé. — (Ancien fonds 181.)

690

Le même ouvrage.

Cet exemplaire porte le titre de رياضة الانشاء; on lit sur les feuillets de garde les ex-libris du fakir Hishmet Maulévi, de Mohammed Soleïmau Aghazadèh, de Saad ed-Din ...

Bonne écriture turque de la fin du XVI° siècle. 181 feuillets. 21 sur 15 centimètres. Reliure turque en maroquin rouge. — (Supplément 486.)

691

Recueil de traités d'Insha.

Le premier de ces traités commence par الحمد لله على احسانه، بان يقرر للحق فى مكانه، قال الله تبارك وتعالى انّ الارض الله يورثها من يشاء من عباده والعاقبة للمتقين; une partie de la préface a disparu avec le titre, le nom de l'auteur et la dédicace, entre les feuillets cotés 1 et 2.

D'après un titre inscrit au recto du premier feuillet : كتاب خواجه جهان
از علم انشاء, l'auteur ne serait autre que le Khadjèh-i djihan Imad ed-Din
Mahmoud, mais cette attribution est inexacte et elle ne s'applique qu'à la
seconde partie du volume, car les pièces qui composent le premier traité
proviennent de la chancellerie de l'Empire ottoman; on y trouve des
lettres des princes de Karamanie et, en général, des pièces historiques; cet
ouvrage n'est point complet. Il est suivi (fol. 31 v°) du رياض الانشا, de
Mahmoud Gavan, voir n°ˢ 689 et 690.

Bon neskhi turc, en grande partie vocalisé, daté de 880 de l'hégire
(1475 de J.-C.). 308 feuillets. 18 sur 13 centimètres. Reliure en basane pleine
au chiffre du roi. — (Mazarin. — Ancien fonds 220.)

692

Recueil de lettres diplomatiques, sans titre ni nom d'auteur.

Cet insha, qui commence par بعد از تقديم وظايف حمد آلهى جل
جناب جلاله ويس از ترقيم محايف, paraît d'origine indienne; on y trouve
entre autres les pièces suivantes : une lettre du Nizam Shah à Shah Tahmasp
(fol. 7 r°); une lettre du Nizam Shah au Shir Shah de Dehli (fol. 19 r°); une
lettre du roi de Perse Shah Tahmasp (fol. 22 v°); un nishan du Nizam
Shah adressé à un nommé Roumi Khan, روميخان, qui lui avait fondu des
canons (fol. 27 r°); un billet adressé par le vizir Ghiyas ed-Din Mohammed
à Khvadjèh Sadr ed-Din Isfahani (fol. 30 r°); une lettre adressée vraisemblablement par un Nizam Shah à Djélal Khan Islam Shah, fils du Shir Shah
de Delhi (fol. 31 v°); un billet adressé à Shah Kiwam ed-Din Nour-
bakhshi (ibid.); une lettre du Nizam Shah à l'émir Ghiyas ed-Din Mansour
Shirazi (fol. 32 v°); un feth namèh de Shah Hoseïn Nizam Shah (fol. 40 r°).
Les premières et les dernières pages sont couvertes de notes et d'extraits de
tout genre, parmi lesquels on trouve (fol. 3 r°) des vers de Sheïkh Mohammed Gendjayi Tébrizi, de l'imam Fakhr ed-Din, de Maulana Shems-i
Mouzaffer, de Shah Rokh Houkmet el-Aïn; la date de la mort du vizir
Ghiyas ed-Din Mohammed Tébrizi (طاب ثراه); au folio 3 v°, deux kasida
de Molla Hoseïn Kerbélaï Tébrizi, et de Khvadjèh Ali Badamiyari; au
folio 4 r°, des vers de Khvadjèh Mohammed Khoshnam, qui est inhumé à
4 farsakhs de Tébriz, d'Afdal ed-Din Kermani, la préface du divan de
Zahir ed-Din Faryabi, la date de la mort de Sheïkh Mohammed Shirin
Maghrébi qui est enterré à Tébriz; au folio 4 v°, des vers de Kémal-i Khodjendi avec la date de sa mort, celles de la mort du kadi Nedjm ed-Din

Mohammed el-Uskubi, اسكوبى, de Khvadjèh Djémal ed-Din Selman Sa-
védji; au folio 5 r°, des vers de Kotb ed-Din Atiki, Mahmoud Shébistéri,
Ala ed-Din Semnani, la date de la mort du sheïkh Diya ضميع Allah Kou-
zékénani, du Khvadjèh Ala ed-Din Tébrizi Nakshibendi; un nishan de
Navab Abd Allah Khan Uzbek, souverain du Turkestan, daté de Boukhara,
998 de l'hégire; au folio 6, des vers de l'émir Seyyid Abd Allah Lala, de
Saadi, de Seyyid Ali Hamadani, de Fakr ed-Din Fath Allah Kazwini,
de Fakhri Gourgani, Mantiki, Nedjm ed-Din Kakas (?) Souréti, Moudjir ed-
Din Berlakani, Loulouï, Nizami Boukhari, un ghazel de Firdousi, des
vers de Réfik ed-Din Loubnani, Rokn ed-Din Imam Zadèh, Zéki Iraki.
A la fin du volume, on trouve des vers de Djami, de Assar, une notice
sur les soufis Khvadjèh Abd Allah Siréfi صيرفى et Hadji Mohammed Bendguir
(fol. 53 r°), tirée du روضات de Molla Hoseïn Kerbélaï Tébrizi; ce Rauzat
était un recueil de biographies des soufis célèbres de l'Azerbeïdjan composé
sur le modèle de la Néfahat el-ouns: la description du cimetière de Serkhab,
سرخاب, tirée du même ouvrage (fol. 53 v°).

Talik et nestalik soignés sur papier de différentes couleurs, de la première
moitié du xvıᵉ siècle. 56 feuillets. 29 sur 17 centimètres. Reliure en maroquin
brun estampé. — (Schefer 47. — Supplément 135a.)

693

Le même ouvrage.

Cet exemplaire présente des lacunes que le copiste trouva dans l'exemplaire qu'il avait à reproduire.

Bon nestalik turc, copié par un certain Yousouf ibn Abd Allah en 1004 de
l'hégire (1595 de J.-C.). 69 feuillets. 21 sur 15 centimètres. Reliure en basane
pleine. — (Pétis de Lacroix. — Supplément 468.)

694

مكاتبات علامى. Recueil des lettres et des documents diplomatiques rédigés par Aboul Fazl, vizir de l'empereur
Akbar.

Ces lettres ont été écrites soit au nom d'Akbar, soit à celui d'Aboul Fazl.
Ce recueil a été mis en ordre par Abd el-Samad, fils d'Afdal Mohammed,
et neveu du vizir d'Akbar; il a été commencé en l'année 1011 de l'hégire,
peu de temps après la mort d'Aboul Fazl, et terminé en 1015, comme

l'indique l'addition de la valeur numérique des lettres du titre Mékatibat-i Allami; il est également connu sous le nom de انشاء ابو الفضل et de مكاتبات ابو الفضل. Ces lettres ont été imprimées à Calcutta en 1810 de J.-C., à Lakhnau en 1262 et 1280 de l'hégire.

Le Mekatibat-i Allami se divise en 3 livres comprenant : le premier, les documents écrits au nom d'Akbar; le deuxième, les lettres écrites par Aboul Fazl en son nom personnel aux dignitaires de l'état; le troisième, des exordes et des conclusions de lettres sur tous les sujets.

Début : کونا کهن نیایش مر داوریرا کہ وجود بشر را از کارخانۂ
عنایت ...

Écritures indiennes passables, dont la dernière est datée de 1056 de l'hégire (1646 de J.-C.). 302 feuillets. 22 sur 14 centimètres. Reliure indienne en maroquin rouge. — (Anquetil 49. — Supplément 469.)

695

Le même ouvrage.

Cet exemplaire a été payé une roupie par Gentil.

Assez bon neskhi indien du milieu du xvii° siècle. 186 feuillets. 20 sur 11 centimètres. Reliure en peau noire. — (Gentil 19. — Supplément 471.)

696

Le même ouvrage.

Talik indien de plusieurs mains, dont le plus ancien est daté du mois de Safer de l'année 42 depuis l'avènement d'un souverain qui n'est pas autrement nommé, mais qui est évidemment Aurengzeb, soit 1111 de l'hégire (1699 de J.-C.). La partie moyenne du volume est d'une main beaucoup plus fine et certainement plus ancienne. 322 feuillets. 21 sur 12 centimètres. Reliure indienne en peau rouge. — (Ancien fonds 103.)

697

Le même ouvrage.

Gros talik indien à filet rouge, copié dans la troisième année du règne de l'empereur Mohammed Shah, soit 1133 de l'hégire (1720 de J.-C.), par Daulet Mohammed ibn Sheikh Abd el-Wahib Béni Israil, demeurant dans le canton de Koul, کول, pour Sheikh Ghoulam Mohyi ed-Din ibn .... Shihab ed-Din? 453 feuillets. 22 sur 16 centimètres. Reliure indienne en maroquin rouge estampé et doré. — (Supplément 470.)

698

Le même ouvrage.

Exemplaire comprenant les deux premières parties avec de nombreuses gloses marginales.

Assez bon nestalik indien, copié en 1137 de l'hégire (1724 de J.-C.), par un nommé Mohammed, fils de Sheikh Abd Allah, qui a collationné ce manuscrit après l'avoir terminé. 188 feuillets. 22 sur 13 centimètres. Reliure en peau brune souple. — (Anquetil 52. — Supplément 473.)

699

Le même ouvrage

Bon nestalik indien à encadrements et à frontispices du XVIIIe siècle. 377 feuillets. 17 sur 9 centimètres. Cartonnage indien. — (Schefer 94. — Supplément 1402.)

700

Le même ouvrage.

Exemplaire comprenant les deux premières parties.

Shikestèh-amiz indien, copié en 1220 de l'hégire (1805 de J.-C.) pour un Anglais nommé Master... مستر سطفلن. 131 feuillets. 33 sur 20 centimètres; encadrements et frontispice en couleur. Reliure indienne en cuir rouge gaufré. — (Supplément 472.)

701

نگارستان منیر. Lettres de l'émir Seïf Khan aux princes timourides et à leurs officiers, recueillies en 1050 de l'hégire par Mounir (fol. 1 v°).

Seïf Khan Mirza Safi, gouverneur du Bengale, mourut en 1049 de l'hégire (Rieu, *Catalogue*, p. 1048). Ces lettres furent toutes écrites en son nom par son secrétaire, Aboul Barakat Mounir Lahauri, qui mourut très jeune en 1054 de l'hégire, laissant quelques ouvrages en vers. Le titre de ce recueil n'est pas indiqué dans le présent exemplaire; les destinataires de ces lettres sont Dara Shikouh (fol. 1 v°), le navab Asaf Khan (fol. 2 v°). Mousévi Khan (fol. 4 r°), Shayestèh Khan (fol. 5 r°), Shodjaet Khan (fol. 5 v°), Zafer Khan (fol. 7 r°), Hakim Mésih ez-Zéman (fol. 9 v°), le

26.

navab Saad Allah Khan (fol. 10 r°), etc. On trouve au folio 14 r° une lettre écrite par Mounir à Seïf Khan. Le Nigaristan-i Mounir est suivi de billets, d'opuscules et de préfaces d'ouvrages écrits aux Indes, parmi lesquels : la شریف محمد مرثیه در ما تمكده ما رساله (fol. 55 v°); le مناظرة وقم تیغ (fol. 61 v°), apologue sur les mérites comparés de l'épée et de la plume, suivi d'une série de billets; la préface d'un ouvrage intitulé سهسرس دیباجة كلیات (fol. 75 r°) suivie de billets; une préface intitulée اولی (fol. 86 v°), qui appartient, comme on le voit par l'énumération des pièces (fol. 94 r°), à un divan fort considérable; la préface d'un traité intitulé هفت اختر آب ورنك (fol. 102 v°); celle d'un autre traité intitulé كار نامه احوال عثمان خان (fol. 103 r°); la conclusion d'un traité intitulé (fol. 104 r°); et la préface d'un traité composé par le prince timouride Dara Shikouh دیباجة مرقع كه از زبان دارا شكوه رقم زده (fol. 106 r°).

Mauvais shikestèh-amiz indien, daté de 1121 de l'hégire (1709 de J.-C.). 169 feuillets. 22 sur 12 centimètres. Reliure en peau rouge. — (Anquetil 53. — Supplément 474.)

702

رقعات میرزا بیدل. Lettres de Mirza Bîdil.

Sur l'auteur, mort en 1133, voir n° 129. La plupart de ces lettres, qui sont des billets très courts, sont adressées à l'émir Seyyid Shokr Allah Khan (†1108 H.) et à ses deux fils, Mir Karam Allah, qui reçut le titre de Akil Khan dans les dernières années du règne de l'empereur Aurengzeb, et Shakir Khan. Ces lettres, qui sont écrites dans un style très recherché, ont été publiées à Lakhnau dans la Koulliyat de Mirza Bîdil.

Shikestèh-amiz indien, daté de 1130 de l'hégire (معمی, fol. 68 r°; 1717 de J.-C.), écrit en travers des pages sur du papier semé d'argent. 106 feuillets. 20 sur 11 centimètres. Demi-reliure. — (Brueys 34. — Supplément 475.)

703

Recueil des lettres de l'empereur Aboul Mouzaffer Mohyi ed-Din Mohammed Aurengzeb Alemgir, formé par Mohammed Salah ed-Din Djaafari.

Le rédacteur de ce recueil, qui ne porte point de titre, termina son travail postérieurement à la mort de l'empereur Aurengzeb, dont il dit (fol. 2 v°):

انار الله برهانه . Il cite dans sa préface (*ibid.*) le recueil de notes qui fut écrit par Aurengzeb à la fin de son règne (1131 H.), et qui fut édité sous le titre de وقايع نگار رقعات عالمگيرى par son secrétaire, l'historiographe Inayet Allah Khan, fils de Mirza Shoukr Allah (Rieu, *Catalogue*, p. 401). Parmi les destinataires de ces missives, on remarque les fils d'Aurengzeb, Rouh Allah Khan, Inayet Allah Khan, Mohammed Moïzz ed-Din Béhadour, etc. Ce recueil est suivi (fol. 107 r°) d'un opuscule intitulé ساعات نهضت عالمگير پادشاه , dans lequel on trouve le détail des déplacements de l'empereur depuis le troisième jour du mois de Rébi second de 1066 de l'hégire, jusqu'au quatrième jour du mois de Djoumada second de la trente-quatrième année de son règne, soit 1103 de l'hégire; cet opuscule est donné dans la souscription comme étant le رقعات عالمگيرى (fol. 116 v°), mais il est différent de l'ouvrage qui est décrit sous ce titre dans le Catalogue du British Museum. La fin du volume est occupée par quelques lettres d'Aurengzeb, dont l'une est adressée à son fils Mohammed Azem.

Bon talik indien du XIX° siècle. 120 feuillets. 22 sur 12 centimètres. Reliure en maroquin rouge estampé. — (Supplément 477.)

704

Recueil de lettres écrites par l'empereur Mohyï ed-Din Mohammed Aurengzeb.

Ce recueil n'a ni préface, ni titre, ni nom de compilateur; les principaux destinataires de ces missives sont le radja Djeïsingh, جيسنگه , Shah Alem Béhadour, Mohammed Baker; il est suivi par un recueil d'عرضداشت (fol. 89 v°), ou placets qui furent présentés à l'empereur; les noms des personnes qui les ont envoyés ne sont généralement pas indiqués.

Exemplaire de luxe; très beau talik indien à encadrements et à frontispices en or et en couleurs de la seconde moitié du XVIII° siècle. 233 feuillets. 26 sur 20 centimètres. Reliure en maroquin rouge. — (Supplément 476.)

705

جامع القوانين . Recueil des lettres de Khalifa Shah Mohammed.

Khalifa Shah Mohammed étudia à Belgram sous la direction du sheïkh Abd el-Ghaffour et du sheïkh Seyyid Kheïr Allah, qui mourut en 1114;

puis il alla étudier à Kanoudj, où il se fixa (fol. 66 v°) et où il composa le présent recueil en 1085 de l'hégire.

Le Djami el-kavanin est divisé en 4 sections et une conclusion dont le détail est donné au folio 4 v° : فصل اول در مكتوبات فصل ۲ در رقعات فصل ۳ بر دو قسم ۱ در مراسلات تهنيت اميز قسم ۲ در مكاتيب تعزيت انگيز فصل ۴ در اداب والقاب. Ces lettres, qui sont pour la plupart adressées aux amis de l'auteur, sont assez médiocres et rien n'explique la popularité dont elles ont joui. Elles ont été imprimées à Lakhnau en 1846 et à Kanpour en 1280 de l'hégire.

Début : . . . . ستايش ونيايش مر احديرا كه كاتب فصاحت بيان

On trouve sur le feuillet de garde des vers en langue hindoustanie.

Assez bon talik indien, copié pour un Français nommé لرى صاحب ازيد, par Mohammed Abd Allah Khan Mounshi, à Bhaltchéri بهلچرى, en 1184 de l'hégire (1770 de J.-C.). 66 feuillets. 25 sur 17 centimètres. Reliure en cuir. — (Supplément 462.)

706

Fragment d'un recueil de lettres écrites dans l'Inde aux environs du milieu du xi° siècle de l'hégire.

Les principales de ces lettres sont adressées au navab Ashraf Akdas Houmayoun Sahibkirâni (fol. 19 v°), à Asaf Khan († 1051 H.). Les premières pages portent des annotations en langue turque.

Assez bon talik indien écrit en travers des pages à la fin du xvii° siècle. 25 feuillets. 24 sur 14 centimètres. Cartonnage. — (Supplément 488.)

707

Recueil de firmans, de lettres royales et de documents épistolaires.

Ce volume, qui est incomplet du commencement et de la fin, ne porte ni titre ni nom d'auteur et l'on n'y trouve point de divisions. Il est d'origine indienne et sa rédaction doit se placer aux environs du milieu du xi° siècle de l'hégire. On y trouve entre autres : une lettre adressée par le roi de Perse Shah Tahmasp au Grand Mongol Houmayoun (fol. 1 r°); des firmans de Shah Djihan (fol. 7 r°, 9 r°, etc.), de Djihangir (fol. 14 v°).

Toutes ces pièces, dont beaucoup ne portent point de titre, sont relatives à l'administration et aux affaires de l'Inde.

Shikestèh indien de la fin du xviiᵉ siècle. 244 feuillets. 22 sur 12 centimètres. Reliure indienne en cuir rouge. — (Anquetil 51. — Supplément 482.)

708

بجع الانشاء. Recueil de lettres formé par Mohammed Emin Béni Israïl.

L'auteur de ce recueil rapporte, dans sa préface (fol. 3 rᵒ), qu'il fut successivement au service de deux personnages, nommés Raï Dakhni Ram, رای دکهنی رام, et Raï Boudtchand, رای بدچند; ce dernier était l'un des officiers de Nizam el-Moulk Asaf Djah, souverain du Dekkan (Rieu, *Catalogue*, p. 1067). Ce fut Raï Boudtchand qui l'engagea à compiler ce traité d'Insha, dont la rédaction fut terminée en 1146 de l'hégire, comme l'indique le chronogramme سلك جید از جواهر منثور (fol. 4 rᵒ). L'auteur est probablement le même que le Mohammed ibn Sheïkh Abd el-Wahib Béni Israïl qui, en 1133 de l'hégire, copia le ms. 697. Parmi les lettres qui composent ce recueil, il y en a un certain nombre qui ont été écrites par Mohammed Emin, au nom de ses deux patrons et, en dernier lieu, au nom du gouverneur du Carnatic, Saadet Allah Khan, qui mourut en 1145 de l'hégire; le plus grand nombre des documents contenus dans le Medjma el-insha datent des xiᵉ et xiiᵉ siècles de l'hégire et sont signés par les grands épistoliers de ce temps, Aboul Fazl, Shoukr Allah et Mirza Bidil. On trouve au commencement de l'ouvrage des modèles de correspondance tirés des œuvres de Nour ed-Din Djami, Mir Hosaïni Sadât, Mohammed Réfi Vaïz, Mirza Mohsin, Toughraï Meshhédi, Molla Mounir Lahauri, Abd el-Kader Djilani, etc. (fol. 5 rᵒ et suiv.); il est divisé en 30 sections, فصل, dont le détail est donné aux folios 3-4. Un possesseur de ce volume a voulu le faire passer pour le Moukatibat-i Allami du vizir Aboul Fazl.

Début : منشا نشونمائی نهال انشا انشای ثنای انشا طراز.

Nestalik et shikestèh-amiz indiens de la fin du xviiiᵉ siècle. 243 feuillets. 23 sur 16 centimètres. Reliure en basane pleine aux armes du roi. — (Brueys 22. — Supplément 461.)

709

Copie de trois dépositions juridiques, avec la traduction française en regard.

Ces dépositions sont relatives à une émeute qui eut lieu à Daka, en 1773, et au cours de laquelle un djamadar nommé Ramazan fut fustigé par ordre d'un Anglais nommé Barwell.

Nestalik indien passable de la fin du xviii° siècle. 4 feuillets. 37 sur 25 centimètres. Cartonnage. — (Supplément 1605.)

710

Recueil de lettres et de pervânèhs, en grande partie relatifs aux affaires de la Compagnie des Indes.

Ces documents ont été écrits vers le milieu du xii° siècle de l'hégire; l'un d'eux (fol. 39 r°) est daté de 1163; un autre de 1167 (fol. 12 r°). Les plus importantes de ces pièces sont des pervânèhs adressés au gouverneur général, كوثر صاحب, par Mir Kasem Ali Khan Béhadour (fol. 6 r° et 30 r°), par Mirza Iredj Khan (fol. 18 r° et 19 r°), par Shitab Raï (fol. 20 r°), par le nabab Shodja el-Daulèh (fol. 24 r° et 31 r°), etc.

Ce recueil de lettres est suivi, au folio 42 v°, d'un opuscule sans titre ni nom d'auteur, qui renferme un exposé de l'état financier, administratif et budgétaire des provinces de Bengale, de Béhar et d'Orissa, rédigé en l'année 1775 de l'ère chrétienne, très vraisemblablement sur l'ordre des directeurs

de la Compagnie anglaise des Indes : بتاريخ بيست وچهارم ماه جانير سنه ١٧٧٥

اكريزي صاحب كلان و ديگر صاحبان در كونسل نشسته حكم فرمودند

(fol. 42 v°); on trouve dans ce mémoire des renseignements curieux sur la numismatique de l'empire des Timourides de l'Indoustan et sur l'établissement monétaire de Mourshid Abad dans la seconde moitié du xviii° siècle (fol. 44 r°, 45 r°, 47 r° et suiv.).

Assez bon nestalik indien tendant au shikestèh, de la fin du xviii° siècle. 62 feuillets. 22 sur 16 centimètres. Reliure en cuir rouge. — (Supplément 478.)

711

Correspondance entre les directeurs de la Compagnie des Indes, le navab Tipou Sultan et son ministre Mohammed Osman Khan.

Cette correspondance comprend sept lettres datées de 1788, accompagnées d'une traduction française écrite en face du texte persan; une notice détaillée de ce volume est collée dans le plat intérieur de la reliure.

Talik persan, copié par une main européenne sur papier de riz. 12 feuillets. 41 sur 26 centimètres. Reliure en peau verte. — (De la Marre. — Supplément 1008.)

712

Trois lettres et un billet autographes de Tipou Sultan.

Ces lettres ont été adressées par Tipou Sultan, تيپو سلطان, Omdet el-ouméra, fils de Mohammed Ali Khan, au comte de Canway et au chevalier de Fresne en 1789 et 1790, à Pondichéry; elles sont accompagnées d'une traduction française. Tipou Sultan (1197-1213 H.) a fait composer sous le titre de فتح المجاهدين ou قواعد تيپو سلطان, par Zeïn el-Abidin ibn Seyyid Razi Shoustéri, en 1197, un règlement militaire.

Shikestèh indien. 10 feuillets. 41 sur 27 centimètres. Cartonnage. — (Supplément 999.)

713-714

الاجاز ارسلاني. Recueil des lettres du colonel Polier, de 1187 à 1193 de l'hégire.

Les lettres du colonel Polier furent recueillies et coordonnées à Azim Abad (ms. 713, fol. 1 r°) par un mounshi indien qui ne se nomme point et qui a donné le nom d'Adjaz-i Arslani à son ouvrage pour rappeler celui d'Arslan Djeng sous lequel Polier était connu dans l'Indoustan : سركار نواب افتخار الملك امتياز الدولة منجر يولير بهادر ارسلان جنك (fol. 2 r°). Les noms des destinataires de ces lettres sont écrits à l'encre rouge.

Polier (Antoine-Louis-Henri), né à Lausanne en 1741, entra en 1759 comme cadet dans le corps des troupes de la Compagnie anglaise des Indes et fut nommé en 1762 ingénieur en chef à Calcutta; il passa ensuite au service du navab Shodja ed-Daulèh, qui le chargea de diriger le siège d'Agra, puis à celui de l'empereur Shah Alem, qui lui conféra le titre d'omrah avec le commandement de 7,000 hommes. Il quitta la cour du Grand Mongol pour rentrer au service de la Compagnie, qui lui donna le brevet de lieutenant-colonel; c'est à cette époque qu'il se livra, à Lakhnau, à l'étude des antiquités indiennes. Rentré en Suisse en 1789, Polier alla se fixer peu après dans les environs d'Avignon; il y fut assassiné en 1795; son fils fut créé comte par Charles X et devint chambellan du tsar Nicolas Ier; il est mort à Saint-Pétersbourg en 1830.

Le premier volume du Adjaz-i Arslani est divisé en 3 parties.

Talik et shikestèh indiens de la fin du xviiie siècle. 445 et 326 feuillets. 21 sur 12; 27 sur 15 centimètres. Reliures indiennes, l'une en cuir rouge estampé, l'autre en cuir noir. — (Polier 19 A et 19 B. — Supplément 479 et 479 A.)

715

Recueil de sept lettres relatives aux affaires d'un Anglais nommé Wills.

Ces lettres portent les cachets du kadi Ghoulam Moïn ed-Din, avec la date de 1198, et du kadi Seyyid Hoseïn Ali (1199 H.)

Talik et shikestèh indiens de la fin du xviiie siècle. 48 sur 35 centimètres. Demi-reliure. — (Supplément 1582.)

716-718

Trois volumes de lettres, de billets et de pervânèhs écrits dans l'Inde, dans la seconde moitié du xviiie siècle.

La plupart de ces pièces sont en langue persane, quelques-unes sont rédigées en arabe; ces volumes contiennent respectivement 112, 112 et 113 pièces.

Nestalik, talik, shikestèh de la seconde moitié du xviiie siècle. 25 sur 15 centimètres. Demi-reliure. — (Supplément 1585, 1586, 1587.)

719-720

Deux volumes de lettres, billets, pervânèhs et documents analogues, écrits dans l'Indoustan dans la seconde moitié du xviiie siècle.

Ces volumes contiennent respectivement 140 et 47 pièces. Les plus importants de ces documents proviennent du vizir Sho·lja ed-Daulèh Safder

Djeng, du sultan de Mysore, Haïder Ali Béhadour, du vizir Asef ed-Daulèh Hizebr هزبر Djeng Béhadour, du kadi Seyyid Hoseïn Ali, du navab Mouzaffer Djeng et de Khaïwolakhan. On trouve, à la fin du premier volume, quelques extraits sans importance.

Talik et shikestèh indiens de la seconde moitié du xviii° siècle. 38 sur 29 centimètres; 35 sur 16 centimètres. Demi-reliure. — (Supplément 1584, 1581.)